北京古籍叢書

邱居里　點校

海甸野史

外二種

圖書在版編目（CIP）數據

海甸野史 ：外二種 / 邱居里點校. — 北京 ：北京出版社，2021.12
（北京古籍叢書）
ISBN 978-7-200-13258-8

Ⅰ. ①海… Ⅱ. ①邱… Ⅲ. ①中國歷史—史料—明清時代 Ⅳ. ①K248.06

中國版本圖書館CIP數據核字（2017）第236154號

項目策劃：安　東　　責任編輯：喬天一　熊立章
責任印製：陳冬梅　　裝幀設計：郭　宇

北京古籍叢書
海甸野史
外二種
邱居里 點校

出　版　北京出版集團
　　　　北京出版社
地　址　北京北三環中路六號
郵　編　一〇〇一二〇
網　址　www.bph.com.cn
總發行　北京出版集團
經　銷　新華書店
印　刷　北京虎彩文化傳播有限公司
開　本　八八〇毫米×一二三〇毫米　三十二
印　張　一五點五
字　數　二七三千字
版　次　二〇二一年十二月第一版
印　次　二〇二一年十二月第一次印刷

書號　ISBN 978-7-200-13258-8
定價　98.00圓

前言

本書以《海甸野史》爲主，另收録《東莞袁督師遺事》和《甲申北都覆没遺聞》兩種紀聞，是一部明清之際諸多史籍的合集。

一、《海甸野史》

《海甸野史》是二十四種野史筆記的叢輯，輯録者爲清人，姓名已佚。部分鈔本題「顧炎武亭林氏輯」，如國家圖書館藏蔣鳳藻跋清鈔本題「崑山亭林老人輯」，中山大學圖書館藏清鈔本題「古吴亭林老人手輯」，謝國楨先生《晚明史籍考》卷二十三《明季史料叢刻及書目》已指出「爲後人所僞托」。依據歷史進程和記録内容，《海甸野史》可分爲明末史事與南明史事兩大部分。

（一）明末史事

《海甸野史》輯録明末史籍凡十二種，記述萬曆以後至崇禎甲申明朝的歷史，若據内容略加分疏，尚可分爲三個專題：

其一，東林黨論述四種。

《門户始末論》《江陵紀事》《東林紀事本末論》三種，以議論體記述明萬曆以後的東林黨争，本是明人吴應箕所撰《東林事略》（又名《東林本末》）的上中下卷。不過在《海甸野史》中，三者皆佚失了作者姓氏，《江陵紀事》更從《東林事略》中獨立出來，倒置於上卷《門户始末論》之前，題名《江陵紀事》亦與内容不符。《晚明史籍考》卷五《黨社下》著録《東林本末》三卷，并引李慈銘《越縵堂日記》云：「上卷是《門户始末》，中卷爲《東林本末》，下卷爲《江陵奪情》《三王並封》《癸巳考察》《會推閣員》《辛亥京察》《要典三案》，皆作論體。前有自序，或稱《東林事略》。」又録繆荃孫《藝風堂藏書續記》卷四跋曰：「此書專記東林事，又名《東林事略》……檢《荆駝逸史》所收《東林事略》，即此書。《逸史》又收《江陵紀事》，亦即此書之中卷。」正與《海甸野史》這三種的情况相類。作者吴應箕（一五九四—一六四五）字風之、次尾，貴池人，复社成員，曾參與反對閹黨阮大鋮的活動。南明福王政權覆没，起兵應金聲，兵敗慷慨就死。吴氏善今古文，著述頗多，多未能完成，《東林事略》亦非完書。

《恩恤諸公志略》包括《志略序》及十三篇人物專傳或合傳，記述了楊漣、左光斗、繆昌期、李應昇、周順昌、周宗建、趙南星、周朝瑞、顧大章、高攀龍、魏大中、何士晉、王之寀、薛敷政、葉茂才、袁化中、周起元、萬燝、吴裕中、劉鐸、張汶等二十一位東林黨人及相關人物的簡要事迹。他們中的大多數人，在萬曆、天啓年間的激烈黨争中，受魏忠賢閹黨等誣陷迫害致死，直至崇禎二年，纔得到明朝的平反恩恤。《志略》作者孫慎行（一五六五—一六三六）字聞斯，號淇澳，武進人。萬曆二十三年進士，天啓時官至禮部尚書，以追論紅丸案，與廷臣旨意不合，謝病歸。天啓末年，魏忠賢纂修《三朝要典》，盡翻梃擊、紅丸、移宫三案，羅織慎行爲紅丸案罪魁，擬遣戍寧夏。崇禎元年魏忠賢敗，乃免。孫氏是明后期黨争的親歷者，列名閹黨編造的《東林點將録》中，受到逮捕迫害。因此，《志略》記述東林黨人，真實親切，富於情感，具有重要的史料價值。

其二，抗金督師孫承宗、袁崇焕、盧象昇事迹五種。

《孫高陽前後督師略跋》《孫愷陽先生殉城論》二種，敘述明薊遼總督孫承宗的事迹。孫承宗（一五六三—一六三八）字稚繩，號愷陽，高陽人。萬曆三十二年進士。沉毅有智略，尤曉暢邊事。《督師略跋》記載孫氏於天啓二年至五年、崇禎二年至四年兩度出任薊遼總督，經略遼東、抵禦後金的諸多活動；《殉城論》敘崇禎十一年清軍入關，退休家居的孫承宗率家人拒守高陽，城破殉國事。作者蔡鼎，自天啓三年即爲承宗幕僚，參與孫氏督府的謀略策劃，所記出自親身經歷，詳實真切，富於價值。

《督師袁崇煥計斬毛文龍始末》，明李清撰，記述崇禎二年五六月間，明薊遼總督袁崇煥巡視遼東諸島，設計擒殺東江總兵毛文龍事。此事也成爲次年八月袁崇煥被磔的主要罪狀之一。

明許德士《荆溪盧司馬九台公殉忠實録》及薛寀《實録序》，是記述盧象昇生平事迹的一組史籍。盧象昇（一六〇〇—一六三九）字建斗，號九台，宜興人。天啓二年進士，累擢兵部侍郎，曾多次擊敗李自成軍。崇禎九年，調任宣大山西總督，大興屯田，鞏固邊防。十一年，清軍分三路長驅南下，盧象昇受命墨經督師，在北京城下、慶都、真定等地多次與清軍作戰，因與主和派議論不合，凡事掣肘，最終戰殁殉國。《殉忠實録》的作者許德士，與盧象昇同鄉，自崇禎十年二月始，任督府幕僚，親歷戰局，目睹其變，激於義憤，乃裒輯其事，著《殉忠實録》凡五篇。第一《樞督相左機緣》，敘東閣大學士楊嗣昌與督師盧象昇之間和與戰的矛盾爭執。第二《戎車日記》，始自崇禎十一年四月盧象昇父死開報丁憂，終於十二月十二日戰殁於鉅鹿賈庄，記録了盧象昇因邊情告警受命督師，平臺召對堅決主戰，對清作戰的軍事部署，雙方軍情變化，主和派的諸多掣肘，以及盧氏堅持作戰，直至戰死疆埸的詳細過程。第三《盧公遺事》，追溯盧氏生平，如任職計部和天雄守時的諸多善政，歷大名、廣平、順德兵備，撫治鄖陽，進兵部侍郎時圍剿李自成的戰績，調任宣大山西總督對邊地的經營戍防等等。第四《疏稿》，是在盧象昇殉國并受誣後，爲之洗冤的上疏稿。第五《祭文》。由於作者對盧氏的生平經歷及最後兩年的思想作爲，有切近深入地觀察與瞭解，所以記述盧氏事迹情感豐沛，生動詳贍，是難以替代的珍貴史料。

其三，甲申北都覆没等記載三種。

《崇禎甲申燕都紀變實録》，始自明崇禎十八年甲申三月十七日，終於二十八日，以日録體簡要記述李自成進入北京，明朝覆亡諸事。如崇禎自殺，皇子被俘；大順軍在京城殺戮淫掠，對衆官夾打索銀；明群臣朝賀，争選僞官等事。《甲申三月忠逆諸臣紀事》，則分殉節、遁迹、受刑、受職四類，記述甲申三月明朝覆没後，群臣或自殺殉國，或隱藏蔽匿，或朝見受辱，或争任僞職的不同抉擇，以表彰忠烈，撻伐降逆。兩書作者錢邦芑，亦是抗清志士。《晚明史籍考》卷八《甲乙之際》云：「邦芑字開少，丹徒人，明諸生。隆武時以言事，授御史。隆武政權傾覆後，永曆帝立，以原官巡按四川，力主與大西順民軍聯合抗清，爲馬吉翔輩所抑，鬱鬱不得志。永曆帝入緬，走閩越爲僧，號大錯。」

錢謙益所撰《東陽兵變》，亦反映了明末吏治腐敗、官逼民反、民怨沸騰的情況。

《晚明史籍考》卷十八《傳記下》云：「是書記東陽許都被縣令姚棐所誣，謂結黨謀反，群情浮動，下都於獄，卒斬之，時爲崇禎十七年正二月間事，書僅一頁。」

（二）南明史事

《海甸野史》收輯南明史籍凡十二種，記述弘光、監國、隆武、永曆等各朝歷史，若據内容歸納，亦可分爲五組：

其一，弘光朝北使及江陰城守紀事二種。

崇禎十八年甲申三月，李自成攻破北京，崇禎自殺，明朝覆亡。同年五月，福王朱由崧在南京稱帝，改次年乙酉爲弘光元年。六月，弘光朝派兵部侍郎左懋第、太僕少卿馬紹愉、都督同知陳洪範，携帶御書及大批金銀綢緞等出使清廷，以圖聯合清軍平定李自成。清廷拒收御書，不承認弘光政權，卻接受了全部金銀綢緞，且公然揚言要與明爲敵，南下征伐，北使失敗。回程途中，清朝又扣留了左懋第、馬紹愉二使，僅放出賣左、馬已暗中投降的内奸陳洪範南歸，以爲清朝反間。次年南都破，陳即在浙江勸迫潞王朱常淓降清。《北使紀略》一卷，是陳洪範出使南還時所著，略述出使經過，主要是爲自己降清獨歸掩飾自文。

弘光元年乙酉五月，清軍攻入南京，朱由崧被俘，弘光政權覆没。六月，清朝委派的知縣方亨到達江陰縣，立刻下達薙髮令。閏六月初一日，江陰士子在孔廟集會，聲言「頭可斷，髮不可薙」，推舉現任典史陳明遇和原任典史閻應元爲首，展開自發的抗清鬥爭。自閏六月初一日至八月二十一日，在數萬清軍的進攻下，江陰士民拒絕投降，堅持守城兩個多月。城陷後，陳、閻殉國，清軍血腥屠城。當時人擬聯語云：「八十日戴髮效忠，表太祖十七朝人物；六萬人同心死義，存大明三百里江山。」高度贊揚江陰的抗清精神。《江陰城守紀事》忠實記録了江陰士民的抗清鬥爭，作者許重熙即是江陰耆宿，曾游太學，沉雅篤信，文情激越。

其二，魯王監國遺聞一種。

乙酉五月，弘光朝覆亡。六月初三日，魯王朱以海監國於台州。（此據《續明季遺聞》；顧誠《南明史》據《海東逸史》，作七月監國於紹興。）次年，以「魯監國」紀元，至十七年壬寅，以海病逝於金門，凡監國十八年。《續明季遺聞》又名《航澥遺聞》《魯王紀事》，是《海甸野史》中唯一一部關於監國政權的紀事。作者題名「汪光復」，據《晚明史籍考》卷十二《魯監國》考證：「汪係任字之誤。光復字廷貴，會稽人，魯王時官太常寺卿。」即《遺聞》中之「任穎眉」。監國六年舟山戰敗後，光復病卧壺江經年，八年春剃髮降清，歸里教授終老。於是追憶見聞，著《遺聞》一書，并在《魯王紀事》小引中云：「王室板蕩，海水群飛，九死餘生，文籍脱落，歸里屏息，追憶見聞，筆之於書，以存厓略。」故《遺聞》述監國朝抗清事迹，始於乙酉六月魯王監國，止於戊戌春作者降清。由於「作者身經其事，故記舟山、崇明、京口諸戰役特詳；兼記魯王諸臣互相傾軋之事」。

其三，隆武朝及江西反清略紀三種。

《閩游月記》是一部南明縣令的宦游録。作者華廷獻，字修伯，無錫人。天啓七年舉人，崇禎十三年會試下第，特賜進士，官修武知縣，後服喪家居。甲申夏季除服，時北都淪没，華氏至南京弘光朝謁選，授福建汀州府歸化知縣。《月記》的記載分上下兩段，上段始甲申夏南京謁選，終乙酉十一月辭任歸化，敘述了弘光朝選舉的賄亂，赴任途中的艱險，就任後遭遇的困難，尤其是抵禦汀賊固守歸化的危急。下段記録去任後輾轉授館閩地，丙戌年十月爲清所獲，赴福州聽候處置，釋免後於丁亥年四月返歸故里。《月記》雖是華氏個人的宦游録，卻折射出南明歷史的錯綜複雜。華氏的歸化知縣本是弘光朝所授，但當他乙酉五月就任不久，弘光政權即已覆亡。閏六月二十七日，唐王朱聿鍵在福州稱帝，同年七月改稱隆武元年，形成福建隆武與浙東監國鷸蚌相争的局面。歸化閩地，屬隆武勢力範圍，故《月記》述隆武朝事頗爲詳細。如即位稱帝，重臣擅權，招安反側，唐魯操戈，遂致浙東兵敗，仙霞不守，监国政权瓦解，朱聿鍵亦於丙戌八月遇難於汀州。

《倣指南録》一書，記隆武二年丙戌贛州城守事。作者康范生，字訒軒，安福人，仕明爲中書舍人。丙戌三月吉安失守，清軍向贛南推進，范生隨隆武江西總督萬元吉退守贛州。贛州是東南重鎮，東連福建，西接湖南，南爲廣東屏障，戰略地位非常重要。隆武朝廷爲挽救危局，除令督師萬元吉、武英殿大學士楊廷麟加强守備外，又從雲南、廣東等地調集各路援軍四萬聚集贛州。由於援軍散亂無鬥志，萬元吉又過於持重，指揮失當，使清軍得以分别擊敗水師、廣軍、滇軍，終於十月初四攻破贛州，萬元吉、楊廷麟自殺殉國，隆武政權最終覆亡。顧誠先生《南明史》指出：贛州失守在南明史上具有關鍵意義，其後江西金聲桓和廣東李成棟反清复明的敗亡，都與清軍扼守贛州重鎮有密切關係。《倣指南録》的記載亦分前后兩部，前部始三月止十月初四，追述贛州城守諸事；後部逐日記録作者城破後被執，押送南昌，又得釋放歸的過程。作者自言：「被執在檻，隨筆實録，自附信史。命名爲《倣指南録》，庶幾對文山而無愧云。」蓋倣文天祥《指南録》，且自證清白之作。范生後以隱逸終。

贛南陷落後江西的另一件大事，是永曆二年戊子金聲桓、王得仁在南昌反正。金聲桓，原爲明寧南侯左良玉部將，明亡時官至總兵。乙酉年春，左良玉病卒，其子左夢庚降清。金不欲隨左北上朝見，主動要求率所部爲清朝收取江西，半年内即控制了江西大部分府縣，清廷委任其爲提督江西總兵官。王得仁，原是李自成部下，李死后降清，後爲金氏副將。由於不滿於清廷授予的官職及清江西巡撫、巡按的不斷勒索，又受到南明隆武高官的爵賞策動，金、王於戊子正月在南昌起事，擒殺清朝官員，先舉隆武年號，后署永曆紀年，激起湖北、安徽等地反清浪潮的高漲。新建諸生徐世溥著《江變紀略》，記録江西反清復明事，追溯金、王來歷，探討起事緣由，詳述金、王失敗的多方面情況，如對清作戰方向的錯誤，内部的腐敗與争鬥，清軍圍剿的方略與殘酷，南昌圍城後人相食的困境，直至永曆三年己丑正月南昌城破，金聲桓自殺，王得仁被俘肢解。江西起事，與稍後廣州李成棟反清復明，是南明史上震動全局的重大事件，本已山窮水盡的永曆朝廷似乎看到了中興的希望。《晚明史籍考》卷十四《抗清義師》引柳亞子《南明史料書目提要》云：「金、王雖反覆無道，行事未軌於正，但舉兵反正，適與李成棟以廣州反清復明同時，大局頗爲震動，儼然有中興光復之機。」然「自贛、粵兩師俱敗，而小朝廷聲勢更蹙矣。」

其四，永曆朝野史四種。

隆武二年八月，朱聿鍵在汀州遇害，隆武政權敗亡。十月，兩廣制臺丁魁楚、粤西撫臺瞿式耜擁立桂藩朱由榔爲監國。戰亂中建立的監國政權，從一開始就置身於風雨飄摇之中。監國僅七日，萬元吉贛州失守消息傳來，朱由榔慌忙逃到廣西梧州。十一月，隆武朝大學士蘇觀生、廣東布政使顧元鏡等在廣州搶立隆武之弟爲紹武皇帝，朱由榔立即返回肇慶稱帝，以肇慶府署爲行宫，改明年爲永曆元年。就在兩個並立的南明政權同室操戈之時，十二月，清軍李成棟部趁機進占廣州，紹武帝自殺。永曆朝廷再度逃入廣西，經梧州、桂林、全州，於永曆元年四月到達湖南武岡州。八月，清軍孔有德部進攻武岡，永曆帝第三次倉皇出逃廣西，十一月至桂林。永曆二年二月，清軍進占廣西全州，永曆帝繼續南逃，三月抵達南寧。就在永曆朝廷摇摇欲墜之時，這一年正月、四月，清江西提督金聲桓、兩廣提督李成棟先後起事，反清復明，廣東全省及廣西已失府州紛紛反正，爲永曆政權帶來光復的希望。李成棟曾參加李自成大順軍，後降明，任弘光朝徐州總兵，乙酉年降清，率部沿江蘇、浙江、福建、廣東直至廣西，爲清朝收取了大片疆土，但在委任官職上受到清廷的歧視。李成棟起事後，八月，將永曆朝廷迎回肇慶。然而，二年十月、三年三月，李成棟兩次北征贛州戰敗，墜河溺死。金聲桓則於三年正月南昌城破自殺。永曆四年正月，清軍自江西南下廣東，攻占南雄、韶州，永曆帝第四次逃亡廣西，駐蹕梧州。十月，清軍攻克廣州。十一月，清軍進占桂林，大學士瞿式耜與總督張同敞同時殉難。永曆帝繼續西逃至南寧。永曆五年二月，清軍自柳州南下，三月，走投無路的永曆朝廷，最終被孫可望大西軍接管。

《兩粵新書》與《風倒梧桐記》兩書，即記述永曆朝前期的這段歷史，内容偏重於小朝廷在廣東、廣西、湖南間的奔潰流徙，朝政的腐敗混亂，黨争的錯綜激烈，尤於李元胤及袁彭年爲首的「五虎」的跋扈干政深致不滿。《晚明史籍考》卷十一《南明三朝下》引李慈銘《越縵堂日記》，對《風倒梧桐記》批評頗多，指出該書：「記永曆建國時事也。名即纖俗，記亦全是小説體裁，然描畫小朝廷一時沐猴文武，頗爲盡致，於五虎尤不堪。……記中最誤者，如敘沙定洲雲南之亂，林佳鼎三水之戰，皆大謬，野史之不可信，此等是也。」《梧桐記》錯誤荒謬處甚多，尚不止李慈銘提出的兩條，如記李成棟兩次征贛州失敗的原因，即極爲荒誕不經，且多爲《新書》所承襲。

李慈銘、梁啓超、謝國楨對兩書雖各有批評，但均未能説明二者的關係。實則《新書》記載的内容文句與《梧桐記》高度一致，不同之處及增補的内容很少。比勘二書可知，《新書》基本是由《梧桐記》剪裁删削而成。如隆武十二月永曆帝再次逃亡廣西之後，《梧桐記》大段插敘丁魁楚爲人始末及李成棟設計誘殺丁魁楚事；永曆三年四月孫可望獻禮并求封親王後，《梧桐記》以數頁篇幅贅述雲南沙土司滅沐府事，因與永曆朝關係不大，《新書》均全部删除。又如《梧桐記》對嚴起恒在南寧賣官，朝廷内部的黨争，李元胤與五虎的詳細描述等，《新書》也大幅裁剪。至於《梧桐記》少數過分荒誕的内容，如李成棟征贛州失利的原因，《新書》亦削去不録。故《梧桐記》詳細而冗贅，《新書》則較爲簡明，篇幅僅爲前者的三分之一。

《風倒梧桐記》作者是明人何是非，字印甫，福州人。《兩粤新書》的作者則頗可致疑。書中原題「明桐城方以智密之撰」，顧誠《南明史》即指出：「何是非《風倒梧桐記》卷一誤將永曆政權之林佳鼎記爲紹武政權的『總憲行大司馬事提兵西上三水，意侵端溪』，署名爲方以智的《兩粤新書》錯誤相同。其實，方以智參與永曆政權的建立，身經其事，絶不致顛倒錯亂至此。」（第四〇四頁注二）可以進一步補充的證據是，《新書》云，永曆元年丁亥「二月初，永曆帝抵桂林，方以智、吴炳二人並相」。不久，方「忽棄妻子入山去，後有人於勾漏、星岩、羅浮、南華各處見之，作回道人樣，自號浮生，所談皆鬼神事，有謂已成仙云」。此語絶不類作者自記，且方氏如在永曆元年即離朝出家，書中所記其後若干年朝廷事，又何從得知？據王夫之《永曆實録》卷五《方以智傳》，「上即位於肇慶，擢左中允，充經筵講官」，以司禮太監王坤忌，「寢經筵。以智既無宦情，講官之名爲（瞿）式耜所强受，又不見庸，遂決挂冠去，浮客桂、柳間。粵西稍定，就平樂之平西村築室以居，放情山水，觴詠自適，與客語不及時事」。即方以智確實在永曆元年遷播廣西時就已辭官隱居。不過，拜相卻是在「永曆三年，超拜禮部尚書、東閣大學士，辭謝不赴」。至於出家，更在永曆四年十一月清軍陷平樂，「馬蛟麟促以智降，乃舍妻子爲浮屠去」。若《新書》出方以智之手，當然絶不會對自身經歷誤記如此。

《庚寅十一月初五日始安事略》，詳記永曆四年庚寅瞿式耜與張同敞殉難事。瞿式耜（一五九〇—一六五〇）字起田，常熟人。萬曆進士，崇禎初貶廢於家。南明弘光朝，擢廣西巡撫。隆武覆没後，擁立永曆帝朱由榔於肇慶，後以大學士留守桂林，封臨桂伯。作爲朝廷重臣，瞿式耜聞時政闕失，必疏諫，兩粵皆倚以爲重。《始安事略》記庚寅秋冬，清定南王孔有德等部南北合擊桂林。瞿式耜積極籌措糧餉，會議防守，而諸將不戰而遁，逃徙一空。瞿式耜拒絶出逃，與桂林共存亡，總督張同敞亦決心共同殉義。十一月初五日，夜雨淙淙，二公於燈下張飲，正襟危坐。初六日，清軍入城，孔有德威逼利誘，二公始終不屈，於軟禁中詩詞唱和凡百首，名《浩氣吟》，遂於閏十一月十七日同時成仁。瞿孫昌文，時在梧州入朝，聞訊後歷盡艱辛返回桂林，終於次年八月爲祖父改葬。

該書作者瞿玄錫，是式耜之子。

《兩廣紀略》又名《粵中偶記》，與《閩遊月記》相類，也是一部明季縣令的宦游録。作者華復蠡，無錫人，明末受任廣東臨高知縣，於崇禎十七年甲申三月攜家啓程，七月抵達任所。是時北都淪没，天下大亂，臨高也發生黎民起義，殺死貪酷的原任縣令。受此事牽連，作者於十一月罷官，因戰亂難以返鄉，流寓兩廣近八年。《紀略》分前後部分，前者爲甲申至永曆五年辛卯作者家庭的流徙經歷，後者是永曆前期重臣丁魁楚、洪天擢、李綺的三篇略傳，書後又附《寄賀退庵家書稿》，叙述作者在兩廣與同鄉賀退庵的交往始末。該書雖受到李慈銘「全無體裁」的批評，但所記兩廣戰局的反覆無常，永曆朝廷的内憂外患與倉皇逃徙，多出自作者的目睹親歷，客觀反映了歷史的真實，亦可與《兩粵新書》《風倒梧桐記》相互印證。

其五，清朝方面紀事兩種。

《海甸野史》中的絶大部分史籍，或明人記明末事，或南明人記南明史，《癸巳小春入長沙記》與《永曆紀事》，是僅有的兩篇從清朝視角觀察歷史之作。著者丁大任，於順治十年癸巳九月在南京入清朝漕儲道袁廓宇幕府，并隨之遠赴湖南，以「安撫楚南半壁」。《入長沙記》敘作者隨袁廓宇自南京至長沙的旅程，及到長沙後的經略措施。於十月乘舟溯長江而上，到达武昌。十二月繼續沿江西上，經洞庭湖至長沙。書中描繪了隆冬舟行的艱險，沿途的風景民物，武昌的地貌形勝，特別是對長期戰亂後湖南的經濟殘破與民生凋敝有諸多紀實。如「湖南數千里荒沙，並無蓋頭茅而鷄口粟，各省大兵以漸而入，至地方雖有司隸，空城而卧桴鼓耳」。長沙「雖爲湖南首府……戰争往復，無一久居之民。初入城，一望沙場而已。遇有茅簷三四家，席門俱無，男女雪中袒跣，並無卧榻衣被」。讀之觸目驚心。

順治十一年甲午二月，以經略長沙之效，清廷任命袁廓宇爲偏沅巡撫，提督軍務，兼理糧餉。偏沅轄區與貴州、廣西接壤，地處明清戰事前沿。而「長沙之偏撫衙門，特爲邊防而設」，「所轄六府七州五十縣，一府三州十縣未復，十一縣兩州極邊」。《永曆紀事》記録順治七年庚寅至十一年甲午永曆政權的簡要情況與大致轄境，應是丁大任爲幕主袁廓宇撰寫的敵情報告。《紀事》内容包括庚寅年孫可望由川入滇，并迎永曆至雲南；辛卯年李定國進攻廣西，攻克南寧，幾復全省；壬辰年孫可望略湖南，清朝損兵以萬計；甲午年雲南的實際情况；以及永曆帝的狀貌，孫、李的爲人，行兵的特點，部下的梟將等，以便「得兵家知彼知己之情形」。由於丁大任以清人記南明事，信息得自傳聞，難免隔膜錯誤。如張同敞與瞿式耜殉難在庚寅年閏十一月，《紀事》卻誤記次年辛卯張同敞率兵攻廣西等。

《海甸野史》作爲諸多明末及南明野史筆記的叢録，有兩點值得注意：首先，《海甸野史》輯録衆書，既不按歷史順序排列，也未據作者時代編次，而是明末紀事與南明史籍互相穿插，前後失次。如《倣指南録》等六種南明史籍置於書首，《盧司馬殉忠實録序》等四種明末史書排在其後，隨後又是《江變紀略》等六種南明史略，《江陵紀事》等八種明末紀事反列在書末。即便同爲明末史或者南明史，諸書仍不遵從時代順序，而是先後淆亂。同一作者的作品，如蔡鼎撰孫承宗事迹兩種，卻分插兩處；而吴應箕著東林黨論述三卷，亦顛倒失次。此外，《海甸野史》不同鈔本的史籍排列，亦不盡相同。如《江變紀略》，國圖兩種清鈔善本皆在《閩游月記》與《兩粤新書》之前，清末民初鈔本卻在兩書之後。至於中山大學圖書館藏清鈔本的各書順序，更是與上述諸本多有不同。其次，《海甸野史》没有統一編卷。如國圖善本室藏清鈔七册本不分卷，蔣鳳藻跋清鈔本每書一卷，凡分二十六卷，中山大學圖書館藏清鈔本分爲六卷，而《明清史料叢書續編》影印清末民初鈔本分爲四卷，皆是後世抄録者各自分編。這些都證明，《海甸野史》雖有文獻輯録之功，尚闕編纂整理之力，只是按各書收集的遲早加以鈔存，并不是一部已經編輯完成的叢書。

職此之故，《海甸野史》未曾刊版印行，僅以鈔本行世，但流傳頗廣，北京、廣東、江西、四川、蘇州、大連等地都有藏本，近年，又分别影印收入于浩主編《明清史料叢書續編》第六册（國家圖書館出版社二〇〇九年版）、國家清史編纂委員會主編《六編清代稿鈔本》第二五六册（廣東人民出版社二〇一四年版）兩部叢書之中。

本書據國家圖書館善本閲覽室藏《海甸野史》清鈔本（書號一〇七九二）爲底本進行校點整理，并選取國圖善本室藏蔣鳳藻跋清鈔本（書號一二四七四，簡稱蔣跋本）、《六編清代稿鈔本》影印廣東中山大學圖書館藏清鈔本（該本闕少《庚寅十一月初五日始安事略》《風倒梧桐記》《北使紀略》三篇，簡稱中大本）、《明清史料叢書續編》影印清末民初鈔本（簡稱《續編》本）作全書通校。底本原有兩處脱頁、七處脱行，甚至脱去全書。如《庚寅十一月初五日始安事略》，底本僅存目録，全書闕失，今據蔣跋本鈔録整理；《倣指南録》脱鈔一頁，《倣指南録》《荆溪盧司馬九台公殉忠實録》《恩恤諸公志略》《江陵紀事》等書均有脱行，亦據蔣跋本補録；《江變紀略》脱鈔一頁，因蔣跋本該頁亦脱失，改據中大本補録。凡補録之處，皆在頁下出校記説明。此外，儘管《海甸野史》史籍排序失次，不符合歷史進程，但爲保持古籍原貌，整理本仍遵依底本原序，不加調整改編，僅在校點前言中予以歸納説明。整理本還收録了《海甸野史》各鈔本的題記與眉批，其中底本的十五條眉批，均録入校勘記中，蔣跋本與中大本的八篇題記，則附録於全書之後，以備參考。

與《海甸野史》相類的另一部清代叢書《荆駝逸史》，亦值得關注。《逸史》也是清人纂輯的私家叢書，編者題署陳湖逸士，與《野史》的抄輯者同樣，姓名身份不明。《逸史》序文雖然假托於明末藏書家陳仁錫的蘇州無夢園發現銅櫃殘書的故事，實際與《野史》類似，文獻來源亦語焉不詳。《逸史》專門輯録明末至清前期的野史筆記，也與《野史》性質相近。較《海甸野史》幸運的是，《荆駝逸史》在清朝統治漸趨衰微的清後期得以版行於世，且有道光木活字本、古槐山房集印本、琉璃廠半松居活字本、宣統三年中國圖書館石印本等多個版本，因而比《野史》流傳廣泛。在《逸史》收輯的五十多種野史筆記中，與《野史》相同的就有二十二種，僅《盧司馬殉忠實録序》《兩粤新書》二種，是《野史》有而《逸史》未加收録的。換言之，《荆駝逸史》在輯存文獻上，可以基本涵蓋《海甸野史》。但是，若進一步比勘兩部叢書存録的相同史籍，可知在書名、分卷、内容、文字等方面仍存在不少差异。

其一，同一書的書名，在兩部叢書中或有所不同。如：

海甸野史	荆駝逸史
續明季遺聞	航澥遺文
癸巳小春入長沙記	入長沙記
兩廣紀略	粤中偶記
荆溪盧司馬九台公殉忠實録	荆溪盧司馬殉忠實録
江陰城守紀事	江陰守城記
東林紀事本末論	東林事略本末論
督師袁崇焕計斬毛文龍始末	袁督師計斬毛文龍始末
崇禎甲申燕都紀變實録	甲申紀變實録
甲申三月忠逆諸臣紀事	甲申忠佞紀事

其中，大部分是全名或簡寫的區别，及人物稱謂的繁簡不同，僅《續明季遺聞》和《兩廣紀略》兩書名差异較大。

其二，《野史》二十四種文獻均不分卷，但《逸史》中，《恩恤諸公志略》《江變紀略》《閩游月記》《風倒梧桐記》四種各分二卷。這或許是上述四篇皆篇幅較長，故《逸史》收録時有意加以分卷。

其三，《荆溪盧司馬殉忠實録》一書，《野史》全書完整，包括《樞督相左機緣》《戎車日記》《盧公遺事》《奏疏》《祭文》等五篇，《逸史》本則闕少《奏疏》和《祭文》二篇。《兩廣紀略》卷後，《野史》附録《丁魁楚》《洪天擢》《李綺》三篇傳記和《寄賀退庵家書稿》，《逸史》則闕失《丁魁楚》與《家書稿》二篇。至於《逸史》的《江陰守城記》，則較《野史》的《江陰城守紀事》内容更豐富些。

其四，兩部叢書的部分文獻，雖起訖、内容大致相同，文字差异卻極多。如《續明季遺聞》《東林事略》《督師袁崇焕計斬毛文龍始末》等，均文字差异較大，二者之間似乎不屬於同一流传系列。

至於這兩部叢書之間，是否存在着直接的淵源聯係，限於資料，目前尚難以明確。

二、《東莞袁督師遺事》

《東莞袁督師遺事》一卷，是明末薊遼督師袁崇焕遺聞佚事的輯録。

袁崇焕（一五八四—一六三〇）字元素，廣東東莞人。明萬曆四十七年進士，官福建邵武知縣。天啓二年，擢兵部主事。累進按察使，經略遼東，先後取得寧遠、寧錦保衛戰的勝利，擢右僉都御史，巡撫遼東，曾與后金議和。七年，以不得魏忠賢歡心，乞歸。崇禎元年，起兵部尚書兼右副都御史，督師薊遼兼督登萊天津軍務，鎮守寧遠。二年六月，以尚方劍誅殺明東江總兵毛文龍。十月，後金軍從薊州入關，崇焕引兵入衛京師。崇禎疑其引兵脅和，以擅主和議、專戮大帥二罪，於十二月將崇焕下詔獄，三年八月凌遲處死。著作原有《樂性堂稿》，不存。

《遺事》輯録者張江裁（一九〇八—一九六八）字次溪，東莞人，是現代藏書家和北京地方文獻學者。其父張伯楨（一八七七—一九四六）字子幹，號滄海、篁溪，是康有爲的學生，民國著名學者、藏書家。作爲袁崇焕的同鄉，張伯楨很早就致力於袁氏遺著及相關文獻的收集整理。光緒三十四年（一九〇八），張伯楨輯録《袁督師遺集》一卷，復搜輯袁氏傳記、申冤疏、斬毛文龍始末、廟記等相關史料爲《附録》一卷，并作跋文以記之。民國二十一年（一九三二），張伯楨將《袁督師遺集》分爲奏疏、雜文、遺詩三卷，并《附録》一卷刊刻出版，收入《滄海叢書》第一輯。張江裁亦稟承父志，先後撰寫《東莞袁督師後裔考》一卷，輯録《東莞袁督師遺事》一卷，分别收入民國二十七、二十八年鉛印出版的《京津風土叢書》和《燕都風土叢書》中。民國三十年，張次溪又將其父輯録的《袁督師遺稿》《附録》，與自己撰輯的《後裔考》《遺事》彙集再版，稱《袁督師遺稿遺事彙輯》六卷，收入《拜袁堂叢書》。

《遺事》收集的袁氏資料，主要來源於《平南縣志》《邵武府志》《藤縣志》《東莞縣志》等地方志，以及趙吉士《二續表忠記》等傳記，屈大均《翁山文録》、張伯楨《袁廟祝鮀隨筆》，甚至朝鮮人朴趾源的《燕岩集》。其内容包括袁崇焕胞弟及袁氏後裔的文賦和紀念詩，袁崇焕傳記及家族的事略、行狀，受袁案牽連入獄的大學士錢龍錫的傳記，崇焕遺稿及相關文獻的流传情况等。

《燕都風土叢書》本《遺事》，卷首題「東莞袁督師遺事，邑後學張江裁次溪氏纂」，卷末標「中華民國二十七年六月燕歸來簃校印」。版式爲半頁十三行，行三十三字，版心上有「東莞袁督師遺事」，中注頁碼，下有「雙肇樓叢書」五字。其中國家圖書館藏本（書號九二七〇三）字迹清晰，訛誤較少，《袁督師遺事》一書，即據此爲底本進行校點整理，并取道光《平南縣志》、光緒《藤縣志》、宣統《東莞縣志》《二續表忠記》《清太祖實録》等書予以校訂。

三、《甲申北都覆没遺聞》

《甲申北都覆没遺聞》一卷，是實録體的歷史記録。它上起崇禎十七年甲申正月初一日，下至五月十二日，逐日記載明朝都城北京先覆没於大順，又淪落於清朝的歷史過程，内容包括明朝的政局混亂，朝臣無能，軍隊潰散，都城陷落，崇禎自殺，群臣投降；李自成的順利進軍，攻入北京，開科選舉，任命官員，正式登基，特别是在北京城内的殺掠，及對明臣的考夾逼餉；最後結束於吴三桂勾引清軍，於山海關擊敗大順，李自成西逃，清軍趁機進占北京。該書記述明末遺事頗爲詳盡，既可與《國榷》《崇禎實録》《明季北略》《綏寇紀略》等書相互印證，又有各書所未載的内容，富於史料價值。《晚明史籍考》卷八《甲乙之際》指出：「是書所敘當時情況，與《燕都日記》等書無大差異。記魏藻德、李建泰等輩，亦與《明史》略同。」

《覆没遺聞》未曾刊刻印行，僅以鈔本流傳。國家圖書館藏陸樹棠跋民國鈔本一册（書號五八〇七），鈐有「柳亞子」「羿樓」「頤和園主」等印，卷末附陸氏辛酉年（一九二一）題識，書衣及卷首有柳亞子一九五〇年題記三則。陸識云：「《甲申北都覆没遺聞》一卷，鄉先輩黄巍赫所述也……此本紀明末遺事甚詳，足資史料，且向無刻本流傳，誠罕覯之秘籍。爰爲校定，録而存之，俾不致終歸湮没，亦鄉里後生應盡之責也。辛酉冬暮，邑後學陸樹棠謹識。」

《覆没遺聞》的作者，民國鈔本卷首題「松陵明秀閣外史黄巍赫述」，與陸識相符。然而，柳亞子題記卻提出質疑：「此册不知何人所作，但爲明季人士耳聞目見者無疑。今題吴江（松陵）黄巍赫譔，則邑子陸賡南樹棠作僞之所爲也。黄爲嘉、道間人，焉能述甲申遺事哉！」據陸、柳題識，黄巍赫是清嘉慶、道光間吴江人，别号明秀阁外史，曾師從秀水王昙（一七六〇—一八一七，字仲瞿，乾隆五十九年舉人）與吴江顧汝敬（字蔚雲，乾隆五十年恩貢）二先生，著有《明秀閣古文》初集、二集。《晚明史籍考》全文簃録陸樹棠題識，未對《遺聞》的作者提出疑問。柳亞子先生所疑雖有其道理，卻未及出示證據。

二〇一三年，吴江古舊書店發現《北都覆没》清鈔本一册，爲解決這個疑難提供了重要依據。根據是年九月三日網文《墨庵書憶》一九〇《孤本過目》介紹，吴江清鈔本的書名簽條已佚，凡三十八頁，單頁十一行，行二十字，工筆抄寫，書法工整。鈔本有墨筆塗改校正，又有硃筆圈點，且有墨筆和硃筆混在的小楷眉批。卷末附硃筆題識云：「辛卯小除夕，硃圈讀一過，改正數處，有疑者硃識於眉。他日如能求得善本，當再詳校一過也。此本訛奪殊多，字句亦有爲鈔者更改處。鈔時當在乾隆或更後，觀其『宏』字缺筆可證之也。常熟楊學詩識於蒔溪寓園。原有墨筆校改，不知出何人手，有未是及任意塗改處。」由題識可知，該鈔本的硃筆圈點和眉批，是辛卯年楊學詩所加，而鈔本的墨筆校改，則在楊題識之前，不知出自何時何人之手。

取國家圖書館藏陸樹棠民國鈔本，與《墨庵書憶》附録的吴江鈔本首頁圖版相校，可知兩本存在著較大的差異：

首先，吴江本書名「北都覆没甲申年」，民國鈔本改作「甲申北都覆没遺聞」。

其次，吴江本首頁未有該書的作者題簽，僅標題行下鈐有「黄巍赫印」名章一方，民國鈔本則標「松陵明秀閣外史黄巍赫述」。

再次，吴江本首頁有墨筆校改十處，可分四類：

（一）紀日二處：如原文「正月庚寅朔」，改作「正月朔庚寅」；原文「辛卯」，改作「初二日辛卯」。揣測校改者的本意，是因爲要在「辛卯」上補加「初二日」，所以把「庚寅朔」顛倒爲「朔庚寅」，反而違背了史書注明朔日的慣例。也可由此推測，原書僅用甲子紀日，全書的初二、初三等紀日法，應爲校改者所增補。也因此可以理解，民國鈔本自「二月丙寅」至「四月丁亥」，日期均錯前一日，實因吴江本校改者添補日期時的疏失所致。

（二）清朝稱謂四處：如原文「防虜防河」，改作「防邊防河」；原文「國號曰清」，改作「國號大清」；原文「清主」，改作「大清皇帝」；原文「叔九王」，改作「皇叔九王」；原文「遼人范文程」，改作「遼東范文程」。遼人者，指代清人，而遼東，則是清朝的地域名。這些稱謂的更易，完全改變了原作者崇明抑清的遺民立場，體現了校改者對於清朝的推尊。

（三）人名二處：如原文「安廬撫黄」「東江總兵黄」，均因有姓無名，校改者索性删去「黄」字。

（四）删去衍字一處：原文「兵部奏撫蕪湖關爲兵所據」，删去「撫」字。

重要的是，吴江本修改後的文字，與陸樹棠民國鈔本完全相同。這證明，吴江本即是陸樹棠校訂《覆没遺闻》時所依據之底本。

吴江本鈐有「黄巍赫印」名章，而楊學詩題識據鈔本的「宏」字缺筆，判斷抄録時間在「清乾隆或更後」，亦與黄氏存世的時代相符，説明吴江本無疑是黄巍赫的藏書。吴江本又是陸樹棠校訂本的底本，説明它曾經陸氏之手。由楊學詩題識可知，吴江本的墨筆校改，在楊題識之前。問題的關鍵在於，墨筆校改是何人所爲？究竟是黄巍赫，抑或陸樹棠？在這裏，墨筆校改的第二類情況正好提供了佐證。黄巍赫是嘉、道間人，儘管此時康乾文字獄的狂瀾已過，文網漸疏，作爲清朝臣民，也絶無可能在自己的著述中稱本朝爲「虜」，稱本朝皇帝爲「清主」；即便是私人所藏前人著述，有此類違礙文字也極其危險，所以，纔要岌岌更改「防虜」爲「防邊」，「清主」爲「大清皇帝」等等。而陸樹棠校訂該書在民國十年，清亡已久，完全没有必要再來推尊清朝爲「大清」，清主爲

「大清皇帝」。

由此又可推知以下幾點：其一，吴江本的墨筆校改應是黄巍赫所作，而非陸樹棠所爲。其二，既然墨筆校改是黄巍赫所爲，則黄氏只是該書的校改者，而非原作者。該書原作者應另有其人，而且是柳亞子所云的「明季人士」，即清初的明朝遺民，所以書中纔會出現「虜」「清主」「遼人」這類蔑稱，只是其人已不爲後世所知。或許，這正是陸氏稱該書爲黄巍赫「述」，而不是「撰」的原因所在。其三，陸氏校訂整理此書，確實是依據黄巍赫校改本，因此，卷首題「黄巍赫述」并非無據，只是陸氏對黄氏之前的原作者，無法知曉而已。故陸樹棠作僞之説，尚可商榷。其四，陸樹棠對該書的校訂，目前可知者祇有兩處：一是「甲申北都覆没遺聞」的書名，應爲陸氏校訂時據「北都覆没甲申年」所改；二是「松陵明秀閣外史黄巍赫述」的作者題名，亦由陸氏據「黄巍赫印」的名章所加。至於其他校訂，由於整理者未能獲見吴江本全書，僅見到《墨庵書憶》附録的首頁和末頁兩幅圖版，無法妄言。

《覆没遺聞》一書，即以國家圖書館藏陸樹棠跋民國鈔本爲底本校點整理，并據談遷《國榷》（中華書局一九八八年影印本）、《崇禎長編》（臺灣「中研院」史語所校印痛史本）、計六奇《明季北略》《明季南略》（中華書局一九八四年點校本）、吴偉業《綏寇紀略》（上海古籍出版社一九九二年點校本）、徐鼒《小腆紀年附考》（中華書局一九五七年點校本）、張廷玉《明史》（中華書局一九七四年點校本）等書略作他校。底本自二月丙寅至四月丁亥，日期均錯前一日，包括三月、四月朔日亦誤。今據《明季北略》卷二十所載日期与干支，將錯誤日期全部改正，并在二月丙寅條下出校記説明。鈔本原有陸樹棠題識一則、柳亞子題記三則，今亦加整理，附録卷末，以供讀者參考。

《海甸野史》（外二種）的整理出版，源自北京出版社領導安東先生、楊璐先生的精心策劃，并積極組織申報立項，使之作爲「北京古籍叢書」之一，獲得新聞出版局二〇一七年度北京市重點圖書資助。責任編輯喬天一先生、熊立章先生認真審校全稿，提出很多寶貴的修改意見，爲保證校點質量和編輯出版，付出了辛勤勞動。對於所有這些支持和幫助，僅在此表達我誠摯的感謝。限於本人的能力識見，整理中的錯誤在所難免，敬待讀者批評指正。

北京師範大學　邱居里　二〇一七年八月

目録

附録

海甸野史

佚名 辑

倣指南録

明中書舍人安福康范生訒軒氏著〔一〕

丙戌十月初四日，忠誠府陷，余臨城被執。

先是，三月廿四，吉郡失守，余與督師萬公元吉、都憲陳公賡、兵曹王公其弦並議列栅張家渡，且守且戰。諸軍既已奔潰，風鶴皆驚，紛紛揚帆不能止，乃疾趨皂口，爲守險計。諸軍奔潰如故，陳公收合滇兵，先入虔。獨余與萬公、王公及永豐舊令林公逢春四人停舟皂口。自廿八日至四月初六，皆以扁舟上下二十里内，相地形，設守具，而兵將寥寥。滇帥趙、胡皆從龍泉入虔。粤帥童以振陣没，陳課則稱病先上，後爲平粤伯丁公魁楚所殺〔二〕，以其倡逃也。閩帥周之蕃、吴玉簡、吴章及粤帥王基昌，俱孑然一身，

〔一〕「康」，原脱，據蔣跋本（國家圖書館藏蔣鳳藻跋清鈔本《海甸野史》）、中大本（國家清史編纂委員會主編：《六編清代稿鈔本》第二五六册影印廣東中山大學圖書館藏清鈔本《海甸野史》）、《續編》本（于浩編：《明清史料叢書續編》第六册影印清末民初鈔本《海甸野史》）補。

〔二〕「伯」，原脱，據蔣跋本補。

不能自集舊旅〔一〕。惟安遠汪起龍有兵三百。虔中聞變，不亟發援兵。時冏卿李公陳玉〔二〕、楊公仁願，兵垣楊公文薦，兵曹萬公曰吉〔三〕、周公遠，待詔劉公季鑛皆在虔〔四〕，力請諸督師相國蘇公觀生及江撫劉公廣胤，二公相顧遲延，止發贛城新威營兵二百至皂口。萬公遣監紀程亮督之，下守綿津灘。楚帥曹志建發兵二千來詣，僅一宿噪歸。至初六巳刻而北軍至，新威營先潰，汪兵繼之。萬公計無所出，臨河徘徊。余力持，以爲張、許必守睢陽，此非我輩死所也。乃又挽舟溯流，以初八抵虔。虔人倉皇四竄，萬兵曹即督師親弟也，先挈家去，且命督師二妾皆出署，民情益洶洶然。督師未之知，亦無敢告者。余乃直白督師，督師忿甚，即取劍欲手刃護家屬出城諸弁〔五〕，並欲殺二妾以殉。二妾聞之，懼而入署，虔人乃大定，頗有士民共商固守者。至十一日，楊兵垣自請任守城事，指畫形勢，以爲虔必可守，士民益踴躍聽命。

〔一〕「自」，原作「復」，據蔣跋本、中大本、《續編》本改。
〔二〕「玉」，原作「王」，據中大本、《續編》本改。
〔三〕「曰」，原作「元」，據蔣跋本改。
〔四〕「季」，原作「李」，據蔣跋本、中大本改。
〔五〕「護」，原脱，據蔣跋本、中大本、《續編》本補。

時粤中有新鋭五千在南雄，又以餉匱大譁。萬公欲促之來援，命余往。十二日午刻，予持檄兼程，四日即抵南雄，向舊虔督李公永茂及總戎周仕鳳爲秦廷之哭。李公義激慷慨，捐囊中金五百犒師，遂以十八日踰嶺來援。率師者，副將吴之蕃、游擊張國祚也。時陳都憲已在南康，予便道晤之，亦慫其收拾滇兵復援。而北軍遂以十四日至虔，虔人閉門固守，蘇相國率所部退守南康。北軍方張，滇、粤諸兵先後至南康者以數萬計，皆未敢即下。至四月杪，督師相國楊公廷麟自雩都力促新撫閻總及張安各營兵四萬餘至虔〔二〕。劉撫軍初委城去，亦自寧都募二千人來，俱以五月初一、初三先後潰散，未嘗對仗，而遽爲北軍所衝，撫軍被執，所失士馬器械無算。甚矣！此輩之徒事驕悍而實怯弱，能爲寇而不能爲兵也。此後，援兵益裹足不前。蘇、陳二公及王兵曹多方鼓舞，至六月望後，吴、張二營乃奮勇前驅，與北軍相遇於李家山、九牛之間〔三〕，數合皆捷。北軍以爲援兵必踵至，遂即刻返虔，且撤城下之圍，退屯水西。而張、吴又以爲必捲土重

〔二〕「相國」，原二字互乙，據蔣跋本、中大本、《續編》本正。
〔三〕「牛」，原闕，據蔣跋本、中大本、《續編》本補。

來〔二〕，亦退守南康。時虔中士民死守已兩閱月，且守且戰，奉詔旌異，改郡名忠義府〔三〕。楊兵垣籍民兵五百人〔三〕，專守西門，當北軍之衝，尤多奇捷，奉手敕褒嘉，歷陞太常卿加行在都憲。至六月廿四、五，汪起龍乃率師至虔，滇帥趙印選〔四〕、胡一清亦率師三千餘來會。舊署虔郡南安別駕劉清名初以棄城遁去，亦引兵三百餘自贖。蘇相國部下各營，亦遣三千餘人來。陳、童二營各收餘燼近二千人。楊相國自率閣營羅、魏二將及張安各數千人，大司馬郭公維經及侍御姚公奇胤亦率所募滇、閩八千人，丁平粵又遣其標兵近四千餘人，俱先後列栅城外。予時病卧韶州山中，會中翰袁公從諤新募砂兵三千人，銓曹龔公棻、兵曹黎公遂球新募水師四千餘人，俱道經韶右〔五〕，乃拉予復詣虔。至南安，而萬公適有手書致蘇相國，以轉餉弗給，命予領户、兵兩曹事。又粵督解相國以爲粵餉牽制頗甚，欲與楊、萬二公會題予諫垣以重事權。予力辭之，念二公久在虔勞苦，不可

〔二〕「土」，原作「兵」，據蔣跋本、中大本、《續編》本改。

〔三〕「忠義」，本篇上文、下文皆作「忠誠」。

〔三〕「籍」，蔣跋本、中大本作「藉」。

〔四〕「帥」，原作「師」，據中大本、《續編》本改。

〔五〕「右」，原作「石」，據蔣跋本、中大本改。

不一返幕中。值新撫葉寇萬餘人在潭口梗道，七月終，北軍掩其無備〔一〕，萬人立潰。

予以八月初七，間道復入虔。時城外諸營不下四萬餘人，亦頗鋭往思戰。萬公持重過當，以爲必待水師合力〔二〕，乃獲萬全，諸營未免沮喪。而水師久在南安，大治戰艦。予與王公其弦皆極言水涸不能行巨舟。然其帥羅明受〔三〕，故海寇巨魁，性桀驁不馴。龔、黎二公，又如慈母之奉驕子，惟所欲而已。遲至八月廿後始來。北軍聞其舟行逶迤，乃設計截之江上。廿三夜，予與王兵曹、袁中翰巡城，遥望二十里外，營火星稀。時漏下三鼓，急叩督師門，請發滇兵接應。督師與龔銓曹皆以予輩爲過計，謂羅明受之兵力敵萬人，不足慮也。廿四日早櫛沐未竟〔四〕，即聞水師敗北，巨舟八十餘皆燬，羅弁遁去，兵士被殺者數百人，北軍爲所殺者亦數百人。舟中火攻諸具甚繁，費餉巨萬，一旦燬燼，督師與龔、黎諸公撫膺慟悼，亦已晚矣。自是虔人喪氣，北軍益張，遂以廿八日衝破廣

〔一〕「軍」下，原衍「撫」字，據蔣跋本、中大本、《續編》本删。

〔二〕「合力」，原二字互乙，據蔣跋本、中大本、《續編》本正。

〔三〕「帥」，原作「師」，據中大本、《續編》本改。

〔四〕「櫛」，原脱，據蔣跋本、中大本、《續編》本補。

營諸栅，廿九日衝破滇營諸栅。自是，東南城外無復一卒〔一〕。

九月初三日，攻西門，已登月城女牆，督師及楊兵垣、袁中翰力督死士縋城格鬥，乃退。初九日，北軍遂據南康，滇、廣諸兵既潰，人無固志，皆借端引去〔二〕。吴玉簡〔三〕、龍倫、吴之蕃等又倡逃惑衆。督師矯情鎮物，且厭苦諸軍糜餉無庸，乃皆遣之散去。城中僅留汪起龍罷卒三百人，汪國泰、金玉振所收吾吉人四百餘，徐日彩新招虔人二百餘〔四〕，及郭大司馬部下尚留三千餘。城外惟湧金門江上有水師後營黄志忠二千餘。會聞汀州之變〔五〕，予以爲根本大計較急，相國、司馬宜引兵迎扈。相國誓與虔存亡，不欲行。司馬奉手敕至再，將以九月望行。督師偶有遺言，士民亦不知大體，妄效扳轅〔六〕，司馬乃行且止。督師又謂司馬諸兵不足用，稍稍先遣去，城中益空虚。予與翰垣萬公發祥

〔一〕「無復」，原二字互乙，據蔣跋本正。

〔二〕「引」下，原衍「起」字，據蔣跋本、中大本、《續編》本删。

〔三〕「玉」，原作「王」，據本篇上文及《續編》本改。

〔四〕「二」，原作「三」，據蔣跋本、中大本、《續編》本改。

〔五〕「聞」，原作「在」，據蔣跋本改。

〔六〕「效」，原作「放」，據蔣跋本、中大本、《續編》本改。

及兵曹王公其弦等復聯屬鄉勇，約各社長會於明倫堂，萬公捐三百金致犒，郭司馬捐四百金，定迴環巡城規制，士民乃又稍振。而舊撫參戎謝之良擁衆萬餘在雩都，觀望不前。粵西調來狼西兵三千人，方踰嶺，不即至。萬兵曹聞南康既陷，亦退守韶州。虔城士民登埤既久，未免暮氣難鼓，然猶勉强支吾。北軍未察虚實，不即輕進。至十月初三後，城内一人縋城出，北軍犄營適有百餘騎截路，執而詰之，乃知城守之疏倦可乘。遂逼以前導〔二〕，繇小西門十三號潛踰以入〔三〕。既入，乃遍告各營，悉衆來赴。城内倉卒無備，然督師及楊相國，郭司馬，楊兵垣，姚侍御，于、王二兵曹，署郡吴司李，林邑令及予鼓勵鄉勇接戰，互有勝負。總戎劉天駟率家丁十餘人力戰，殺北軍數人。至初四日黎明，而北軍大衆悉至。郭司馬屬予促水師發炮，連遣四十八門皆裂，城遂陷。

予自建春門城上歸寓，整衣冠以待，自期必死。適四鄰火起，予乃引家童二人登屋以俟。偶有東南風，火不即至。北軍紛紛在市上殺人，即予所踞屋下，亦慘號四聞。一

〔二〕「導」，原作「道」，據蔣跋本、中大本、《續編》本改。

〔三〕「繇」，原作「縣」，據蔣跋本、中大本、《續編》本改。

人登樓搜括，與予對面，僅去尺許，往返至再〔一〕，竟未嘗見〔二〕。有張管隊者〔三〕，從對門小屋上望見予，予即大呼曰：「女勿胡做，我某官某姓某名，汝欲殺，即持首級去。」其人自入城來〔四〕，但見乞憐求活者，屬予張目正色，不覺氣奪，汗流如雨，登屋復墜。予反手掖之，且笑語曰：「汝輩當兵，何不濟乃爾〔五〕！」其人益心懾。予乃引至一室，命坐而與語，問其所欲，彼不過欲得錢耳。予笑曰：「予死且不避〔六〕，何以錢爲！」命家童解所袖二十餘金與之。其人亦不復問，第强予至營中，且以所乘馬假予騎。一路遇北兵，見予冠服依然，皆曰：「汝萬軍門耶？」予亦謬任之，蓋恐其追求督師，不如以予塞責耳。至營中，晤總統副將高進庫，予力請就死。高陝西人，甚質直，反大相敬禮，不啻不忍加誅也，仍命張管隊引予宿帳中。時城内縱火，三日後乃息，合郡煨燼。初三

〔一〕「返」，原作「追」，據蔣跋本、中大本、《續編》本改。
〔二〕「見」，原作「近」，據蔣跋本、中大本、《續編》本改。
〔三〕「管」，原作「營」，據蔣跋本、中大本、《續編》本改；以下徑改，不再出校。
〔四〕「其」，原作「某」，據蔣跋本、中大本、《續編》本改。
〔五〕「爾」，原作「事」，據蔣跋本、中大本、《續編》本改。
〔六〕「且」，原脱，據蔣跋本、中大本、《續編》本補。

夜三鼓，予方巡城，見天火如雨墜城中，不意其符驗甚速如此。城中士民，與北軍格鬥而死者無算，亦有自焚其居者，諸池井積尸幾滿，皆義士烈女也。督師二妾，率群婢投井中。虔士向皆荷戈臨陣，至是多自殺。有莊秀才者，監紀莊以莅之弟也，撞石而死。其妾泣訴云已親見之。袁秀才字汝健者，合門被殺，其女在營，向予痛哭。盧鄉官合家投井中〔一〕。兵曹黎公遂球，想亦同死矣。傳聞太常彭公期生自縊於章貢台，此公固自持必死者也。

初五日，總統令人引見，至帳中，則兵垣楊又如及胡總戎先在坐。又如所持與予同，大要求其明白一死耳。總統與諸將皆爲動容。是日定議，將予與又如解送京師。晚，又引見李總統處，劉季騧總戎暨黃振寰副戎皆在〔二〕。季騧臨別依依，若不敢相近。予語之云：「但置生死度外可耳〔三〕！」季騧初四早躍馬過予舍寓，即相約死難，真英傑也〔四〕。是日，傳聞楊相國已投水，北軍得其冠服爲據云。

〔一〕「井」，中大本、《續編》本作「池」。

〔二〕「季騧」，本篇上文作「季鑛」。

〔三〕「可」，原脱，據蔣跋本、中大本、《續編》本補。

〔四〕「傑」，原作「雄」，據蔣跋本、中大本、《續編》本改。

初六日，又如經至予帳中，坐語移時。予復同過馬龍池副戎。馬故劉昌平部下，聞予與又如毅然請死，殊爲感嘆〔一〕，其供奉又殊有禮〔二〕，予因與又如勸其以禮葬死事諸公。時在虔文臣，楊、郭、萬三公外，有翰林兼兵垣萬公發祥〔三〕，太常卿兼守北道彭公期生，銓曹龔公棻，侍御姚公奇胤，兵曹于公斯昌、王公其宖、黎公遂球、柳公昂霄〔四〕、魯公嗣宗〔五〕、錢公謙亨，户曹林公珽，中翰袁公從諤、劉公孟鍹、劉公應馴，郡司李署府事吴公國球，二守王公明汲，臨江司李胡公縝，署縣事林公逢春，監紀通判郭寧登，鄉紳盧象觀，孝廉劉日佺，南昌孝廉萬興明，楚中孝廉馬芝，清江明經楊廷鴻、黄尚實〔六〕，吉郡明經胡國偉、王所、管聲九〔七〕、戴紱，文學段之緟、朱長應、賴尚祐，南昌文學劉斯鎬等數十人，惟予與又如及于兵曹被執，朱文學得脱歸，此外大都不死兵即死水火耳。

〔一〕自「爲感嘆」至「之子」，原本脱鈔一頁，凡三百六十字，據蔣跋本補録。

〔二〕「又」上，中大本、《續編》本有「又如」二字。

〔三〕「垣」，蔣跋本作「恒」，據中大本、《續編》本改。

〔四〕「柳」，中大本、《續編》本作「柏」。

〔五〕「魯」，中大本、《續編》本作「曾」。

〔六〕「實」，中大本作「賓」。

〔七〕「九」，中大本、《續編》本作「元」。

劉公孟錡危病卧建春門郭宅，即予寓，予登屋投火，乃與分手。黎公遂球病卧西門鄉紳盧子占家。龔公棻以墜馬病卧軍院前金監紀家[一]。王公其宖東樓督戰[二]，被鉛彈傷頭顱。此則予所知也。

初七日，政兒子夢麟晬盤之日，晨起，一揖祝天而已[三]。因憶去歲初生，四弟喜賦一詩，今依韻偶占云：「之子晬盤日，阿翁就檻辰。貢江空寂寞，西嶺正嶙峋。保世惟忠孝，委身報聖仁。行行歲晚至，苦節附松筠。」是夜，有一被執者持刀殺北兵，爲所覺而死，亦奇矣哉！

初八日，又如過余帳中，因共往馬副戎所，留飯，其子頗有意氣。是夜，夢至南樓，楊機翁老師尚在守城。又夢誦《通鑑》周孟威、丁彦速、吉左冲數語[四]。時諸帥已草定塘報，押解予等。予因作數字寄家人，托永新胡秀才附往。胡字義者，與安福小童朱魁

[一]「紀」，蔣跋本作「化」，據中大本、《續編》本改。
[二]「王」，蔣跋本作「三」，據中大本、《續編》本改。
[三]「一」，中大本、《續編》本作「三」。
[四]「速」「左」，司馬光：《資治通鑑》（中華書局一九五六年點校本）卷一百四「晉孝武帝太元四年四月戊申」條原作「遠」「祖」。

保皆在高部内〔一〕，甚敬愛予，各持數錢見贈，且依依不忍別。帳中大小諸卒初見予，皆眈眈相視。予率胸懷與語，彼或拔利刃、挽强弓、示予武以冀虚喝。余曰：「我憂汝刃不利耳，利則是大爽快事〔二〕！」諸卒相謂：「此不怕死忠臣也。」反倍加敬禮，至有擎酒食來餉，持襆被、銀錢見遺者。大要如醉漢遇虎，了無怖畏〔三〕，虎亦無如之何。然亦見三代直道，猶在人心云。

初九日午刻，同黄副戎、劉别駕先登舟〔四〕，楊又如及范、胡二總戎後至。押解者共數十人，一舟雜沓，苦不必言。夜聞劉别駕談及義娼祈祈在營中，見其舊交被俘，遂自刎而死，亦俠烈也。

初十日，胡總戎述其兒時三異事。初生竟是肉毬，舉家怪異，剥去數十層，乃見兒啼。及十餘歲，以放風箏墮井中，見黄鬚老人井底對弈，衛者甚衆，驚訝彼墮來〔五〕，捧

〔一〕「小」，蔣跋本作「山」。
〔二〕「是大」，蔣跋本、中大本、《續編》本二字互乙。
〔三〕「怖」，原作「悕」，據蔣跋本、中大本、《續編》本改。
〔四〕「同」，原脱，蔣跋本作「兼」，據中大本、《續編》本補。
〔五〕「彼」，原作「被」，據蔣跋本、中大本、《續編》本改。

之出井。又嘗讀書山中，引衆出遊，越數武而山石墜下〔二〕，壓死十餘人。可見生死前定，固不得自由也。夜泊崑崙灘。

十一日，過萬安縣，空城而已。泊上溪，夜夢拔劍驅祟。此月作此夢者三，不知何祥？是日同又如慨嘆虔事，因及三老。萬公志急身先，清苦絶倫，而自用頗專，與人或忮。楊公節義文章，羽儀當世，而見事稍遲，聽言不廣。郭公虛公平恕〔三〕，集思廣益，而遴才太濫〔三〕，馭將太寬。以此三老立朝，必有可觀，扶危定傾，實亦未易。此予與王赤反朝夕撫膺者也。

十二日早，同又如諸公坐小洲上櫛沐，較舟中如登天堂。舟中視帳中，又如地獄矣。茫茫黑暗，竟不知何時見天日也。夜泊蜀口洲。

十三日早，留蜀口。偶見蒙江王復初亦在北軍舟中，向予依依，猶有鄉里之誼。家僮如豕〔四〕，自此問道抵舍，臨歧慟哭，余笑遣之。午餘，秦僧正志至。舟中同行僧澄一，

〔二〕「武」，原作「步」，據蔣跋本、中大本、《續編》本改。
〔三〕「虛公」，中大本作「慮事」。
〔三〕「而」，原脱，據蔣跋本、中大本、《續編》本補。
〔四〕「如」，蔣跋本作「斯」。

揚州人，因談及舊萬安令梁公于涘死難事，且記其絶命詞云：「但知生富貴，誰識死功名？到頭成個是，方見古人情。」又自記云：「平生學佛得力，到此撒手懸崖。」蓋乙酉九月被執不屈，竟死南昌獄中也〔一〕。卓哉飲光，遂能如是耶！予於廣陵交飲光及鄭超宗、宗開先〔二〕，宗開先名灝，鄭超宗名元勛〔三〕，俱江都人〔四〕。皆余房師王鉄山姻友也。三公並以癸未登第，飲光殉節；超宗以調停高鎮兵入城，爲同郡亂民寸磔，僅存遺骨數寸；開先初仕中翰，及江南既降，擢爲常州太守，又爲本郡紳士所劾罷官。三公各作春夢，究竟何如，可發人深省。晚泊泰和，遥揖蕭爾器兄弟忠魂，不禁黯然。

十四日，泰和西岸移舟東岸。守者命予輩易一大舟，行不數武，嫌其遲滯不前，復挈予等還故舟。行止不能自如，一聽客之所爲而已。夜泊龍門山下，念我茂遠，真過去仙也。茂遠尊人蕭次公先生古誼篤摯，命一僧相聞數語而別，復遣之馳候郡中，竟不得再晤。是夜風雨大作，舟次苦甚。

〔一〕「竟」，蔣跋本、中大本、《續編》本作「遂」。
〔二〕「宗」，原脱，據蔣跋本、中大本、《續編》本補。
〔三〕「超」，原作「起」，據本篇上下文改。
〔四〕「宗開先名灝鄭超宗名元勛俱江都人」，原脱十五字，據蔣跋本補。

十五日晨起，風雨不得行。食後，守者强舟子行，泊花石灘。

十六日，過吉安，遣人視舊宅，已爲兵毁，親友無一人在市上者。同又如望拜文山祠。夜泊白沙驛。

十七日五鼓，發白沙，過玄潭〔一〕、龍洲，皆不能一眺，付之夢想而已。夜泊仁和市。

十八日，風雨大作，勢不能行。守者强之行，波濤洶湧，聽之耳。過新淦縣。下午，五里泊舟。五鼓，乘月抵樟樹鎮。

十九日，過豐城縣，泊市汊，聞姜燕及年伯尚在里居，然不能通一字也〔二〕。又如明《易》理，在舟每日筮一卦，是日以後，反多吉卜。

二十日，泊河泊所，北風厲甚，守者復强舟子行。余輩一身似葉，刀兵水火作平等觀，但笑彼悍竪耳。

二十一日五鼓，復冒險行。晚，至省城，宿廣潤門外姚君甫家〔三〕。是夜，三總戎及劉别駕皆流涕懇予與又如稍以和平自全，且勿累及同事。又如與余云：「生死自有定數，

〔一〕「玄」，原避諱作「元」，據蔣跋本、《續編》本改。
〔二〕「能」，原脱，據蔣跋本、中大本、《續編》本補。
〔三〕「潤」，原作「寧」，據蔣跋本、中大本、《續編》本改。

亦各有定數，豈能相累！若我兩人視死如歸，豈能乞憐求活耶！」五鼓，作字與家人訣，并此《録》及玉簪一枝付邑人歐叔重持歸。簪，故先君所遺，故以之貽麟兒耳。

二十二日微明，即引詣金督府衙前，值吴按君以武闈較士，未得會審，乃復放歸寓處。守者貫以鐵索，諸公殊以爲苦，予舉「風吹枷鎖」之句，與又如大笑。市人皆以爲不識生死〔一〕，聚觀者如堵，聞知是予與又如，咸唏嘘感嘆。新孝廉一人，諸生十數人，向予流連不忍去。又有張椽者，告余以劉平田在章門，午餘約晤，相對凄然。因極力爲余求生，且捐行貲購杉材，以備予與又如及同事五人不測。又預措一舟，爲余反櫬計。此真今人所難也！

二十三日，會審於樂安王府舊第。劉别駕先陳削髮求降，三總戎亦哀詞投誠。予與又如誓死不屈膝，惟直陳國破家亡，自分當死。而當事寬喻甚至，竟不見殺。余與又如因嘆能死之難。前者兵曹于公斯昌、總戎劉公天駟〔二〕、副戎汪公起龍，皆以十九日見殺。予輩舟行阻風，故不前耳。廿二日夜，余夢北斗旋轉，豈真生死上關星文耶〔三〕？

〔一〕「爲」，原脱，據蔣跋本、中大本、《續編》本補。
〔二〕「天駟」，本篇上文作「應駟」。
〔三〕「上」，原脱，據蔣跋本、中大本、《續編》本補。

廿六日，附平田舟以歸。是夜，夢關將軍騎一巨魚，自池中飛昇。予遥望泣拜，以恢復大事默禱。亦異夢也。

自跋

忠誠府丙戌十月四日之事，予輩扞禦無力，宜咎人而不咎天也。被執在檻，隨筆實録，自附信史。同事諸公，或存或凶，幽明可質，當以予爲古之遺直。命名爲《倣指南録》，庶幾對文山而無愧云。是歲十月既望，安福康范生訒軒父識。

十一月初七日，返螺川。次早，即入西昌山中，距家五百里，不敢相聞。越數日，家僮乃至，四弟寄柬云：自余被釋歸來，里中過有責望，悠悠之口，鑠金泐石，且有效王梅邊生祭丞相者。予甚感且愧之，因再取是編自訟。嗟乎！予不入粤而入虔，辭諫垣而甘受械繫，此豈必欲死者哉？幸而不死，以黄冠歸故里，古之人有言矣。是編具在，千載而下，自有定論。若夫不知我之詬，予亦何忍置喙。烈媛見齒，爲賣笑者反唇，豈復與之争别貞淫乎？十一月二十六日，訒軒氏又誌〔二〕。

〔二〕「誌」，原作「撰」，據蔣跋本、《續編》本改，中大本作「識」。

續明季遺聞

汪光復撰〔一〕

沙壅錢塘，騎兵飛渡。丙戌六月初六日，荆國公方國安、蕩虜將軍方元科、閣部馬士英、阮大鋮、方逢年等先走巡邊，閣部張國維護衛監國，於十七日至台州，進王府。王諱以海，賦性寬厚，篤於孝友，多病喘。初，元妃周氏聞警不避。王促之行，妃訣曰：「勿以妾故爲王累。」碎磁盤自刎。甲申冬，移封台州。乙酉六月三日，熊、孫、馮、鄭舉事，迎至蠡城，建元監國魯，鑄錢用「大明通寶」四字。至是，有御營總兵李唐熙，謀同方、馬，欲縛王作投誠贄。王於寢夢知逆狀，夜起，密召閣部張國維、陳函輝、兵部侍郎谷文光、殿蜚，四明。指揮總兵王朝鼎、澥門衛。王有誌、左右協張國忠、蔣應彪等襲斬之。七月朔，駕次澥門衛，入參府。初七日，定西將軍張名振差中軍方簡迎駕出澥。王慟哭告廟，相向失聲，遮道逡巡，抵晚登舟。清兵已隨至，方、馬亦預爲投降計矣。永豐伯張鵬翼耀先，諸暨。被禽不屈，斬之。斫夷伯顧勳會稽。鎮守嚴州，

〔一〕「撰」，原脱，據蔣跋本補。

兵敗札營，相拒累日〔一〕，全家慘死。閣部朱大典守金華〔二〕，破城時赴火死。大司馬余煌投水死。武寧侯王之仁趨南京，慷慨就死。吏部尚書王思任入雲門山〔三〕，數月卒。魯王至舟山，威虜侯黃斌卿虎癡，莆田〔四〕。拒而不納。次普陀，惟督師閣部熊汝霖、雨殷，餘姚，丁丑。孫嘉績、碩膚，餘姚，丁丑。錢肅樂、希聲，鄞人，丁丑。沈宸荃〔五〕、彤庵，庚辰。馮元颺、爾韜，慈溪，癸未。盧若騰，牧舟，同安，庚辰。翰林兼兵給事徐孚遠，闇公，壬午。太常寺寺丞任文正，南陸。御史袁嘉彪，文虎，奉化。大司馬馮京第，躋中，慈溪，庚辰。熊督師監軍職方郎中馬星、爾毓，餘姚。任穎眉〔六〕，員外沈光文，御史王翔，完勳，上虞。主事梁隆吉、王浚，義興伯鄭遵謙，履公。挂印總兵陳文達、匡侯，温州。沈時嘉、山陰。朱岱瞻、王鳳儀〔七〕、姚江。金浚、上虞。劉穆，公岸，

〔一〕「拒」，原作「距」，據蔣跋本、中大本、《續編》本改。

〔二〕「守金華」，原脱三字，據蔣跋本補。

〔三〕「任」，蔣跋本作「仁」。

〔四〕「黃」，原作「王」，諸本同，據乾隆《福建通志》卷四十四《黃斌卿傳》（影印文淵閣《四庫全書》本）改。

〔五〕「荃」，原作「佺」，據本篇下文改；以下徑改，不再出校。

〔六〕「穎」，中大本、《續編》本作「潁」；以下同，不再出校。

〔七〕「鳳儀」，中大本、《續編》本二字互乙。

會稽，丁丑。侍講兼左給事中張煌言，玄著，四明，壬午。推官黄雲官，揚州。都僉方端士百里，六合。從駕〔一〕。閣部荆本澈太徹，丹陽，甲戌。帶兵由松江航澥〔二〕，抵舟山。其子元相欲襲之，兵敗，全家慘死。馮元颺以和解，悞爲閩兵所殺。温鎮總兵賀君堯航澥朝王，斌卿令朱玖劫殺之。平西將軍王朝先〔三〕，省宇，蜀人〔四〕。初與定遠將軍陳梧膚公，上虞。俱奉命西征者，擁兵蛟關。鎮倭將軍王鳴謙，益公，武寧侯子。共欲趨金塘、岱山，爲掎角勢，不果。富平伯張名振侯服，山西籍，南京人，以副將任石浦游擊事。迎駕，便謁斌卿，因締姻而重之以盟誓焉。前舟山亦係名振題借斌卿者，遂共守之。斌卿利朝先兵力，三書召之。朝先先率二艦渡横水洋，斌卿標將朱玖〔五〕、陸偉閩人。以假迎劫之。朝先跳水得救，妻子死焉。隨見斌卿，作標將，摘其印。名振一見朝先，即解

〔一〕「駕」，蔣跋本、中大本作「焉」。
〔二〕「閣部」，蔣跋本作「職方」。
〔三〕「軍」，原脱，據蔣跋本、中大本、《續編》本補。
〔四〕「宇蜀」，原二字互乙，據蔣跋本正。
〔五〕「玖」，原作「致」，據蔣跋本改。

衣衣之，贈千金，爲之力請斌卿，還其印〔一〕。然斌卿殺身之禍，實基之矣。

丁亥夏，鎮守吴淞提督吴勝兆謀反〔二〕，以血書通名振，結爲聲援。時魯王在温澥中之玉果山〔三〕，名振奏請敕印二百道，命張煌言監其軍，任其副之，徐孚遠賜一品服，充行人司使，聯艅二十餘號〔四〕，兵將五百餘〔五〕，舟次黄連港。以港名不美，令移白米沙，傳令洗炮，龍驚浪鼓，颶風大作，全軍盡覆。清兵擒其弟名遠，斬之，徐、任以殿兵免。永勝伯鄭彩同弟聯，因福寧守將徐登華棨于，湖廣。叛，差中軍平南將軍陳輝奏迎監國。加輝平南伯〔六〕，加彩建國公。初，名振兵敗，於洪濤中遇煌言浮蓬上，得不死。尋逼岸，暗行二十里，遇一庵。名振叩之，僧一泓見名振，即爲剃髮易服，飯罷，令即走。名振貽印，囑以後得會。緝兵驟至，搜捕之，得大領濕衣並印。僧賺以他路，追不獲，僧伏

〔一〕「還」，蔣跋本作「退」。
〔二〕「勝兆」，蔣跋本、中大本、《續編》本二字互乙。
〔三〕「玉」，原作「王」，據蔣跋本、中大本、《續編》本改。
〔四〕「十」，原作「千」，據中大本改。
〔五〕「百」下，中大本、《續編》本有「有」字。
〔六〕「輝」，原作「耀」，據蔣跋本改。

誅，名振得脱，遂歸舟山。朱玖必欲殺之，名振别斌卿，托言往南田屯田以避之。監國入福寧州，封徐登華爲振威伯，命張寂惺石田姜。總督軍務，在在皆揭竿以應。平陽侯周雀之、九玄。閩安侯周瑞、雲麟。太子少師挂印陳文達〔一〕、御史蔡昌登、幼文，三山。大司馬林垐、子野，福清，癸未。主事林泌道嶼，三山。各聚兵攻三山近州數縣，皆下之。城中人相食，餓死即腹葬，有殺子弟食者。清命總督陳錦、固山金、提督楊三、部堂李、佟統兵克復州縣，魯王退壺江浪崎嶼〔二〕。

戊子元旦，朝賀畢，王問閣臣熊汝霖曰：「數年顛躓，蹙蹙靡騁。春至矣，先生得有佳兆否？」汝霖對曰：「臣向少夢，惟昨午夢，夢一道士，羽衣翩躚，揖臣而贈臣以詩。臣但記末二句云：『可惜忠臣一片心，付與東流返故鄉〔三〕。』」監國聞之默然，尋改曰：「堪羨忠臣百折心〔四〕，喜遂澄清返故鄉〔五〕。」汝霖頓首稱謝。十七日，彩兵與熊兵偶

〔一〕「太」，原作「大」，據蔣跋本、中大本、《續編》本改。
〔二〕「浪」，蔣跋本、中大本、《續編》本作「峎」；本篇以下同，不再出校。
〔三〕「返」，原作「反」，據蔣跋本、中大本、《續編》本改。
〔四〕「折」，原作「析」，據蔣跋本、中大本、《續編》本改。
〔五〕「遂」，原作「逐」，據蔣跋本、中大本、《續編》本改。

競，質之彩，彩令送之霖，霖笞而逐之。夜分，賊黨百人破門縛熊，沉之江。監軍馬星得方簡救，得免。惟兵科左給事中陳希友孝廉，三山。揭參鄭彩逆惡大罪，給事中熊曰繪遯木，黃州，心開公文粲子。草疏送督臣錢肅樂。樂浩歎，勸火之。繪大慟竟日去〔一〕，嘗有詩云：「一身如洗惟存髮，隻字無成剩有心。」科臣鄖正畿〔二〕、德都，江左。簡討崔相、介人，三山。司李陳豸豹叔。皆含恨星散。陳希友知不爲鄭彩所容，繳印披剃去，復以母病留舟山。聞雨翁之變〔三〕，絶食哭數日，設祭南向，弔以詩曰：「數載風濤絶溯游，驚聞砥柱折中流。半肩日月魂猶在，九族衣冠夢入泗。沙掩殘軀潮作淚，靈昭窮嶼水爲愁。何時破浪乘風去？灑血横戈易水頭。」傷哉！傷哉！嘗有烈風怒濤，折木揚沙，水師夜驚，咸謂英靈不昧所致。義興伯鄭遵謙不平，彩令人拈帖請話〔四〕，亦投之江。其妾金四姐大哭，撞死。魯王大怒曰：「殺忠義以斷股肱，生何益耶！」欲跳水死，左右與彩力勸止，遂究首謀十餘人，磔之。熊子琦官甫六歲，即彩壻，彩陽撫而陰賊之。

〔一〕「繪」上，蔣跋本有「曰」字。
〔二〕「畿」，原作「幾」，據蔣跋本、中大本、《續編》本改。
〔三〕「雨」，原作「兩」，據上文熊汝霖字雨殷改。
〔四〕「拈」，中大本、《續編》本作「持」。

惟熊之門人盧若騰申揭聲罪而已。督師閣部錢肅樂，遇颶風破舟，披剃入山，卒於福唐葉宅，墳與葉閣下相鄰，復哭以詩曰：「眼中又見泰山傾，局錯終知未可争。霜雪滿天人在夢，荆榛匝地步難行。平原欲繡絲難買，少伯無錢寫不成。落落束芻驅白馬，夜臺何處起先生？」一視師閣部孫嘉績以憂卒。閣臣沈宸荃奉命入粤，遇風覆舟。至此，而風虎雲龍之想，竟轉而爲珠沉玉碎之悲矣。惟禮部尚書吴鍾巒〔一〕、武進人〔二〕，霞舟，甲戌。兵部尚書李向中、鍾祥人〔三〕，立齋，庚辰。太僕少卿曹從龍雲從。數人從王。平西將軍王朝先經營數年，兵力頗足，結納蕩胡伯阮進甚殷〔四〕。進即名振舊柁工〔五〕，善水戰，拔爲水營將〔六〕，常率一艦，擒殺賊舡三十餘號，以故水師多夙望。朝先之所以致敬盡禮者，正欲爲謀斌卿地耳。七月，鄭彩自莆中送斌卿子如舟山〔七〕，即名振壻也，道經南田，名

〔一〕「鍾」，原作「鐘」，據中大本、《續編》本改。
〔二〕「武進人」，原脱三字，據蔣跋本補。
〔三〕「鍾祥人」，原脱三字，據蔣跋本補。
〔四〕「結納」，原二字互乙，據蔣跋本、中大本、《續編》本正；「胡」，原作「湖」，據蔣跋本改。
〔五〕「進」，原脱，據蔣跋本、中大本、《續編》本補。
〔六〕「將」，原衍「軍」字，據蔣跋本、《續編》本删。
〔七〕「莆」下，原衍「田」字，據中大本、《續編》本删。

振留十日飲。朱玖揚言名振劫舡殺公子，於是鼓衆抄名振宅，凡名振標屬皆籍之。居無何而公子至，備道名振情，斌卿惟負慚而已。斌卿恒以降乩炫才，小興復一日，禮部尚書張肯堂、太常寺卿朱永祐、浙江巡按御史李長祥〔二〕、兵科徐孚遠、張煌言、任穎眉等俱在座，乩降思澀，煌言微笑之。斌卿叩所以，煌言曰：「弟亦有仙，可不召而速。」斌卿虚席固請，煌言令斌卿出十題，限十韵，煌言援筆立就，妙思入神，一座嘆服。嗣此，斌卿呼爲張大仙云。十月初四日，名振舡過昌國衛，守城官兵以炮擊名振卧床，名振大怒曰：「叛軍無禮乃爾耶！」因襲破之，搜捕城中少壯婦女二百八十有奇〔三〕，令驅赴南田，給賞軍士。適監軍職方郎中任穎眉自舟山過訪名振，語以昌國之捷，并謀以犒師事。任悉力議論竟日，與名振大競。監紀推官陳劍鳴、同知黄鳴華等勸止之。明晨，名振以帖請議事，任仍抗論如昨，名振禮謝之，立令出示放還。

己丑秋，王朝先擁兵取糧温、台。斌卿標將黄大振得罪逃，誑朝先曰：「將軍家口及標屬盡被本爵所抄没，以將軍久假不歸，有懷二心故也。某以苦諫獲戾，故出亡耳。」

〔二〕「浙」，原作「淅」，據蔣跋本、中大本、《續編》本改；以下徑改，不再出校。
〔三〕「搜捕」，原二字互乙，據蔣跋本、中大本、《續編》本正。

朝先蓄恨已非一日，遂厲兵誓師，揭奏斌卿逆惡罪狀。王命朝先、阮進水陸兼進，名振泣諫曰：「臣與斌卿聯姻，路人所知。今以朝先一言而加兵問罪，臣日待罪左右，其如物議何？」俯伏不已，王因手敕和解之。朝先得敕，先致温旨，以緩其備。仲冬二十一日，朝先兵逼斌卿舟，斌卿備香燭、著衣冠〔一〕、手捧來旨大言曰：「聖上有旨，誰敢？誰敢？」時安昌王恭梘、義陽王朝墠、錦衣李向榮俱環坐〔二〕。頃之，朝先旗鼓尹明以詐稟投見，揮刃斬斌卿，沉之舟側。其弟孝卿及家屬尚在，匍匐江灘。任穎眉差兵救之，令舁入名振府第。尋迎魯王至舟山，以參將府作行在〔三〕，晉張肯堂東閣大學士，沈宸荃閣部，吴鍾巒、李向中宫保，朱永祐吏部左侍郎掌銓政〔四〕，李長祥、張煌言俱兵部右侍郎，徐孚遠祭酒，陳九徵太常少卿。差太常卿任廷貴、御史俞圖南往日本〔五〕。楊璣欽天

〔一〕「衣冠」，蔣跋本、中大本、《續編》本作「冠服」。
〔二〕「李」，原作「季」，據中大本、《續編》本改。
〔三〕「將」，原作「軍」，「作」，原脱，據蔣跋本、中大本、《續編》本改補。
〔四〕「永」，原脱，據蔣跋本、中大本、《續編》本補。
〔五〕「圖」，原脱，據蔣跋本、中大本、《續編》本補。

監丞。晉名振定西侯，王朝先平西伯，徐登華太子太保〔一〕，阮進太子少傅，進侄浚英義將軍，阮美、阮駻、阮驊俱左都督，定西水師總兵張晉爵、葉有成、朱鼎臣、方簡俱挂印，馬龍、顧忠、羅藴章、鮑國祥、鄭麟俱總兵，陸師副將焦文玉〔二〕、雅存，山西，善射，有膽略，後負重傷，自刎，尸不朽。妻張氏，葬畢亦自刎，有「夫忠婦烈」之褒。史文龍、王有才、馬泰、熊夢熙、楊復葵山西，後以標將挾其歸誠，仍投水死〔三〕。俱總兵，李英傑、林世傑、李化龍、任麟俱都督僉事，方剛、厲象乾、周鳴鳳、周昉、趙賢等六十餘人俱副將，王朝先標下呂廷詔、張濟明、王文龍俱總兵，范可師、萬時輅監軍郎中，其餘大小文武俱給賞、紀録有差。

朝先既併斌卿之兵，威福日作，而張濟明又從中鼓惑之，後漸與名振、進等勢同水火，争糧争汛，逞力誇强。至庚寅九月二十四日，被名振襲殺之。嗟嗟八千標鎗手，朝先標俱川兵，被執。知無檄山輩矣〔四〕，不期名振能以寸舌片紙收拾盡之。過剛則折，恃

〔一〕「徐」，原作「涂」，據蔣跋本、中大本改。

〔二〕「副」，原作「付」，據中大本、《續編》本改；以下徑改，不再出校。

〔三〕「死」，原脱，據蔣跋本、《續編》本補。

〔四〕「檄」，蔣跋本作「椒」，中大本、《續編》本作「撽」。

力者亡〔一〕。諫首斌卿之幾，亦自取之耳，又誰咎也？張濟明跳城奪哨舡投誠於清，告以虛實，立軍令狀，願充先鋒定海。

辛卯夏，清命部院陳，固山金，提督田，梅勒吴，總鎮張、馬，提調江南、浙、閩三省水陸兵馬，分兵六出。七月，聞報，會議堵禦之策。阮進獨當定關〔二〕，張名振督張晉爵、葉有成、馬龍、阮美、阮驥、方簡等遏南師，張煌言、阮進率顧忠〔三〕、羅藴章、鮑國成〔四〕、阮騂、鄭麟、李英傑、符文焕等斷北洋，任麟爲監督，留定西中軍金允彦、巡城主事丘元吉〔五〕、安洋將軍劉世勳、中鎮馬泰三標營等守城。八月，戒嚴甚。二十日，王携世子欲登舟，名振諫曰：「臣母耄年，不敢輕去，恐寒將士心。主上督率六師，躬擐甲胄，是爲有辭。世子豈可遽去，將爲民望耶？」遂不果行，惟太常卿任廷貴從焉。南北師皆幸勝，惟定關大霧連日，咫尺眼迷。大兵於廿一日小出，不利。廿二日早，以

〔一〕「者」，蔣跋本、中大本作「則」。
〔二〕「阮」，原作「既」，據蔣跋本、中大本、《續編》本改。
〔三〕「進」，《續編》本作「忠」。
〔四〕「成」，本篇上文作「祥」。
〔五〕「丘」，原避諱作「邱」，據蔣跋本、《續編》本改；以下徑改，不再出校。

小船探水，尾戰艦，渡横水洋，突觸阮進舟上桅。以火鑵擊之，反自焚，墮水，被擒。督臺命昇進招撫守城將士，不從。攻之不下，被炮傷以一二千計〔一〕。九月初一日，金允彦以城中火藥盡，跳城降，丘元吉繼之。守城將士𢇁其子，傳示四門。初二日，知救兵到，攻益急。夜半，星隕如雨，光芒燭天，遠近大駭。初三日午刻，城破。此時張、阮會兵火燒門外，離城止六十里，候半時潮長，即可進發，在陸者自成兩顧之勢。又選甲士五千登陸牽制，事或可冀。突見城中煙燄燭天，知不可救，遁去。錦衣衛李向榮，總兵馬泰，副將單登雲〔二〕、杜芳、夏霖、解龍、朱起光、沈雲、曹維周、韓紹琦、夏時霖、張聖治、薛之胄、任則治、童自齡，安洋將軍劉世勳率兵民巷戰死〔三〕，宫眷投井死，世子被獲，無覓。名振兄名甲、生員。名揚〔四〕，母李氏，妻馬氏，捧其舅氏少溪公木主，赴火死。内侄馬呈圖、貢圖，自刎死。大學士張肯堂，冠帶焚香北謝，同夫人、二寡媳并僕媳二人投繯死，各用綾丈餘，尚餘數尺，適中書蘇兆殷至，肯堂曰：「來得好，與

〔一〕「千」，原作「十」，據蔣跋本、中大本、《續編》本改。
〔二〕「單」，原作「罩」，據蔣跋本、中大本、《續編》本改。
〔三〕「巷」，原作「港」，據蔣跋本、中大本、《續編》本改。
〔四〕「揚」，原作「楊」，據蔣跋本、《續編》本改。

同歸，做一好人。」兆殷慨諾，隨次肯堂死之。肯堂大書絕命詩三十韵於院左之雪交亭〔一〕。雪交亭者，以其滿院梨花交錯，素芬可掬，肯堂嘗居此讀書理琴處，亦澥國中一韵事也。其絕命詩有云：「虚名廿載著人寰，晚歲空餘學圃間。難賦《歸來》如靖節〔二〕，聊歌《正氣》續文山。君恩未報徒賫志，臣道無虧在克艱。寄語千秋青史筆〔三〕，衣冠二字莫輕刪。」部院臣以二十金購君遺詩，一人得之以獻，令與金，其人曰：「吾志在表揚忠義，豈爲金耶？」亦奇。太子太保禮部尚書吴鍾巒藏所著《易經》并尚書印於懷〔四〕，就學宫下孟子一位，積薪自焚死。吏部侍郎朱永祐被執〔五〕，以方巾道袍見撫督陳。陳曰：「文丞相尚有『黄冠歸故鄉』之語，先生何不剃髮？」朱曰：「此頭可斷，此髮不容剃。」遂口占詩有云：「縱使文山猶在日，也應無髮戴黄冠。」請死益力，即趺坐受

〔一〕「肯堂」，原脱二字，據蔣跋本、中大本、《續編》本補。
〔二〕「歸來」，原二字互乙，據蔣跋本、中大本、《續編》本正。
〔三〕「青」，原作「清」，據蔣跋本、中大本、《續編》本改。
〔四〕「經」，原作「詩」，據蔣跋本、中大本、《續編》本改。
〔五〕「永」，原脱，據蔣跋本、中大本、《續編》本補。

刃〔一〕。兵部尚書李向中被執，大罵竟日，慘死，有「血化萇弘碧〔二〕，相向燃死灰」之句。定西幕賓十年、辭職順天府學生員顧明楫〔三〕，心服，名振之文字奏章皆出其手〔四〕，多著作，惜不傳。衣巾走入太廟，題詩壁上〔五〕，有「愁魂應傍孝陵歸」之句，對位大哭，扼吭死。吏部文選司主事楊鼎臣、禮部祠祭司主事董玄、兵部職方司主事李開國，俱先驅妻子入井，自投井死。禮部儀制司主事張家璧投城下，不死被執，見督臺，令作《重陽賦》，揮毫立就。其所著文詞詩曲，失稿，有脱落〔六〕，督院令問之。太醫院院副章有期〔七〕、御史董廣生自焚死〔八〕。定西監軍御史梁隆吉手刃全家〔九〕，自刎死。中書舍人

〔一〕「跌」「刃」，原作「跌」「刀」，據蔣跋本、中大本、《續編》本改。
〔二〕「血」下，原衍「氣」字，據蔣跋本、《續編》本删。
〔三〕「楫」，原作「揖」，據中大本、《續編》本改。
〔四〕「名」，原脱，據蔣跋本補。
〔五〕「壁」，原作「璧」，據中大本、《續編》本改。
〔六〕「有脱落」，蔣跋本、中大本、《續編》本無此三字。
〔七〕「太」，原脱，據蔣跋本、中大本補。
〔八〕「史」，原脱，據中大本、《續編》本補。
〔九〕「御史」，原脱二字，據蔣跋本、中大本、《續編》本補。

顧玢〔一〕、江中汜、陳所學、顧行翁健，副使馬世昌，俱闔門自焚死。任穎眉抱劍突圍〔二〕，得脱，遇舊友邵天牧，免。故當日徇難諸公〔三〕，及戰死將士，俱所目擊〔四〕，展轉思維，總是一場惡夢，傷哉！痛哉！其餘聞見未的，不敢强贅。惟鮑翁老師令孫，年十六，於十萬兵中跳城得脱〔五〕，亦冥冥之有知也。熊、孫、朱、沈各眷，發回原籍，並不深爲株連，網開一面，此清朝督臺之寬政也〔六〕。

舟山，唐曰滃洲〔七〕，宋曰昌國縣，明曰舟山中左所。西隔蛟關二百六十里，東離普陀四十里，岱山屏其南，桃花劍列其北，長百四十里，闊七十里，户田九萬七千餘畝〔八〕，

〔一〕「玢」，蔣跋本作「玠」。
〔二〕「眉」，原作「湄」，據蔣跋本、中大本、《續編》本改；以下徑改，不再出校。
〔三〕「難」，原作「患」，據蔣跋本、中大本、《續編》本改。
〔四〕「俱」下，原衍「自」字，據蔣跋本、中大本、《續編》本删。
〔五〕「十」，原作「千」，據蔣跋本、中大本、《續編》本改。
〔六〕「朝」下，中大本、《續編》本有「洎」字。
〔七〕「洲」，原作「州」，據蔣跋本、《續編》本改。
〔八〕「户」，中大本作「石」。

塗田四萬餘畝，竹木桃梅榛栗魚鹽之藪〔一〕，淳朴之俗也，特兵燹、重斂爲累耳〔二〕。

壬辰春，魯王至廈門，賜國姓鄭成功朝見，行四拜禮，稱主上，身自稱罪臣，贄千金、紬緞百疋，供應甚殷，從臣皆贈以厚禮。此時，惟兵部右侍郎張煌言、曹從龍，太常卿任廷貴，太僕卿沈文光〔三〕，副使馬星、俞圖南，少司馬兼大理寺少卿蔡登昌、任穎眉，兵部主事傅啓芳、錢肅遴、陳藎卿、張斌、葉時茂、林泌，侍讀崔相，中書丘子章，賜蟒玉侍郎張冲符，行人張吉生、張伯玉，總兵張子先等，錦衣衛楊燦，内官陳進忠、劉玉、張晉、李國輔、劉文俊數人而已。成功隨奉魯王至金門所〔四〕，月餽錢米〔五〕，遇節上啓。迨年餘，爲細人所譖，禮儀漸疏。猶賴諸舊勳洎縉紳王忠孝〔六〕、郭貞一、盧若騰、

〔一〕「木」，原脱，「梅」下，原衍「標」字，據蔣跋本、中大本、《續編》本補删。

〔二〕「特」，蔣跋本、中大本作「時」。

〔三〕「太」下，原衍「常」字，據蔣跋本、中大本、《續編》本删；「文光」，同治《鄞縣志》（光緒三年刻本）卷四十作「光文」。

〔四〕「奉」，原作「見」，據蔣跋本改。

〔五〕「錢」，蔣跋本、中大本、《續編》本作「銀」。

〔六〕「舊勳」，中大本、《續編》本二字互乙。

沈佺期、徐孚遠、紀石青、林復齋等相資度日而已〔一〕。秋九月，太常卿任廷貴奉命北上，至北茭洋，舟覆，以僧遯，後貽絶命詩云：「還將不二証西歸，未遂黄冠即衲衣。力任四十餘載重，癡擔六十七年非。翩翩野鶴隨雲適，點點寒梅門雪霏。識破瞿然成正覺〔二〕，澄潭明月自相依。」另有雜著〔三〕，未刻。

魯王棲金門七年餘，訊後來諸人云，至己亥秋，受永曆手敕〔四〕，仍命監國。成功遷之彭湖島，窘逼日甚。辛丑，因成功敗兵後陡然悔悟，復還歸金門，仍奉供給。壬寅五月初八，成功没。後十一月二十三日丑時，魯王薨，賴諸舊臣禮葬之〔五〕。陳妃於二月二十三日生有世子。

舟山既歸版圖，高甲喇守貴鎮守之，未幾以病告，中軍副將巴成功代之〔六〕。名振自

〔一〕「齋」，原作「齊」，據蔣跋本、《續編》本改。
〔二〕「識」，中大本作「夢」，《續編》本作「踏」。
〔三〕「雜」，原作「集」，據蔣跋本、中大本、《續編》本改。
〔四〕「永曆」，原作「永歷」，據蔣跋本、中大本、《續編》本改；以下徑改，不再出校。
〔五〕「諸」下，原衍「公」字，據蔣跋本、中大本、《續編》本删。
〔六〕「巴」，原作「已」，據中大本、《續編》本改；「成」，原脱，據蔣跋本補。

敗兵後，收拾餘燼，往見鄭成功。成功大言曰：「汝爲定西侯數年，所作何事？」振曰：「中興。」成功曰：「安在？」振曰：「濟則徵之實績〔一〕，不濟則在方寸間耳。」成功曰：「方寸何據？」振曰：「在背上。」即解衣請視，上有「赤心報國」四字，長徑寸，深入肌膚。成功見之愕然，悔謝曰：「久仰老將軍大名，奈多憎之口何！」遂出歷來謗書盈筐，名振立命火之。成功待名振以上賓，行交拜禮，指腹聯姻，贈以萬金，多囉呢五十疋〔二〕，日本刀一口，紬緞杯壺無算。秋日，拜名振總制，犯漳、泉〔三〕。冬月，成功爲名振娶，聘王氏女〔四〕。

癸巳春，名振請兵北上，成功即與兵二萬，糧三月。兵渡舟山大洋，哨舡折桅。偵探副將趙賢令追漁船取桅，其船直奔金塘，人皆船載，内一人與趙相識，大言金大廳在此。遂報名振，令赭其山，獲金允彦。名振命磔之，遥祭死事諸公。遂札誓崇明，破京

〔一〕「績」，原作「勳」，蔣跋本作「蹟」，據中大本、《續編》本改。
〔二〕「呢」，原作「尼」，據蔣跋本、中大本改。
〔三〕「泉」，原脱，據蔣跋本、中大本、《續編》本補。
〔四〕「娶聘」，中大本作「聘取」。

口，截長江〔一〕。名振登金山寺，題詩有「十年横瀚一孤臣」之句〔二〕。於是平原將軍姚志卓、誠意伯偕男永錫俱依名振立營，號召舊旅。冬初，名振被讒，撤回厦門。長陽王術桂力爲分晰，及見成功，語竟日，至夜分，暢甚，更益以三軍之衆，令平南伯陳輝，慶都伯王秀奇〔三〕，忠孝伯洪旭，總兵周全斌，大小藍河役鎮監督王欽、李英傑、林世傑等北行，至羊山，遇颶風，折兵十之一，惟名振全軍無恙。九月，復札營平陽。糧絶，名振與士卒同餓，衆感甚，有「太師枵腹，我輩竟忘饑」之謡，軍得不散。是冬，大凍，潑浪推冰，兵舡爲沉者數十。十二月朔寅刻，崇明駐防兵民萬餘〔四〕，馬三百匹，乘凍涉江入平陽沙。時霜風凛凛，鬚髪皆冰。名振鼓衆迎之，浴日將軍王善長挺矛當先，姚志卓、任麟、王有才等内司三百餘人衝其左，張煌言、王浚等督裨將三百餘人突其右。官

〔一〕「截」，原作「戰」，據蔣跋本、中大本、《續編》本改。
〔二〕「詩」，原脱，據蔣跋本、中大本、《續編》本補。
〔三〕「奇」，原脱，據蔣跋本、中大本、《續編》本補。
〔四〕「防」，原作「坊」，據蔣跋本、中大本改。

兵由瀨塘直衝營壘，兩旁皆深溝〔一〕，大敗，無一返者〔二〕。兵勢復强〔三〕。

甲午春正月六日，再入京口，至觀音門、儀真一帶，擒斬參將阮姑孃。孟夏，南令競成功敕僞戎政司馬陳六御、武平將軍程應璠督率前兵次平陽〔四〕，攻崇明，敗績，平原將軍姚志卓死之。旋犯吴淞，掠戰舡二百餘號〔五〕。名振令發沙舡六千號〔六〕，入山東登、萊諸處〔七〕，直抵高麗乃還。

乙未五月，寧波府守城副將洪德叛，携眷，振尋爲義子。八月，撤兵攻舟山，巴成功〔八〕、中軍陳虎力戰慘死，遂降〔九〕。名振徒步痛哭入城，祭其母，大作佛事七日夕，哀

〔一〕「溝」，原作「濟」，據蔣跋本、中大本、《續編》本改。
〔二〕「者」，蔣跋本、中大本、《續編》本無此字。
〔三〕「强」，中大本、《續編》本作「張」。
〔四〕「軍」下，中大本、《續編》本有「都督」二字；「率」，原脱，據蔣跋本、中大本、《續編》本補；「陽」下，蔣跋本有「沙」字。
〔五〕「舡」，原脱，據蔣跋本、中大本、《續編》本補。
〔六〕「千」，據文意疑當作「十」。
〔七〕「萊」，原作「菜」，據蔣跋本、中大本、《續編》本改。
〔八〕「巴成功」，原作「已戌」，據蔣跋本、中大本、《續編》本改。
〔九〕「遂降」，原脱二字，據蔣跋本、中大本、《續編》本補。

動三軍。十一月，鎮守台州副將馬信反，投名振，不之信，遣李國寶、黑三光納母爲質，許之。陳六御、張煌言、張洪德、中軍虞允昇、推官林潭等往迎，名振遂寢疾。馬信大肆劫掠城中，婦女財帛爲之一空，縣官某懷印同妻自縊，巡道張、知府劉俱縛送舟山。廿八日[一]，將見名振，病重不果。戌末，有大星隕瀨，光芒如電，有聲。亥刻，名振起坐，擊床連呼「先帝」數聲而逝。葬時，有白鶴千群，盤旋數日去[二]。

丙申正月，以陳六御代名振任，士多散去。二月初三日，舟山城哭。五月，聲若風箏而咽，雞犬上屋，日夕號叫。六月，清大將軍宜、提督田統兵恢復，舟山戒嚴甚。六御請命成功，成功令平其城，至南門，得湯和信國公所埋碑[三]。八月二十一日，六御誕，燕於岑港天妃宮[四]，竟日罷。二十三日，大兵出，稍不利。二十六日午，復戰。阮駿大舟膠淺不得脱，駿與永錫跳水死。六御、洪德往救，自刎死。張晉爵乘名振舡截横水

[一]「廿」，原作「州」，據蔣跋本、中大本、《續編》本改。
[二]「去」上，蔣跋本、中大本有「而」字。
[三]「湯和信國公」，蔣跋本作「信國公湯和」；「所」，原作「新」，據中大本、《續編》本改。
[四]「岑港」，原脱二字，據蔣跋本、中大本、《續編》本補。

洋〔一〕，大戰兩日夜，傷衆殊多，孤軍力竭，自刎死〔二〕。太常卿陳九徵、副使俞師範被執，不屈死。九月十三日，大宗敗，抵壺江、浪崎等嶼，以僞行軍司馬張英代六御事，破閩安鎮，焚掠南臺迨盡。

丁酉，予病卧壺江經年，幾死者數四。戊戌春，聞先君之變〔三〕，因作數語奉辭諸友，有「白骨久牽遊子恨，去心暫緩故人思」，又「漫譏蹈㵎含哀促，竟博終天抱恨長」，又「今日猶然還對笑〔四〕，當年何事只長啼」。遂拜焚舊命，剃髮歸誠於浙閩督院李，蒙許歸農。是秋，設帳於陳大新署，諱士銘，舊河督師標下總兵〔五〕。作詩自解曰：「殘身安敢戀浮名，秃筆頹鋒亦賴耕。病去略知饘粥好，亂來最覺水雲輕。碧天一笑當年夢，白骨初埋此日生。莫向淺中深索解，風簷古道足怡情。」

〔一〕「舡」上，中大本、《續編》本有「大」字。
〔二〕「死」，原脱，據蔣跋本、中大本、《續編》本補。
〔三〕「之」，原脱，據蔣跋本補。
〔四〕「猶然還」「笑」，原脱四字，據中大本補。
〔五〕「河」，《續編》本作「何」；「下」，原作「丁」，據蔣跋本、《續編》本改。

癸巳小春入長沙記

丁大任撰〔一〕

是年三餘於周甲又五矣〔二〕，遠遊非得已也。菊月杪，奉太僕公霍公祖〔三〕、漕儲袁公祖之禮，即期至石城江口，入袁公祖幕，隨内院爲安撫楚南半壁大舉禮，期同駐武昌。

小春十七揚帆，内院以出師權重，欽命在躬，一切祭江舊例可弗拘也。樓舡半江干〔四〕，從官累百。時偶有「榔鳴千谷應〔五〕，檣影半江陰」之句。三日，到蕪湖，各泊舡，競買長途客用什物〔六〕，停駐半月，鎮市爲之一空。自魯明開江，又二日，袁老師第八號舡先行，予與一秦中庠友楊伯玉同舟。舟蓋漕憲衙門號舡，亦不小，滿載餉鹽。有袁老

〔一〕「撰」，原脱，據蔣跋本補。
〔二〕「於」，蔣跋本、中大本、《續編》本作「子」。
〔三〕「太」，原作「大」，據蔣跋本、中大本、《續編》本改。
〔四〕「江干」，中大本、《續編》本作「千」。
〔五〕「榔鳴」，原二字互乙，據中大本、《續編》本正。
〔六〕「買」，蔣跋本作「貿」。

師内戚金陵沈二兄〔一〕，青年老成，熟於江舟之進止者。風有疾徐，人有衆寡，過大通地數里，前舟俱遠，小雨紛飛。天入暮夜〔二〕，舟人懼不辨路〔三〕，孤帆勉追。予方抱病就寢，忽聞齊聲「快捲行李」，索火驚惶，前艙有婦哭〔四〕。四望昏黑，依稀有高涯，蘆叢泥滑，寸步難登。驚定而詢，舟觸斷涯，板去五尺，艙中水已四五寸許矣。賴多人俱脱綿爲衣裀。沈二兄持纜在岸，連云不妨，予與楊則手足無措而身定耳〔五〕。遲明，修艙一日。再一日，飽風趕上，前舟愈遥。再一日，望安慶煙波中，諸檣幟影具在，僉曰：「是待我矣。」及抵皖城下，紛紜競開〔六〕，江面飛音：「老爺已先去矣！」蓋軍務緩急，刻異而時不同，不及待家眷舡，即至親骨肉無心與語〔七〕，况賓友家衆乎。予與沈、楊三人同號

〔一〕「二」，原作「一」，據蔣跋本、中大本、《續編》本改。
〔二〕「暮」，原脱，據蔣跋本、中大本、《續編》本補。
〔三〕「懼」，蔣跋本、中大本作「俱」。
〔四〕「哭」下，中大本、《續編》本有「聲」字。
〔五〕「手足」，蔣跋本、中大本、《續編》本作「惟有」。
〔六〕「競」，原作「竟」，據蔣跋本、中大本、《續編》本改。
〔七〕「肉」，原作「月」，據蔣跋本、中大本、《續編》本改。

舡〔一〕，此外供給家人，皆營頭鳥合剛狠少年，不相顧而相淩，每日一粥一飯不能周。予帶一童子，吞飢含淚而相對，燭光酒氣無聞也。幸追及家眷舡，袁老師夫人聖善而才智兼周，時餽酒肴，舟中蠶食〔二〕，不一及予三客也〔三〕。至九江，袁老師率數僕據鞍從陸，又先發數日矣。號舡與眷船，又阻風一日。九江以上百里，即楚地，江小窄，天亦稍霽，獨明月無酒。將至黄州，大風寒，舟人以有縴路夜行。楊君亦好飲畏寒，又不能如予不火而高臥，滿舡皆酒氣歡聲〔四〕，獨不及予兩人。予睡中忽不見楊，以爲忍不過畢吏部，必爲前艙不速之客矣。半夜抵黄州，寒威更烈，楊方就寢，予覆首而問曰：「有酒乎？」楊長嗟曰〔五〕：「薄福人，焉得有此〔六〕！吾畏醒而不寐，愈益衾寒〔七〕，聊同水手站立舡

〔一〕「號」，原作「唬」，據蔣跋本改；以下徑改，不再出校。
〔二〕「中」下，中大本、《續編》本有「人」字。
〔三〕「客」，原作「人」，據蔣跋本、中大本、《續編》本改。
〔四〕「皆」，原脱，據蔣跋本、中大本、《續編》本補。
〔五〕「嗟」，蔣跋本、中大本、《續編》本作「吁」。
〔六〕「得」，原脱，據蔣跋本、中大本、《續編》本補。
〔七〕「愈益衾」，原作「衾益」，據蔣跋本、《續編》本改。

頭〔一〕，眼望黄州肆爲梅林耳。」至則夜半，無肆可問，兩人一笑，而東方既白矣。又阻泊二日，楊君饒濟勝〔二〕，遍問竹樓赤壁，離城五里，不在江濱，得坡公遺迹焉。有山屏插，亂石高下，雪堂在其東，遊人曰：「此赤壁也。」予以病後風吹欲僕，不能偕，第羨楊之聳述，並述黄城皆草屋，四高而中下，今夏無端四門火起，居民斃於火者無算，不因兵寇。嗟乎！楚産皆劫灰也。又二百里，抵武昌城外，亦皆煨燼。艤舟泊漢陽門，當晚，袁老師飛騎到船相慰。越三日，剛鬣柔毛，報祭江神，移家眷於省寓〔三〕。

武昌形勝，俯瞰大江，面漢陽諸山，城樓隱現。江面七里，小舡往來如梭〔四〕，楚語咿啞。曉煙漁火中〔五〕，龜、蛇二山，遠近屏案，實省會上游也。但歷經獻、左凶鋒焚劫，王府空臺，巨室尠少，草房陶瓦，相半零居。老師傳令予與楊君勿移行李〔六〕，尚欲住舟

〔一〕「站」，蔣跋本作「槍」。

〔二〕「濟」下，原衍「名」字，據蔣跋本、中大本、《續編》本删。

〔三〕「寓」，原作「署」，據蔣跋本、中大本、《續編》本改。

〔四〕「舡」，蔣跋本、中大本、《續編》本作「舠」。

〔五〕「曉」，蔣跋本作「晚」。

〔六〕「予與」，原脱二字，據蔣跋本、中大本、《續編》本補。

過洞庭、歷瀟湘、溯衡岳也。楊君秦産，畏江湖，聞之縮舌。然得遲留匝月，予兩人縱步城中，有山有市，三登黃鶴樓，所謂漢陽之樹歷歷，正在晴川雲散時。但鸚鵡洲尚在水中央，芳草萋萋，有待於雪消春至耳。樓本城闉，在黃鵠磯上。城則抱磯而臨江，一水縈迴，上下遼闊。而面城漢口，獨不遠，商人晝渡而晚歸。漢口帆檣商舶，更繁於省會。楚吴酒，道路稱之，而余獨不能趁野航飛渡，亦一缺陷也〔一〕。袁老師日從内院商略機宜。湖南數千里荒沙，並無蓋頭茅而鷄口粟，各省大兵以漸而入〔二〕，至地方雖有司隸〔三〕，空城而卧桴鼓耳。安撫經略字從何處下手〔四〕，勢不得不蓋營房而招屯種。内院雖大柄在手〔五〕，所以寄心膂而肩重務，惟老師一人。每商至燭跋夜分，定計於袁〔六〕，老師從歲底先至長沙，賫餉一二萬，急料理此二大事。

〔一〕「一」，原脱，據蔣跋本、中大本、《續編》本補。
〔二〕「入」，中大本、《續編》本無此字。
〔三〕「有」，中大本、《續編》本作「設」。
〔四〕「字」，中大本作「事」。
〔五〕「雖」下，原衍「在」字，據蔣跋本、中大本、《續編》本删。
〔六〕「袁」，原脱，據蔣跋本、中大本、《續編》本補。

季冬六日啓行，袁老師策馬從山陸，沈君隨家眷駐長沙，予、楊兩人有康綱紀同家衆數人〔一〕，挾餉與鹽共四舡，涉洞庭千里向湖南。大雪嚴寒，總無一人煙處，水行念陸，陸行又念水也。幸西北風駛，逆流而上〔二〕，舟人皆不知路。六十里至荆口鎮，亦無鎮無人，想亦往時有之〔三〕。四艘共爲一村，行則分帆，住則倚命〔四〕。六十里至下簰洲，三十里至上簰洲，都無泊處。二十里至浩洲。五十里至嘉魚縣，遥望赤壁，乃周郎破曹公處，亦不能停。楚江之赤壁有三焉：其一在漢陽臨嶂山南；前黄州，則東坡所遊；此則困於周郎者也。五十里至六溪口。六十里至新堤鎮，則魚村山店，數程來僅見之人間也。四舟稍大，俱不能入口近鎮。大率湖中不拘昏旦，不俟洲涯，風駛則行，風徐則住。六十里至羅山村，風雨兼雪大作〔五〕，舟人不能施力，共止。康君舟中供大士〔六〕，誦《金剛

〔一〕「綱紀」，中大本、《續編》本二字互乙。
〔二〕「逆」，原作「溯」，據蔣跋本、中大本、《續編》本改。
〔三〕「想」下，原衍「亦」字，據蔣跋本、中大本、《續編》本删。
〔四〕「則」，蔣跋本、中大本、《續編》本作「必」。
〔五〕「雨」「作」，原作「而」「竹」，據蔣跋本、中大本、《續編》本改。
〔六〕「供」，原作「俱」，據蔣跋本、中大本、《續編》本改。

經》，正誠心好善時，一客航走風而載重，忽覆，舟人競放剗舡〔一〕，撈取其覆舟。幸墮水客無恙，來求還本舟〔二〕。康出囊資二兩，散給衆人以酬勞〔三〕，亟命還其舟，絲毫莫損〔四〕。其人泣拜，領舟去。翌早，風更利，雨不歇，止挂半帆〔五〕，巨艦如奔馬，轉瞬二十里，舟中人皇皇不能自主也。正放中流，忽二號船從舡腰飛至，一近則兩舟俱廢矣。十二人推舵不靈，帆又不下，俱哀叫「洞庭耶」矣。忽一浪，湧至一山港〔六〕，屬臨湘縣地方，舟得同聚泊一日。山足列石，雨雪其雱，無一人家，隔舟沽酒〔七〕，雪瀰晝夜。次日至岳州，岸白深五寸矣。孤城中湖而峙，虎迹踉蹌，人無隻影，即草屋無半檻，白日不敢登涯，寒威虎威交慴也。家衆入城，接得袁老師，已備陸行之苦。東道主郡侯、藩臬向空

〔一〕「競」，原作「竟」，據蔣跋本、中大本、《續編》本改；「舡」，原作「招」，據蔣跋本、中大本、《續編》本改。

〔二〕「求」下，蔣跋本、中大本有「哀」字。

〔三〕「散給」，原作「命」，據蔣跋本、中大本、《續編》本改。

〔四〕「毫」下，原衍「切」字，據蔣跋本、中大本、《續編》本删。

〔五〕「半」，原作「平」，據蔣跋本、中大本改。

〔六〕「湧」，原作「踴」，據蔣跋本、中大本、《續編》本改；「港」，原作「淃」，據中大本、《續編》本改。

〔七〕「沽」下，原衍「舟」字，據蔣跋本、中大本、《續編》本删。

城，不能爲再宿之留。僕飢馬瘦，雪無休日，欲達長沙，水陸皆千里之半。仍迎入舟中，可以爐火杯醪相對也。舉頭即見岳陽樓，余與楊君以雪深岸陡，竟畏縮不前。第老師一覽吕仙三醉處[一]，曰：「剛風四烈，寒濤萬頃，凛人毛骨，吾固知諸君不能也。」時因北風，五十里至陸閣，六十里至禮世，昏黑，有涯無村。風止湖冰，雪積冰上，銀山數里，上流烈下[二]，半夜聞崩崖塌閣之聲震天[三]，以爲城郭樓臺忽墮，萬間傾壓也。旦起，有日光，見冰山相續，順流如飛，舟觸之虀粉。後一客舡，人與貨無存矣。前一船，二客下水，一已冰僵，一微有氣而寒不能忍，須臾莫救。停午，又乘風走。有白鳥千群，旋舞冰上，飄颺數里，影落波面，淡日微晴，與雪無異，亦奇觀也。六十里至雲天，徒志其名耳。灝淼爲村，虚空爲地，雲天二字爲程名，可訝洞庭之廣矣。予嘗謂：天涯亭、雲天村與梅嶺之利名關，皆感慨地，不減於相思江、李陵臺，不覺淚遠游之客也。六十

[一]「三」，蔣跋本作「之」。
[二]「烈」，蔣跋本作「裂」。
[三]「聞」，原作「間」，據蔣跋本、中大本、《續編》本改。

里至青竹，三十里至湘陰縣，青草湖〔一〕、黄陵廟在焉。嗟乎！鷓鴣不獨游子聞而征袖濕也〔二〕。縣惟有令尹，城内外衰草白楊，不堪久駐。又説上流水淺，有九里十三灣，舟恐難行，卒賴添夫以上。六十里至藤關。又一日，風利甚，六十里至長沙，臘月小除夕矣。

天寒而地更寒，雪不止。雖爲湖南首府〔三〕，有撫有道，戰争往復，無一久居之民。初入城，一望沙場而已。遇有茅篷三四家，席門俱無，男女雪中袒跣〔四〕，並無卧榻衣被，疑爲丐户。縣令短布蒙茸，所居不蔽風雨，更陋於卑田院。反有假滿兵養馬百餘人，從中搶掠，貧民手中，遇物即奪，家無升斗，亦且沿搜，痛加鞭撻。袁老師一到，多方示禁，至誠撫慰。亟商所以廣蓋營房，而匠作遠遁〔五〕，竹木之商，頻年不至〔六〕。各官方苦無一應手，不期甲午元旦之辰，適有木商遠來就售。老師發價如流，並檄各縣取匠工，

〔一〕「湖」，原作「河」，據中大本、《續編》本改。

〔二〕「濕」，原作「淚」，據蔣跋本、中大本、《續編》本改。

〔三〕「雖」，原作「難」，據《續編》本改。

〔四〕「女」，蔣跋本、《續編》本作「婦」。

〔五〕「作」，原作「工」，據蔣跋本、中大本、《續編》本改。

〔六〕「年」，原作「拜」，據蔣跋本、中大本、《續編》本改。

俱照民工價，隨役隨發，躬親相度，畫爲規制，以慮回禄。衆心鼓舞，悍兵知戢，民始有開門而列肆者。不一月，蓋就營房十所餘，鄉民源源入城，乘匠作之便，俱自蓋草房[一]。沙城極目蕭條，魑魅晝游，虎狼晴見，有日傷二三命者。兩月竟成都市矣，專候内院統大兵安駐。會二月颶風大作，湖中損百艘，兵行稍阻。有二秦人，係書役，雲南逃回，叩稱滇中四民樂業[二]，插蒔晏安，若不知有兩國之交兵者。孫可望營頭衆盈八十萬，各省人俱備，獨秦人有萬餘。而長沙之偏撫衙門，特爲邊防而設。舊撫院金既准病，二月既望歸北矣。廷議以袁老師薦多俸深，俱列名上，内院疏中又以方得楚心，現在安兵勸農，無試不效，湖南重任，不可一日虛無其人。上遂決意，以老師巡撫偏沅等處，提督軍務，兼理糧餉，陞都察院右副都御史[三]。所轄六府七州五十縣，一府三州十縣未復，十一縣兩州極邊[四]。以時勢言之，大敵在前，小寇在野，滿兵絡繹，加送迎之煩，

[一]「蓋」，原作「作」，據蔣跋本、中大本、《續編》本改。
[二]「稱」，原脱，據蔣跋本補。
[三]「都御」，原脱二字，據蔣跋本、中大本、《續編》本補。
[四]「州極」，原脱二字，據中大本、《續編》本補。

而招來一二難民鼠竄矣〔一〕。百姓不來，有司欲去，恤徵解之苦，而索餉百千，文移蝟集矣。以地方言之，冬則奇寒，夏則倍暑，長沙城外五百里無人煙，二三里有虎噬，生魚之外，幾類不毛。一日不齋，又逢無酒，居官人人範釜，遇節時時禁煙。老師處此，誠蘇長公稱劉安世爲鐵漢〔二〕，契丹使目文彦博爲異人。一二年，復開府之地如長沙，復版圖之地如開府，不當以管窺之難易論耳。

獨予以藉幕賓訪勝，惟知小西城一水有衡岳之岳麓山，環峙仙巢，禹迹存焉，而多虎，絶人游屐。相傳賈誼弔三閭與瀟湘八景臺，土人亦莫辨其址矣。但遇兩高僧，一曰無邊，計年九十一〔三〕；一曰無量，三峰弟子，隱太湖山，從聽經徒亦衆，稱善知識。謂予有根器，而俗緣未斷，三年後，究竟當入吾道。又曰：「世人不信佛法，猶吾與子之不肯依殺盗淫五濁也，何足異！」余深是其言，可謂不負兹遊矣。

〔一〕「民」下，中大本有「皆」字。
〔二〕「稱」上，原衍「所」字，據蔣跋本、中大本、《續編》本删。
〔三〕「計」，蔣跋本、中大本、《續編》本無此字。

永曆紀事

丁大任撰〔一〕

相傳衡州府桂藩第三子名由榔，初在廣東肇慶府。庚寅，平南王率滿兵二萬攻破梅嶺，進南韶，困廣城，未下也。衆方議航海，會雲南有沙土司作亂，滅沐府，襲爵臨終，血書封印埋土中，「有能爲我滅土司報仇者，得此印，王滇中」。適孫可望統張獻忠之餘衆自川入滇，遂獲血書、封印，倡義滅土司。衆欲推尊之，可望自思曰：「吾賊也，名不正，焉可爲人上。」謀所屬李定國，往肇慶迎永曆。初，有相嚴起恒以爲賊所迎〔二〕，未正，執不肯行。迎之至再，人愈衆而加恭謹，廣東勢難久駐，乃聽迎往雲南，暫駐興隆衛，可望、定國率百官執臣子禮朝賀。永曆既德可望之立己〔三〕，且出師制勝，惟可望得

〔一〕「撰」，原脱，據蔣跋本補。
〔二〕「起恒」，原作「啓衡」，據蔣跋本及《兩粵新書》《風倒梧桐記》改。
〔三〕「德」，原作「得」，據蔣跋本改。

專征伐〔一〕。究以從出不正爲引嫌，乃賜可望姓朱〔二〕，改名朝宗，册封爲秦王，定國以下皆受節制，上下相安。一日，可望坐堂，諸將有不肯由角門見者，可望乃大啓中門，降階執臂而盟曰〔三〕：「今日之事，與諸君共約，一遵廷命。若吾輩互相争長，不如仍散而爲賊耳。」久之，無異議。

辛卯，命大司馬率兵攻廣西。司馬姓張名同敞，相國居正之嫡孫也。同瞿稼軒爲定南王孔所執〔四〕，大罵不屈就刑。於是定國繼之，克省城。幾失全省，有德以殉〔五〕。至今定國札守潯州府，廣西惟桂、平、梧三府屬清焉。

壬辰，可望略湖南，自晏衡州府城樓觀兵。清朝損兵以萬計，王公文武無不奔竄，而敬謹王卒不免焉。而辰州府武岡〔六〕、沅、靖三州并十縣，尚爲所據。其行兵有五要：

〔一〕「專」，蔣跋本作「寄」。
〔二〕「賜」，原作「揚」，據蔣跋本、中大本、《續編》本改。
〔三〕「盟」，蔣跋本、《續編》本作「誓」。
〔四〕「同」，原作「因」，據中大本、《續編》本改。
〔五〕「有德」，蔣跋本作「定南」；「殉」，原作「徇」，據蔣跋本、中大本、《續編》本改。
〔六〕「岡」，原作「剛」，據蔣跋本改。

一不殺人，二不放火，三不姦淫，四不宰耕牛，五不搶財貨。有一於此，軍法無赦。有象陣，馬見之奔逸[一]。用羅羅，能跳戰，不畏矢，執標鎗大刀，常以少勝衆。但雖勝而復旋，不能遠離其險要也。自壬辰大衄後，湖南千里爲之一空。楚人曰：「孫、李二將，有五伯之假仁假義，王莽之謙恭下士，而永曆之爲君，遠過乎劉禪，近勝於弘光。」奄有雲、貴[二]，并廣西、四川、湖廣各半省，五府六部三衙門，春秋兩榜，隱成一小朝廷。

今甲午二月，有兩秦人係書辦，自雲南初八日逃回，到各衙門禀稱：「雲南百姓，插蒔恬熙，若不知有交兵者。其軍中家小並住雲南，縫造征衣。其兵有八十餘萬[三]，各省人俱有，秦人約有一萬。一年土産財賦[四]，足供養兵之需。其出疆入境，盤詰頗寬，貿易商人，俱給照驗。其俗兵不擾民，將不欺士，往來有體，安置有方。」問以恢復辰州諸地，答曰：「除非先從廣西克復，以漸而圖。若此地動静，彼悉預知，有備而攻，恐一時未易下手也。」合二説而觀之，可得兵家知彼知己之情形矣。

[一]「奔」，中大本、《續編》本作「驚」。
[二]「貴」，原作「南」，據蔣跋本、中大本、《續編》本改。
[三]「八十餘萬」，中大本、《續編》本作「十萬餘」。
[四]「賦」，原作「貨」，據蔣跋本、中大本、《續編》本改。

永曆所屬國：

雲南全省、貴州全省、廣西七府、四川半省、湖廣小半省；

安南、即交趾，出象。烏蠻、占城國、出獅、象。羅鬼國、羅甸國、普里部、五溪、牂牁、夜郎口〔一〕、僰夷、緬甸、車里倭、羅雄。

附記

金撫院移總督救援語曰：「大逆孫可旺〔二〕，盤踞滇、黔，收集各種老賊，糾合㗅囉土司，以八十萬之衆，西犯四川，挫平西王之雄師；東下湖南，破續順公之鎮旅。其梟將有馮將軍、孫可旺弟、王進才、袁宗第、劉二虎、張光翠、牛萬才、王洪典、楊光謙、丁夫人、林得勝、張先璧〔三〕、欽天資、曹紅頭、姚黄、王二、王三、馬進忠，偵探頭分六股〔四〕，馬有萬餘，象十六隻〔五〕，火藥萬餘等情。」

〔一〕「口」，蔣跋本無此字。
〔二〕「旺」，蔣跋本二處皆作「望」。
〔三〕「先」，蔣跋本、中大本作「光」。
〔四〕「股」，原作「投」，據蔣跋本、中大本、《續編》本改。
〔五〕「象」下，中大本、《續編》本有「有」字。

偏沅内衙姚、傅、蕭三書吏，岳州府人，爲明擄去，逃回。問其永曆狀貌，答曰：「人物亦魁岸[二]，聲音亦宏亮，手嘗批答牋奏。」又問其：「苗頭將來向何處？」答曰：「但見其擺撥從四川、陝西、山西等處，別無向河南、江西、江南等情。」

〔二〕「岸」，原作「偉」，據蔣跋本、中大本、《續編》本改。

兩廣紀略

華復蠡著〔一〕

甲申三月廿七日，梁溪發棹〔二〕，逗留苕霅者一月。五月朔，渡江。六月朔，過南昌。十九日，踰梅嶺。七月朔，上新興陸道。十五日，渡海。廿一日，抵臨高任〔三〕。署無室，衙無役，悔之，二百金資斧至此也。每二更，聞鷄啼聲，愀然曰：「此亂徵也，胡爲乎來哉？」方匝月，生熟黎以殺署令而破城。先一日，居民告我於寓所前後書「新任某寓此」〔四〕，則無患。是日早爲之，署令已戮及母妻矣。慘哉！貪酷可爲哉？我晝廢寢飧，招撫者六十日。至十月，府道拿脅從，保全者千餘家〔五〕，推官相公欲殺無辜，我力阻，逢怒。十一月，遂慫本道林汝翥以坐視不救、幸災樂禍責我，因罷官。舉邑紳民哀之，

〔一〕「著」，原脱，據蔣跋本補。

〔二〕「棹」，原作「掉」，據蔣跋本、中大本、《續編》本改。

〔三〕「高」，原作「皋」，據蔣跋本、中大本、《續編》本改。

〔四〕「寓所」，蔣跋本、《續編》本二字互乙。

〔五〕「千」，蔣跋本、中大本作「十」。

哭而送者數百人，植去思碑於城隍廟西，以誌變亂時得賢父母〔一〕。斯時，適適然釋重負也。周孚先棄我而去，就儋州陳知州館。子養隨我寓遷居瓊臺〔二〕，望五指插天，并緣海尋水落石出處。東眺大洋，見巨濤如山而來，初驚怖特甚〔三〕，後則數其濤之大小而樂焉。

乙酉年六月，殺署令事復發，以閩地爲皇居，其家屬特奏故也〔四〕。欲提該邑紳民問罪，舉國狂走。我又爲之出銀八十兩，於粵東臬司寢其事。十一月，周孚先卒於李司李署〔五〕，停棺小北門，我復爲葬之。

丙戌年二月，天衢爲道府所拿，逃入瓊府依我。時春夏交，城壄鷄每每二更啼，惡之。後入秋冬，益甚，曰：「此亂徵也〔六〕。」去之。十月朔，携家眷過海而北，客雷州。

〔一〕「得」，原脱，據蔣跋本、中大本、《續編》本補。
〔二〕「子養」，原二字互乙，據蔣跋本、中大本、《續編》本正。
〔三〕「怖」，原作「悕」，據蔣跋本、中大本、《續編》本改。
〔四〕「屬」，原脱，據蔣跋本、中大本、《續編》本補。
〔五〕下「李」字，原脱，據《續編》本補。
〔六〕「此」，蔣跋本、中大本、《續編》本作「必」。

二更鷄啼更甚〔一〕，去之〔二〕，文子足不再往，七百里上廣西梧州府陸川縣，孚先子亦隨焉，楊售子不從〔三〕。時已十一月望〔四〕，舊令施古璜已去任，我爲屋三楹於城〔五〕，以貯眷屬。十二月朔〔六〕，上北流，同古璜下蒼梧。時古璜已召銓曹，欲趨端溪也。廿日，至德慶州，傳言羊城紹武帝已爲清朝所降〔七〕，古璜不敢再下，我獨往。二十二日，入肇慶，擁戴首相丁魁楚者呶呶要錢〔八〕，我亦眼見攖人五百金〔九〕。至廿五日早晨，猶遇退朝官拖朱施施，少頃，永曆帝以兩人轎下小艇走矣。我有一小艇，下河隨衆而逃。除夕傍晚，遇古璜於藤縣。

〔一〕「鷄啼」，蔣跋本、中大本、《續編》本二字互乙。
〔二〕「之」，蔣跋本、中大本、《續編》本作「焉」。
〔三〕「子」，中大本、《續編》本無此字。
〔四〕「已」，原脱，據蔣跋本、中大本、《續編》本補。
〔五〕「三」，原作「之」，據蔣跋本、《續編》本改。
〔六〕「二」，原作「一」，據蔣跋本、中大本、《續編》本改。
〔七〕「降」，《續編》本作「除」。
〔八〕「楚」，原作「芝」，據蔣跋本、中大本、《續編》本改；「錢」，蔣跋本、中大本、《續編》本作「銀」。
〔九〕「攖」，原作「櫻」，據蔣跋本、《續編》本改，中大本作「攫」。

丁亥年元旦〔一〕，舍舟從陸，古璜止於北流，我仍回陸川，時已元宵夕矣。陸川縣城墅鷄又復二更啼矣〔二〕，心雖惡之，計亦無他之。二月初六日〔三〕，古璜忽挾家眷仍奔陸川，依我者四日。廿二日，清兵大至，百室安堵，我止費銀三錢，爲一飯以待浙人。嗣三、四月，舊總戎陳邦傳潛於賓陽，始則縱兵劫掠，後則被搶率多追隨，以肆劫掠。自四月初一日破容縣，五月初五日破北流之後，遍地皆賊，皆曰恢復兵也。五月初六日，將家眷寄入深山之大橋村，山水田土皆佳絶〔四〕，幾欲家之。因有幾擔米柴在城〔五〕，不欲遠去，離城數里，栖一庵中。至十五日，陸川縣破矣，我亦爲所掠，送入監。一夕，索銀五百兩〔六〕，我以一妾與之，彼贈我銀八兩。深入大橋，周孚先子棄我入博白陳邦傳部下爲參將。七月内，家眷染瘴氣。初七，冢婦亡。廿五，先妻亡。至八月初，自婢僕死者五

〔一〕「年」，原脱，據蔣跋本、中大本、《續編》本補。
〔二〕「又」「矣」，原脱二字，據蔣跋本、《續編》本補。
〔三〕「日」，原脱，據蔣跋本、中大本、《續編》本補。
〔四〕「田土」，原二字互乙，據蔣跋本、中大本、《續編》本正。
〔五〕「米柴」，蔣跋本、中大本、《續編》本作「木香」。
〔六〕「銀」，原脱，據蔣跋本、中大本、《續編》本補。

人〔一〕。我父子亦大病，再入城，寓城東紫銅坡。十六日，孫時顯者率兵攻雷州，路經我寢室，釜食俱罄。父子二病體，受其毒拳者數百，與死爲鄰矣。二十五日，周孚先子提兵過陸川，來看我病。九月初一日，遷入陸川署令內室，因念家鄉骨肉俱喪此地，戀此何爲？十月十五日，將先妻、冢婦之柩焚焉，携其殖，一千五百里上南寧府。經緑珠、貴妃故里，山水奇秀甲天下。知南寧從未經兵火也。定兒并妻不從。十一月廿二日，入郡城，人物繁庶，糧食便易，昔號爲小南京，猶然樂土，意欲居之。適一浙人送一梧州女子，吾大兒遂買屋四楹〔二〕，於治前籲玄圃之對門。復有盛巷頂竹匠之族，國初至此，甲第聯綿，現兄弟叔侄舉人四人〔三〕，與我爲家人好，亦足樂也。

至戊子年三月初十日，永曆帝又蹌踉而至矣。斯時見有隨駕者，吾常吴元聲〔四〕、浙東嚴秋冶、江右王登水、蕭韓若數人耳。四月杪，廣州李成棟者忽反投明朝，遣洪天擢、

〔一〕「五」，原作「三」，據蔣跋本、中大本、《續編》本改。
〔二〕「四」，原作「田」，據蔣跋本、中大本、《續編》本改。
〔三〕「舉人四人」，原二詞互乙，據蔣跋本、中大本、《續編》本正。
〔四〕「元」，原作「亢」，據蔣跋本、中大本、《續編》本改。

潘曾瑋、李綺三人齎疏迎駕。六月初十日，永曆帝駕下肇慶[一]。時南寧城野鷄又二更啼矣。我決意東下，百計無舟。至七月十三日，丹陽賀退庵與我一舟。方欲解維，退庵爲仇人所劫，行李被搶。將及於我，我急訴之而止。退庵飄驚，不知何往。我一小舟，親自操篙，月白風清，迅水順流，任其所之。自永淳而横州，而貴縣，而潯州，而平南，而藤縣[二]，而梧州，而封川，而德慶，而肇慶，竟日竟夜，三千里鼓棹而下[三]。至過德慶，夜聞鉦鼓聲，有言曰：「此皇船也。」我初不信，明日視之，是也，已抵端溪西峽矣。時爲七月二十九日，僑寓於東門外閱江樓右，施古璜亦在焉，賀退庵亦至焉。遇龔端木令郎在田，言元琳事，爲之淚零者彌夕。斯時凡屬相知[四]，皆謂我必揀如何好官方做，不知我冷眼覷破，見宰執仍無砥柱之才，群寮率多徼幸之徒。瞿稼軒官非不顯也，戊子二月廿三夜之弔打不免；丁魁楚銀非不多也，丁亥年二月初四日夜父子駢首就戮之

[二] 「慶」，原作「興」，據蔣跋本、中大本、《續編》本改。
[三] 「藤」，原作「籐」，據中大本、《續編》本改。
[三] 「棹」，原作「掉」，據蔣跋本、中大本、《續編》本改。
[四] 「凡屬」，原作「幾」，據蔣跋本、中大本、《續編》本改補。

並行〔一〕。生當斯世，爲官適近喪身一路，我不欲也。因日復一日，亦日非一日，人情險惡、世事凉薄，如此筵席〔二〕，决無好散場，遂以空身閒觀忙宦〔三〕。忽聞賀退庵以特參李綺三人〔四〕，三人復仇，囑成棟養子李元胤繫之於監〔五〕，欲絶其食以了之。退庵無親戚僕隸，只告哀求於我。我若放手，退庵死矣。爲之用銀一百兩，以活其命〔六〕。又爲之求解於太監夏國祥，以減其罪罰。

至己丑年二月初一日〔七〕，復爲之保出獄，再贈銀四兩，買衣飾。四月初一日，又贈一兩，令之逃入桂林。此我慊心之事。後退庵不知何往，彼云歸家報我，我豈望報而爲此？後三月初，李成棟陣亡之信已確，肇慶君臣各復解體。適有浙人旅亡，遺妻無養，

〔一〕「之並行」，蔣跋本無此三字。
〔二〕「如」，蔣跋本、《續編》本作「知」。
〔三〕「宦」，蔣跋本、中大本作「官」。
〔四〕「以」，原脱，據蔣跋本、中大本、《續編》本補。
〔五〕「養子」，原脱二字，據蔣跋本、中大本、《續編》本補。
〔六〕「命」，原作「死」，據蔣跋本、中大本、《續編》本改。
〔七〕「年」，原脱，據蔣跋本、中大本、《續編》本補。

歸之於我，我亦遷於鄉以消憂〔一〕。一年來，文官之命制於武官之手，身登兩榜，時爲武弁揮拳屈膝，五虎一狗，笑破人口。至八月，鷄又二更啼矣，甚至兩翅生距，駭之，此必大亂之徵也，宜急去。於十月中，再携家眷，遷至番禺縣之石壁鄉。

至庚寅年正月初七日〔二〕，肇慶聞清兵破南雄，自己兵丁在城内外大搶大殺，先從官之顯者〔三〕、囊之重者及之，惜我不及見也。庚寅一年，清朝兵馬頓守五羊城外，守禦諸人以爲萬分無虞。一浙人邀我入廣〔四〕，因見天衢爲同知，宿三夕於毛子霞寓。每酒後將睡，鷄輒大唱，我私念曰：「如此重兵圍困，鷄又何啼？豈更有甚於此者？」朋友有「爲我緩幾日」之言，我即出，方一月，而城破矣。破城後〔五〕，十一月二十日入城，見天衢，一裸體也，向我討銀三兩置衣服〔六〕。妻妾被拿，又討銀二十兩贖妻，妻出，又討銀

〔一〕「憂」，蔣跋本、《續編》本作「夏」。
〔二〕「年」，原脱，據蔣跋本、中大本、《續編》本補。
〔三〕「先」，原脱，據蔣跋本、中大本、《續編》本補。
〔四〕「一」下，原衍「人」字，據蔣跋本、中大本、《續編》本删。
〔五〕「破城」，原二字互乙，據蔣跋本、中大本、《續編》本正。
〔六〕「向」，中大本、《續編》本作「問」。

五贖妾；妾出，又討銀五兩置衣被。彼富貴時，不曾受他厘毫之惠，偏於患難相逢〔一〕，真惡緣哉！晤香山令張嘉仲，談家鄉事，甚是茫然。想彼是鄉下人，不知脉理者，殊悶，仍還石壁。

至辛卯正月，有上韶州之便舟〔二〕，遂寄曲江〔三〕。

丁魁楚

丁魁楚，原以撫臺失機遣戍，贖歸。癸未年四月〔四〕，擒劉超報功，王崇岩在職方，復還原職，戴罪屯田者也。至南京弘光，則擢爲兩廣制臺矣〔五〕。到任以來，惟崇賄賂。留都敗時，實通靖江王。後靖藩自洩其機，反爲魁楚所縛。隆武，晉封平粤伯焉。丙戌年十月，永曆擁戴，意雖出於西撫式耜，而决成之功，魁楚爲最也。然當此大任，宜稍易其生平之所向矣。擁戴後兩月，苞苴更甚。十二月十五日，知廣城已陷，新主又逃，

〔一〕「於」，原作「予」，「相」，原脱，據蔣跋本、中大本、《續編》本改補。
〔二〕「舟」，原脱，據中大本、《續編》本補。
〔三〕「遂」下，原衍「有」字，據蔣跋本、中大本、《續編》本删。
〔四〕「年」，原脱，據蔣跋本、中大本、《續編》本補。
〔五〕「擢」，原脱，據蔣跋本補。

乃撥心腹幹事者三人，各挾幾千金，令之潛上廣城，謀入清朝主帥營內，相機作事。魁楚則將三年宦囊〔一〕，裝載四十號大哨舡，棄永曆帝，獨上岑溪縣，專候此三人回音。此三人者，初入李成棟營爲家丁，情纔熟矣，密以魁楚下情告，再以珍寶進。成棟曰：「今在何處？速請出，仍借重兩廣可也。」三人持成棟請書上岑溪，魁楚大喜，將四十號哨舡盡行移出。丁亥年二月初四日，至肇慶。成棟知之，先五里迎接，握手歡談，恨相見晚，許以明日即仍管兩廣事。傍晚，設迎風酒，盡歡而散。先是，魁楚三子同來廣東，先已殞其二於端溪署，止存一子并二幼孫，相隨妾婢及夫人媳婦則不止數百人也，俱在此四十號哨舡内。至三更，成棟舡上傳令：「請丁老爺、丁相公講機密話。」魁楚父子不敢不往，至則成棟端坐不起，兩列火炬。魁楚即跪下曰：「犯官有罪，乞饒兒子。」成棟曰：「令你先看兒子。」即砍其子，父亦砍焉。成棟走出舡頭，各舡高燈齊起，照燿如同白日。將丁家四十號之男人，各營分撥一人；其女人，不論老少美惡，一五一十，數入李家舡。聞止有一妾，於過舡時投入水中，此外不曾失一針也。三年狠毒，送於一旦，正所謂不保其身，并不保其妻子者也。人言魁楚宦囊，精銀八十萬，珍珠金寶番貨十倍

〔一〕「宦」，原作「官」，據中大本、《續編》本改。

之。所遺二孫，聞在李氏官頭家做奴僕，見其自言「我姓丁」，又打得半死云。

洪天擢

洪天擢，乙酉、丙戌兩年俱在廣東，做兩司官。擁戴永曆時，自擇其地曰：「我要做高、雷、廉、瓊四府軍門。」則以都察院副都銜寫敕，駐高州。丁亥正月，清兵下高州，則携妻子奔雷州。清兵至雷州，則携妻子奔瓊州〔一〕。清兵以無舡過海，札徐聞者一月。天擢在瓊，爲練兵措餉裝頭〔二〕，索詐地方者幾萬金，復擅行殺戮者幾千人。至四月初二日，天擢恐造孽深重也〔三〕，先航海投誠〔四〕，李成棟仍以海道事畀之管理。至戊子年，成棟反正，天擢首至南寧，永曆帝寵之銓左〔五〕，遣先賫諭至廣，慰勞李成棟。時成棟朝夕同堂者，袁彭年也，潘曾緯也，李綺也，耿獻忠也，佟養甲也，皆畜髮四月餘矣。忽一席間，令在座者言志，獨至天擢則曰：「我今不要做官，若有一千銀子，養得老母，

〔一〕「携」，原作「以」，據蔣跋本、中大本、《續編》本改。
〔二〕「練」，原作「鍊」，據蔣跋本、中大本、《續編》本改。
〔三〕「孽」，原作「業」，據蔣跋本、中大本、《續編》本改；「深重」，蔣跋本、中大本作「愈深」。
〔四〕「航」，原作「抗」，據蔣跋本、中大本、《續編》本改。
〔五〕「之」下，中大本、《續編》本有「以」字。

便去做和尚矣。」成棟曰：「好！好！快叫裏邊捑一千銀子送洪和尚〔二〕，速喚剃頭人，替洪和尚剃頭髮。」在席莫敢措一辭，見銀子捑去矣，剃頭人來矣。成棟令去天擢巾帽，竟剃做和尚矣。天擢不敢道一字，只得歸去。至明日，又不好戴和尚帽〔三〕，又不好戴紗帽〔三〕，亦不敢見成棟之面，無可奈何之極。先央人漸以不敢領銀之説進，還過銀子後，再逐一解説，方許他上肇慶到任。永曆於七月廿八日到肇慶，故天擢十二月方來也。在肇慶，以李用楫與之有隙，復修怨一場。庚寅年正月，聞清兵至，又請爲高、廉四府軍門，攜妻子復去高州，爲舊日受害之人所殺，妻子俱爲所擄。天擢歙人，丁丑進士，向同侯淡泉二次上春官，路結社，後又同榜。淡老令黄岡時，彼爲知府，宗禄事獨受其害。擁戴時，彼爲四府軍門，李武舟與有力。到瓊州，即難爲武舟一家，絶無鄉鄰故舊之情〔四〕，故天報之如此〔五〕。

〔一〕「邊」，原脱，據蔣跋本、中大本、《續編》本補。
〔二〕「好」，原脱，據蔣跋本、中大本、《續編》本補。
〔三〕「又」，原脱，據蔣跋本、中大本、《續編》本補。
〔四〕「鄰」，蔣跋本、《續編》本作「火」，中大本作「里」。
〔五〕「之」下，中大本、《續編》本有「亦」字。

李綺[一]

李綺字友三，庚辰進士，松江人也。授瓊山縣知縣，在任六年，見人惟有「無飯吃」三字爲啓口之談資。乙酉年四月，欲上南京考選，竟自離任入廣城[二]。六月，知南京潰，遂買屋三千，置田六千，爲安士計。八月，仍入廉，再掌廣刑館事，大兒子死於廣城。丙戌年八月，福京又潰，綺携家眷下肇慶。遇永曆登極，授西臺。十二月十八日，知廣城又潰，永曆必走，侍御欲隨行，恐甚。二十日，爲一疏，特參首揆丁魁楚[三]。廿二日，下旨，降三級調用。喜極，即刻解維，西上梧州。至横州，由靈山携妻妾、弱媳、二大女、二幼女、一幼子入廉州，居城中。丁亥年二月，清兵至廉州，綺家爲地方人所搶，人口無恙，縛解入廣城[四]，總兵李成棟仍畀廣城刑館。五月中，言不稱旨，打二十板，已之，因爲佟養甲之幕賓。九月，朱統鑾起兵，破廉州，綺妻尚有金子三千藏在地。時

[一] 底本眉批云：「綺榜姓錢，號紫公，我邑逢申從子。縣志不載，鄙其人也。」

[二] 「城」，原脱，據蔣跋本、中大本、《續編》本補。

[三] 「特」，原作「持」，據蔣跋本、中大本、《續編》本改。

[四] 「縛」，蔣跋本作「得」，中大本作「綺」。

一家男婦大小俱搶散〔一〕，并地中金亦去，綺在廣不知也。戊子年正、二月間，綺夫人與家人漸聚，第二兒亦出，相對一破屋中〔二〕，真無飯吃也。聞有同年選茂名縣知縣、今兵科張鳳翼〔三〕，時護三宫在南寧，綺幼子於閏三月初一至南寧府，年十七八歲，與鬼爲鄰。詢其令尊，云「無音耗」，亦連聲「無飯吃」。詢其來，爲張年伯，因一見鳳翼〔四〕，淡甚也〔五〕，送程儀二兩〔六〕，出在寓，且欲與鬼爲侶矣〔七〕。候之，但云：「家母在廉，絶粒者半月矣，望兒歸。」同鄉相知者恐卒此，再致意鳳翼，及早送歸〔八〕。鳳翼乃送銀六兩〔九〕，又程二兩。再益，又一兩，斷斷不能矣。即爲之買藥僱轎，止存三兩在身。初十日早晨

〔一〕「婦」，原作「女」，據蔣跋本、中大本、《續編》本改。
〔二〕「屋」，原作「窑」，據蔣跋本、中大本、《續編》本改。
〔三〕「翼」下，中大本、《續編》本有「者」字。
〔四〕「一」，中大本、《續編》本作「入」。
〔五〕「甚」，中大本、《續編》本作「淡」。
〔六〕「儀」，原脱，據中大本補。
〔七〕「侶」，原作「倡」，據蔣跋本、中大本、《續編》本改。
〔八〕「早」，原作「卒」，據蔣跋本、中大本、《續編》本改。
〔九〕「鳳」上，中大本、《續編》本有「張」字；「乃」下，原衍「又」字，據蔣跋本、中大本、《續編》本删。

出城，行不滿五十里，逢盜罄劫，并身穿衣服俱去，又大棍數十下，直與鬼爲一矣。轎夫仍舁之回，一裸體也。此時同鄉在南寧者，共爲出衣出被出柴米。舊寓主人不許其入，另覓一室安頓之。至半夜，見有香一炷燃起〔一〕，綺子自念曰：「此必觀世音菩薩來救我〔二〕，當坐起領受。」久之，香不見矣，再欲睡下，仍取衣被蓋，無有也。伸手摸帳，亦無有也。及天明，所脱下之衣服及鍋頭柴米碗箸之類，盡爲偷兒所竊矣。方知夜間之香，非觀世音。斯時彼亦甚無氣息，停二日即殂。再爲告張鳳翼，贈銀二兩，凡在同鄉，共爲殮之，停柩於西門外萬壽庵〔三〕。至四月初十，綺至南寧，知其子已死，又知其妻尚在廉州，往迎之，止一夫人也。女之大者，不必論矣。有六歲小女，出招贖出。五月中〔四〕，同夫人、小女下廣城〔五〕，至德慶，又逢强盜，夫妻二人寸絲無存，及至廣，小女亦殂。至九月，李成棟以綺爲學道，己丑一年至庚寅十一月，皆是也。十一月初二，廣城既破，

〔一〕「燃」，原作「撚」，據蔣跋本、中大本改。
〔二〕「世」，原脱，據蔣跋本、中大本、《續編》本補。
〔三〕「外」，原脱，據中大本、《續編》本補。
〔四〕「中」，《續編》本作「十四日」。
〔五〕「同夫人小女」，《續編》本作「即同夫人與小女星夜不停」。

綺正在肇慶陽江縣考秀才〔一〕。初六日下午，報到，急忙起身回廣顧家眷，路遇大兵，弔綺於樹上，百般拷打，隨身之物，無一存焉〔二〕。及至家，已有武將來〔三〕，拿索去銀一萬矣。十二月，綺投誠，見面一萬，又押出助餉三萬。辛卯年正月〔四〕，拘入廣城，將妾出賣〔五〕，又云無飯吃。

寄賀退庵家書稿

戊子年六月以前，從未認賀退庵。初二日，在南寧府縣前街上，退庵騎馬一匹，藍傘在前。當即見有人奪其傘，聲言「犯駕」，乃吏科給事中許兆進家人，謂永曆皇帝在南寧，即是帝畿，爲官者止宜用掌扇，不宜用凉傘故也。見退庵入兆進門，謝罪而出，詢之，知爲精膳司主事賀丕業，號退庵，丹陽人也。初十日，永曆下肇慶，弟以無舟留南寧。偶於七月初一日，在白衣觀音堂見退庵參洪天擢等疏，情詞酣暢。弟曰：「此有肝

〔一〕「正」，蔣跋本、中大本、《續編》本無此字。
〔二〕「一」，原脱，據蔣跋本、中大本、《續編》本補。
〔三〕「有」下，蔣跋本、《續編》本有「一」字。
〔四〕「年」，原脱，據蔣跋本、中大本、《續編》本補。
〔五〕「出」下，原衍「賣」字，據蔣跋本、中大本、《續編》本删。

膽人！」退庵即寓於庵内，遂進拜焉，因相詢下肇慶事。退庵曰：「我有兩小舟，止弟一身，盍同下？但須略修整。」弟送銀三兩，期十五日行。是日午刻，各上舡。正欲上解維〔一〕，有江西傅宏烈者，向爲某縣令，時爲御史。退庵先爲太平府司李時，有舊隙，竟遣廿人拉退庵之舡，退庵驚遁，行李盡爲所搶。將又及弟舡，急往控之而止。是夕明後兩三日，遍尋退庵，不知所往。弟候至十八日，方解維而下，至廿九日到肇慶。退庵從小路而行〔二〕，亦至焉，雖白之於帝，然終無能爲也〔三〕，仍以主事候考選。十月初，洪天擢等各據要樞，囑李成棟養子李元胤〔四〕，謂其假官搶其所遺〔五〕，復拘之於府監，意欲絶其食〔六〕。弟知退庵隻身也，無兄弟、親戚、朋友，無三尺家僮，倘有不虞，惟其所欲爲矣。退庵亦告急於弟。時弟若放手，命在頃刻，再欲爲彼告之同鄉，知必無用。弟幸

〔一〕「上」，中大本、《續編》本無此字。
〔二〕「從」，原作「促」，據蔣跋本、中大本、《續編》本改。
〔三〕「終」，蔣跋本、中大本、《續編》本無此字。
〔四〕上「李」字，原脱，據蔣跋本、中大本、《續編》本補。
〔五〕「所」，蔣跋本、中大本、《續編》本作「無」。
〔六〕「食」，蔣跋本、中大本、《續編》本作「命」。

館於司禮夏國祥家，央人在監中留其命〔一〕，復養其身，共用銀一百兩。送銀入監，皆退庵自用者。弟又對夏公訟其冤，因審疏覆疏之旨，俱蒙輕減罪罰。己丑年二月初一日，弟又央李武舟出保狀，得出獄，復贈銀四兩，置買身章〔二〕。後在端水兩月，擬定楚戍。四月初，因大衆大亂，逸入桂林，弟又贈銀一兩，後不知所往。今不知到家否？弟非望報，若不歸〔三〕，爲其家言之如此。

〔一〕「監」下，原衍「人」字，據蔣跋本、中大本、《續編》本删。
〔二〕「身章」，原二字互乙，據蔣跋本、《續編》本正。
〔三〕「不」，中大本作「未」。

庚寅十一月初五日始安事略〔一〕

瞿玄錫述

先是，丙戌秋九月，延、汀之變，傳自東粵，彼中士大夫漸鱗集端州之江滸。時先太師內召未赴，停舟於此，將一年矣，與粵當事丁、吕諸公擁戴桂藩四子永明王即大位於肇慶，以明年丁亥为永曆元年。未幾，清兵入廣城，皇輿西幸，尋駐蹕全陽〔二〕，先太師故膺留守桂林之任。會有東阿縣任子于元燁來督西粵軍，與先太師共事一年，公餉私費，取資於先太師者實多，被劾，遭嚴譴，先太師救之甚力。再越歲，起楚督軍〔三〕，先太師助以行糧，餽以夫價。又越歲，楚地復失，元燁復奔粵，且不奉命，徑趨行在，危言聳上，請增事權，遂挾當事，於銜內插入「廣西」字面，爲横索先太師之地。比至桂林，志驕膽怯，諸勳無不側目。有少女，已與寧遠伯王永祚有成約，乃更嫁開國公趙印

〔一〕按：本篇原有目無文，據蔣跋本補録全文，中大本亦闕此篇。

〔二〕「陽」，蔣跋本作「湯」，據《續編》本改。

〔三〕「軍」，《續編》本作「師」。

選。時元㷵欲恣意於粵西，借印選以自輔，雖敗王氏之盟弗恤也，由是王、趙成隙。而衛國公胡一青出守大榕江，從事獨勞，心亦怏怏。當是時，桂林所持重者〔二〕，滇營三將耳。三將俱有私怨〔三〕，不肯協力以守封疆，而三次劫虜保全省會之宣國公焦璉駐師平樂，呼應不靈，故虜得從全州長驅直入，莫有阻者。

先是，十月十三日，先太師集衆會議，搜括懸賞，方謂即不能戰，尚可以守。乃勳督志在飽颺，絶無禦虜之謀。十一月初五日，忽傳興安塘報一紙，知初四日嚴關諸塘盡已掃去〔三〕，先太師當即飛催印選等星赴子營，而印選躊躇不進，其意全注老營，止辦移營一着。至午後，遣人偵之，則已盡室而去，并在城胡、王二營〔四〕，與武陵侯楊國棟、寧武伯馬養麟、綏寧伯蒲纓各家老營，俱已奔竄，城中竟一空矣。于元㷵微服出走，甫至月城，遂爲亂兵所殺。先太師撫膺頓足曰：「朝廷以高爵餌此輩，百姓以膏血養此輩，

〔二〕「持」，《續編》本作「特」。
〔三〕「怨」，蔣跋本作「恐」，據《續編》本改。
〔三〕「掃」，《續編》本作「散」。
〔四〕「二」，蔣跋本作「一」，據《續編》本改。

今遂作如此散場乎〔一〕？」爾時家人俱已星散，有標下總兵官戚良勳躍二馬至〔二〕，欲先太師之出走也。先太師叱之曰〔三〕：「爾等武官要去自去〔四〕，我今日即去，不過多活幾日。自古至今，誰是不死者？但要死得明白，可見祖宗於地下耳。若再饒舌，我先以尚方劍斬汝。」良勳去時，已晡矣。先太師危坐署中，屹然不動〔五〕。適總督張公同敞自靈川回，過江東，遥詢城中光景，知城中已虛無人，止留守尚在，遂泅水過江，直入先太師署中，曰：「事迫矣，將何策以免此難乎？」先太師曰：「城存與存，城亡與亡。予自丁亥三月十一日虜薄桂林，已拚一死，吾今日得死所矣。子非留守，可以無死，盍去諸？」張公毅然正色曰：「死則俱死耳！古人耻獨爲君子，師顧不與門生同殉乎？」先太師遂笑與張公飲，神色怡然，四顧左右，惟一老兵，命坐謍總兵徐高至〔六〕，謂之曰：「吾敕書

〔一〕「場」，蔣跋本作「傷」，據《續編》本改。
〔二〕「二」，蔣跋本作「工」，據《續編》本改。
〔三〕「師」，蔣跋本作「史」，據《續編》本改。
〔四〕「官」，《續編》本作「臣」。
〔五〕「屹」，蔣跋本作「吃」，據《續編》本改。
〔六〕「兵」下，《續編》本有「官」字。

節印付汝，汝星馳赴行在所，完歸皇上，勿爲虜所得也。」張燈對坐，夜雨淙淙，遥見城外火光燭天，滿城中寂無聲響。

鷄鳴時，有守城兵入告曰：「清朝兵已圍守各門矣。」天漸明，先太師謂張公曰：「吾兩人死期近矣。」辰刻，噪聲靖江王府前，再一刻，始至公署。先太師與張公獨坐中堂〔一〕，突有數騎持弓腰刀至，執先太師與張公去。先太師曰：「吾兩人坐待一夕矣〔二〕，無容執。」遂與偕行。時大雨如注，從泥陣中蹣跚數時〔三〕，始到靖江王府後門。靖江王父子亦以守國，不肯出城，拘置別室。清定南王孔有德踞王府。卒擁先太師與張公入，有德一見，少於作恭曰〔四〕：「那一位是瞿閣部先生？請坐。」先太師曰：「我留守督師瞿式耜也。中國人不慣地坐。城既陷矣，惟求速死耳，夫復何云〔五〕！」有德霽色謂曰〔六〕：

〔一〕「獨」，《續編》本作「儼」。

〔二〕「待」，蔣跋本作「侍」，據《續編》本改。

〔三〕「陣」，《續編》本作「淖」。

〔四〕「拘置別室清定南王孔有德踞王府卒擁先太師與張公入有德一見少於作恭」，《續編》本作「及見有德有德即降階而迎」。

〔五〕「云」，《續編》本作「言」。

〔六〕「謂」，《續編》本作「慰」。

「吾在湖南，已知有留守在城中。吾至此，即知有兩公不怕死而不去。吾斷不殺忠臣，何必求死！甲申闖賊之變，大清爲先帝復仇，葬祭成禮，固人人所當感謝者。今人事如此，天意可知，閣部無自苦。今而後我掌軍馬，閣部掌錢糧，無殊在明可耳。」先太師曰：「吾爲永曆皇上供職，豈爲犬羊供職耶！」有德曰：「吾居王位，於閣部亦匪輕。」先太師笑曰：「禄山、朱泚而自以爲王，一何王之賤也！」有德曰：「我先聖之裔也，勢位所迫〔一〕，已至今日〔二〕，閣部何太執耶！」張公厲聲曰：「爾無辱先聖！爾爲毛文龍之門子，而自以爲先聖裔耶！」有德大怒，叱左右縛之，逼之跪，不屈，棰折兩臂，并傷一目，終不屈。先太師曰：「是宫詹司馬張公同敞也，與我同難，應與我同死，爾等烏得辱之！」有德冀先太師之屈節也，先布恩於張公〔三〕，命左右釋其縛。會有臬司彭廣〔四〕、王三元入爲勸解，遂同出，拘於民屋，與張公兩所，而聲問時通也。有德遣人賫

〔一〕「位」，《續編》本作「會」。

〔二〕「今日」，《續編》本作「於此」。

〔三〕「布」，《續編》本作「市」。

〔四〕「廣」，《續編》本作「爌」。

滿衣、滿帽[二]，擲之於地[三]。拘囚第三日，設宴，先太師揮其飲食，以犬豕之食呼之，時絶粒已四日矣。會禮部主事楊碩甫從陽朔山中來，少供薪水，先太師受之，并密致衣冠之具，而防閑者不之覺也。有德時命彭、王多方勸慰，求薙髮，不從。請爲僧，先太師曰：「爲僧者，薙髮之别名也。薙髮則降矣，豈有降奴之留守乎！」亦不從。日惟方巾行衣[三]，偃坐一室，與張公賡和賦詩，以明厥志。間同張公徘徊城市[四]，登眺山川，有華表鶴歸之嘆。一日，途遇御史某[五]，見其頭戴僧帽，身服青衣，逡巡而走，叱之曰[六]：「何自辱以辱國，一至於此！」其人汗流浹背[七]，蒲伏中途。虜官見者，益憚先太師之威嚴不可犯也。

〔一〕「賫」，蔣跋本作「賞」，據《續編》本改。

〔二〕「擲」上，蔣跋本原衍「主」字，據《續編》本删。

〔三〕「巾」，蔣跋本作「中」，據《續編》本改。

〔四〕「市」，《續編》本作「外」。

〔五〕「御」上，《續編》本有「監軍」二字。

〔六〕「叱」上，《續編》本有「面」字。

〔七〕「流」，蔣跋本作「滿」，據《續編》本改。

閏十一月十一日，召幕友劉覯公至，謂之曰：「今日事，已當《井》之上爻〔一〕。井居其所而遷，聖賢自有學問。我只做不動地菩薩、歡喜地菩薩，虜其奈我何哉！甲申之變〔二〕，國難方殷，予欲從黄叔陽之後塵〔三〕，而松師不之許，答教云，留此身以爲暮年烈士。今正當其時矣！」相對浹晨，惟綣綣聖蹕播遷、封疆失守、臣罪當誅之意，絶無一字談及身家〔四〕，覯公灑淚而别。十五日，先太師語張公曰：「吾兩人待死已四十日矣，而偷生未决，知我者指爲蘇武，不知我者指爲李陵，吾兩人何以自解？」隨草一檄，托老兵從間道馳諭焦宣國曰：「徐高、陳希賢重兵在城未散，城中俱假虜，若援兵疾入，可反正也〔五〕。」會有降賊魏元翼者，向曾任桂平督糧道，貪墨無狀，先太師與張公曾罰鍰以助餉，彼銜恨切骨。自投虜營後，百計陷害，欲得而甘心焉，且廣布邏卒，搜捕羽書。

〔一〕「井」，蔣跋本脱，據《續編》本補。
〔二〕「變」，《續編》本作「夏」。
〔三〕「黄」，蔣跋本作「昔」，據《續編》本改；「叔陽」，張廷玉等：《明史》卷一四三《黄鉞傳》（中華書局一九七四年點校本）作「叔揚」。
〔四〕「及」，蔣跋本作「友」，據《續編》本改。
〔五〕「反正」，蔣跋本作「及止」，據《續編》本改。

老兵甫至文昌門，檄爲其黨所獲，獻之有德，有德震怒。十六日午後，先太師具水沐浴，知翌辰之不免於難也。十七日丙申，虜騎四人請先太師出，先太師神色不驚，夷然自若，語之曰：「須少緩，待我完絶命詞。」遂援筆成詩二首〔二〕，一自題，一贈張公者。整束衣冠〔三〕，向南行五拜三叩頭禮，將手録《臨難詩稿》一帙置於几上〔三〕，從容徐步，遇張公於門首，笑謂之曰：「吾兩人多活了四十日，今日得死所矣。」張公亦謂先太師曰：「快哉行也！厲鬼殺賊，門生詎敢忘之。」行至城隅盤石〔四〕，先太師曰：「吾生平愛山水，此地頗佳，可以去矣。」疾呼皇上者三，遂同張公南面遇害〔五〕。頃刻雨驟風馳，當空震雷三擊，有德亦爲駭悚。故國臣民遐邇驚悼，掩袂而泣者不知幾千人也。

時有何中湘部曲沅陵侯馬蛟麟者〔六〕，身入虜營，心懷故國，聞先太師殉難，疾馳往

〔一〕「二」，蔣跋本作「三」，據《續編》本改。
〔二〕「束」，《續編》本作「肅」。
〔三〕「手」，蔣跋本脱，據《續編》本補。
〔四〕「盤」，《續編》本作「磐」。
〔五〕「面」，蔣跋本脱，據《續編》本補。
〔六〕「中」，蔣跋本作「申」，據《續編》本改。

訣，已無及矣。覓葦席以覆之〔一〕，嘆息而去。次日，楊碩甫入城，白孔有德曰：「楊藝隨閣部瞿老師在粤，已六年矣，祇爲此幾根頭骨〔二〕，欲收之以報知己〔三〕。今日事已至此，乞重寬大之恩〔四〕，少盡師生之誼。」有德心動，許其殯殮。碩甫舁棺至死所，見刃血在頸，而身首未殊，面儼然生也，跪而泣告曰〔五〕：「門生在此，老師之目，其遂瞑乎。」忽見先太師張目如炬，目睛不動，而神采焕然。碩甫且悲且懼，摩掌熨目〔六〕，久而始合。密備大紅蟒衣一襲，金幞頭一事，肅而殮之，並爲張公具殯殮，葬於淺土。其地在桂林之北門，蓋風洞山之麓也。是日同遇害者，爲徐高、旂鼓陳希賢、家人陳祥云。

先是，十月十二日，先太師遣孫男昌文至行在，進萬壽表。二十一日，抵梧。次日，入朝，面奏西粤情形，兵驕糧匱，無以禦鴟張之虜。滇營三鎮，洶洶尋戈，似非中興景

〔一〕「席」，蔣跋本作「疾」，據《續編》本改。
〔二〕「頭」，《續編》本作「頸」。
〔三〕「己」，蔣跋本作「也」，據《續編》本改。
〔四〕「重」，《續編》本作「垂」。
〔五〕「泣」，蔣跋本作「位」，據《續編》本改。
〔六〕「摩」「目」，蔣跋本作「曆」「曰」，據《續編》本改。

象〔一〕。同鄉諸老謂先太師事權不重，無以鎮服諸勳，公疏請旨特授黄鉞、龍旂，凡公侯伯大小文武各官俱受節制。十一月初五日，命撰敕文。次日，送用寶矣。初九日，皇上臨軒，昌文對策，是日報東省初三已破，舉朝震驚。初十日，忽報桂林初五亦破，上遂移蹕，將往潯州，百官逃竄，士庶流離，而驕兵悍將，遂肆劫焉。昌文往辭閣暨龐司禮，司禮云：「桂林已破，令祖自然盡忠，足下不能上省〔二〕，隨行在到潯州可也。」昌文云：「桂林雖破，晚生必要上省尋祖父，看下落〔三〕。若奔投行在，是爲功名而忘祖父矣。既不成孝，何以成忠！」遂匆匆别去。十二日〔四〕，從甘村進至周村，寄宿曾孝廉家，而舟中所携資糧書籍并弓箭軍器，已於初十日夜船火焚之〔五〕，無有存者。十五日，將往竹峒〔六〕，從賀縣入桂，一探消息。適遇八排徭賊出山猖獗，路梗不通，往返又有匝月，復回周村，

〔一〕「興」，蔣跋本作「具」，據《續編》本改。
〔二〕「上」，蔣跋本作「二」，據《續編》本改。
〔三〕「看下」，《續編》本作「着」。
〔四〕「十」，蔣跋本作「于」，據《續編》本改。
〔五〕「船」，《續編》本作「縱」。
〔六〕「竹」，蔣跋本作「所」，據《續編》本改。

又被猺賊搶掠〔一〕，隨身行李一空，艱難困頓之苦，真人生所未有也。

辛卯年正月初二日，又從周村起身，一日行至横州，途遇陽朔龍頭山人〔二〕，問其省中之事〔三〕，備述甚詳，始知先太師之變，痛哭無地，幾不能生。十二日，到剪刀猺同邑王方谷家，細知先太師殉難始末。越數日，楊碩甫至，知先太師已淺葬於風洞山，心中稍慰。爾時欲上桂林，兇鋒可畏，欲下梧州，恐途中有識認挾之以媚虜者，兼之資斧又缺，進退兩難，匿影荒山〔四〕，度刻如歲。惡奴胡科背主而逃，相隨患難兩月不離者，勳官錢廷續一人也。三月初二日，勳官錢雲自興平來，始知梧州光景，鎮將馬蛟麟有書迎昌文至梧，桐城方密之相公亦有手札見招〔五〕，遂作出山之計。十六日，至梧。十八日，見馬鎮，接待甚殷，情踰兄弟。有内史房公者，係上元人，左右周旋，靡所不至。不謂

〔一〕「又」上，《續編》本有「周村」二字。
〔二〕「陽」，蔣跋本作「楊」，據《續編》本改。
〔三〕「其」，蔣跋本作「具」，據《續編》本改。
〔四〕「荒」，蔣跋本作「晨」，據《續編》本改。
〔五〕「札」，蔣跋本作「禮」，據《續編》本改。

流離瑣尾時，有下徐生之榻者。日欲遣昌文南還〔一〕，輒爲先太師標下惡弁王陳策多方阻撓，羈遲時日。五月初二日，始放舟東下。十二日，在佛山〔二〕，忽見王陳策同虜卒數人奉孔牌追轉〔三〕，同行男婦七人悉加桎梏。廿二日，復上梧州〔四〕。馬鎮又陰爲護持，遣兵起送〔五〕，盛暑蹔艘，鈎鎖琅璫〔六〕，不能轉動，真所謂求生不得、求死不得者。六月十二日，至桂林，昌文慮魏元翼之尋仇，謂此行必無生理。是日午後，住懷達章京李養性家〔七〕。十三日，傳令釋放，候旨録用，殊出意外〔八〕。潛詢之，知魏囚已於初七日爲先太師與張公所殛，一口而出〔九〕，各言如神威之審鞫者，但聞空中似有鉸鏈之聲，俄頃間，

〔一〕「日」，蔣跋本闕，據《續編》本補。
〔二〕「在」，《續編》本作「至」。
〔三〕「卒」，蔣跋本作「率」，據《續編》本改。
〔四〕「復」，蔣跋本作「後」，據《續編》本改。
〔五〕「起送」，蔣跋本作「超選」，據《續編》本改。
〔六〕「鈎」，蔣跋本作「釣」，據《續編》本改。
〔七〕「住」，蔣跋本作「往」，據《續編》本改。
〔八〕「殊」，蔣跋本作「外」，據《續編》本改。
〔九〕「出」，蔣跋本作「公」，據《續編》本改。

七竅流血而死。虜益懼先太師之靈爽，英英如在〔二〕，不敢加害於子孫耳。八月廿一日，幼弟玄銃歸。廿五日，昌文啟先太師之柩，與先臨桂夫人之柩合厝明月洞。洞離城四里，懸崖石室，亦仙子之所居也。

惡弁王陳策爲賈梧州，九月廿五日，忽云：「瞿太師唤我，急取紗帽員領來。」言未絶聲而已死矣。魏、王二賊百計圖謀，而卒先殞其命，誰謂天道遠而忠臣之後不克世乎！先太師六年事跡，備載《留守封事》中〔三〕。兵燹之餘，一時艱購，俟日後靈柩還鄉，排纘成書，播諸遐邇。兹因傳述不詳，未敢輕於舉筆，以掩先太師之豐功偉烈也。

〔二〕「英」，蔣跋本闕，據《續編》本補。

〔三〕「封」下，蔣跋本原衍「疆」字，據《續編》本删。

盧司馬殉忠實録序

薛　寀述

閲史至張延賞害李晟、馬燧，汪伯彦害宗澤、李綱，秦檜害岳忠武父子，固已眥裂淚湧，憤懣填膺。而或訾之曰「此忮功」「此通虜」，則又深笑其説。彼實畏賊膽墮〔一〕，駭而欲奔耳。譬獵徒逐虎，樵夫詫其狂逞，惴惴闌入窟室，若獵徒中裴旻其人，恨不縛手足以免貽患〔二〕。即日剸數虎〔三〕，捷於刺豕，亦必謂此屬適有天幸〔四〕，非戰之能。其胸中實不解有此奇偉卓犖之品、奇偉卓犖之事，非心知其能然而阻撓之也。

司馬九台盧公之死於虜也，予哭之者三。初聞其力戰而死，予適病起〔五〕，擲參鐺，

〔一〕「畏」，原作「患」，據蔣跋本、中大本、《續編》本改。
〔二〕「恨」，蔣跋本、中大本、《續編》本作「憾」。
〔三〕「數」下，中大本、《續編》本有「十」字。
〔四〕「謂」，原脱，據蔣跋本、中大本、《續編》本補。
〔五〕「予」，原作「乎」，據蔣跋本、中大本、《續編》本改。

折笄杖，北望爲位，大慟曰：「使予輩存，令此公死，天實驕虜而噉之以百萬赤子耶〔一〕？」徐聞其以阻撫議被陷〔二〕，以調旅失援，多方傾悞，致身歿蒙謗，則投袂裂硯，書生墨吏之焰雄於九軍。盧公一生殺虜殺寇過當，諸君乃不遺餘力，爲逆鬼報仇乎？已從敝篋中得公草聖夭矯綾文金箋長箋盈尺，訂予以香山午橋之盟甚切，則尤欷歔，泣數行下。韓愈、皇甫湜福先寺之絹猶存，而晉公之首，已擊於李師道之客。嗟乎，傷哉！

公友許君，千載偉男子也，以經笥武庫，遊天下名公卿間。受知於公，與公周旋患難，爰著《戎車日記》〔三〕，一一寫出鬚眉性情。中間尤可憾者：內以撫欺聖明，而不以片語白公；提督猶知服公正論，而比肩樞督者不知兵符；督天下援兵，而隸麾下者止二萬；已傳令十五夜大殺，而泥之以月夜不比雪夜；破虜於深入，非十面會殲不可，而詭言奇師用寡；虜猶在牛欄，而妄云已南下〔四〕，令與高監面議。千閃萬鑠，以堅撫

〔一〕「耶」，原作「即」，據蔣跋本、中大本、《續編》本改。
〔二〕「以」，原脱，「撫議」，原二字互乙，據蔣跋本、中大本、《續編》本補正。
〔三〕「記」，原作「紀」，據蔣跋本、中大本改。
〔四〕「而」，原作「面」，據蔣跋本、中大本、《續編》本改。

局。堅撫局非他，畏虜耳！身實畏虜，而必欲使他人亦分畏虜之謗〔一〕。人實不畏虜，而必欲致之死〔二〕，以明不畏虜之禍。毋論延賞、伯彦有此媢骨，無此辣手，即與賊檜相提而論，恐此日之爲金牌者，不止十二矣。今罪樞與懦弁已敗露正法，聖明於公之忠勇任事、兵寡卒飢、掣前穽後、種種功罪，洞若觀火。公談笑九原，正復何憾！惟是邊人畏虜，已中於膏肓而不可解，設無公之智略膽勇，與其部下精鋭〔三〕，無論撫決不成，即戰亦果非勝着。此予所以每一念公，輒仰天嗚嗚，思肉公之白骨而不得也。癸未秋日，郡人薛寀拜述〔四〕。

〔一〕「之」下，原衍「勢」字，據蔣跋本、中大本、《續編》本刪。
〔二〕「死」，蔣跋本作「忠」。
〔三〕「其」，原作「中」，據蔣跋本、中大本、《續編》本改。
〔四〕「郡人」，中大本、《續編》本作「同郡」。

荆溪盧司馬九台公殉忠實録

同邑許德士雪城父著
胞弟盧象觀幼哲父訂

樞督相左機緣

戊寅三月，虜十萬騎臨宣邊〔一〕。盧公聞警，夜馳邊城右衛。衛將士云：「虜臨牆，問撫插舊員，想係插夷求撫。」公數詰之，始知東奴挾插邀賞，非真插也。隨繕疏云：「撫插不撫奴，許市不許賞，蓋因奴孽犯順，不應言撫。且奴性甚狡，求撫亦非真情。插久歸奴，法難輕賞。」遂相持浹旬日。樞部手書云：「撫之便。不覩卜夷往事，究作熟眠之臥犬耶〔二〕？」公乃榜示夷人〔三〕，俾復我侵地，還我叛人，而後議撫，持議甚嚴。樞部又馳手書來云：「宣邊原插夷口子〔四〕，東奴講撫，應在義州〔五〕。」其意謂公不主撫，他督

〔一〕「邊」，原作「府」，據蔣跋本、中大本、《續編》本改。
〔二〕「犬」，原作「牛耳」，據蔣跋本、中大本、《續編》本改。
〔三〕「乃」，原脱，據蔣跋本、中大本、《續編》本補。
〔四〕「邊」，原作「府」，據蔣跋本、中大本、《續編》本改。
〔五〕「義」，原作「夷」，據蔣跋本、中大本、《續編》本改。

可惟命。虞見公榜書嚴正，亦遂一旦遁去。

樞部慮邊事必壞，勢將爲法死罪，倘撫議或就〔一〕，可幸苟免。不則脱樞部一席，斯離惡塹，遂力圖大拜。當日，以墨衰辦部務，長安猶不免訾議；今且以衰絰之身，御紅袍，登政府，何俟都人口誅，恐楊公亦或内愧。時石齋黄公廷諍面折，楊公相争如虎〔二〕，因是黄公竟遭遠謫〔三〕，後幾斃杖獄。楊公亦可畏哉！維公亦馳手書諷之云：「變禮易制，誠非細事。但使相業特盛，無愧救時，亦或一道。惟公好爲之。」報書云：「某知，決不議南陽李也。」公笑云：「羅倫復官，應在何日？」蓋指石齋先生言也。此時兩人已相左。然使楊公得脱樞務，即相左亦或無害。詎意皇上命兼閣部，因遺書賺公云〔四〕：「某以病行矣。此座可惜，惟公念之。」公笑曰：「楊公欺吾！」未幾，公以外艱乞奔喪。楊公部務終不獲解，遂決計講撫商通戎政〔五〕，授意薊門督監。薊督嗜飲，强半在醉

〔一〕「撫議」，原二字互乙，「就」，原脱，據蔣跋本、中大本、《續編》本正補。
〔二〕「公」，中大本、《續編》本作「亦」。
〔三〕「黄」，原作「楊」，據蔣跋本、中大本、《續編》本改。
〔四〕「遺」，中大本、《續編》本作「移」；「書」，原脱，據蔣跋本、中大本、《續編》本補。
〔五〕「政」，原脱，據蔣跋本、中大本、《續編》本補。

夢中，唯總監鄧希詔主之，督唯唯而已。後遂遣雙瞽賣卜周元忠赴虜講撫〔一〕，因其與遼人多熟識，故遣之。虜云：「此事重大，何無專官，乃遣廢疾者來，直玩侮耳。」欲斬之。元忠云：「此番未便講撫〔二〕。如撫議果成，當有天使來汝國也。」釋之。都人憤其大傷國體，而瑞屏顧公廷斥樞輔，謂元忠不應遣，復補牘糾之，一時欽其丰采。樞輔心銜顧公，後以他事中公，革職。已而樞、璫持撫議益力〔三〕，都人謂樞、璫已密請聖裁，否則關寧警報狎至薊門〔四〕，而鄧監特召諸帥悉赴幕中〔五〕，稱觴上壽，虜即於是日從牆子嶺入口。鄧膽即如斗，敢擅縱虜入乎？當日樞、璫謂撫可成，將論功受賞，取斗大黃金印懸肘後，寧料薊督未悉個中，遂遭肢解。公督師入關，輒聞此報，不禁心痛。次日，平臺召對，公謂：「虜入內地，傷重臣，尚何撫之可言！」立議主戰。皇上命出與樞臣及戎政總提協商量。都人謂：「皇上受欺於若輩也，已可概見，何用再商？」公特鑿鑿言

〔一〕「赴」，原作「撫」，據蔣跋本、中大本、《續編》本改。
〔二〕「番」，原作「悉」，據蔣跋本、中大本、《續編》本改。
〔三〕「益」，原作「並」，據蔣跋本、中大本、《續編》本改。
〔四〕「至」，原作「主」，據蔣跋本、中大本、《續編》本改。
〔五〕「特」，蔣跋本作「日」。

戰，絶不作商量語。此公之與樞左也，將謂罪在公乎？然禍實始此。

次日，閣部入朝房就公議，徹左右，逾時無一言，徒進「勿浪戰」三字，撫議終逼塞不能出口。公乃挑選誓師，樞部無計撓成，遂疏稱虜南下。督臣猶擬趨牛欄，票擬令督赴通，與高監面商，相商通高監〔一〕，令與公密語意中。此樞之與公左也，將謂罪不在樞乎？公閲疏揭憤甚，投揭拍案而嘆，遂相左，公之禍益不可解。

後樞部事事設陷，公遂死。嗟嗟！寧惟公死，而公死之後，名藩繫，省會熸。周元忠挑釁速虜，其肉尚容食耶！然以罪歸之元忠，而元忠不足勝罪〔二〕；將歸之鄧監，而鄧已伏誅〔三〕。然則安歸乎？都人曰歸之樞部，而樞部徒革虛銜〔四〕，仍以冠帶入閣辦事，俄假剿寇功，廷臣並授賞，樞部遂復故官〔五〕。使樞部早知功罪惟我〔六〕，亦何慮邊事壞，

〔一〕「相商」，蔣跋本、《續編》本作「想商」，中大本無此二字。
〔二〕「罪」，原作「解」，據蔣跋本、中大本、《續編》本改。
〔三〕「已」，蔣跋本作「以」，中大本作「亦」，《續編》本作「亦以」。
〔四〕「革」，原作「草」，據蔣跋本、中大本、《續編》本改。
〔五〕「部」，原脱，據蔣跋本、中大本補。
〔六〕「知」，原闕，據蔣跋本、中大本、《續編》本補。

而憂其罪且死耶！

戎車日記

總督盧公於戊寅年四月十八日午時見白虹貫日，占者謂「主大兵」，公憂之。適是日，公尊人從白登歸，終於濟上。

五月朔聞訃，即日開報丁憂，雲撫葉公立繕疏代題。時議奪情者交章飛奏，公連篇累牘凡十上，蒙俞允，着回籍守制[一]，仍料理候代[二]。樞部楊公知東虜必來，且須公防秋，弗願令卸責[三]，會推新督，特以蜀中陳公聞。命下之日，公泣不已，謂燕蜀相距八千里，計往返須四月，何日得就苫次？朝夕號痛，心肝如嚙。余從旁時時爲寬慰，早夜和藥飲之。

至八月，宣邊虜臨牆求撫，公力疾赴右衛，偕諸將士嚴兵卧戈[四]。閱九月，撫成，秋信亦告竣，陳公報至倒馬出關，時下旬八日也。是日，即將欽頒

〔一〕「籍」，原作「藉」，據中大本、《續編》本改。
〔二〕「候」，原作「後」，據蔣跋本、中大本、《續編》本改。
〔三〕「弗」，原作「勿」，據蔣跋本、中大本、《續編》本改；以下徑改，不再出校。
〔四〕「戈」，原作「鼓」，據蔣跋本、中大本、《續編》本改。

旗牌符驗關防并吏書文卷，差官親齎交代訖，又將原領坐名敕諭進繳。

先是，二十五日申時，接樞部插翎文，爲夷情緊急，分置諸大帥，令宣、雲、晉三帥入援保定。公曰：「悮矣！虜逼漁陽，不令速達以衛陵京，乃迂途赴保定耶〔二〕？」因矯部檄，具發兵達居庸關，馬上飛催新督到任，以便入衛，身先策兵行。

二十九日，途次接奉詔旨，賜劍印，命公督師。公拜命畢，捧劍印入内廳事，見座後屏幃大書文天祥《正氣歌》〔三〕，公仰視默然。進卧室，旁懸關公象，公命收貯之。兆之非吉，謂是徵乎？公即掩泣繕疏曰：「聞憂五月，盼代眼穿。今當離任歸奔，忽值狡奴内犯。同仇赴敵，分誼安辭。」疏畢，仰天號曰：「某先人之骨朽矣，爲之奈何！」先兩月，新承恩旨，寵封尚書三代。公感國恩，謂以此質先公於九原，無愧忠孝，乃輕裝戴星進發，刻期抵郊。疏云：「臣本非軍旅長材，徒以癡心任事，誼不避難。但自臣父奄逝長途，慘懷煎迫，方寸潰亂，五官非復昔時。並以草土之身，踞三軍之上，豈惟觀瞻

〔二〕「耶」，原作「即」，據蔣跋本、中大本、《續編》本改。
〔三〕「幃」，蔣跋本作「幛」。

不聳〔一〕，尤虞金鼓不靈。」意欲求皇上另擇賢能。而盈廷交薦，如李臨淮輩疏稱「非公不堪」〔二〕，公遂受事，語予曰：「作俑者誰乎？樞部奪情，并欲令予變禮，適觀軍使亦守內艱，三人俱以不祥之服臨戎，心竊病之。起復新督亦屬樞議，意欲令當事盡敗喪禮，以分己督，不滋重乎！處心若此，何足任天下大事，而與之共事吾君耶！俟虜退後，必廷詰之。」

行五日，入關，步詣至陵，恭行五拜三叩頭禮畢，俯地祝曰：「醜虜入犯，仗聖祖烈宗在天之靈〔三〕，尚其殲諸境外，臣敢不竭蹶。」即入昌城，呼援師先集者，祇標營、宣鎮二枝，挑選勁猛，入幕釃酒，同兩帥及中軍揚觴告天曰：「藉若輩力，先挫虜鋒，俟關、寧、雲、晉畢集會師，更圖大剿。殫力奮勉，毋負任使。如不用命，軍法無赦。」時十月初三日申刻也。

初三夜漏下二鼓〔四〕，部傳聖諭，平臺召對，即策馬夜詣都門。平明入朝，上諭：

〔一〕「觀瞻」，原作「瞻視」，據蔣跋本、中大本、《續編》本改。
〔二〕「輩」，原脱，據蔣跋本、中大本、《續編》本補。
〔三〕「烈」，《續編》本作「列」。
〔四〕「二鼓」，原二字互乙，據蔣跋本、中大本、《續編》本正。

「遠來入衛，忠勤可嘉。」賜花銀蟒幣畢，次問方略。公曰：「命臣督師，臣意主戰。」上變色，有頃曰：「朝廷原未言撫〔一〕，這都是外臣議論。」「向聞樞部曾以『舞干羽于兩階，七旬有苗格』喻虜宜撫。」皇上云：「虜與三苗不同，三苗止負固不服，逆奴乃凌犯天朝。」大哉皇言！謂議出外廷，信有然也。又曰：「但剿虜與剿寇不同，卿宜慎重。」嗟嗟！公討寇時身先士卒，想亦稔聞天聽，慎重一語，真股肱之誼哉！奏對移時，命出與樞臣及戎政總提協商量。同時入對者並賜茶點，特命賜公酒飯。時輝珥抱日，但下有雜色一股，如弓影上背。公正仰視間〔二〕，上令一璫趨問主何占兆〔三〕，公應曰：「此滅奴之兆。」蓋欲慰聖懷、壯國謨也。出語占候吏，謂：「日生輝珥〔四〕，文明之象。下有弓影反背，或有不忠之臣，與謀國者相左耳。」公嘆息久之，備述廷對之語，疑撫字忽出創聞。公蓋不知長安中紛紛藉藉，謂樞、璫密議講撫，行且輦金幣入虜穴。樞部有「事小

〔一〕「言」，原作「有」，據蔣跋本、《續編》本改。
〔二〕「視」，原作「覿」，據蔣跋本、中大本、《續編》本改。
〔三〕「趨」，原脱，據蔣跋本、中大本、《續編》本補。
〔四〕「日」，原作「曰」，據蔣跋本改；「輝」下，原衍「耳」字，據蔣跋本、中大本、《續編》本删。

樂天」之疏，長安中錯愕相顧，謂樞部有樂天之説，而奴酋無畏天之心〔一〕，極口嗤唾。公在哀疚〔二〕，未遑闢聽，今言主戰，頗乖廷議，公亦不顧。是夕，詣安定門會議。公就首座，略讓謝而已。蓋以平時朝貴靡不諂大璫，居下座，公慮失朝廷大體〔三〕。復昌言主戰，滿座嘿然。惟曹司禮出一言：「畢竟盧老先生是正論。」夜分乃别。

初五日，皇上發帑金一萬兩犒公勤王師。余贊畫軍中，並叨皇恩，拜受白金四兩。公令予成一杯，隨口占二語：「胸藏武庫遊戎馬，手鑄金甌藉聖朝。」命鎸於上，以志賢勞盛事。公即於是謝恩辭朝。樞部詣朝房，擯衆語公，覺神情消沮，若齕齕不能出口〔四〕，片晌亦無多言，徒以「勿浪戰」爲錦囊，叮嚀數四〔五〕。公遂起别，還昌平〔六〕。諸帥聞之，咸舉手加額，相率慶曰：「督師決意主戰，幾墮人膽。今中樞戒勿浪戰，且上言外廷議

〔一〕「奴酋」，原二字互乙，據蔣跋本、中大本、《續編》本正。
〔二〕「哀」，原脱，據中大本、《續編》本補。
〔三〕「公」，蔣跋本、《續編》本無此字。
〔四〕「能」「口」，原作「然」「曰」，據蔣跋本、中大本、《續編》本改。
〔五〕「嚀」，原作「寧」，據蔣跋本、中大本、《續編》本改。
〔六〕「還」，原作「邊」，據蔣跋本、中大本、《續編》本改。

撫，我輩可勿作浪死歌矣。」公乃言戰益力。三鼓抵昌，皇上遣内侍昇幣金三萬兩，銀牌大小三千扇，綵緞五千匹〔一〕，付公犒功，更賜御馬百騎，冏馬千匹〔二〕，鐵銀鐵鞭五百枝〔三〕，以資撻伐。公謂皇猷果壯若此，而樞部持議若彼，無惑乎皇上之以議撫咎外廷也。公決意言戰，適聞初三日所遣已獲虜級，報至，喜動顔色，犒賞如令。即議發兵大戰，擬諸大帥於初旬後畢集城下，令各選勁三百，約十五夜，分四路十面襲劫虜營，直衝而過，刀必見血，人必帶傷，馬必喘汗，使虜驚潰自殺。若虜臨時移動，我兵挑就各分頭子，不難隨機分襲〔四〕，轉其用不轉其體，始終以此法大殺一場，違者處斬。

軍令纔下，忽於十二日酉時接觀軍使手書，大意謂：「十五夜皎月通宵，不便扼襲。聞雪夜下蔡州城〔五〕，未聞以月夜。我師分駐通、昌，去離虜營甚遠，數日内恐賊移營，未免徒勞往返。且奇師尤宜用寡，若四路十面，仍是張皇堂正。」種種阻撓。而三屯營陳

〔一〕「綵」，蔣跋本、中大本、《續編》本作「幣」。
〔二〕「千匹」，蔣跋本作「百騎」。
〔三〕「鐵」，原作「銀」，據蔣跋本、中大本、《續編》本改。
〔四〕「隨」，原脱，據蔣跋本、中大本、《續編》本補。
〔五〕「城」，原脱，據蔣跋本、中大本、《續編》本補。

鎮又於是日亥時稟稱：「觀軍憲牌云，賊勢南逞，業經飛調東行。」公頓足曰：「既手書相沮〔一〕，復調散我兵，劍印在我，咎將安歸？」疏請分兵。樞部撥宣、雲、晉三鎮屬公，號稱二萬。兵符督天下援師，而徒以二萬相屬〔二〕，意何如哉！在公務盡忠藎，惟刻期議戰而已。

十四日，誓師鞏華，淋漓忼慨〔三〕，公泣如雨，衆皆泣沾襟。而是夕漏三下，樞部疏揭至，云「虜已南下」，督臣猶擬趨牛欄。因復票擬，令督赴通，與高監面商。公嘆曰：「監云虜勢南下，樞復云然，兩人如出一口。夫我非避賊走空，即爲偵探弗確，皇上將謂我何？且令我赴通，不過欲令高監撓我師期耳。出師之際，兩經沮喪，猶望克捷耶？」岔岔不成寐。

十五日，兵集順義，約共襲劫。京營三提督詣營中，謂孫堠去京、通、牛欄各三十里，可帶京營兵去彼策應〔四〕。先是，曹司禮手書告公，選京營勁旅二千協剿。公極感其

〔一〕「阻」，蔣跋本、《續編》本作「沮」。
〔二〕「徒」，原作「從」，據中大本、《續編》本改。
〔三〕「慨」，原作「忼」，據蔣跋本、中大本、《續編》本改。
〔四〕「去」，蔣跋本、中大本、《續編》本作「赴」。

諠，因即命騎同行。須臾至孫堠，忽遇虜百數十騎〔一〕。公謂此零騎，或前撥，呼即砍之，而京營兵已盡散遁。公單騎至〔二〕，十餘人相從，拔刀東指，計不返顧，謂一退走，無一人得生，恐後有大隊相逼〔三〕，須陳兵疑之。京營兵望公所向，馬首亦漸東來，虜遂遁去。京兵遂營於大馬房。是日，襲劫之兵晝遂遇虜〔四〕，人言高監漏信與賊所致，鏖戰，斬數十級。報至，公大喜，飛騎凱聞。日晡，公旋馬赴老營，行五六里，殺聲振地〔五〕，炮連發，回視，飛埃蔽天。少頃，敗兵俱下〔六〕。公疾呼中軍，引滿詰之。應曰：「京兵敗亡者耳。」曰：「曷至此？」曰：「虜張兩翼渡河，引兵詰之，虜誑曰『高公兵馬』，已而兩翼環合，奮力亂砍，疾如雷發，走死無路〔七〕。」雖孫堠之敗與牛欄之捷兩不相蒙〔八〕，公

〔一〕「百數」，原二字互乙，據蔣跋本、中大本、《續編》本正。
〔二〕「至」，中大本、《續編》本作「止」。
〔三〕「恐」，原脱，據蔣跋本、中大本、《續編》本補；「後」，中大本、《續編》本作「復」。
〔四〕「晝」，原作「盡」，據蔣跋本、中大本、《續編》本改。
〔五〕「振」，蔣跋本、中大本作「震」。
〔六〕「敗兵」，原二字互乙，據蔣跋本、中大本、《續編》本正。
〔七〕「路」，中大本、《續編》本作「地」。
〔八〕「捷」，原作「疾」，據蔣跋本、中大本、《續編》本改。

慮失曹公助剿之意，遂分牛欄以掩孫堠〔一〕，因致皇上有喪多捷少之嫌，而中樞心正銜公〔二〕，竟不論賞。

十七日，樞部赴軍中，公厲聲責之，數其沮師養寇之罪，謂：「公等堅意要撫〔三〕，獨不聞城下之盟，《春秋》耻之乎？且某叨承劍印，長安口舌如風，倘唯唯從議，則袁崇煥之禍立至。縱不畏禍，寧不念蔴衣引紼之身，既不能移孝作忠，奮身報國，將忠孝胥失，喪盡本來，何以戴顔面、立人世乎？」樞部覺語逼甚，且病在制中，不啻色戰心怍，奮言曰：「公直以尚方劍加吾頸矣！」公曰：「尚方劍須從自己項下過，如不能殲虜，正未易加人。若舍戰言撫，養禍辱國，非某所能知也。」樞部沮赧，遂遁言：「從來無撫之説，無以長安飛語陷人。」公曰：「周元忠赴虜講撫，經數月往返，始事於薊門督監，受成於樞部京營，通國共聞，復將誰諱？」面責之，復手書斥之云：「若能回心戮力，胸中有如許怪事，始終不向君王一言；如其閃爍奸欺到底，自當瀝血丹墀，無言不盡也。」此稿載在樞部集中，想鬼神不肯匿其醜耶！

〔一〕「牛」，原作「半」，據蔣跋本、中大本、《續編》本改。

〔二〕「公」，原作「之」，據蔣跋本、中大本、《續編》本改。

〔三〕「要」，中大本、《續編》本作「言」。

先是，令公赴通與高監面商，正欲推撫字從高監口中出，并洩露撫議之久定耳〔一〕。公曰：「某寧矯詔旨，必不赴通。」樞部遂疏云：「虜南下，督應趨通就監；虜未下，監應趨京就督。」夫軍機何事，可供其反覆！且聖明之前，倏爾變換，取旨直如反掌，是操何術！與高監果詣安定門〔二〕，而兵過京營後〔三〕，稱高公人馬，即疑爲虜，隨放炮，人馬共斃者數十，時十月十九日也。是日，公先後至安定門面商，大抵公言：「受命剿禦，責任艱難，非及早從事，無以慰聖主焦勞，謝人言恇怯。須合兵大戰，以驅剿之〔四〕。」高監云：「要戰不難，一二日合兵就戰。但恐野戰奴之所長，我兵不利，反致猖狂，必相其可擊，而後擊之。」嗟嗟！虜札内地二十日，豈卒無可擊之候？而後來破省會，擄名藩，踞内地八月，曾見有可擊而擊之者乎？樞部疏稱「盧出險着，高出穩着」，其偏袒何如耶！公於彼時，見樞、璫兩人情詞閃爍，終必害成，遂薦新督陳公以自代。

〔一〕「之」，原脱，據蔣跋本、中大本、《續編》本補。
〔二〕「詣」，原作「議」，據蔣跋本、中大本、《續編》本改。
〔三〕「後」，中大本、《續編》本作「復」。
〔四〕「驅」，原作「馳」，據蔣跋本、中大本、《續編》本改。

先一夕，公語予曰：「昌平有督治、鎮監，而樞部令新督贅瘤其中〔一〕，屬何秘旨〔二〕？」予曰：「公不記密撫趙公之言乎？趙撫赴密，取道昌平，語公曰：『樞部云誤薦盧公，此事不若陳方恒還能了得。』今日令陳公坐營平，而陳公又疏請假一旅滅賊，樞部意欲易公，方恒知之矣。公何見晚也！」公曰：「陳方恒不知兵略〔三〕，直誤乃公事，樞部想稔知之。」予曰：「趙撫曾述，中樞平日誦秦檜爲大宋功臣，趙應之曰：『秦檜縱能忠〔四〕，何必盡殺賢良而自爲功耶〔五〕！』樞遂語塞。觀前後操論，樞部主撫，陳如其計，旦暮就矣。假公具疏請辭云〔六〕：『臣苦喪疚，蒙恩候代，適新督後至，遂縮督師之符。此時宣、雲三鎮，原屬新督兵馬〔七〕，新督坐置閒散〔八〕，某乃越俎代庖。不若易哭踴之某，

〔一〕「瘤」，蔣跋本、中大本、《續編》本作「疣」。
〔二〕「何」，原作「可」，據中大本、《續編》本改。
〔三〕「知」，中大本、《續編》本作「解」。
〔四〕「秦」，蔣跋本、中大本、《續編》本無此字。
〔五〕「功」，蔣跋本、中大本、《續編》本作「忠」。
〔六〕「辭」，蔣跋本作「解」。
〔七〕「兵馬」，原脱二字，據蔣跋本、中大本、《續編》本補。
〔八〕「新督」，原脱二字，據蔣跋本、中大本、《續編》本補。

置新發之硎，足辨此虜。』樞部若得此疏，自露本懷。」公果與樞語，樞唯唯。公回營笑謂我曰：「君言驗矣！」須臾，奴報三四至，稱續來甚衆。公一時忠勇勃發〔一〕，不忍坐視他人血指，復移書樞部云：「擬薦賢爲國，此時續報賊奴源源而來，誼不敢復言矣〔二〕。」於是酌議標兵前、後、左三營分隸新督，所存三鎮，分佈德勝、安定、東直、西直等門之外〔三〕，以衛京師。乃日夜摩厲，謂須殺奴賊頭，以上報恩遇。如中樞復掣吾肘，寧捐軀決脰，決不忍樞部袖中捏成宋元故事。因大聲曰：「我太祖迅掃奴氛，如開混沌，得天下之正，並於堯、舜〔四〕。僅三百年，而混沌復起人心，高帝在天之靈〔五〕，能無憾乎？」執議挑戰，日斬壯級，類解樞部。虜增固營壘，亦勿敢攻掠城堡。難民口供多言：「虜衆待撫，相約勿動，如撫議不成，即開營南下。」時十月二十二、三，無日不聞此語。

〔一〕「勇」，蔣跋本、中大本、《續編》本作「義」。
〔二〕「矣」，原脱，據蔣跋本、中大本、《續編》本補。
〔三〕「直」，原脱，據蔣跋本、中大本、《續編》本補。
〔四〕「堯舜」，蔣跋本、《續編》本作「舜禹」。
〔五〕「之靈」，蔣跋本、中大本、《續編》本無此二字。

二十五日辰時，報稱順義地方開營，苗頭向南，正與東直、朝陽等門相對。是夜，即選標鎮兵四千，徑從垻上等處進發。

二十六日申時，奴賊大營精騎，俱自垻上、大馬房等處直衝東直門，相去不過二十里。各營兵奮勇血戰移時，賊吹觱篥收營。是日，虜傷甚衆，斬級甚多。

二十七、八、二十九，連有斬獲。公亦披甲胄，陣馬長鳴，立斃。此馬稱神駿，公特愛之，豈慮公輕銳，以死諫乎？可怪也！

十一月朔日，宣帥射獲蟒甲銀盔虜目，首大如斗。

初二日，奴賊分三股頭，直攻我營。我兵埋伏四起，炮箭擊打，落馬紛紛。後分五股頭，連攻五陣。我兵奮勇，炮箭齊擊，虜多損折，退回。

初三日，大隊徑撲土城關[一]。諸將士齊力奮擊，自巳至未，賊衝數次，我兵炮矢雨下，傷者無數。虜負尸馬上去，賊營號泣，聲聞數里。難民口供云：「虜稱炮爲骨咚，便嗡指。」又問[二]，「是虜那顏兵馬，亦即嗡指。」是夜，虜大隊營於土城北。予告公曰：

[一]「徑」，原作「經」，據蔣跋本、中大本、《續編》本改。

[二]「又」，原作「人」，據蔣跋本、中大本、《續編》本改。

「虜可擊也〔一〕。彼安營未固，不似老營。」公即命諸帥潛移大炮，漏二下，齊發擊之。虜不暇爲炊〔二〕，即拔營南奔。

初四早，虜尾在西直門〔三〕。予謂：「虜衆前驅，勢不可掉頭回顧，正可躡尾擊之。」亦大獲俘斬，虜遺大炮抬歸，皆京營字號云。是日酉刻，公從德勝門移營平子門，暫憩慈慧寺，命束輕裝南發，抄出賊前，沉舟破釜，與賊交疊惡戰〔四〕。而是夜戌時，接部咨議，令督、監二人，一人領兵追截，一人扼守京、通，遂未敢輕動。

候至次早〔五〕，尚未得旨，公慮虜突益遠，追逐益難，飛章馳請。至申刻，奉旨：「着督、監併力同心，勒限驅剿。」而虜於是日已抵良、涿，誰之咎與？

公立刻宣諭標、鎮，於初六日五鼓兼程前進，因高監從通南發，遂趨固安，擬與會師整搠，合力驅剿。且謂虜攻良、涿，便可抄前迎擊。不意虜騎奔突，捷如飄風，五百

〔一〕「也」，原脱，據蔣跋本補。
〔二〕「暇」，蔣跋本、中大本、《續編》本作「及」。
〔三〕「尾」，原作「尸」，據蔣跋本、中大本、《續編》本改。
〔四〕「疊」，蔣跋本、中大本、《續編》本作「壘」。
〔五〕「早」，中大本、《續編》本作「午」。

里不留行。蓋因炮矢攻打，虜頗驚懼〔一〕，且知官兵需糧州縣，勢不能急行，便可恣意攻掠。難民口供云〔二〕：「虜分三路，一從淶水突犯易州，一從新城突犯雄縣，一從定興突犯保定〔三〕，俱在保定取齊前行。」公聞之〔四〕，初九日從涿州戴星起馬。

先是，涿鹿相國郊行十里，藉草交拜〔五〕。公詣涿北關，相國抵掌談兵事竟夕，偕予三人並卧一土炕，一鼾即起。相國出千金治牛酒米面，命長公馮子淵犒三軍，於諸大帥各行花幣禮。後又手繕奇門六壬，雜用天文家言，推日告吉凶之數於公〔六〕，公命藏之，後亦見其多所驗云。

十一日，師次保定，與高監會師，召集諸將歃血矢誓〔七〕，各挑精兵，分路掩擊。本

〔一〕「頗」，原作「被」，據蔣跋本、《續編》本改。
〔二〕「云」，原脱，據蔣跋本補。
〔三〕「保定」，蔣跋本作「安肅」。
〔四〕「之」，原脱，據蔣跋本、中大本、《續編》本補。
〔五〕「草」，原作「平」，據蔣跋本、中大本、《續編》本改。
〔六〕「告」，原脱，據蔣跋本、中大本、《續編》本補。
〔七〕「集」，原作「某」，據蔣跋本、中大本、《續編》本改。

日戊時[一]，雲帥王樸報稱陘陽大捷[二]，獲級二十顆。公曰：「虜信可擊。」乃督全師合剿，命予督陣，擬此番血戰，虜必大挫。

十二日，果於慶都大捷，獲級一百十五顆，余亦手斬二級。公大喜，撫予背曰：「上馬殺賊，下馬作露布，君真無愧矣！」維時高監亦並奏捷。公擬再砍數陣，賊便回頭，忽接抄報，見楊編簡之疏已觸當事，中有「南仲在內，李綱無功；潛善秉成，宗澤隕恨」之語。適密撫趙公捉獲奸細梁四，供稱鄧、高、祖合謀不軌等詞[三]。鄧爲總監希詔，高爲總監起潛，祖爲遼帥大壽，一時長安哄然，奸人内佈。趙撫係公所舉，似楊編簡推戴，趙密撫流謗，皆爲公地[四]，中外決意危公。編簡謫發軍前贊畫，趙撫即命下理。公嘆曰：「兩公危，予亦從兹益殆！然非此亦殆，天實爲之，於我乎何咎[五]！」

十七日早，同贊畫楊公驗明功級，委官解部，即於是夜行次完縣。予病留保定，嗣

[一]「日戊」，原作「是戊」，據蔣跋本、中大本、《續編》本改。
[二]「陘」，原作「涇」，據中大本、《續編》本改；以下徑改，不再出校。
[三]「祖」，原脱，據蔣跋本、中大本、《續編》本補；「詞」，蔣跋本、《續編》本作「語」。
[四]「爲」下，原衍「平」字，據蔣跋本、中大本、《續編》本删。
[五]「乎」，原脱，據蔣跋本、中大本、《續編》本補。

後不能詳載。要之，芻糧不給，内外摧殘，公且日蹈危機，而在保定已見告矣〔一〕。清苑令左，其人以饋餉不前，公憲牌手諭云：「復遲延，致三軍枵腹，當以軍法〔二〕。」左年少服官，初試爲縣令，不任受督責〔三〕，遂倚璫爲援，激怒方總監，樹公敵。方即移書讓公云〔四〕：「頓兵堅城之下，不進不追，後之大事，將何以濟？」後於明旨中屢見「頓兵堅城」之語，旋下「兵丁不許近城」之旨，想方監飛章中公，乃至不可解。及次真定，而真撫張其平窺見中外合意擠公〔五〕，遂閉關絶餉。公移樞部手書云：「軍中缺糧五日〔六〕，該撫按許先給一日之糧〔七〕，領官自未刻候至申刻〔八〕，自東門轉至南門，城門扃鑰，自内

〔一〕「定」，原作「安」，據蔣跋本、中大本、《續編》本改。
〔二〕「法」下，中大本、《續編》本有「從事」二字。
〔三〕「受」，原作「更」，據蔣跋本、中大本、《續編》本改。
〔四〕「方」，原脱，「書」下，原衍「上」字，據蔣跋本、中大本、《續編》本補删。
〔五〕「其」，原作「見」，據蔣跋本、中大本、《續編》本改。
〔六〕「糧」，中大本、《續編》本作「餉」。
〔七〕「許」，原脱，據蔣跋本、中大本、《續編》本補。
〔八〕「領」下，中大本、《續編》本有「糧」字。

傳出云：『天色已晚[一]，止有折色[二]。』奈有銀苦無買處[三]。其各營不守法者，間赴莊村尋覓草料，即訪二人，揮涕處斬。人馬骨立，弱者立而就死，强者挺而走險[四]，皆不可知。」七尺微軀，不敢自有此稿，並載樞部集中。噫！公至此，真力盡計窮，因向各將士大拜四拜，一勸其以死報國[五]，一勸其忍餓銜鋒[六]，欲啼無聲，欲泣無淚。嗟嗟！兩軍對壘之際，安危生死，判在呼吸。而該撫按見在地方，任公哀懇疾呼，不急相應，而徒欲卸責於公，一日之内，疏揭五六上，咸語公擁兵不救之狀。傷哉！傷哉！

謗書盈篋之下[七]，而相國劉綿竹又特揭擠之。先是請纓，計叨劍印，盈廷笑以爲妄。兹又忽生癡夢，謂賊欲盈氣惰，載滿累多。覩揭中二語，非真有英雄武略之材，徒以勢將出口，相定氣機，遂撫背扼吭，欲一旦坐收其成，而卒至縮朒怖死，哀泣求生。覽其

〔一〕「色」，原作「也」，據蔣跋本、中大本、《續編》本改。
〔二〕「止」，原作「心」，據《續編》本改。
〔三〕「苦」，原脱，據蔣跋本、中大本、《續編》本補。
〔四〕「挺」，原作「梃」，據蔣跋本、中大本、《續編》本改。
〔五〕「其」，原脱，據蔣跋本、中大本、《續編》本補。
〔六〕「銜」，原作「衡」，據蔣跋本、中大本、《續編》本改。
〔七〕「篋」，蔣跋本、中大本、《續編》本作「筐」；「下」，中大本、《續編》本作「候」。

奏稿，真爲當世耻笑，豈可與光明磊落，事急則纓冠往救，時危則忼慨捐生者，同日語哉！公因劉輔之揭，遂奉革任聽勘之旨。時劉輔欣然奉總督命，捧劍印行矣。其幕客某人私語中翰公尚友周先生曰：「臨敵易將，兵家大忌。此聲一播，將士疑駭，總督且革，我屬若何？少或猜忖，變起倉卒，弗願偕行。」中翰公急語之，劉輔不覺一時色沮，因求同官叩閽，改授督察，公鐫尚書級，照舊供職。嗟嗟！公非中翰一言，早被逮就理矣。且此事豈騃書生所可任？而兵士素愛戴我公，故摶沙作飯，削木飼馬，猶能哨斬於陘陽，巨捷於慶都，闖營於真定，而欒城、獲鹿、趙州相繼皆有斬獲之報。陵寢之松楸無恙〔一〕，京畿之鷄犬無驚，兵馬銜枚，師行有紀，歌誦我公者〔二〕，皆磨牙而願食劉輔之肉，然要無救於公之危亡也！

公將兵二萬，分援郡邑，已減十二，而山西僞報謂賊走雲、晉，越固關。樞部等之兒戲，遂露章移檄〔三〕，命公督師出關。公嘆曰：「將在外，君命且有不受，而樞部於千里之外，直事事牽人右臂，可奈何！」軍中正苦餉竭，而雲帥王樸一聞樞檄，遂率其一

〔一〕「陵寢」，蔣跋本、中大本、《續編》本二字互乙。
〔二〕「歌」，原作「影」，據蔣跋本、中大本、《續編》本改。
〔三〕「露」，原作「上」，據蔣跋本、中大本、《續編》本改。

旅行矣。去此一枝，則區區殘剩疲餒不滿七千，空被督師之名，而使之徒手搏虜〔二〕，明置虎口而使莫脱。且高監宿重師於東南，飛檄召援，引退百里，意何爲哉！祇因虜南下時，偵虜苗頭西向真、保，樞、璫合謀奏請，督分西南，監分東南，旋復票擬責問，西南虜勢獨重，既明背併力同心之前旨，而後來東省大壞，至不可名狀，絶不問虜勢東南獨重。閣部玩弄明旨於掌上，暱璫蒙主，罪何如乎！公於彼時，輸輓既無可望，疏揭又復交譏，環顧中外人情，盡伏危機嫁禍，嚴旨頻加，尚方告奪。嗟乎！我公呼天罔應，剖膽誰知？平時指天誓日，爲千古英烈，關帝斷頭〔三〕，馬援裹革，每不去口，而臨危授命，豈其所難？特公死後，求如公者安在哉？縱不爲公計，寧不爲朝廷計也？

公歿於鉅鹿之賈莊，時十二月十二也。先一日，公分必死，謂贊畫何宰，立書文澋，促楊公詣真請餉，即上馬親同大隊逐虜索戰。有都司袁應奎意暱公，語公少却，即命斬之。宣、晉二帥及中軍皆伏地請死，祈免應奎。公下馬按劍，頭髮上指，并數諸帥罪，誓於今日見虜，如不獲遇，即斬首以殉。行十里許，見灰塵蔽天，便策馬迎頭對壘。公

〔二〕「搏」，諸本同，疑當作「搏」。
〔三〕「帝」，蔣跋本作「羽」。

督標營居中，虎帥張左翼，楊帥張右翼，兩軍各拔刀引滿相持〔一〕。有頃，右翼兵馬引却，虜即從右撲上〔二〕。公遂舞刀大呼〔三〕，與左翼一齊捍殺。虜非大隊，約止半萬餘騎。公忠憤奮勵〔四〕，一時精悍之氣〔五〕，足賈三軍，靡不勇氣十倍。賊大敗，半落馬走，棄去姑姑帽，村人呼爲野僧，持白梃亂擊之。公手砍一虜目，落馬夷官，楊進朝助公擒之，係纍還營，侏𠍗階下，乞生哀死，狀若猿猴，尚多狰獰之意，殊令人怖。公草疏獻俘，聞鼙箠四起，纍酋向譯使泣曰：「我衆將至，那顔必殺我矣。」

夜三鼓，大隊圍賈莊，至卯刻，正南又來一隊萬餘，匝圍三重。公周視指揮，虎帥西面，楊帥東面，南北二處，副將等官各埋大炮。炮不亂發，公號令呼炮役某人，某即點放。賊亦用大炮攻營，我營對打，發百餘炮〔六〕，自辰至午、未，攻打不退。奈矢盡藥

〔一〕「刀」上，原衍「大」字，據蔣跋本、中大本、《續編》本删。
〔二〕「右」，原脱，據蔣跋本、中大本、《續編》本補。
〔三〕「呼」，中大本、《續編》本作「叫」。
〔四〕「奮」下，原衍「烈」字，據蔣跋本、中大本、《續編》本删。
〔五〕「悍」，原作「捍」，據蔣跋本、中大本、《續編》本改。
〔六〕「發」，中大本、《續編》本作「數」。

窮，西南奴賊紅旗四面，項頭就上。公大呼齊殺，營中對面不相見。虎帥猶能認公，力挽公馬。公不肯出圍，刀刺其手，勒砍喊衝。左乳忽冒流矢，隨抽矢出鏃，震聲扑砍。後腰一箭，左右股各中一箭，公猶强戰，死傷於公手者不可紀。虜大懼，公雖死，而西南半壁不敢宿一騎，掃迹東馳，而三郡帖然。公特受傷甚，創左腦後一刀，右腮一刀，面門一刀，從鼻至耳界，破顴骨。是日，怪風發屋，天昏霾，日無光。日旁有兩日，如卵大，色白如月，後又屢見，占者以爲不祥。義男顧顯，從公歿於陣〔二〕。殉公者，掌牧楊陸凱，臨洺人也，無陷陣材，誼不敢脱身走，死後肢相依。噫！可不朽矣！

時予寓保定。先五日，聞公奉嚴旨，憂煎廢寢食。念公平時謂：「事克濟，死如歸；不濟，死何惜。」慮之甚。十一日，作書付塘撥相慰勉，而撥馬即從。是日，不通。十五〔三〕，劉督察次保定，予餉謁司禮主事〔三〕，約同赴軍中。十六早起行，抵二十里鋪，馬背上望見都司楊士禄。渠身長九尺，亦引項盼予〔四〕，十步外，即呼告勿前往。予曰：

〔二〕「公」下，原衍「役」字，據蔣跋本、中大本、《續編》本删。
〔三〕「五」下，中大本、《續編》本有「日」字。
〔三〕「餉謁」，原作「向謁」，中大本、《續編》本作「謁餉」，據蔣跋本改。
〔四〕「項」，蔣跋本作「領」。

「何爲？」楊曰：「大兵潰矣[一]，一舉步，即可送死。」予仰天泣，意公必死。楊曰：「未然。」亦相對泣。劉聞之，還師保定，三日後始行。嗟嗟！怖畏若此，督察之能，已見於天下矣。楊手持公令箭，謂可相依入都，挽余馬同行。馬上相視嗚咽，予扼腕呼告曰：「尚有一事藉重。」乃掉頭泣下不已[二]，意中欲相倚覊公遺軀，特不忍出口。楊亦心相喻，徒流涕泗。十九日，次涿州，墮馬折拇，呻吟號痛，遂沮於涿。廿二日申刻，得報書，公果死，嗟乎痛哉！嗟乎痛哉！書云：「十五日，副將劉欽覊獲公軀，舁至新樂縣。贊畫楊公迎至真定東關，盥面刮髮，拭抹塵垢。見其鬚髮斑點，一慟欲絶。撫按素相認，佯若不辨。一卒號泣曰：『此我盧公也。』便羅拜，衆皆拜。」予覽畢，泣語范陽相公，范陽公亦泣[三]，即擬輿疾赴真，而旁無從者，止一門役。一夜，役立時告去。予孑然一身，卧病范陽宅中[四]，日夜悲涕。除夕，聞公猶未殮，恨不能傅兩翼，慘傷無生氣。明年初六，更病肺，喘嗽垂斃。會聞邏卒俞振龍，從軍中偵公者，死杖下，益增

〔一〕「矣」，蔣跋本、中大本、《續編》本作「敗」。
〔二〕「下」，蔣跋本、中大本、《續編》本無此字。
〔三〕「范陽公」，原脱三字，據蔣跋本、《續編》本補。
〔四〕「卧病」，蔣跋本、中大本二字互乙。

慘慟。蓋謂偵報之語，侈張忠勇，箠楚三日夜，逼令吐實。俞曰：「無僞！寧死，斷不以一字誣没忠良！」暫遣，俟再鞫，即解衣沐，作張目見公狀，呼曰：「公來也，小人無負公，當一笑偕公往〔一〕。」簀將易，復翹首呼衆曰：「天道神明，毋枉害善良！」噫！同郡縉紳與公同譜者，尚生死易念，以一疏解嫌。若俞者〔二〕，斯無愧於古君子從容就義者矣。俞死，千金業立傾，聞其婦僅及笄，抱一齡稚子行乞長安。予不能爲謀衣食〔三〕，此夢寐中缺然之事也。廿二日，公僕芮勤至涿，即同倩騎赴真。公特藁殯，柩猶太樸〔四〕，陰房鬼火，燼冷灰寒。予黯慘過甚，伏泣不能起。時有兵丁十六名乞假歸，予即然瓣香，設醴爲位而祭，撤祭饌，增治羊酒胡餅，犒之令去。予與芮二人，日夜撫公柩而泣，幃簾香燭，以漸而備，柩木亦刷漆成禮〔五〕。先是，朝議淆雜〔六〕，不敢畢殮，徒編蔴縛之。

〔一〕「當」，原脱，據中大本、《續編》本補。
〔二〕「若俞者」，原脱三字，據蔣跋本補。
〔三〕「爲」，原脱，據蔣跋本補。
〔四〕「猶」，原作「有」，據蔣跋本改。
〔五〕「刷」，原作「刮」，據蔣跋本改。
〔六〕「雜」，原作「襍」，據中大本、《續編》本改。

予痛念幽闔經五旬不閉〔二〕，縱忠魂可不朽，如體魄何？當事即以耑擅罪我，何惜焉！二月八日，遂大殮云。二月二十六日，公胞弟至，遂同赴都請恤。傷哉！予偕公數載〔三〕，竟以如是終，生者何心，能不悲乎？予哀之，天下人賢之。予哀公死，天下人賢公死。然則公千載不死矣！予何哀哉！乃拭淚奮筆爲之記。記畢，適值公諱日，又不勝悲慟云。

盧公遺事

義興桃溪上二十里，爲茗嶺，崒嵂萬仞餘，司馬盧公九台世居其下。公大父儀封令荆玉先生出居桃溪，旋居邑。邑中名宿悉奇公，俱願引爲同社，時公猶垂髫云。

已而辛酉登賢書，壬戌成進士，釋褐還里，值儀封公捐館未久，公泣盡哀。又值元配汪孺人病益篤，撫公手泣曰：「妾弗克終事君矣。」牽兒女手囑公：「願目中納一媵撫之〔三〕。繼妾者必名家閨閣〔四〕，恐弗能爲吾兒時飢寒也。」公以大義故〔五〕，深難之。孺人嗚

〔二〕「幽」，原闕，據蔣跋本、中大本、《續編》本補。
〔三〕「公」，原脱，據蔣跋本補。
〔三〕「媵」，原作「妾」，據蔣跋本、中大本、《續編》本改。
〔四〕「閣」，蔣跋本作「門」，《續編》本作「秀」。
〔五〕「義」，中大本、《續編》本作「父」。

咽良久，請無俟再計。公勉赴維揚[一]，出槖金買妾。公素嫻雅，揚郡譁然，謂少年新貴，多願請爲妾[二]。一淑艾負殊姿，艷冶絶世，欣然樂歸焉。公徐起正色曰[三]：「予願以身事君，寧肯以精神銷粉黛耶！且大父喪甫期，此事何止謝老絲竹！」却之，廉一鄭厚者娶而歸，弗即御。時翕然稱公賢孝，謂他日必有大建竪云。

已而筮仕計曹，典清源倉務[四]，即舉卓異。燕、豫人争欲得賢守，乃守天雄。數月，加副使，行太守事。復兩舉卓異，聲譽滿都下。三年，遷天雄兵憲。半載，加按察銜，行憲副事。時流寇擾畿南，公練鄉勇，督衙役，率持兵仗討賊，賊聞風遁，公以是有能兵名。賊破鄖，即命公撫鄖，鄖安堵。賊繁楚、豫，勢燎原，楚、豫争欲得公撫。撫楚三月，寇悉滿中州[五]，日殘數十邑。豫人欲得公爲撫，勢不可。時事危厄，又非公不解，

[一]「揚」，原作「陽」，據蔣跋本改；以下徑改，不再出校。
[二]「多願」，原作「都」，據蔣跋本、中大本、《續編》本改。
[三]「起」，蔣跋本作「趨」。
[四]「典清源」，蔣跋本、中大本、《續編》本作「差清源典」。
[五]「滿」，蔣跋本作「流」。

廷議推公總五省〔一〕。後賊所經處，悉欲賴公，遂總理七省。時公譽望震寰海，里中人輒以爲孱弱書生〔二〕，一旦爾爾，予心慕之，甚欲抵幕覼其能〔三〕。丙子，虜入犯，公督勤王師詣都門〔四〕，師至虜即退。虜實聞公軍聲，懾而遁。事未核，不敢爲公綴。然虜居良、涿，公至即退，非無據也。

時天子倚重公〔五〕，即命公督宣、雲。人共謂：「盧公賢勞久矣，宣、雲三載虜三入，復以此苦之。」共爲公惜。公慨然曰：「我爲其難！」未抵任，出居庸，行二十里，出軍指顧謂：「此我所督境也。吾願窮日夜力，葺此殘疆，何暇俟建衙後巡行東界耶！」故事，大督行道，士馬轟分〔六〕，兩翼傳呼，旌旗蔽空，行道人十里外即伏匿〔七〕。裨帥以下，箙矢插房，介胄蒲伏道左。公獨撤擁衛，坐馬上，行東界六百里。日呼堡上老兵，先問

〔一〕「總」下，蔣跋本有「理」字。
〔二〕「以」，原脱，據蔣跋本補。
〔三〕「其能」，原作「豈料」，據蔣跋本、中大本、《續編》本改。
〔四〕「督」，原作「都」，據蔣跋本、中大本、《續編》本改。
〔五〕「時」，原脱，據蔣跋本、中大本、《續編》本補。
〔六〕「士」，原作「上」，據蔣跋本改。
〔七〕「人」，原作「上」，據蔣跋本、中大本、《續編》本改。

疾苦，徐詢虜騎輕入之故。老兵不辨爲何職，心嘗擬爲偏裨，車過問之，始知爲大督。而宣東形勢以至風土物情，盡在盧公心目中矣。

丁丑二月，公尊人念公甚，赴白登，束幣臨予門，爲公延之幕。予慕公久，謂：「士君子夙志，願得交賢大夫。且男子局轅下，作裩襠蟣耶！」乃就聘。二月十九日接徵書，二十一日即就道。公聞之，謂：「真男兒〔一〕，胸中不掛一家務事者〔二〕。」倍相重。一見歡洽殊至，抵掌三晝夜不寐。旋引萬騎出塞縱獵，歷塞外諸山，登極峻處，指點插、卜、板升并三十六家諸夷巢穴，吞胡繫虜之氣，真有空上單于臺之意〔三〕。望弔昭君墓，嘆漢室規模未遠。獵騎驕嘶，解鞍放牧，草色連天，雲錦布地，壯哉軍容若此，寧令烽火達甘泉耶？較獵來歸，宣邊報警，即相與連騎，星夜赴之。警息，公即閱兵陵後，調度旬餘。每晚，各啜三杯熟睡。丙夜呼醒，道問生平，予輒誦「乾坤老腐儒」之句，作三嘆而已，夫何言！公詳道其歷履，自主政訖督撫，歷歷不遺一事。把臂兩年，風雨晦明之夜，即忼慨道艱苦，因得臆其詳。

〔一〕「兒」，原作「子」，據蔣跋本、中大本、《續編》本改。
〔二〕「者」，原脱，據蔣跋本、中大本、《續編》本補。
〔三〕「真」，原脱，據蔣跋本、中大本、《續編》本補。

公計部主政時〔一〕，從大司農入銀庫，見主庫抑抑若不勝事。公深知途羶斯氣折，後授庫差，堅不受。差清源倉，謂：「我必須作錢穀吏耶？」苦之。適魏璫煽焰，離一步亦屬清涼，遂赴清源差。下車三日，行視廒舍，見倉米盈鉅萬計，歲耗亦糜萬石〔二〕，而豫境旱魃，無現糧，積逋至五歲，民間賣兒貼婦，揭瓦負楹，不足飽石壕之腹，正供未遑計也。公心傷之，即拜疏請折，一時赴折者恐後，惧不沾仁政，而逋糧悉清〔三〕，得羨三萬，報之司農，舉公卓異〔四〕。間從朽積中令播〔五〕，得穀不下數千石〔六〕。此皆惡役虐取糧户而乾没之者，公悉歸之廩，以作糧户之實數，而舉手加額者萬家。時三藩赴邸〔七〕，藩艘噪呼，等諸暴客。公豫置布囊，運米峙涯，舟及水次，即令滿載。藩艘亦服公能，戒勿停擾，而猾胥奸吏，從可知矣。

〔一〕「政」下，原衍「事」，據蔣跋本、中大本、《續編》本删。
〔二〕「糜」，原作「縻」，據蔣跋本、《續編》本改。
〔三〕「清」，原作「請」，據蔣跋本、中大本、《續編》本改。
〔四〕「公」，原作「國」，據蔣跋本、中大本、《續編》本改。
〔五〕「朽」，原作「相」，據蔣跋本、中大本、《續編》本改。
〔六〕「石」，原闕，據蔣跋本、中大本、《續編》本補。
〔七〕「藩」，原作「籓」，據蔣跋本、中大本、《續編》本改；以下徑改，不再出校。

已而守天雄，多善政〔一〕，郡人口碑，到今者未易〔二〕。更僕數而燬尼院、剪盗魁，尤稱快事云。尼僧誘名家女，與諸戾少通，僧户闃然不聞履聲，而院内已不減青樓紫陌，實由地道，通里許外民家草舍中，觀燈節稱大集〔三〕。公聞之，鞫其人，火其廬，而風俗羞淫。盗魁馬翩翩，巨室家兒，爲大盗淵藪，俗稱「九省通家」。通都中白晝攫人，行道人莫敢仰視，探囊抉篋，歸數其實而分之，往來者門如市，莫敢誰何。多藏之家，比户鑿蹙，不敢安寢。平時饋遺郡縣，特憚公弗敢耳。公往擒之，常服坐馬上，獨行無從。有少年露刃衝騎而前，問：「馬翩翩作何狀？」公應之曰：「已擒就戮矣。」少年即跋馬飛去，幾幾俄頃變生〔四〕。而公輒彈指取之，立棄市。無幾時，爲請寬假者，案上牘已山積矣。郡人服公神明焉。

〔一〕「善」，蔣跋本作「美」。
〔二〕「者」，原脱，據蔣跋本、中大本、《續編》本補。
〔三〕「大」，原作「火」，據蔣跋本、中大本、《續編》本改。
〔四〕「變生」，蔣跋本、中大本、《續編》本二字互乙。

己巳，虜泊都城〔一〕，公拔劍斫案曰〔二〕：「大丈夫獨行取胡虜耳！」募鄉勇，給十日糧，兼程赴虜。虜退，詔還郡。寇興，公馳行郡內，嚴檄州縣，繕城治具。聞寇至郡境〔三〕，即追捕之，一時藉藉稱能兵，遂遷天雄兵憲，寇不敢逼三郡。後賊勢繁重，逼臨洺，三郡人相向泣曰：「吾族無噍類矣！」棄家避寇，保抱携持，若崩厥角。公星夜赴援，賊即引退。賊衆相謂：「凡盧公境戒勿入，盧公可無越境逐我〔四〕。」公嘆曰〔五〕：「吾豈以鄰國爲壑？」時公有三子殤死，公車騎離衙舍十里〔六〕，弗暇停驂顧問。寇退，三郡人謂公生我，家戸户祀。一日，寇經廣平府，廣民奔趨郡城。廣守懼，恐賊與民溷，遂下關扃。時民間父子妻孥後先麕至，半落城外，離散相失，悲聲動天。公追寇臨廣，急呼啓鑰，盡縱之入，與守語曰：「民爲國本，何得閉户棄之？寇來，我爲爾捍！」徹夜

〔一〕「都」下，原衍「郡」字，據蔣跋本、中大本、《續編》本删。
〔二〕「斫」，蔣跋本、中大本、《續編》本作「斮」。
〔三〕「境」下，原衍「退」字，據蔣跋本、中大本、《續編》本删。
〔四〕「盧」，原脱，據蔣跋本、中大本、《續編》本補。
〔五〕「歎」，中大本、《續編》本作「笑」。
〔六〕「離」下，原衍「衛」字，據蔣跋本、中大本、《續編》本删。

巡行城外，不下馬解帶。明晨，寇遠去〔一〕，廣民戴公如父母。數年之内，畿南三郡藉公佚息。賊懼不得便〔二〕，乃南渡河，河以南所至殘燹，郾屬無完城。簡公撫郾，畿南之民哀失父母，謂：「賊來誰禦？吾儕小人〔三〕，登几赴俎，無幾時矣。」公啓途，萬衆擁馬首，稽顙呼天，引領謂公曰：「勢不可挽，奈何！」人選一錢，作萬人帳，歌誦且泣，匍匐五百里，臨河乃返。

公詣郾，六城盡陷，寥寥孑遺，晝夜鳥徙，靡有餘止。公次第繕葺，募商採銅鼓鑄，税羨羅穀貿貨，撫字瘡痍，六城生聚，徐有起色。賊又蜂屯〔四〕，公引兵追捕，山阪峻險，懸繩裹氈，公一振呼，靡不勇氣十倍。賊不敢聚衆爲炊〔五〕，惟恐望烟追逐，墮溪填塹，積骸如山，郾於是復成巨鎮云〔六〕。公甫莅郾，非特凋傷滿目，殘兵缺餉，勢屹屹行且爲

〔一〕「遠」，蔣跋本作「速」。
〔二〕「懼」，原作「俱」，據蔣跋本、中大本、《續編》本改。
〔三〕「吾儕」，原作「告濟」，「小」，原脱，據蔣跋本、中大本、《續編》本改補。
〔四〕「屯」，《續編》本作「起」。
〔五〕「炊」，原作「坎」，據蔣跋本、中大本、《續編》本改。
〔六〕「於」，中大本、《續編》本作「以」。

賊。公即草疏呼請，先解銀盔鞓帶〔二〕，銷金百兩〔三〕，椎牛作餅，爲衆飽餐。衆搏顙呼謝〔三〕。公諭云：「朝廷餉即暫缺，特後至耳。爾衆敢背義作賊耶？與爾衆約，有懷二心者，無赦。」衆屏息俯首，誓死靡他。後有鄧帥尅餉，兵譁，從闕門鼓噪而下。公單騎赴之，衆相率蒲伏泣訴。公隱其情，呼鄧帥赴漢壽亭侯祠，宰牲賽祀，隨草祝版云：「有營私剋軍者，神殛之。」鄧面如土色。鄧死，他帥來，俱神明事公，以是兵民和輯，民死守，兵死戰，鄖大治。

鄖鄰楚，楚人雲霓望公，朝議即命撫楚。楚寇惧而流之豫〔四〕，兩省切來蘇，遂推公總五省，已而總七省。公以是逐日馬背上〔五〕，發七省行移〔六〕，每見硃涎墨瀋，淋漓馬鬣

〔一〕「鞓」下，原衍「甲」字，據蔣跋本、中大本、《續編》本删。
〔二〕「銷」，原作「鎖」，據蔣跋本改；「金」，原脱，據蔣跋本、中大本、《續編》本補。
〔三〕「搏」，諸本同，疑當作「摶」。
〔四〕「流」，原脱，據蔣跋本、中大本、《續編》本補。
〔五〕「是」，原作「追」，據蔣跋本、中大本、《續編》本改。
〔六〕「行」，原作「以」，據蔣跋本、中大本、《續編》本改。

間〔一〕。誠哉我公，能於楯鼻上磨墨者矣〔二〕。公拜七省銜〔三〕，受尚方劍，呼群帥誓師發兵。時賊奔東南，星夜追逐，移檄淮撫，令堵去路，五晝夜追至滁陽。環滁皆寇，滁岌岌下，公麾兵急砍城下之寇，如疾風捲斷蓬，片時立盡〔四〕，擒斬數萬，滁水赤焉。滁寇既靖，州人疑將軍從天下。公遣一裨將請糧，即竿其頭。繼遣，又欲斬之。公自臨城下，幾中炮石，非行太僕李公識面馳救〔五〕，公不免矣。州守劉大鞏腹戰股慄，無有生氣。公曰：「豎儒！」姑慰遣之。維時即築壇祭亡將，屬州爲殮，號泣而行。兩日後，公猶墮淚。公平時撫恤將士，不啻吮癰挾纊。軍中絕三日餉，公亦水漿不入口，以是得將士心。使滁陽乘勝驅勦，可收全局，惜淮撫不爲堵截〔六〕，滁又羈半日行，遂致賊集散亡，首尾連營，

〔二〕「鬣」，原作「髮」，據蔣跋本、中大本、《續編》本改。
〔三〕「磨」，蔣跋本、《續編》本作「摩」。
〔三〕「銜」，原作「御御」，據蔣跋本、中大本、《續編》本改。
〔四〕「皆寇滁岌岌下公麾兵急砍城下之寇如疾風捲斷蓬片時立」，原脱二十四字，據蔣跋本、中大本、《續編》本補。
〔五〕「面」，原作「而」，據蔣跋本、中大本、《續編》本改。
〔六〕「截」，原脱，據蔣跋本補。

還向楚、豫。公整兵追勦〔二〕，連戰數捷，賊遁老營。自公受討賊命閲三載，賊未敢墮一城。公特受辛苦，晝夜逐賊。一夕，露地倦卧，曲左肱作枕，右臂牽挽馬靮，睡中，聽馬蹄蹴踏聲，遂大呼躍起。蓋賊探知公不設備〔三〕，遂大隊夜行〔三〕，聞公呼躍，反疑中伏，死奔達曙，已行百里。公連晝夜追逐三百里〔四〕，斬獲無算。設露卧酣寢不覺，一軍俱齏矣。又一夕，大雨，投宿蝸牛廬中〔五〕。平明視之，有腐尸三五軀，縱橫地上。公所遇，多人世大不堪事，直適然而已。公真畸人哉〔六〕！

丙子夏，溽暑休兵，公疾走秦關，欲與洪總制共商兵事。時洪公三奉嚴旨，累鐫五級，兵氣亦漸弗揚。公憂之，謂：「朝廷辦賊，恃我兩人，設洪以法罷去，便成孤掌，奈賊氣何〔七〕！」還次潼關，遇賊騎野掠，偵之，乃知闖賊隊伍。賊起凡數十家，惟闖最

〔二〕「兵」，原作「公」，據蔣跋本、中大本、《續編》本改。
〔三〕「遂大呼躍起蓋賊探知公不設備」，原脱十三字，據蔣跋本補。
〔三〕「夜」，原脱，據蔣跋本、中大本、《續編》本補。
〔四〕「公」「追」，原脱二字，據蔣跋本補；「里」，原脱，據蔣跋本、中大本、《續編》本補。
〔五〕「投」，原脱，據蔣跋本、中大本、《續編》本補。
〔六〕「畸」，原作「奇」，據蔣跋本、中大本、《續編》本改。
〔七〕「氣」，中大本、《續編》本作「氛」。

梟獍，僞稱王。今日稱闖將者，乃其奴也。其賊暴屠殲〔一〕，俱出人意表，朝廷懸重賞購其頭。祖帥寬奉盧公命〔二〕，拍馬直前，須臾取闖賊頭，懸馬首來，軍中齊聲喝采，擁至公前。公喜甚，既而撫寬手曰：「是誠上功，顧闖門爲洪制臺轄界，願讓以相成〔三〕。」寬係軍前立功，收此奇捷，何肯多讓，數請之。公不允，乃善遣之，謂：「麾下稱宿將，何憂尺寸。倘獲全朝廷右臂，免天子西顧憂，他日必有忠厚之報〔四〕。」洪以是得拜復級隆恩。公素嘆才難，而朝廷又需才甚急〔五〕，如洪公者，復不易得，公因喜甚。

公意兩人左挈右提，賊不足辦〔六〕，賊亦求撫甚切。詎意虜騎臨城，天子敕命勤王，再賜尚方劍，督天下援師。虜破良、固等邑，如瓦解，惟涿鹿一城，馮少保散金募士固守，仰攻不下，相持旬日。公率援師來，聲先至，虜即遁。時公兩足裹瘡，創甚，咬牙

〔一〕「賊」，中大本、《續編》本作「殘」。
〔二〕「盧」，蔣跋本、中大本、《續編》本無此字。
〔三〕「成」，原脱，據蔣跋本、中大本、《續編》本補。
〔四〕「厚」，蔣跋本、中大本、《續編》本作「義」。
〔五〕「急」，蔣跋本、中大本、《續編》本作「迫」。
〔六〕「賊」，原在「辦」下，據蔣跋本、《續編》本正。

耐痛，力疾介馬，逐虜直出冷口，救獲難民萬餘。天子命輦煤炒，公出橐裝貫錢，分給遺歸。廷議簡公中樞，天子慮宣、雲非公不可，乃特命督三鎮。公稔知宣、雲餉缺〔一〕，斗米千錢，且内外解多逋額，難以軍法行，力請屯牧。行兩年，生粟三十萬。公朝夕占晴課雨，問土宜，卜美種，播降耕斂之時，牛羊擁塏之糞，如老農之治稼，無或休暇。秋大獲，軍民熙熙，公樂甚。幕客林幼藻同予賦詩紀事〔二〕，公爲限韵。朝廷之上有心時事者，靡不羡公能，謂宣、雲一望砂磧，今且化爲沃壤。關寧道陳公諱懋德者，使日至請法。天子喜，文武爵賞有差，傳諭九邊〔三〕，以宣大爲式。然而有治人無治法，非公以實心辦實事，弊且滋矣。公勤勞過下吏，予同起居數載，未見公貼席。子夜刻燭，鷄鳴盥櫛，夢寐持籌，思獲一事，霍索披衣，坐而待旦。簿書之事暇〔四〕，輒詣射圃，命將較

〔一〕「稔」，蔣跋本、中大本、《續編》本作「審」。
〔二〕「賦」，蔣跋本、中大本、《續編》本作「賡」。
〔三〕「九邊」，蔣跋本作「邊門」。
〔四〕「事」，蔣跋本、中大本、《續編》本無此字。

射。公亦射，開弓滿彀[一]，矢無虚發。時以箭羽銜花[二]，插五十步外，公發輒中。出塞較獵，公飛矢中狡兔，兵丁争伐狐擊麅，生弓勁弩，耳邊孜孜，如餓鴟叫不絶[三]。遇平坡，即與大帥席地釃酒[四]，講論兵法，慷慨言：「醜虜頻犯，覺髮豎眥裂。」公之壯懷，直欲封狼居胥，抵黄龍府。然公豈嘗習於威武，而樂與死寇角逐，僥幸茅土之利哉？皆由天資忠孝，鬱勃於中而激發於外，所以摩厲將帥而作之氣耳。諸帥聞公言，皆起謝。公復與較射，發數十百矢，跨生駒潑剌而還。同予入幕，兩人相對捫蝨，借箸爲籌。卜請守邊，因借卜以通哈馬哈來市馬，思借哈以制東奴。靡刻肯忘奴虜[五]，必欲繫左賢之頸[六]，以上報朝廷，雪遼陽數十年淪棄腥羶之恨。

丁丑之臘，冰堅渡河，由汾入套，行兩晝夜，欲窮虜穴，披荆棘，踐冰霜，指墮膚

[一]「開」，原作「闗」，據蔣跋本改。

[二]「箭羽」，原二字互乙，據蔣跋本、中大本、《續編》本正。

[三]「鴟」，蔣跋本、《續編》本作「鴉」。

[四]「釃」，原作「灑」，據中大本、《續編》本改。

[五]「虜」，原作「膚」，據蔣跋本、中大本、《續編》本改。

[六]「繫」，原作「擊」，據蔣跋本、中大本、《續編》本改。

裂，從者凛凛不能留而返。公志欲東復遼，西復套，北屯大寧，佐天子中興之業，功成引退，急讓賢路，從赤松子遊，以終其年。嗟嗟！寧非天限公耶？

戊寅三月，虜逼宣邊。適公懸弧辰〔一〕，是日舉觴祝。忽傳鼓啓鑰，須臾，一火牌從馬上飛至。予早望見，告公曰：「警報至矣。」公即起謂：「吾兩人遂行。」相携躍馬馳六十里，至天城。令箭羽翎文，道上狎至，公曰：「度虜何如〔二〕？」予曰：「頻年虜來如迅雷，聞即至。今宣府報書告急，猶不言入口。觀關門獨石報虜騎，又應抵宣數日矣。且云馬蹄蹴踏闊四十里〔三〕，烟塵二百餘里，疑大舉，非零竊。豈其欲窺雲、晉，以虛聲擊宣，令我軍馳東鶩西，首尾失算，以圖逞志耶？且勿徵雲、晉兵，令枕戈卧可耳。」公曰：「吾正疑之〔四〕。」夜分發符，傳諭雲、晉且勿動。軍次左衛，得報云：「有虜臨墻，亟問某某，皆當年撫插官名也。」公曰：「此插夷求撫耳。」星夜馳入右衛〔五〕，戒撫

〔一〕「適」，原脱，據蔣跋本、中大本、《續編》本補。
〔二〕「何如」，蔣跋本、中大本、《續編》本二字互乙。
〔三〕「闊」，原脱，據蔣跋本、中大本、《續編》本補。
〔四〕「正」，原作「且」，據蔣跋本、中大本、《續編》本改。
〔五〕「右」，原作「古」，據蔣跋本、中大本、《續編》本改。

夷使者曰：「若輕言賞字，當斷汝舌。」即拜疏入慰皇上，可無焦勞，始終持撫插不撫奴，許市不許賞之語。插實同奴來，且無貨，原懷闖邊意，由邊熟道，聞公兩年治邊，惴惴不敢犯。往復講撫，旬日有差，公曰：「虜懈可擊。」令哨撥探知，三十六營離邊墻八十里，密檄雲帥從西來，宣帥從東來，公率督標子午出草房堡，刻期鏖戰。先二日，虜直遁去。右衛臨邊墻咫尺，公同予一榻，兩人曾未解帶卧。虜退，呼予相告謂：「赴虜日〔一〕，篋中止四十金留給家口，假以是役得去，妻孥何術還里！待罪茲職，實足寒心！」噫！公之忠勤廉潔，鬼神鑒之耳。且虜十萬臨邊，非公熟嫻兵略，必張皇失據，飛檄調援，潰財出師，如鑊湯螃蟹，手足罔措。誰能以正言折虜，一矢不加而去？乃在中之人，猶謂虜未入口，無血戰功。誠哉！徙薪曲突，不若焦頭爛額〔二〕，可嘆矣！一時文武將吏，莫不謂宣、雲無天塹可凴，以是申奉明旨，匹馬不入，較薊門加等論序。臨邊匝月而莫敢入〔三〕，豈緊無功？且入則論罪，不入則罔功，何以示勸？衆憤憤不平，

〔一〕「赴」上，原衍「撫」字，據蔣跋本、中大本、《續編》本删。
〔二〕「焦頭爛額」，蔣跋本、中大本、《續編》本二詞互乙。
〔三〕「匝」，原作「匪」，據蔣跋本、中大本、《續編》本改。

公折之曰：「爾等卧戈霜露，不謂無功〔一〕。第虜三載輒三入，何不早似今日，作長城拒虜〔二〕？勉之，秋防寧謐，當并爲汝輩請〔三〕。」

無何，公以外艱聞，邊廷將士人人泣數行下，謂：「三年論罪，公來治邊，方得首在領上，奈何奪之去！」時有兩疏乞留，公正哀毁骨立，聞之，三踴而號曰：「吾死矣！吾死矣！」亟絶而蘇。予執手慰公曰：「聖天子以孝治天下，公毋憂〔四〕。」連草疏十上，乞奔喪，言詞哀愴，凡爲人子，靡不惻惻動念。天子與廷臣語謂：「父死在途，如何叫他不去！」公聞之，望闕百叩，曰：「恩與天壤無極，親生君成，寧徒以爵禄顯榮哉！今真成我矣！」奈苦無代公者，繼推蜀中陳公，允之，上命料理候代，幾穿望眼〔五〕。公終日撫几筵而慟，予日夕勸其順變節哀。公間拭淚告予曰：「朝廷之才，誰屬後來之俊？君家夾袋中摸索，得否？」予素稱道石匏吴、留仙馮兩公祖治狀，公皆不識

〔一〕「功」，中大本、《續編》本作「勞」。
〔二〕「長」，原作「畏」，據蔣跋本、中大本、《續編》本改。
〔三〕「當」，原作「常」，據蔣跋本、中大本、《續編》本改。
〔四〕「公」，原作「父」，據蔣跋本、中大本、《續編》本改。
〔五〕「穿」，蔣跋本作「窮」。

面，因數問其能否〔一〕。予盡述二公之才品，公謂：「去國之身，惟以荐賢報君。」適馮公掛吏議，擬鐫降，公特疏請補邊道。樞輔手書云：「某之得有今日，從未於意表行事。」謂薦馮輒出意表，公爲之一哂。而馮公究亦不通一刺，予曰：「此叔向之不謝祁奚也。」公益大喜。公即在哀毁中，無或忘君國，非勉然也。公平時覩蘭玉見摧〔二〕，輒覺心痛。鄭司寇玄嶽先生以清望碩德一時推望，適聞下理，公吐哺搆牘，一飯頃立就，飛馳上之，鄭亦得免。公憂其清苦失衛，復以參苓寄獄中，輔養之。其愛重賢哲，殆若性生。公愛賢如此〔三〕，誰復爲愛公者哉？可嘆矣！

俄八月既望，虜復來邊求撫。公麻衣草履，力疾赴右衛撫之，宰牛馬闖刀説誓而還〔四〕。秋信防竣，陳公車轍纔抵恒陽，公避署十日，猶未代，而薊門三協已傳烽告警矣。公於子夜專官齎印交代訖，翌午，命公督天下援師，印一顆，尚方劍一口，已達公署。

〔一〕「否」，蔣跋本、中大本、《續編》本無此字。
〔二〕「蘭」，原作「闌」，據蔣跋本、中大本、《續編》本改。
〔三〕「如」，中大本、《續編》本作「若」。
〔四〕「還」，原脱，據蔣跋本補。

公僕地哀哭，潸尊公几筵慟而欲死，謂：「生不能溫清〔一〕，死不能視含，今又不能徒跣歸，與魂兆相依〔二〕。且我衷曲既亂之人〔三〕，安能與朝廷豎橫草之功〔四〕？乃以此事相苦！」弗肯拜命。奈軍興危急，往返直旬日始獲聞命，寧不以軍機旁午，取罪辱親。金革變禮，是或一道。假令父終寢室，而暴寇臨門，大父呼吸危亡〔五〕，能不舍哭踴而禦門庭之寇〔六〕？乃勉拜命。時樞部楊公手書云：「虜携老少男婦俱來〔七〕，必係西插移家，定非大舉。公可取便封侯。」公顰蹙言曰：「吾豈以封侯爲樂？第國恩深重，不無犬馬戀主之心耳。使我念及封侯，則忘親逆理，狗彘不食。況今日吉凶之數〔八〕，三尺童子知之，何敢希望意表！」楊公實以是言作香餌，寧知非公所吭耶！行五日，入居庸，天子令陛

〔一〕「清」，原作「靖」，據中大本、《續編》本改。
〔二〕「魂」，蔣跋本、中大本、《續編》本作「魄」。
〔三〕「衷曲」，原二字互乙，據蔣跋本、中大本、《續編》本正。
〔四〕「豎」，中大本作「建」。
〔五〕「父」，原作「義」，據蔣跋本、中大本、《續編》本改；「亡」，原脱，據蔣跋本、中大本補。
〔六〕「能不舍」，原作「不能含」，據蔣跋本、中大本、《續編》本改。
〔七〕「老少男婦」，蔣跋本、中大本、《續編》本二詞互乙。
〔八〕「之」下，原衍「事」字，據中大本、《續編》本删。

見，平臺召對。時廷議主撫，而長安公論方以撫字咎樞。公謂城下之盟，《春秋》耻之，亦並以撫議非是。因而樞、督相左，卒無成功，後遂戰殁於賈莊，廣平鉅鹿邑轄也。

嗟嗟！公兩服畿南[一]，惠施三郡，討賊禦虜，皆於斯土，而又死於其鄉焉。公於三郡何如哉！然三郡之民所以報公者，非尋常也。生之日，家設一壇，歲時瞻禮。死之日，合謀叩閽，除地爲祠，以竭歲時伏臘之奉。户不分少長男女，皆爲流涕，甚有痛公之亡，發狂病死者[二]。三郡之報公，真非尋常。且當師次南宫，三郡之父老子弟奔趨來迎，無異孺慕久離，忽而相聚，造膝言歡，轉相啼泣，勸公：「進兵廣、順，呼召義兵，三日之内，羸糧景從者當有十萬[三]，破虜必矣。吾儕小人，誰非公生者[四]？昔非公，死於寇；今非公，亦死於虜。藉公威靈，合衆助順，出懷中之赤子，効死當先，靡不以一當十[五]。若徒恃此飢疲之衆，吾恐孫吴束手。况樞部以晉中僞報，檄師出關，明以三鎮

[一]「服」，中大本、《續編》本作「官」。
[二]「病」，蔣跋本、中大本、《續編》本作「疾」。
[三]「羸」，原作「嬴」，據蔣跋本、中大本改。
[四]「者」，原脱，據蔣跋本補。
[五]「十」，原作「百」，據蔣跋本、中大本、《續編》本改。

之兵，久暴懷歸〔一〕。而又奉兵丁不許近城之旨，駐兵四絶之地，而缺餉旬餘，樞檄鬨傳，勢必脱巾狂噪。雲帥王樸已見告矣，公其圖之。」公泣語曰：「予督師至今日，未曾喪師潰衆，而所督現兵，馬步止餘半萬〔二〕。且虜騎在西，援兵遥遥在東，今嚴旨已下，吾旦夕死矣，無徒累爾父老爲也！」衆號聲雷震，各携床頭升斗，餽餉軍士，間遺棗一升〔三〕，公煑爲糧，私語從者曰：「與其死西市，何如死疆場。吾以一死報君上，猶恨其薄耳！」嗟嗟！公雖死，而西南從此虜絶迹，三郡之民，公死猶能庇之，無惑乎三郡之戴公篤也。

殉公歿者，楊陸凱，臨洺人也。其父聞之，謂：「從公死，可含笑地下。且洺人藉公得餘生十年，今以此報，何憾！」後虜騎至臨洺，洺關比屋死傷，而楊之户以内都無恙，誰謂天道盡無知哉！

公多隱德，而又身死王事，天道當何如耶！録公遺事而不及隱德，公以大節著也；録遺事而不詳公之大節，另有《戎車日記》備載之也。

〔一〕「懷」，原作「依」，據蔣跋本、中大本、《續編》本改。
〔二〕「餘」，蔣跋本、中大本、《續編》本作「逾」。
〔三〕「棗」，原脱，據蔣跋本補，中大本、《續編》本作「粟」。

疏稿

奏爲忠臣不忍負君義士不忍負友謹瀝血陳言以仰祈聖鑒事：

竊惟五倫之序，君首之，友終之，則友之道重矣！臣乃故督臣盧某之友，而共事師中者也。唐張巡之友李翰，爲巡明忠義而息群喙。臣友之死不愧巡，臣敢愧於巡之友乎？且偵卒俞振龍一語游移，即可不死，寧箠楚立斃，不忍没孤臣之忠藎。臣誼敢後偵卒乎？然而旌忠恤死，出自皇上之恩典，豈臣所敢與聞〔一〕！即其忠其功，督臣之室人與胞弟兩疏瀆陳，俱蒙特恩下部，臣又何敢再瀆！今臣不言督臣之功之忠，而第言督臣生有不賞之功，死有不賞之忠，或皇上亦不忍聽其乾没耳〔二〕。

臣見督臣身若勞薪，長年馬背，冰天烈日，刀箭餘生。滁陽鉅捷，賊級萬餘，此皆親陣血戰，非若坐遣將士，有不可知之冒報者，而垂今未論也。裹瘡介馬，千里勤王，逐虜宵遁，而當日敘功〔三〕，曾未叨寸賞。旋督宣大危疆，逆虜三載三入，督臣兩歲秋防，

〔一〕「所敢」，原二字互乙，據蔣跋本、中大本、《續編》本正。
〔二〕「或」，原脱，據蔣跋本、中大本、《續編》本補。
〔三〕「敘」，原作「聚」，據蔣跋本、《續編》本改。

未晉一秩，文武盡受爵賞，而宣撫更得蔭子。戊寅三月〔一〕，虜十萬臨牆，莫敢伸喙，宣撫且嘵嘵矣，督臣口不言功也。即其生時以少卿進階尚書，伊考恩諭祭葬，而兩部東之高閣；諸孤例得蔭席，而該部漫無一言。嗟嗟！督臣官貧子幼，死若寒灰，然於皇上帷蓋之誼，益有惻然難忍者〔二〕。如謂滅虜無成，彼失火者尚哀其死，而救火者且莫贖耶？況秦之三帥，漢之二義〔三〕，亦竟何如哉？曷亦竟堪千古也〔四〕。且督臣哀哀喪疚，椎心變禮，豈不知兵疲餉竭，萬難濟事，而必欲明《春秋》之大義者，此何心耶！蒙召平臺，皇上諭以慎重〔五〕，出而仰天痛哭曰：「愛我者〔六〕，惟君也！」慷慨赴援，於以奏捷，雖各有傷殺，虜大戒心。後數薄城，俱親以炮火擊遁，及論臣守，盡叨上賞。嗟嗟！伊誰之力哉？而督臣不與也！虜兔脱南下，督臣逐邑呼糧，豈能傅翼追逐？遇

〔一〕「戊寅」，原作「己卯」，據蔣跋本改。
〔二〕「益」，蔣跋本作「蓋」。
〔三〕「義」，原闕，據蔣跋本補。
〔四〕「亦」，中大本、《續編》本作「以」。
〔五〕「上」，原闕，據蔣跋本補，中大本、《續編》本作「言」。
〔六〕「者」，蔣跋本、中大本、《續編》本作「哉」。

即戰，酋級累累，絡繹牛車。已而晉中僞報，檄師出關，雲師引兵長往，所存疲餒步騎七千，天下援師，俱拱手而屬之他人。而督臣徒手奮呼〔一〕，挺身鬥虜，兩日俘斬，虜遂絶迹西南，督臣雖死，亦足上報恩遇。然而金鏃遍身，斷肩削額〔二〕，黄沙掩骼，忠義誰憐？嗟乎！痛哉！使臣盡願爲王事死，則滿朝衰颯，可以立振；而第人語督臣靡不悲悼，則朝野忠義，尚在人心。皇上或可假此以作人心之忠義，而非臣所敢仰干者也。但念忠魂嗚咽，腕腐心摧，臣之不忍負友，正猶臣友之不忍負皇上，終不敢愛一死也。謹候斧鑕，具疏上聞，臣不勝悽惋戰慄之至！

此稿成之己卯八月，都門識面者皆勸沮云〔三〕：「禍莫測，且貽盧公害。」後達之銀臺，亦戒勿上，遂沉笥底。予未能以公之情達九重，請以之告四海，得乎？

祭　文附

維崇禎十一年，歲次戊寅之臘，司馬盧公死王事，柩在恒陽。越明年之正月，同邑後車生德士自范陽赴柩所，謹以絮炙，匍匐泣而言曰：

〔一〕「手」，原脱，據蔣跋本、中大本、《續編》本補。
〔二〕「削」，中大本、《續編》本作「斮」。
〔三〕「皆」下，蔣跋本、中大本、《續編》本有「爲」字。

嗚呼！天爲社稷生李晟，公胡不爲社稷生，乃爲社稷死耶？嗟公死矣，誰爲皇上謀社稷，計封疆，鎖鑰北門，以禦虜耶〔一〕？嗟公死矣〔二〕，誰爲皇上明大義，正人心，凜凜然大聲詘金繒之謀耶？嗟公死矣，誰爲皇上撫字蒼生，俾畿南三郡戴若父母耶？嗟公死矣，誰爲皇上披甲卧戈，誓同甘苦，作万里之長城耶？嗟公死矣，誰爲皇上繕城治堡〔三〕，興屯致粟，化沙漠爲樂土耶？嗟公死矣，誰爲皇上絶餽遺請託之路，而使邊廷無債帥耶？嗟公死矣，誰爲皇上身先士卒〔四〕，親冒鋒刃，誼不避難，死勤王事耶？嗟乎〔五〕！爲社稷生則生之〔六〕，爲社稷死則死之。公何不可死，而獨爲社稷計〔七〕，公何以可死耶？誰秉國謀而死之，非當國擅權者死之耶？嗟公死矣，公死不忘社稷，尚其告諸二祖在天之靈，乃大降罰，殛於權奸，俾朝廷之上，知君不可欺，國不可賣，戎不可議

〔一〕「以」下，原衍「能」字，據蔣跋本、中大本、《續編》本删。
〔二〕「嗟」，原作「唯」，據蔣跋本、中大本、《續編》本改。
〔三〕「治」，原脱，據蔣跋本補。
〔四〕「誰」下，中大本、《續編》本有「復」字。
〔五〕「乎」，原脱，據蔣跋本、中大本、《續編》本補。
〔六〕「之」，原脱，據蔣跋本、中大本、《續編》本補。
〔七〕「爲」，原脱，據蔣跋本補。

和，金幣不可入虜穴，忠謀不可抑之使弗遂，正氣不可折銼之使弗揚〔一〕。將二祖掃蕩腥羶、冠帶三百年之中國，赫然丕振，較之死作厲鬼殺賊者，相去誠萬里遥也。權奸爲國賊，國賊除，則何匈奴之頭不可斷，單于之頸不可繫，而公之死亦何不可瞑目〔二〕？所不可瞑目者〔三〕，權奸之焰未易撲滅，則奴禍終未易熄也。始而講撫，繼必和親，又繼而割地，往事誠可痛鑒。公不忍坐視覆轍〔四〕，而奮不顧身〔五〕，以明《春秋》之義，絶城下之盟。公爲社稷死，正爲社稷生也。社稷有靈，藉公生而存，則公胡不以死以與權奸争，社稷倚公之生死以磐石，而公死奚容悲耶！

某卧病范陽，聞公死，悲泣不能起。三晝夜後，收淚而嘆：公之生，斯無愧生；公之死，斯無愧死。獨恨虜兵充斥，道絶行人，某弗獲親含斂之禮〔六〕，於友道懷慚，而

〔一〕「銼」，中大本、《續編》本作「挫」。
〔二〕「亦」，中大本、《續編》本無此字。
〔三〕「者」，原脱，據蔣跋本、中大本、《續編》本補。
〔四〕「轍」，原作「輒」，據蔣跋本、中大本、《續編》本改。
〔五〕「身」，原脱，據蔣跋本、中大本補。
〔六〕「生公之死斯無愧死獨恨虜兵充斥道絶行人某弗獲親含斂之」，原脱二十五字，據蔣跋本、中大本、《續編》本補；「某」，中大本、《續編》本作「士」。

第孤身旅寄〔一〕，萬死一生，猶得免於難，而致身於公之柩側以展其哀。倘亦藉公之靈，念故人之顛危困厄而呵護之，以脱於瀕死之地〔二〕，公亦歡然飲故人之酒，安見恒山之陽，不可以枕公之髗？而世之人以牖下爲歸者，無社稷之任者也。嗟公死矣，社稷何如？試看今日之謀社稷者，正未知何所終極，而徒恨其死莫可贖！公誠置身於恒山之巔，與白雲青天相揖讓，亦何所私忿於奸人，而不暢然於偃仰也哉！

爲之誄曰：遇明君兮魚水親〔三〕，遭權相兮成釜鬵。殿上如虎兮以争，忠愛激直兮誰與倫？憂社稷兮以身殉。公直含笑兮，四海之人心膺忿而填恨。哀哉！尚饗。

〔一〕「旅寄」，中大本、《續編》本二字互乙。
〔二〕「瀕」，中大本、《續編》本作「濱」。
〔三〕「魚」，原作「思」，據蔣跋本、中大本、《續編》本改。

恩恤諸公志略凡二十一人

毗陵孫慎行撰

恩恤諸公志略序〔一〕

余嘗以爲史自《太史公》，直接《左》《國》真傳，後乃有歐陽子《五代史》，力能繼之。若班史別爲一家，而後諸史宗焉，遂若分兩途然。歐陽子文章直接昌黎起衰，大約壹宗太史公，爲正傳。而兩公自諸文章外，獨碑銘誌表爲盛，他大家所不能方駕。唯王荊公桀黠，而波瀾不甚富〔二〕。歐陽子所撰碑銘，數十年間，大人名卿半出其手，更遭黨累中者多。昌黎碑誌，一時非正人不得借爲重。韓、歐兩公，皆於時事迕將中不肯阿從〔三〕，以是負黨累，屢出屢進，所好尚極端，所議論不輕許可，品裁爲千古挺傑，其文

〔一〕「恩恤諸公志略序」，原脱七字，據蔣跋本補。
〔二〕「富」，原作「當」，據中大本、《續編》本改。
〔三〕「迕將」，原脱二字，「從」，原作「中」，據蔣跋本、中大本、《續編》本補改。

比他體獨甚，有由也！昌黎不肯作史，宋景文載誌銘於《唐書》中〔二〕，一字一句必爲準的〔三〕，蓋言之足徵信如此。余思兩公身在觭陒中，憂患迫切〔三〕，思深慮遠，真爲臨文，鋌角助勁，光耀助潤。即太史公坐腐刑酷，乃發憤極肆於文章，私藏名山大川，非班史奉詔撰述，爲時忌諱，并貴豪情面附托者比。所謂賢達非窮愁不能著書自見後世〔四〕，蓋古今一體，非虚言耳。

嗚呼！治世難逢，厄運易覯。近遭魏逆亂，公忠之人鮮脱者〔五〕。余不肖，得無填溝壑，覩聖天子嘉惠諸賢恩澤。自分餘生所宜效者，一則進而盡忠效悃，了向來未死寸念；一則在史局宜明大義，紀數年來奸邪殺逆狀〔六〕；一則以誌表記諸忠直冤死狀〔七〕。而今皆以老病痼，不得已，即家居，亦宜於諸公終始，如碑志表傳一撰述，垂之將來，

〔二〕「景文」，原二字互乙，據蔣跋本正。
〔三〕「一字」，原作「二字」，據蔣跋本、中大本、《續編》本改。
〔三〕「患」，原脱，據中大本、《續編》本補。
〔四〕「自」下，原衍「記」字，據蔣跋本、中大本、《續編》本删。
〔五〕「忠」，原作「中」，據蔣跋本、中大本、《續編》本改。
〔六〕「殺」，中大本、《續編》本作「弑」。
〔七〕「記」下，原衍「者」字，據蔣跋本、中大本、《續編》本删。

亦是餘生未了一事。顧念韓、歐兩公，初遭黨累，後旋起入禁中，歘歷東西遠邇，其於四方聞見事迹，當年隱微心曲，包羅宏博，商確明核，故得臨文有所據依。今予雖蹇於足力〔二〕，蹇於口語，而幸未蹇心思，每慨然時有所發憤。坐一室中，寡陋鮮聞〔三〕，欲爲無米之炊，噫，可念也！近述既人各私見，若所臨難自書者，更之一字則不忍，載之連篇則成贅，終無可操管處。夫同病之憐，豈他旁觀者比？既不得以病居寡陋諉〔三〕，又不得以意見才力不韓、歐而廢也〔四〕。因爲略志列其端，俟後之搜以實之。

楊副憲〔五〕

楊公漣號大洪，湖廣應山人。左公光斗號浮丘，直隸桐城人。世號「楊左」，鼎革時

〔二〕「予雖」，原二字互乙，「蹇」，原脱，據蔣跋本、中大本、《續編》本正補；「足力」，原脱二字，據中大本、《續編》本補，蔣跋本作「捉刀」。

〔三〕「寡陋鮮聞」，蔣跋本作「孤陋寡聞」。

〔三〕「載之連篇則成贅終無可操管處夫同病之憐豈他旁觀者比既」，原脱二十五字，據蔣跋本、中大本、《續編》本補。

〔四〕「才」，原作「寸」，據蔣跋本、中大本、《續編》本改。

〔五〕「楊副憲」，原鈔本目録作「楊大洪、左浮丘」，蔣跋本作「楊大洪左浮丘合傳」。

共有功。楊公常熟尹，一文不取，每往來長安〔一〕，跨壹蹇驢〔二〕，亦一文不遺人〔三〕。荆溪湯公爲湖南道，一時臺諫之選，稱廉卓者多人。神宗崩時，扶正排難者犖犖，而大洪爲首，其力量肩鉅，亦冠諸公。

方崩前半月，貴妃竊踞在旁〔四〕，中外以爲宜請移他宫，大洪疏上獨激烈。兩三日，内傳洶洶，多宣列校刀杖，候朝門外，人懼不測。時冢宰爲敬嵩周公〔五〕，即公同鄉，雅相善，嘗偕至閹門見德清，意將爲勸解地。德清怒目睜睜曰：「上怒甚。」公厲聲曰：「怒汝？怒我？」德清又説：「將杖人、殺人。」公又厲聲曰：「殺汝？殺我？我是言官，拚着一片剛心烈膽〔六〕，殺也是不怕的。汝不可不早自計。」遂各無言而罷。俄頃内傳旨，着貴妃即日搬就一號殿，中外歡鼓。上之精明真勇敢行動〔七〕，無不心伏之矣。自

〔一〕「每」，中大本、《續編》本無此字。
〔二〕「跨」上，《續編》本有「常」字。
〔三〕「人」，中大本、《續編》本無此字。
〔四〕「在旁」，原作「半月」，據蔣跋本、《續編》本改。
〔五〕「時」下，原衍「家」字，據中大本、《續編》本删。
〔六〕「拚」，中大本、《續編》本作「拋」。
〔七〕「行」，原作「所」，據蔣跋本改。

是每有事，神宗輒問内侍：「楊給事言如何？」旬日，宣入者無時，賞金至四百八十兩，緡至六十四段，言輒無不聽納。

時内侍强直爲上信任者，王安也。安爲光宗伴讀，小心壯志數十年，有賢名。時半月倉皇中，與公最一意任事。至光宗大漸，夜三鼓，輒令人約公先入。公入，門者不納，公以手拳之，門者大呼，王叱之退，呼公急來。公既入文華殿，所毆事秘不聞。尋導入，見内侍四十人，擁新皇在殿後左廂，俄擁殿後門屏間。新皇慴慴，王與公共擁抱[一]，至文華殿右廊廡，群臣班拜。德清初立定，不肯扶。劉南昌慨上，扶左坐定，因下拜，衆乃拜。諸監掌印者各叩頭請老謝事，南昌因傳旨焬焬，著照舊管事。又叩，又傳如初，始各唯唯而去。德清行至文華，嘆曰：「今日是何景？何異奪門！」宇内競傳。時維楊公翊戴功第一，不然，勢且有他。將大漸時，先傳内侍擁正，并傳兩科官、兩道官入，與受遺事[二]，而公爲首，皆安力也。余方家居，聞之曰：「此功，此膽氣，直是于肅愍再生！」旋語友并内人曰：「此公難道得長做官？不過做一人耳[三]，將來禍患叵測在。」

[一]「抱」，中大本、《續編》本無此字。

[二]「入與」，原二字互乙，據蔣跋本、中大本、《續編》本正。

[三]「做」，蔣跋本、中大本、《續編》本作「故」。

俄而聞有争選侍移宫事矣。

德清特不肯請移，公力逼乃移〔一〕，而私嗾一家居御史賈繼春上揭，詆熹皇爲違忤先帝，逼逐庶母，譁諸世濟、維華、國禎、傑不逞之徒矣〔二〕，幾無人臣禮。旨震怒，著回話者再，終爲護者所持，不獲嚴處。繼春乃佯阿公，時低時昂，旋鼓煽京邸者日攻，公自此不得安。而言者謂結納内外，將爲囊日振、瑾禍。即力護者以爲陸賈安劉，内外宜豫附，勢不能定也。此時清明天下，一言翻爲騷亂天下，實繼春爲之。公一二疏告後〔三〕，輒奮身跳歸。迨癸亥，公數轉至副院，憤魏逆危亂天下，遂有二十四罪疏，力搏之矣〔四〕。

方争移宫時，左公與公爲同心，危言抗衆。迨疏後，人有以爲左右甚協者，然終以相好故及。時内傳殺熊急，左公力調救熊，至有書於内，兼之行金，四遠群凑，爲逆所持。公實無一言，而以素相好，亦併入熊案爾。時外爲助正内趨權者多，逆則陽緩攻陰搆之禍〔五〕，逗留公兩月餘，乃得歸里。而議者遂中公不韙，以爲有幸留心，左亦不無阿

〔一〕「公」下，原衍「列」字，據蔣跋本、中大本、《續編》本删。

〔二〕「逞」，蔣跋本、中大本、《續編》本作「弔」。

〔三〕「一二」，《续编》本作「一一」。

〔四〕「搏」，諸本同，疑當作「搏」。

〔五〕「攻」，原作「功」，據蔣跋本、中大本、《續編》本改。

逆計也。蓋疏自六月上，而南都十月初歸者猶傳流言，謂魏將乞好，欲取前疏中不得相者二人，計相一人以定衆。予時方病昏〔一〕，暮聞之，終夜不寧，明早謂言者：「是明墮阱中，而蘊禍於天下也。明歲此時，正人當無噍類矣！三年之後，當有大事，不可測。」未幾，而以汪文言起名，謂交結王安，牽熊案，并織十五人而逮者六人，公乃爲首矣。後三案中垂簾首公，亦繼春爲之〔二〕。余家，聞公事不得詳，而於荆溪教諭公長兄所，聞其家書中謂兄及子輩：「吾受皇上知遇大恩，此生不以頭顱殉者，非夫也！」蓋殺身之禍，公自矢當之矣。乃議者猶謂，疏後猶有依違不決殉者，豈其然？

公幹略敏裕，宰常熟，築塘百里，費出之官，民不知力。執兩大豪如法，斷決冤獄，片言稱神明。初上公車，嘗途遇一異僧，勸之出世，無遭他日禍。公不信，自以爲溝壑喪元，其分也。入獄後，搒掠最慘，口口賣國賊無撓。臨逝，有一手書，自稱爲萇弘碧血〔三〕。又一疏插胸前，比於尸諫，竟爲顯純輩掠去，至今人不及知一字。讀矢岳廟文，極言票擬當歸閣臣，用舍當憑公議，刑罰當付法司，中官必不可干預外政，不識即此數

〔一〕「昏」，蔣跋本無此字，中大本、《續編》本作「甚」。
〔二〕「繼」，原作「紀」，據蔣跋本、中大本、《續編》本改。
〔三〕「弘」，原作「宏」，據蔣跋本、《續編》本改。

言否〔一〕？或别有言否？

左公入獄無言，竟同日死。左公爲御史，巡方剔弊，歸不受薦。議神廟末一疏，汰武弁五百人，人又言天下畏公甚於楊公。湯公前死久矣，會治楊、左，後削奪。名兆京，號質齋，素廉卓有聲。

繆侍讀〔二〕

西溪繆公名昌期，江陰人，東南有名士。儀狀挺傑，在東林，見所行事不嗛，則直言規之〔三〕，令服折，以是名爲諍友。余嘗一望見之，知爲錚錚者〔四〕。癸丑，館選爲吉士。舊例，首舉貌稱弟子，然公侍余即語意切直〔五〕，爲真弟子者。方甲寅秋，余跳居城外〔六〕，公私謁再，爲余核諸刻疏，若欣欣響慕〔七〕。最後三案事，公皆褰裳濡足，會楊公疏事發，

〔一〕「數」，原脱，據蔣跋本、中大本、《續編》本補。
〔二〕「繆侍讀」，原鈔本目録作「繆西溪」，蔣跋本作「繆西溪李仲達合傳」。
〔三〕「言」，中大本、《續編》本作「口」。
〔四〕「錚錚」，原作「諍諍」，據蔣跋本、中大本、《續編》本改。
〔五〕「侍」，原作「待」，據中大本、《續編》本改。
〔六〕「跳居城外」，蔣跋本作「僦居城中」。
〔七〕「慕」，原脱，據蔣跋本補。

遂及。
公在湖廣主試，約楊公談者三日夜，歸與余談當年爲請鄭妃移宫，抗德清狀極詳。又嘗三言汪於余，謂鼓説禁中，鼎革時甚有力，幾如漢之陸賈、王生，不可不一面。且指門房曰：「業在是。」余平生不謁遊客〔一〕，第謝不面也。逮後，乃爲人嘆惋，豈不千古偉人！乃屢逐屢進，至聲撼公卿，家藉之日〔二〕，堂扁八十有七。嗚呼！豈有品事也。汪既遊客，公亦局外人，並遭酷禍，蓋有動之者而然〔三〕。公禍又以人説曾改楊疏稿，終不知其三案中殫心王室之勤勤懇懇也。累爲德清切骨，其慷慨大義，不避師弟子，是亦一世間未白心事。雖恩恤無言及者，不第一瘦死無名之遊客，徒抱季袒噬臍之恨而已〔四〕。三案事，余業詳輓中。
公從澄江來郡，田野人繞途者十數萬，都合掌念佛曰：「今日乃見真菩薩出世。」公

〔一〕「平生」，中大本二字互乙。
〔二〕「之」下，原衍「曰」字，據蔣跋本、中大本、《續編》本删。
〔三〕「者」，原作「首」，據蔣跋本、中大本、《續編》本改。
〔四〕「徒抱」，原作「待枹」，據蔣跋本、中大本、《續編》本改。

款款笑慰，謝如平常。長途篢輿中，手紙筆矻矻不休〔一〕。初別家，子女孫環泣，其夫人止之曰：「毋撓乃公，令清心有所著述一白事。」傷哉！

李御史〔二〕

繆公之逮，與邑仲達李公應昇，蓋中表至親也。在臺時，每事爲商確。方大洪疏上，公首疏曰：「非漣一人私言〔三〕，通國人公言也。」已萬工部疏上〔四〕，杖慘，畢力疏救。又參廣微失儀〔五〕，初擬杖百，後免。又嘗爲高公草彈呈秀文，故逮。時同逮者，錫山高公，而澄江則公與繆公。澄江人語曰：「江陰有兩忠臣，爾邑獨無。」予時削奪家居矣〔六〕，戍報至，笑曰：「予至今乃免不忠。」時姑蘇之逮者二公，皆周姓也，又義民死者五人，蘇爲宇内一振云。方公逮時，吾邑人繞之數千，欲奪公，競逐緹騎，毆驛。有一總角子，

〔一〕「矻矻」，蔣跋本、中大本作「矻矻」。
〔二〕「李御史」，原鈔本目録作「李仲達」，蔣跋本作「李仲達傳」。
〔三〕「漣」，原作「璉」，據中大本改；以下徑改，不再出校。「言」，原作「事」，據蔣跋本、中大本、《續編》本改。
〔四〕「通國人公言也已萬工部疏上」，原脱十二字，據蔣跋本、中大本、《續編》本補。
〔五〕「儀」，原作「議」，據蔣跋本、中大本、《續編》本改。
〔六〕「家」，原脱，據蔣跋本補。

搥鼓號〔二〕，見緹騎藏架上，搜出之，搥幾死。時曾府力解。公青衣皂帽，騎馬長街上，往來慰諭。余抱罪書室中，禁閉户，無令子弟僕隸出闞者。時天日陰慘，三月中若嚴冬。

公年少，丰神秀雅，余嘗一再謁之，訝爲世外仙客〔三〕，乃知植節垂名，氣格自不與凡俗埒。所著道途詩數十首，兩月後即聞，至今予不能竟讀也。嘗請家誌於余〔三〕，繆公亦爲請之，余終以例辭不應。嗚呼！今何忍爲公志如是！

周吏部〔四〕

蓼洲清骨挺立，是目中僅見人。在銓部，每日自給不過錢六文。尋病告歸，僦屋居，不六七間。每府縣司道過，或竟日不過茗一杯。而魏逆禍蔓甚，嘗撫案憤曰：「吾尚偷息此時者，非人！」聞《點將録》羅織多人，大以己名不與黨爲耻。會周都院以事觸織監李實，因相與疏糾再三，終不能庇一同知楊姜〔五〕。都院奪職去，蓼洲益不堪，作文張

〔二〕「搥」，原作「縋」，據蔣跋本、中大本、《續編》本改。
〔三〕「訝」，原作「雅」，據蔣跋本、中大本、《續編》本改。
〔三〕「嘗」上，原衍「余」字，據蔣跋本删。
〔四〕「周吏部」，原鈔本目録作「周蓼洲」，蔣跋本作「周蓼洲傳」。
〔五〕「能」下，原衍「底」字，據蔣跋本、中大本、《續編》本删。

其行，盛稱節概功績〔一〕，大有造地方，明激繼者一鷺。鷺乃黨中呼魏七哥者也〔二〕，搜知蓼洲與魏廓園泣別連姻〔三〕，并官旗前大罵魏賊狀，羅入東林六人逮中，蓼洲慘死。

當此時，天下賢人禍烈極矣，然皆曾疏及内事，或有關德清者，便不得免。惟蓼洲一無有，若肯浮沉，一無言無所爲，未必不免。余嘗與人議之曰：「使姻在日前，則萬不可諱，死且甘之；若姻在逮日，何不私許之，約以不負，何苦使往返日月行途，自以七尺軀，抗九重隆怒耶？」然蓼洲料逆焰無已，終旦夕邑鬱死矣。等死耳，其與無言無所爲者，竟何如？蓼洲亦人傑也哉！方蘇門噪閧，四月五日夜，先有人逮余及一翰林，行至良鄉，逆令人追回，日未午也。自後年半間，南都逮者一人，餘皆以撫按解〔四〕，則公與蘇民力也。倘在長安者共是心〔五〕，逆未必不少戢。等死耳，其與一無言無所爲者，竟何如？蓼洲真大有見也哉！

〔一〕「績」，原作「蹟」，據蔣跋本、中大本改。
〔二〕「哥」，蔣跋本作「奇」。
〔三〕「廓」，原作「廊」，據蔣跋本、中大本、《續編》本改。
〔四〕「皆」下，原衍「可」字，據蔣跋本、中大本、《續編》本删。
〔五〕「者」，原作「中」，據蔣跋本、中大本、《續編》本改。

公名順昌，姑蘇人，意度弘遠。爲閩推官，力折豪右。文章閎邕，世所推服，有稿若干，人傳誦之。大凡有真心者必有壯氣，有壯氣者必有遠識。近死忠諸公，文章爲世所推服者居多〔一〕。

先是，乙丑，吾與景逸俱奪矣。高有姪，欲與姪孫女姻，吾謂姪曰：「先而姻也，何可諱東林；若其未也，何必急！」而景逸復以書先曰〔二〕：「此時吾輩做事也，顧不得出頭。」吾終謝之，心謂出頭以殉義，以報國家〔三〕，則可；若婚姻事，何爲！又先是廿年前，高有姪請姻，景逸欲吾女他人女以婚，吾終謝之。後聞周公逮旨，專以婚故，姪乃幸禍不先。而吾却自笑，吾之懦，非過也。

周侍御〔四〕

凡人能不畏禍急公者，必其生平潔白，不染貨利者也。若身既有染，則前畜已多不

〔一〕「所」，中大本、《續編》本無此字。
〔二〕「復」，原闕，據蔣跋本、中大本、《續編》本補。
〔三〕「以報」，蔣跋本作「於」，中大本、《續編》本無「報」字。
〔四〕「周侍御」，原鈔本目録作「周季侯」，蔣跋本作「周宗建傳」。

忍去，後攫取無涯，何能忽捨！如楊、周二公，並皎皎人間無滋垢者也，季侯周公〔一〕，其廉介亦云〔二〕。

公諱宗建，初爲武康令，已仁和繁富地，又兼攝德清，疑冤立剖。考滿歸，不携一物也，弟以衣服華好〔三〕，日用從腆，人不甚覺爲廉〔四〕。爲御史，發逆賢交通客氏及郭鞏狀，蓋實先楊公一年，凡五疏痛詆，冀遏亂源。逆欲廷杖公，賴福清中尼。又疏奄劉朝行邊狀。又爲捐俸貲若公費五百金爲講院〔五〕，鄒公首率之，諸嚮學馮公、高公，皆時所切忌也。差湖廣，未幾憂歸，逆終以前憾逮。

余閲疏，楊公及公兩列余名，罪逆以首扼正人，余知逆之終不能忘情於余也〔六〕。鄒公所薦，起用數人，不知何故首鞏及繼春。余痛言繼春惡焰反覆，得中止，而鞏遂用。

〔一〕「侯」，原作「僕」，據蔣跋本、中大本、《續編》本改。
〔二〕「云」，蔣跋本作「甚」。
〔三〕「第」，原作「弟」，據蔣跋本、中大本、《續編》本改；以下徑改，不再出校。
〔四〕「不」，原作「爲」，據蔣跋本、中大本、《續編》本改。
〔五〕「若」，原脱，據蔣跋本、中大本、《續編》本補。
〔六〕「能」，原脱，據蔣跋本、中大本、《續編》本補。

終逐鄒及死後削奪者〔二〕，聳也。到今日，聳降奴後數月，復持書來招降，朝廷下吏議罪云。

趙冢宰〔三〕

儕鶴趙公名南星〔三〕，北直高邑人也。清嚴〔四〕，爲吏部考功〔五〕，汰流品，大忤時相，竟逐。家居三十年，詩文自娛，最爲東南名士所歸重。時宇内惟南皋鄒公及公兩人爲世山岳，而鄒公愛人諄切，間有摧剛爲柔處，公則持一意剛不可犯，惟名士相善者千里隔音好問訊不絶，有身往就爲談道藝者。

迨鄒公歸，乃入繼掌院，尋秉銓〔六〕，一意不可犯如初。福清在閣，雅用公〔七〕。熹宗

〔二〕「奪」，原脱，據蔣跋本補。
〔三〕「趙冢宰」，原鈔本目録作「趙儕鶴」，蔣跋本作「趙冢宰南星傳」。
〔三〕「名南星」，原脱三字，據蔣跋本補。
〔四〕「嚴」，原作「年」，據蔣跋本、中大本、《續編》本改。
〔五〕「部」，原脱，據蔣跋本補。
〔六〕「秉」，原作「典」，據蔣跋本、中大本、《續編》本改。
〔七〕「用」，蔣跋本作「重」。

在經筵，常稱天下官惟趙吏部忠清公直，復疏申此如前者再〔一〕。福清囑有所用，遂拒不用矣。魏逆求交歡，以三千贄丐書一扇，終麾去不書。廣微，其年家子也，再謁不得見。適有知音者共坐齋中語，廣微憤曰：「以吾爲人則不可接，以吾官則尚可接。」欲討還帖去。公竟還之帖，閣部自此不諧。而廣微極力助魏，并爲德清逞憾，紅丸事，排善類無遺種。魏逆所毒者，祇相觸之人；而廣微所毒者滿宇内〔二〕，并家居久不相及之人。終用維璉事起釁，後以子、甥累坐贓九千七百〔三〕，謫戍山西平陽。公年七十八〔四〕，慨然荷戈伍中〔五〕，暇則教蒙童如子〔六〕，仍作舉業義會。上興，人傳恩詔草宜赦，乞還家。巡撫牟志夔扼之曰〔七〕：「詔未到。」旬日詔到〔八〕，又曰：「大臣尚未有名在。」竟以十月中卒平

〔一〕「復」，蔣跋本、中大本、《續編》本作「後」。
〔二〕「所」下，中大本、《續編》本有「欲」字。
〔三〕「甥」，《續編》本作「孫」，《明史》卷二四三《趙南星傳》作「外孫」；以下同，不再出校。
〔四〕「年」，原脱，據蔣跋本、中大本、《續編》本補。
〔五〕「慨然」，蔣跋本作「慷慨」。
〔六〕「教」，原脱，據蔣跋本、中大本、《續編》本補。
〔七〕「志」，原脱，據中大本、《續編》本補。
〔八〕「旬」上，蔣跋本、中大本、《續編》本有「在」字。

陽，遠近聞者痛之。

先甲子春，内外見公毆邪植良，便有「趙高禍秦」謡，謂公與景逸用事也。前三十年並逐，至是一銓一憲，人豈能堪〔一〕？魏逆金使來，公業不受，高公在旁曰：「是名帖亦不可與。」已而其家私用帖，蓋意氣風標相激之過。在部疏甚多〔二〕，言言切直，至曰：「今之士人，以官爵爲性命，以鑽刺爲風俗，以賄賂爲交際，以囑托爲當然，以徇情爲盛德，以請教爲謙厚。」是六言，真切中時世膏肓者也。余初聞公贓累以子孫，嘆曰：以公清嚴若是，甚矣！要人之難爲也。雖云子及甥之獲，足明公之一無獲，然禍則何堪矣！世之爲要人，而享有禄於公，躬有譽於世，常不敗，必若前之六言者乃可哉。嗟嗟！

周給諫〔三〕

周公朝瑞號衡臺，臨清人。爲給事中，與楊公最善。光宗時，疏請蠲金花，被謫。熹皇初，疏請經筵〔四〕，語侵内侍。魏、客輩恨甚，以汪事逮公，慘死。疏暴公罪，以一

〔一〕「人」，原脱，據蔣跋本、中大本、《續編》本補。
〔二〕「在」，原作「左」，據蔣跋本改。
〔三〕「周給諫」，原鈔本目録作「周衡臺、顧塵客」，蔣跋本作「周給諫傳」。
〔四〕「筵」，原作「延」，據蔣跋本、中大本、《續編》本改。

日三疏救熊。人不知得罪德清者，以會奏攻三典事，大直大實也。説可灼交德清，以星相醫卜出入其門者數年。時爲德清仇，而托魏逆名首禍，獨先者公，繼則西溪繆公、塵客顧公也。聞會議單，塵客嘗爲人草二三，其語嚴義峻，予嘗訝之爲老吏手深文筆，訪之，則塵客草，以是三人皆不免。

余每念，爲懷痌不忘。周公予未面，顧公則嘗一再見之。丁卯春，婦病頸疽。當午餘假寐，恍惚若有人傳周公爲祠山廟相者，爲戍後婦曾窗前言〔一〕：「侍郎時枉苦心，言事懇懇，無爲也。」神聞嗔之，令多人拘往〔二〕。見予在，竟麾去，獨一人入及房檻，而予覺矣。覺而起，則婦正在床呼痛，「欲治我者再」，余若妹妾共聞。神即周公，所謂生而爲英〔三〕、死而爲靈者，信然！公面麻，體重厚，恍惚中若見之。予因問語友〔四〕：「婦人失言，幸事竣〔五〕，後或望上帝恕原。」數日復恍惚有傳者曰：「帝欲醒將來，且誡世人

〔一〕「戍」，原作「伐」，據蔣跋本、中大本、《續編》本改。
〔二〕「令」，蔣跋本、中大本、《續編》本作「合」。
〔三〕「爲」，原脱，據蔣跋本、《續編》本補。
〔四〕「友」，原作「及」，據蔣跋本、中大本、《續編》本改。
〔五〕「竣」上，中大本、《續編》本有「已」字。

耳。」當言事時，婦祇有勸言，未嘗一尼。帝所謂「終恕原，不減之算」者，以是歟？至若楊、左、周及諸公靈響，遠近傳之，劇記尤多，即《頌天臚筆》亦往往載，予不及也〔一〕。

塵客在常教授數年，家素富，行己清莊。予目中見心渴憂國家事諄惻者，惟公與西溪兩人。

高總憲〔二〕

東林書院建自涇陽顧公，公所少師事也。涇陽性格明達，意度冲夷；公則性格峭整，意度恭謹。其待人也一恕一嚴，其持躬也一和一矜〔三〕，各如之；其爲文章也，亦如之。涇陽才氣高，每信手拈來，便烺烺成文，長河奔放不可禦；而公則一字一句，必軌尺寸，析理文尤恂恂簡確，無踰軼。

年弱冠登第，纔一年餘，以救師儕鶴趙公語侵執政，罷歸。遂偕涇陽栖東林館，潛心講業，學問獨宗程朱，遠近同志，會者廿年餘。涇陽以壬子逝，公力持同志，切劘如

〔一〕「予」，原作「餘」，據蔣跋本改，中大本、《續編》本作「余」。
〔二〕「高總憲」，原鈔本目録作「高景逸」，蔣跋本作「高總憲傳」。
〔三〕「矜」，原作「謹」，據蔣跋本、中大本、《續編》本改。

初。熹宗二年，始赴光禄召[一]，首糾崔文昇用泄藥致貞皇速崩，辭連貴戚及德清厲甚，崔終逐南，戚亦徙外郡[二]。書《辨王志道疏》，侃侃三案中數十年來内外危疑狀。迨趙公爲冢宰[三]，而公掌院矣。一入院，即劾崔呈秀贓濫，問戍。是時衆正尚多，諸奸覘師弟踪迹，遂劾公一歲四遷，而呈秀尋借事逐公與趙公歸。明年，削奪。又明年，借奄李實疏侵織造利，逮者七人，坐公贓三千[四]。公義不辱，則赴水死，天下憐其忠，健其決，朝議猶苛之。初爲行人，即劾張世則欲改程朱傳註，得旨温獎，以爲有關世教。頃在邸一年，崇正黜邪，醒人心、明國事者，勤勤懇懇，不下朱夫子告君以正心誠意至意[五]。卒也公及諸公慘禍動以東林牽者，何止熙寧惇、卞而已。

公居家，凡地方利病，吏治得失，豪右行事，慨然爲建言不諱，以是爽人意者，亦

〔一〕「召」，原作「名」，據蔣跋本改。
〔二〕「徙」，原作「從」，據蔣跋本、中大本改。
〔三〕「爲」，原脱，據蔣跋本、中大本、《續編》本補。
〔四〕「千」，原作「年」，據蔣跋本、中大本、《續編》本改。
〔五〕「以」，中大本、《續編》本無此字；「至」，原作「之」，據蔣跋本、中大本、《續編》本改。

以是取忌於時。每冠蓋過里，謁書院，請益者再三宿，公爲飛文獎借，四方歸心者多〔一〕，而側目者更切。每一持議，公正色岩岩〔二〕，而涇陽時笑顔和之。諸有建白啓事〔三〕，涇陽授意，公爲之屬草，以是人皆歸德怨於公。然公奪後，涇陽亦坐削奪。

頃涇陽贈吏部侍郎，而天下論正學請謚者不下數百。去年逆案，朝臣大辟、戍徒及爲民者幾二百人〔四〕，自應秋外，未有一與東林講席者，君子以是知道學之關世教也。書疏、進退、終始，詳墓誌中。公名攀龍，號景逸，錫山人，與顧公同邑。顧公名憲成，尋謚端文。

魏給諫〔五〕

世所謂東林者，皆倖得名。蓋有素談學問而未嘗與交，而人指之忌者之言也；亦有與交而實未嘗談學問，而人指之惡者之言也。惟廓園魏公，乃爲真東林。其初高公弟子，

〔一〕「方」，原作「文」，據蔣跋本、中大本、《續編》本改。
〔二〕「岩岩」，蔣跋本、中大本、《續編》本作「井井」。
〔三〕「啓」，原作「起」，據蔣跋本、中大本、《續編》本改。
〔四〕「及」，原脱，據蔣跋本、中大本、《續編》本補。
〔五〕「魏給諫」，原鈔本目録作「魏廓園」，蔣跋本作「魏給諫傳」。

終日談學者也。其終身所推重，即高公推重者也；所排斥，即高公排斥者也。至死不渝〔一〕，可爲碩交。

公氣骨嚴冷如寒僧，未仕及仕後，持家約，躬敝衣疏食，多在常情之外。爲給事，使福藩，途饋五百金，不受。會趙公司銓，人材清濁，必咨確以定。推巡撫，推吏部司官及轉垣，多與衆觝牾。高公辭掌憲，公爲首垣必推，不肯捨也。最惡廣微，必欲折之，而終爲廣微所折，以是東林諸公得禍最慘。公被逮，誣者以公中熊賄。公嘗三疏彈熊矣，至朝審，人皆欲寬之，公必不肯署名，即兩旨著緩死，公力持死不可貸。此在千百人共見事，終始歷歷，而誣者若是，足見賢達之遭時厄，而邪枉者之能障天也。他曖昧中贓証，誰復能辨白？公疏最激切，尤最多，一時倡義爲諸人首，而奸人惡之更甚。公慘死，其子子敬匍匐從京歸，亦即哀慟死，孫乃刺血上書，尤見一門忠孝之奇特〔二〕。

憶會奏時，公密以疏示予，催請部早竣，謂文昇服上刑，可灼次之。予謂：中禍之因，則泄藥先而紅丸後，文昇固用藥之人，第鄭宮之人也〔三〕；謂無忌之志，則泄藥隱而

〔一〕「渝」，原作「踰」，據蔣跋本改。
〔二〕「奇」，蔣跋本作「盛」，中大本、《續編》本無此字。
〔三〕「宮」，原作「官」，據蔣跋本改。

紅丸顯，可灼乃德清之客，又鴻臚之官也。即並不免誅，而可灼上刑，文昇次之。高公疏謂〔二〕：用藥垂簾，原非兩案，即四人宜一時並誅，而微令人諷予，何不及文昇。亦足明予與東林，終有持議不同處。奉歸後〔三〕，公嘗再謁予於家，談衷曲，一意在公，冠裳坐日旰乃去。

何王二公〔三〕

何公之在任也，與東林仇者復入，於是瘋癲之票再矣。內廷有言，此時科道何在？如此危難，並無人救護。公知之，即以疏劾戚國泰厲甚，且明以太子托戚身上。時則有提牢主事心一王公〔四〕，摘其口招上聞。神宗廷震，召太子及諸臣面諭正法，而諸脩憾者不已，竟除公僉事，王公以察削奪。俄公入賀萬壽節，會神宗晏駕，內外恟恟〔五〕。科道之持公翼正者最多人，而楊、左爲首，所以破內之積謀，獎外之戮力，語言閎達，竦動

〔二〕「疏謂」，原二字互乙，據蔣跋本、中大本、《續編》本正。
〔三〕「奉」，原作「奏」，據蔣跋本改。
〔三〕「何王二公」，原鈔本目録作「何武莪、王心一」，蔣跋本作「何王二公傳」。
〔四〕「公」，原作「心」，據蔣跋本、中大本改。
〔五〕「恟恟」，蔣跋本、中大本作「洶洶」。

遠邇者，實公倡之。識者以爲此時危疑，非有諸忠正不能鎮壓；諸忠正意氣謀畫，非公面告語不能激發，所謂天授之時也。後公隨陞太僕少卿，久之，出制撫廣西。王公亦用公議〔一〕，再起京堂，尋辨明前事者數疏，語千百不休。至乙丑，兩公俱削奪，而王公竟以志選疏宜償馬三道寃，廷逮入，即死。嗚呼！三道之正法，自神宗面諭，不知寃當何對，而以公償耶！

皇上撥正後，諸臣慘死者無不備加恩恤〔二〕，獨王公詔復原官，無他贈恤。己巳歲，猶藁葬都門外。《同難録》中及《頌天臚筆》，並毫無紀載及子孫陳情狀，豈有畏不敢來京也？謂當年惡逆狀盡出賊魏意，然乎哉？何公邑鬱，客死淮揚，撥正後復原官，名士晉。王公陝西人，名之寀，即誠宇張公至親，所刻《梃擊事案》最詳〔三〕。

何公同郡者鏡洪陸公爲部郎〔四〕，癸丑年請之國，時托言戚不宜阻遏行期，後復入。會梃擊事，劾戚奸謀不可不問，詞旨憤厲，出爲江西撫州知府，久之卒。丁卯春，有兵

〔一〕下「公」字，原脱，據蔣跋本、中大本、《續編》本補。
〔二〕「恤」，中大本、《續編》本作「錫」。
〔三〕「梃」，原作「挺」，據《續編》本改；以下徑改，不再出校。
〔四〕「何」，原作「王」，據蔣跋本、中大本、《續編》本改。

部之臣差使者緝陸公并予踪迹〔一〕，問之陸公家，曰「死久矣」，又問其子，曰「幼而貧」，使者不知何時去。予嘗呼堂中曰：「吾家貧，即有欽使來，無出一分一文以餉也。」

薛葉二公〔二〕

東林起自錫山，後借是名毒者多人，未必實也。乃與顧、高最同心游，最日親好，絶無依阿遷就態〔三〕，應是東林之翹楚，而終不及禍，有東漢叔度、林宗風者，吾邑純臺薛公、錫山園適葉公也。兩公性恬素，善善與人同好，而惡惡不與人同激切。然涇渭極分明〔四〕，分毫不可非義干者，操同行也。

葉公尤酸楚，筦蕪湖鈔，一文不入。爲尚寶卿，入其室，無牀無帳又無椅，坐惟一木榻，一百年敝椅，飯時一菜羹、一鷄卵而已〔五〕。時嚴風冷冽，窗虛無紙〔六〕，公不知寒，

〔一〕「踪」，原作「縱」，據蔣跋本、中大本、《續編》本改。
〔二〕「薛葉二公」，原鈔本目録作「薛純臺、葉園適」，蔣跋本作「薛葉二公傳」。
〔三〕「態」，原脱，據蔣跋本、中大本、《續編》本補。
〔四〕「分」，蔣跋本、中大本、《續編》本無此字。
〔五〕「羹一」，原二字互乙，據蔣跋本、中大本、《續編》本正。
〔六〕「虚」，蔣跋本作「處」。

款款言理義，薰然坦然，聲不一揚。後爲南工部侍郎〔一〕，見時人多醜正直，力與唐世濟争辨，再疏，遂拂衣歸〔二〕。逆魏時，人無指及者。詩一册，《跋三案後》文一篇，綱常大義，烺烺也〔三〕。後屢薦，不復召，年七十二終。

薛公薰然聲不揚，面目秀白，里中呼爲女郎。爲巡方御史，值奢亂，小帽，不解衣，日夜行城上〔四〕，幾四閲月。小刀袖中，曰：「一不諧，即刎耳。」初聞奢欲亂者，旬餘，公案代，可他之矣，獨乘障督率熇熇。此時，即謟兵大將不過。成都完後，遂飄然歸。予累索之守川方略，終無所自言。陞僕少卿，不復出。予問之，應曰：「兄尚南歸，我何北爲？」一時相即師福清，向曾以循良首用之者也。後雖不薦剡，亦無苛者。年七十八終。

方予戍時，公坐予内室〔五〕，見天氣愁慘，白虹南北亘，公嘆曰：「設魏逆有他，吾

〔一〕「工」，原作「刑」，據蔣跋本改。
〔二〕「遂」，蔣跋本作「遽」。
〔三〕「烺烺」，中大本、《續編》本作「焯焯」。
〔四〕「上」下，中大本、《續編》本有「者」字。
〔五〕「坐」，原作「望」，據蔣跋本、中大本、《續編》本改。

寧不食死耳！」而葉公唁予於内室，自誓亦云〔一〕。兩公對人笑言欣欣，慨然許予以命，此可爲小怯而大勇者矣。

薛公諱敷政，葉公諱茂才，兩公蓋狷者也。如大洪，如蓼洲，可謂狂者也。大洪爲上，蓼洲次之。園適爲上，純臺次之。有弟玄臺，名敷教，性剛直。在狷品中，玄臺爲上，園適次之。

袁御史〔二〕

總逆行事，當乙丑之逮也，自楊、左外有魏、袁。魏則諫垣之長，袁則臺中之長，又首率同臺糾逆助楊者也。楊疏初起時，則杖殺萬工郎，指爲陷朕不孝。後則又杖殺經歷張，恨小官亦學忠臣態。從此惟所殺，無不如志〔三〕，真破竹之勢也，豈可謂不智？劉知府之逮也，先以僧福哭六君子，令工人私取劉書僧扇，出之内，因逮劉。俄而若悔若嗔，人謂劉可生，吾曰必死矣。已而逮實書者南錦衣歐陽什之〔四〕，尋什公調簡，劉竟以

〔一〕「自誓」，原脱二字，據中大本、《續編》本補。
〔二〕「袁御史」，原鈔本目録作「袁熙宇、萬、吴、劉、張」，蔣跋本作「袁御史傳」。
〔三〕「如」，中大本、《續編》本作「滿」。
〔四〕「已而」，原二字互乙，據蔣跋本、中大本、《續編》本正。

咀呪事斬〔一〕。

先是逮楊、左時，令人遍布詐，以爲逆將不久敗，又以爲某某與仇，勢力皆能扼逆。竟殺時，無敢有沮止者。吾故以爲劉必死。豈可爲不智？賊逆之横，數十年來，内侍未有若斯之悖者也。王安之小心恭謹，戴神宗之終，佐光宗、熹宗之始，自數十年來〔二〕，内侍未有若斯之忠者也。忠悖自不兩立，然熹宗初數月，王輒慘死，以爲妃侍之孽耳。傳端午假歸，力進規，熹宗微有怒。群十數小侍輒進曰〔三〕：「今内外止知有王公公，何知有萬歲耶！」問之何如，曰：「頓足怒詈。」去不兩旬，西廊廋死〔四〕，人謂盗侍劉朝惡也。後逮楊、左時，旨數稱「與王安交搆，亂内外」，乃露出本謀，豈可謂不深智〔五〕？第文焕數勸賊秀起事〔六〕，秀曰：「某某等未殺在。」又勸，則曰〔七〕：「某處兵入衛未到

〔一〕「劉」，原脱，據蔣跋本、中大本補；「咀」，原作「阻」，據蔣跋本、中大本、《續編》本改。
〔二〕「十」，蔣跋本、中大本、《續編》本作「千」。
〔三〕「群十數小侍」，蔣跋本作「群小數十侍」，中大本作「群數十小侍」。
〔四〕「廋」原作「瘦」，據中大本、《續編》本改。
〔五〕「謂」，原脱，據蔣跋本、中大本、《續編》本補。
〔六〕「第」，原作「弟」，據蔣跋本、中大本、《續編》本改。
〔七〕「曰」，原脱，據蔣跋本、中大本、《續編》本補。

在。」文煥嘆曰：「待殺完、到完，則汝先矣。」尋借事亟歸，是何異項羽之有增？而秀旦旦酒色自娱〔一〕，是何異俗傳三思輩景〔二〕？真天之所以開聖明也，不然，亦岌岌乎、幾幾乎賊操之徒也哉！

袁公名化中，萬公名燝，張公名汶，慘死。劉公名鐸，斬，連斬二人〔三〕。御史吴公名裕中，以熊事糾丁紹軾〔四〕，杖一百，立死，則借逆行事者也。他所借者，吾不能詳。歐陽名暉，廣東人。有僕王隨，主逮，佯罵主，陰以金賄官旗，委曲百方，至都，得輕治。主德之，欲與分家半，并偕之坐，廣人義之。

周巡撫〔五〕

綿貞周公名起元，福之海澄人。容貌温和〔六〕，對人常忻忻然。居官廉介，持身端整，

〔一〕「自」，蔣跋本、中大本、《續編》本作「是」。
〔二〕「是」，蔣跋本、中大本、《續編》本無此字。
〔三〕「二」，蔣跋本、《續編》本作「三」。
〔四〕「丁」，蔣跋本、中大本、《續編》本無此字。
〔五〕「周巡撫」，原鈔本目録作「周綿貞」，蔣跋本作「周巡撫傳」。
〔六〕「温」，原作「愠」，據蔣跋本、中大本、《續編》本改。

無分毫顧徇。入臺，會東林道學議起，大駁之。後參議，歷通州道，陞太僕少卿。尋巡撫江南，不取民間服物器用。糾李實，再護楊姜，又力參朱童蒙，奪職去。是皆公不顧身家，犯必死者。魏賊從京邸作疏〔一〕，取實空頭印本，捏侵織造利，羅忤己者概入東林道學名，無不慘死。公首列，固宜入獄，抗辨不屈死。

東林起自壬辰，高公等家居，已來者日衆〔二〕，名遂聞。邸撫懷魯周公，江右人，素向公學〔三〕，諸公雅重之。然關涉不過府縣，每達者過，地方官輒有後言。後以淮撫脩吾李公，旨革職去矣，而邀南都言官及東南縉紳保留。後北中保留者亦多，錫山至謂李清廉，一茗一爐，遠近從此不平，諸素好者嘖嘖〔四〕。至辛亥特察，有身往過相規切者，不意終爲天下滋垢，遂授奄官名而種之毒也〔五〕。夫淮撫之交東林者，原無其實，而空載以

〔一〕「賊」，中大本、《續編》本作「逆」。
〔二〕「來」，原作「乘」，據蔣跋本、中大本、《續編》本改。
〔三〕「公」，蔣跋本、中大本、《續編》本無此字。
〔四〕「素」，原作「所」，據蔣跋本、中大本、《續編》本改。
〔五〕「官」下，原衍「毒」字，據蔣跋本、中大本、《續編》本删。

名。夫公修廉持正，勤勤爲國，不與東林關切。乃借其名而被以實，如「實疏道學」四字[一]，此何足中人，適以成人耳！夫使人人而果真爲道學也，即萬死何傷矣！

東林禍起自高公，其立朝諸疏，抗直丰節[二]，爲後代仰，即一眚議何傷！如魏公、趙公，清真持世[三]，雖師門之比，亦忌者之言耳。況他生平與東林無關，而人品卓犖，乃心王室，横被災禍者，一時黯晦，終不失爲千古。歐陽在諫院，既進《朋黨説》，其史論曰：「小人欲空人國，孤主勢，必進朋黨説。君子常無罪，小人欲加之罪，則有可誣者，有不可誣者。惟加之黨，則親戚故舊謂之朋黨可也，交遊執友謂之朋黨可也，宦學相同謂之朋黨可也，門生故吏謂之朋黨可也。大約善善之相樂[四]，以其類同也。」如公之糾織造，東林豈嘗有言？蓼洲之稱公與勸一鷺，其身豈嘗東林？第其地之相及，則謂之東林可也[五]。況又有東林仇而名之者，又有不免東林所繒繳而名之者，是不可誣者概

〔一〕「如實」，原脱二字，據中大本、《續編》本補。
〔二〕「抗」，中大本、《續編》本作「侃」。
〔三〕「持」，原作「特」，據蔣跋本、中大本、《續編》本改。
〔四〕「樂」，原作「未」，據歐陽修：《新五代史》卷三十五《唐六臣傳》（中華書局一九七四年點校本）改。
〔五〕「東林」，中大本、《續編》本作「朋黨」。

誣之矣。歐陽子曰：「習俗以苟生不去爲當然，至儒者，享人之禄，仕人之國，不顧其存亡，而反以其得爲榮。」嗚呼！甲子來三年事，幾欲爲所不可爲者多矣，豈惟不顧而已？今幸聖明照臨，誅諸逆臣，仍定之案，諸慘死者，有復有贈，有蔭有謚，其垂法誡，永永無窮極。夫古今名義〔一〕，國家利害，曲當人心〔二〕，迹無可没，固不必東林與不東林也。世所傳，吾不必盡言〔三〕；吾言，人有不必盡知者焉。

〔一〕「夫」，原作「天」，據蔣跋本、中大本、《續編》本改。
〔二〕「曲」，原脱，據蔣跋本補。
〔三〕「吾」，原脱，據蔣跋本、中大本、《續編》本補。

孫愷陽先生殉城論

蔡　鼎撰〔一〕

王少司寇虞石公之哭高陽也，曰：崇禎十一年十一月十二日，醜奴數萬南下，薄高陽城，愷陽先生率邑紳衿誓死登埤。十三日一戰，炮擊賊潰。土城低脆，外援不至，賊晝夜環攻，石盡矢竭，力不能支。先生守北門，謂家人曰：「我死此，爾輩可任逃生。」家人輩都不忍舍〔二〕。城既陷，賊以多部落掖之去。先生求死不能，至賊營，罵曰：「膻奴，我大臣家居，城亡與亡，可急殺我。」賊不忍加刃，但令自便。先生望闕叩頭〔三〕，以繩繫項，呼令多夷奴絞之死。子侄男婦百餘口與奴婢俱被殺，逃出者，六歲孫與其母二口耳。當賊圍時，城中衆數千，及陷，逃者不數十，先生忠義之感激，烈哉！

或問於鼎曰：「先生可以無死，即死，亦可無闔門以死，豈先生遂不及料之耶？抑

〔一〕「蔡鼎撰」，原脱三字，據中大本補。

〔二〕「輩」，原脱，據蔣跋本、中大本、《續編》本補。

〔三〕「叩頭」，中大本作「百叩」。

先生能料之而不能避之耶？」鼎曰：「先生處無可避之地〔一〕，又不能與家人以避之勢，先生安之矣，即家人婦子輩亦安之矣〔二〕，此所以爲先生也。先生自度不可免，而令子若孫去先生以求免，是以不孝令也。先生願之乎？子若孫去先生以幸免，而坐視先生以不免，子若孫願之乎？在他人於此，必生許多計較，許多躲閃，以求萬一之或免，至於必不可免而後已。先生不屑也！先生安之矣，家人婦子安先生之所安矣。」

或曰：「聖人無死地。先生於此，遂無以自完乎？」鼎曰：「先生當己督師時，舊經略高第棄灤以逃，先生雖不暴其惡，而實惡其懦。先生殉城之志，定於此矣。奴來而朝廷或假以便宜，使調度西南團練民壯，制奴深入，此先生之能也，而先生不能得也，且耻於苟得也，故先生安之。有地方軍旅之責者，或念其國家元老、滿城赤子，不可坐棄於賊，而或獲爲援〔三〕，得相犄角，此先生之願也，而先生不能得也，且不欲强得也，故先生又安之。安之以守，鼓鋭作氣，合數千人爲一死，卒以抗十萬之强虜，先生且身先之矣。圍城之内，有圖脱者，先生且以軍法行之，况家人婦子乎！力盡援絶，不濟而

〔一〕「地」，原作「時」，據蔣跋本、中大本、《續編》本改。
〔二〕「矣」，蔣跋本、中大本、《續編》本無此字。
〔三〕「獲爲」，中大本、《續編》本作「護或」。

斃，父死忠，子死孝，婦女死節，奴僕死主，天地正氣萃於一門，先生甘之。此先生之所謂自完也，非今人之苟免幸生以謂完也。以身之死與闔門之死奉功令[一]，而使天下之人無敢歓功令，求苟免，先生之以忠教也。先生之所維持，大矣！先生以一身之死、闔門之死[二]，維功令，維世教，明君臣、父子、夫婦、兄弟無可苟免之人倫。中外君子卒無一人爲先生表章，以振末世苟免無耻之人心，而誅白養粹、賈維鑰等不能死之徒於地下，則中外之負先生深也！匹夫匹婦，自痛其父，自痛其兄，自痛其夫，或自殉其主以死，於國毫未有涉也，司世教者必表章旌異之[三]，曰若以勵世也[四]。先生之門，子死父，弟死兄，婦死夫，奴死主者，若殉所私，實許國也。以國死而及其私，與以私死而無及於國者，勵世有間矣。司世教者無或表章焉，豈特負先生哉？明以無益之死示天下而誨之二[五]，可乎哉？國家於閹臣有遺官護送之禮，於老臣有遺官存問之禮，於大臣有遺官

[一]「奉」下，原衍「公」字，據蔣跋本、中大本、《續編》本删。

[二]「闔」，原作「合」，據中大本、《續編》本改。

[三]「之」，原脱，據蔣跋本、中大本、《續編》本補。

[四]「若」，中大本、《續編》本作「各」。

[五]「二」上，原衍「示」字，據蔣跋本、《續編》本删。

祭葬之禮，處順猶然，况其變者乎！八十老臣〔一〕，闔門死賊，積尸凉月，暴骨荒原，狐狼嗥其前，烏鳶嘯其上，慘何甚也！守道巡方不言，風聞豸繡不言，閣臣禮臣不言，門生故吏不言，僅僅徼一從重議恤之明旨，豈惟國體大褻，將掩骼埋骨之皇仁不太傷乎〔二〕？天下不喜言仗節死義之事，與天下仗節死義之事不重於世〔三〕，此天下國家之大患也。異日封疆有事，爲白養粹、賈維鯍者執以藉口，而高第者流亦何難以一贖幸免！即百司馬日勵戰、日勵守，恐無所施之矣。」

鼎不悲先生之死，而深悲先生之死不爲世重，以爲天下憂，故論之於此。

〔一〕「臣」，蔣跋本、中大本、《續編》本作「人」。

〔二〕「骨」，蔣跋本作「胔」。

〔三〕「世」，原脱，據蔣跋本、中大本、《續編》本補。

江變紀略

徐世溥撰〔一〕

金聲桓，左良玉部將也。本遼陽衛蔭襲世職〔二〕，以邊資歷楊樞輔嗣昌〔三〕、史督師可法諸營，累陞至淮徐總兵官，尋隸左後隊。

初，左既敗績襄樊，退保武昌，力不支，則圖屯兵南都。癸未春，至池州，聞有備而還。久之，復至武昌，徘徊楚東〔四〕。乙酉春，闖賊又日夜東下，左帥恐不能不徙，欲復趨南京而無名也，患之。時弘光帝立已半載，朝廷昏亂，馬士英、阮大鋮用事，出史可法於揚州，而殺北來崇禎先皇太子，人滋不服。久之，都下紛紛言，所殺者乃王駙馬子也，於真太子無與，東南日夜望真太子出而立之。左客胡以寧因獻計，令爲太子手詔，趣左帥入靖留都者。使客自北來，稱太子有手書血詔付左。左佯受詔，爲壇而哭，洒血

〔一〕「撰」，原脱，據蔣跋本補。
〔二〕「蔭」，原作「應」，據蔣跋本改。
〔三〕「資」，原作「咨」，據蔣跋本改。
〔四〕「徊」，原作「回」，據蔣跋本、中大本、《續編》本改；以下徑改，不再出校。

誓師。内憚江楚督師侍郎袁繼咸在九江〔一〕，胡以寧舊與袁遊，即遣以寧用太子旨紿袁侍郎會師〔二〕，部署三十六總兵而東，以江西屬之金聲桓〔三〕。左至，則袁所部吕督師舊將郝効忠、郭雲鳳乘袁、左舟宴，焚掠九江，左兵即附之。良玉見城中火起，聞報曰左兵也，即其舟中頓足嘔血而死。左死，軍益亂，其子夢庚竟劫袁與俱下，至蕪湖，弘光帝已執矣。繼咸隨弘光北，其中軍總兵官都督鄧林奇死之，而左軍三十六將皆降。

英王令左夢庚以父官率諸將入朝，金聲桓不欲往，乃自請願取江西以獻。英王許之，即不遣一滿兵，而以江西專委聲桓。還師南向，與闖部降將王體忠合營，西屯九江。聲桓宣言滿兵旦夕至，馬步二十餘萬，日遣牌諭江西速降，即免屠城。一日牌十四五至，巡撫曠昭惧，解印而逃，諸有司薦紳士民則皆走，江城内外一空。六月四日，鄉約遂偕市井諸士類迎金督鎮於九江，初不知有王體忠也。十九日，聲桓至，乃有諸生十數人迎於江干。聲桓戴方巾，被青紗金縷洒線蝴蝶披風，受諸生廷參於舟前。廷參者初見即跪，跪已起揖，乃拜，復起揖，再拜而止。聲桓故武人，被輕衫，驟受文謁，以唾手得江西，

〔一〕「侍郎袁」，蔣跋本作「袁侍郎」。
〔二〕「紿」，蔣跋本、中大本作「詔」。
〔三〕「金」，原脱，據蔣跋本、中大本、《續編》本補。

喜殊不自勝，左右顧從者，當如何答禮，且笑且摳，引諸生起，口中謙讓，喃喃有所云而無其辭，頰涎墜縮如絲，迎者及其從官皆掩口而笑。當時聞者，知其無足與爲矣〔二〕。恐有伏兵，徘徊久之，乃入城。體忠忿江城無人迎之，入則與金氏分營而居，城以東者爲王，城以西者爲金。金所分當都會喧闐處，官府甲第萃焉。其偏裨弟族又多，因得分據華劇，網羅鄉城諸富家，誅鏟未逃諸豪暴略盡，以漸便宜署置有司官屬矣。陰念江西迎我，特以清兵聲勢，而我甲仗士馬精强遜王氏遠甚，體忠亦不大誅掠，人心漸有王氏，欲計除之，未有以發。會八月二十五日薙髮令至，實其叔號十大爺者齎文以來〔三〕。令下三日，未有應者。聲桓曰：「此王兵爲梗也。」明日，請體忠計事，即其揖時刺之。尸出，王兵大擾，攻金氏，燒德勝門，又燒章江門，格鬥三日。諸金各率其精兵巷戰，殺傷略相當。王氏老營兵私計，潰散無歸，且新去無主，即外據州府，勢不能久獨立。聲桓諜知其語，且戰且招降，而以王氏兵屬體忠舊掌軍鼓號箭者旗牌王得仁，軍中所謂王雜毛也。江西自是盡爲金兵矣。

〔二〕「爲」，原脱，據蔣跋本補。

〔三〕「號」下，中大本、《續編》本有「稱」字。

聲桓以江西據江南上遊，西控楚蜀〔一〕，南通閩越，得江西則東南要害居其大半。而桓實未費滿兵一矢斗糧〔二〕，孤軍傳檄，取十三府七十二州縣數千里地，拱手歸之新朝。計大清入塞以來，功未有高於己者，意望旦夕封公王〔三〕，次亦不失侯耳。收江疏還，乃以副總兵提督江西軍務事，視舊官更貶，得報氣沮，大非所望也。是時，明唐王已起福建，改元隆武，以楊廷麟爲相，督師取江西，萬元吉爲兵部尚書，督師鎮贛州。明年八月，隆武敗於江州〔四〕。十月，贛州破〔五〕，兩督師皆死之。諸嘗在閩授官得脱歸者〔六〕，往往有隆武及閣部諸札付。然見聲桓方恣殺明人士，諸凡年十五以上及有病未薙，與告反及誣官閩者，輒殺之；非有故而家貲中百金以上者，輒誣以通明，使有司論殺之，没其財産。十三郡人人莫必其命，是以游士莫敢言自外歸，金氏威震閩楚。巡撫李翔鳳死，

〔一〕「蜀」，原脱，據蔣跋本補。

〔二〕「實」，蔣跋本、中大本、《續編》本無此字；「兵」，蔣跋本、中大本、《續編》本作「州」；「糧」，中大本作「糒」。

〔三〕「王」，中大本無此字。

〔四〕「江州」，諸本同，當作「汀州」。

〔五〕「州」，原脱，據蔣跋本、中大本、《續編》本補。

〔六〕「授」，蔣跋本作「受」。

聲桓益驕，乃大治宮室，以明都司署爲帥府，役夫萬餘人，窮高極壯。避暑之室，舂白瓷屑爲廛堊壁，倚者如冰。阿閣曲房，層氈爲墁，覆以絳繒，履之若綿。嘗病思食虎，即令環西山勒三日得虎，而果得虎以脯。諸所爲侈縱，類是也。乃其胸中恚鬱異甚，故滅裂極意，爲荒暴如此。然聲桓爲人陰狠，能箝噤不泄，方南顧明微，内甚清盛，欲待四方有起者，因而自立。自李巡撫死，北來有司益多挫之。王得仁亦望爲提督總兵而不得，意同怏怏，又屢受折辱。得仁本起群盜，從闖營來，未嘗有堅陣，性獷躁，不能無惡言。或曰："天下事大定矣，顧君命當侯否耳。富貴自有時，君其忍之。"得仁益憤，則招致方士，起宮觀，煆金銀〔一〕，以萬金使丹客宗超一開天寶洞〔二〕，將以立壇，請致物怪，檄罡雷，役使丁甲神將，爲百勝天符軍法。所居故宜春管理王府也，深八九重〔三〕，畜伶優、教歌兒數十人，私居時時戴明制便衣冠，於最後堂張飲，數令伶人演郭子儀、韓世忠故事。由是金、王兩家怨訶稍稍聞於外。

自贛州未破也，萬督師嘗遣間使密訪聲桓使反。萬從武陵楊樞輔西征時，嘗與聲桓

〔一〕"煆"，諸本同，疑當作"煅"。
〔二〕"宗超"，原二字互乙，據蔣跋本、中大本、《續編》本正。
〔三〕"八"，中大本、《續編》本作"入"。

相識於左營故也。聲桓得書不報，問使去，乃遣人捕萬僕菁華，械繫於庭。夜深，解其縛，與善飲食勞苦，問督師起居，慇勤甚厚，未明而縱之。萬死後，菁華亦間洩其語。諸歸客閉匿既久，慮人操其踪迹，聞已確有間，往往各緣所知私覿兩人，其始本圖聊免禍耳。諸慓競喜事者，乃妄意立功名，輒時時微言揚、萬未死，隆武尚在也。及餂知兩家怨不得封意，則間自露其關防札印，乃言隆武屢有手詔，許公能以江西歸明者，即舉江西封公，亦嘗達一二乎。未幾，江城人士走詣金門下者〔一〕，受意爲聲桓立生祠。祠成塑像，而請其冠服之式，聲桓令塑爲華陽巾而羽衣。舁像入祠，觀者强半齰舌，而慓競者益意得。初，聲桓本故以此探明虚實，而歸客亦因極口詭桓，言明復大聚，且阿意謂先授侯印，令公舉江西，待收京，方且分天下而王之。聲桓日聞此言，况陰與萬督師前語相應，不能不喜且信。而説者久久，亦真自以爲中興果可指期待也。

後巡撫章于天至，遇諸將益倨，日從諸將索珍寶奇貨，呼聲桓曰金副總，得仁曰王把總。先此，兩人在外，固已自稱都督、副總，以自文於偏裨矣。至是，其部伍亦駭。一日，章巡撫宴布政司堂，鋪旃席地，各取銀管吸烟，已遞火，不及諸將。解腰刀割炙

〔一〕「詣」，蔣跋本、中大本、《續編》本作「諸」。

蹄，又獨與文官飲食，自聲桓而下皆坐旃外。酒半[一]，嘻笑顧視曰：「王得仁，汝欲反耶？」是日，得仁歸，大愧而憤甚。聲桓亦無色，俯首鞸鞭還帥府。七月，得仁提兵如建昌，章于天差官票追其餉三十萬。得仁大怒，搥案大呼曰：「我王流賊也，大明崇禎皇帝爲我逼死，汝不知耶？語汝官，無餉可得，杠則有之。」聲如獅吼[二]，目睛皆出。敲其差官三十杠，曰：「寄章于天[三]，此三十萬餉銀也。」聲桓聞之，謂其客曰：「王家兒急矣，所遣請印陳大生等數輩皆不還，奈何？」丹客宗超一弟子黎士廣者[四]，亦輕悁喜事，舊與左右往來。其鄰胡叟有門人官隆武者，黎從買札付爲官，即因爲轉賣以熒致喜事少年。又雅遊於金客黄人龍之門，即因人龍自薦於聲桓曰：「若輩非能得之。明兵雖大聚，獨我知隆武主所在耳。公誠無愛厚費，資我以往，可期而至也。」聲桓曰：「顧汝歸，如何而酬汝？且功名本共之。」居有間，黎生及胡爾音夜袖兩印入帥府，一爲「鎮江侯」，一爲「維新伯」，篆皆柳葉文。又玉印一，上刻小篆文曰「精忠報國」，玉亦

[一]「半」下，中大本有「酣」字。
[二]「獅」，蔣跋本、中大本、《續編》本作「嘶」。
[三]「寄」下，蔣跋本有「語」字。
[四]「廣」，蔣跋本作「慶」；以下同，不再出校。

美甚，曰：「此上所私賜也。」聲桓喜甚，日挂腕間。八月，得仁歸自建昌，聲桓舉印畀之，且揚腕笑示其剛卯。得仁曰：「可矣！」聲桓曰：「待趙旗鼓歸而議之。我聞烏金王爲何騰蛟所敗，已使趙旗鼓往覘，且賀何得擒王否也〔二〕。」趙旗鼓還，盛言烏金不過小失利，今且大破明兵於寶慶〔三〕。會胡以寧亦死。以寧爲人，有口敢主斷，陳大生、黎士廣等雖入幕，特伺候附會意指耳。先所泄王氏演韓、郭諸克捷戲〔三〕，及使人請生祠像服式，皆以寧啓之也。以寧死，諸客並孤掌〔四〕，狐疑相伏，二人以故按不發。已而巡按董成學亦覺金、王謀反有端，屢揚言欲奏聞，而索得仁歌兒。得仁恐與之歌兒，則居家狀泄有驗，堅不肯與。于天又從索金玉杯匜、水犀、膃肭臍，得仁實無海物，益滋其怒，日夜閉諸匠，爲旗幟，鍊火器，製鞍甲。

戊子正月既望，章于天率内丁數十騎忽如瑞州，捕掠諸豪富索錢財，無狀甚。或謂

〔二〕自「且賀何得」至「厲聲謂」，原本、蔣跋本均脱鈔一頁，凡三百九十字，據中大本鈔補。

〔三〕「大破」，《續編》本二字互乙。

〔三〕「戲」下，《續編》本有「文」字。

〔四〕「孤掌」，《續編》本無此二字。

得仁：「此恐非爲索財賄也〔一〕。前有滿兵數十騎，不知所往，恐其伏瑞州，待撫按定議而發，脱有尺一詔出不意〔二〕，公等且見擒。」得仁益急。正月晦萬壽節，二十六日壬戌，官將夜習儀於上蘭寺，得仁伏軍甲而往，上甬道，努喙睨聲桓曰〔三〕：「如何？」聲桓摇首，是夕未發，習拜如儀，文武官各罷散〔四〕。得仁歸，盡夜部勒全營，然未得聲桓指，未敢昌言起事〔五〕。癸亥五鼓，謁聲桓，聲桓不出，使其子出而見之。得仁自未將兵時業父事聲桓，桓及其子出，厲聲謂曰：「大哥響馬兒出身〔六〕，從流賊，得伯不能作即死。汝爹已侯，當死。今日不出爲侯，亦死。」聲桓心薄侯不欲，又事急，度不能再遣人邀易爵於明。其子入報，乃曰：「爲侯不爲侯皆死，然則爲公耳！」得仁許之，曰：「可！爹爲公，咱爲侯。」遂反。

〔一〕「爲」，中大本作「謂」，據《續編》本改。
〔二〕「出」，中大本作「書」，據《續編》本改。
〔三〕「努」，中大本作「弩」，據《續編》本改。
〔四〕「官」，中大本作「客」，據《續編》本改。
〔五〕「起」，《續編》本作「舉」。
〔六〕「兒」，原作「既」，據中大本改。

天明，七門不開，絞殺董巡按於帥府西，絞殺湖西成守道於帥府南，盡捕殺司道府縣官，諸兵民戴滿帽者輒射之，自是城中委棄纓笠，積道旁如山。得仁遣人邀擒章于天於江中。聲桓使人迎弘光閣臣姜曰廣於浠湖里第，以其門生故吏多人〔一〕，任南北者皆有，故迎與共事，資號召也。出告示安民，稱隆武四年，金聲桓稱豫國公〔二〕，王得仁稱建武侯，吏部侍郎東閣大學士姜曰廣稱太子太保、吏部尚書兼兵部尚書、中極殿大學士。三銜皆兼吏、兵部尚書，皆稱賜尚方劍，便宜行事。大略謂「勞苦功高，不惟無寸功之見録，反受有司之百凌，血氣難平，不得已效命原主」云云。於是以聲桓中軍官宋奎光爲左軍都督府都督僉事，聲桓所委守道黄人龍爲總督川陝山東山西河南五省兵部侍郎，聲桓初入江西時觀變前鋒劉一鵬爲漢城侯。胡以寧前死，使其十二歲子爲進賢伯。諸金皆爲都督。得仁婦弟黄天雷爲兵部侍郎、錦衣衛同知。金幕書記吴尊周爲巡按江西監察御史，王幕書記陳芳爲巡撫江西僉都御史，司道撫院各屬堂佐皆其客也。時服色變易已久〔三〕，倉猝求冠帶不能具，盡取之優伶箱中。一時官府皆紗帽皂靴，白裼緋藍元青盤領

〔一〕「人」，原作「入」，據蔣跋本、中大本、《續編》本改。
〔二〕「金」，原脱，據蔣跋本、中大本、《續編》本補。
〔三〕「時」，蔣跋本作「特」。

衫袍，鶴雁雉翟獅虎白澤補服，金銀犀玉各鈒花帶、素帶，傘飄簷轎，唱道威儀如他日。鄉民扶携壅街巷，艷觀嘖嘖，惟視其翅間前後皆禿無鬢，以此微異。內外寮署遍布私人，而諸客首言明事者録並不及，惟陳大生、黎士廣、林亮數人得部曹而已。其有真宦閹歸而不願者〔一〕，聲桓則又坐以觀望，矯詔加銜，勒令爲官，欲因劫聚義旅，觀其强弱。諸客既失望，亦各自稱銜級，出所藏隆武閣部督府札付散賣頒給，欲羅萃山澤以自樹，常別爲一軍，由是職方監紀交錯於道矣。然特得大書姓名往來交謁而已〔二〕，非是豫國、建武府售者，諸將亦不爲禮，不能把權射金錢。

黄天雷者，妹有殊色，得仁爲之心死，而王體忠亦欲之，故構體忠於聲桓，殺之而奪其軍，以納其妹，成於得仁慫恿也。天雷妹以不良死，已而追憐悔之，乃厚遇天雷，凡事咨而行，故營中先容皆關黄舅爺〔三〕。黄年少，亦能折節奔走，求官者皆就黄錦衣侍郎以歸建武，建武之門，幾傾豫國客。聲桓性素忌，見王氏日盛，由此內惡王氏。而得仁見諸客賣官聚衆，亦惡其分利攙權，即又嫉諸説客義師。得仁巡城，忽取幞頭，蓋其

〔一〕「宦」，蔣跋本、中大本作「官」；「願」下，中大本有「出」字。
〔二〕「特」，原作「時」，據蔣跋本改。
〔三〕「容」，原作「客」，據中大本改。

平日所見優伶演扮古公侯丞相，冠皆幞頭云耳，無紗帽者。不知明制，幞頭公服也，朝參公座，凡公事，自府部至丞簿皆得戴之。既取至，於是其巡城也，紗帽而出，幞頭而還，展角又偏，頭匡寬過額，見者皆匿笑不禁。諸客傳相譁噱，又引舊制，府部不同銜，竊議王侯舅侍郎即不當錦衣，錦衣即不當侍郎。此兩語流聞，則王、黄益怒。姜家輔亦惡其非制科，而皆自居以進士官也，出示詬之。公、侯逐客之意遂決。當此之時，金、王兩門下，乃有一侯、一伯、一巡撫、三侍郎、兩御史、二十餘都督，而諸自稱隆武郎中、員外、監紀者，自陳大生等皆囊頭箝脛，輕者榜掠笞撻，臀無完膚，蓬頭垢面，跛躄出國門而去。旬日之間，公、侯、義客分爲三旅。所遣迎隆武駕丁時遇輩，趦趄道中莫前，實不知所在。或曰邵武，或曰安遠，並支吾不驗。兩人亦覺其詐，然事已舉，微聞南來人言隆武已死，明諸臣復擁立桂王於廣東也，改元永曆。即爲隆武禪詔，進諸官秩有差，告示文移更署永曆二年。然聲桓意終疑，又謀求益王子，立爲世子以監國。諸事隆武而嘗爲魯王官者，因亦各謀尋迎魯王而戴之。縉紳有識者見國中舉動如此，各各引歸，轉相告戒勿出。東路義旅督師侍郎揭重熙、詹事傅鼎銓到城一日，並引兵還。城中獨姜太保在位，陪金公、王侯調度兵食而已。

永曆二年之前一日〔一〕，二月庚午，建武侯西征九江，胡以寧從兄胡澹詣軍門説曰：「君侯擁精騎數十萬，指麾顧盼，反清爲明，冠帶之倫，歡呼動地。今聞所在莫不結纛刺綱以待，以下九江，奚啻拉朽。若能乘破竹之勢，以清兵旗號服色順流而下，揚言章撫院請救者，江南必開門納君，其將吏文武可以立擒。遂更旗幟，播年號，祭告陵寢〔二〕，騰檄山東，中原必聞風響應，大河南北，西及山陝，其誰爲清有也？」得仁咤其言，到九江，不移時而破之，珍其鹵獲，自部送還。金亦忌王北伐，數趣使歸。歸，以澹謀質聲桓，坐客皆曰：「此上策也。若西取武漢，連衡鄖襄，與湖南何氏鼎足相援〔三〕，此爲中策。萬一不然，攻城破邑，所過不留，重爲流寇，此出下策。雖然，審能如是，竟亦不失中策。待永曆帥六師，堂堂正正，而後北伐。清兵猝至，嬰城自守，則無策也。」聲桓顧人龍曰〔四〕：「策如是，宜何從？」奎光曰：「從上策，未晚也。」人龍曰：「三策皆非也！不聞寧王之事乎？贛州高氏在彼。」聲桓愕然問故，人龍曰：「昔者明有寧

〔一〕「之前一日」，蔣跋本無此四字。
〔二〕「告陵」，《續編》本二字互乙。
〔三〕「湖」，原作「河」，據蔣跋本、中大本、《續編》本改。
〔四〕「人」上，蔣跋本有「黄」字。

王，名曰宸濠，反於江西，以不備贛州，故爲贛州巡撫王守仁所擒也。」聲桓心動，立議伐贛，然忌王氏專制會城，脅與偕往。

三月丙辰，乃出師，騎步舳艫，旌旗輜重，水陸亘三日不斷。使使先齎册印封高進庫，諭以利害。進庫初無意鬥，及見書，大怒曰：「金皇帝耶？安敢侯吾！且永曆安在？」使者不能答，遂勒兵出戰。聲桓使副將白朝佐衝之，曰「戰酣來助」。朝佐者，本鐵嶺驍將，爲聲桓刺王體忠者也。前破建昌，得金銀五十萬，聲桓出師時索之，朝佐不與，曰「久盡矣」。及與高氏戰，追奔數十里，徑至城下。高帥窘甚，白戰亦倦，使人視大軍，尚去二十里。朝佐怒曰：「此爲彼五十萬，欲致我死地也。」收軍歸南昌，削髮爲僧。高得復入城守。金、王全軍相持七十餘日，會城空虚，陳芳、吴尊周等徒取具官，兵民獨倚宋奎光、黄天雷爲重。四月二十八日，九江破，報至城下，内外皆走。車一輛，舟一渡，索傭值數金，如乙酉初，雖斬之不能禁。

五月七日辛未，七百騎至石頭口，傳爲鮑瑞王兵，又曰九江裨將吴高敗兵，及見其紅纓白帳，始議築城。明日，西岸哭聲震野，鐵騎滿西山矣。大隊從東路走南昌，而以偏師先從麥源、青嵐諸道搜西山而後出，故未下營，已血刃數十里。癸酉，聲桓兄金成功納降，許爲内應。奎光聞，殺之。是夜，盡撤城外屋廬，不及撤者焚之，火光燭天。

王營裨將貢鰲以其軍叛，斬關竟出，而黄天雷未知也。報至贛州，聲桓大恐，虞高兵尾之，故秘不傳，從容撤還。十五日，前隊至生米，聞清兵有十餘騎放掠。其將以爲易與，使數十人趨之争利，踹冷口橋，橋朽板斷，溺死十餘人，訛驚傳爲清兵所敗，後舟竟揚帆還〔一〕。十九日，金、王大隊乃至，與清兵接戰於北沙，敗之，獲其大炮三。聲桓與姜冢輔盛服袚而迎之，罩以丹帛，鼓吹舁至德勝門郛中〔二〕。聲桓有驕色，遂勒兵入城，獨郭天才以爲不可，而屯營西岸。大兵射書城中，以布丈二、瓜子斗與之爲隱，城中莫能解者。聲桓、得仁亦射書招大兵降，或曰：「未大捷而説人降，聽乎？」六月三日，得仁悉其精兵攻清壘，兵未集，清兵横出遮之，大敗於七里街。清兵雖勝，而素畏王兵名，甚慮其襲之，軍中時時夜驚，曰「王雜毛來也」。得仁生而顋二毛〔三〕，故雜毛之稱，聞於南北。越十餘日，竟城守，莫敢出。

大將軍固山額真譚泰乃行營掘濠溝，築土城，東自王家渡屬灌城，西自鷄籠山及生米，盡驅所擄丁壯老弱掘濠負土，婦女老醜者亦荷畚鍤爲濠，率深二丈餘，廣如之。遠

〔一〕「竟」，蔣跋本、《續編》本作「即」。

〔二〕「德」，原作「得」，據蔣跋本、中大本、《續編》本改；以下徑改，不再出校。

〔三〕「顋」，原作「腮」，據蔣跋本、中大本、《續編》本改。

近伐山木，撤屋取其棟枋梁楣，大柯長幹作排栅，以爲溝緣。又掘冢墓，斵棺傾尸，及未葬者悉梟之，取其匡廓牆翣以爲濠。溽暑，督工不停晷，上曝旁蒸，死者無慮十餘萬。死即棄尸溝中，臭聞數十里，蠅烏日盤飛蔽天。又役俘擄爲浮橋於章江，以淩風濤。自東及西，廣袤七里，上起文家坊，下至揚子洲，凡爲三橋。章江故深險，而所造三橋，上直磯，中當洄洑，下當湍駛處。皆没水置石，下樁爲基，度及沙面，且丈餘。丈餘之上，乃更累木疊石，疊至與水面平，而後絙舡堤板，加土重棧楯爲橋。死者又數十萬。會天旱水涸，功亦竟就。蓋天啓時有廣信周生者，善布施，貪福利，嘗與宗室議功〔二〕，謀造浮橋於章江，時人皆以爲狂。咨之碩師老匠，以爲雖費百億萬金，無益也。而大兵爲輒成之。附郭東西周迴數十里間，田禾山木，廬舍丘墓，一望殆盡矣。其留築土城在營丁壯，率日與糜一湌、半溱水，莫能名其爲溝池井泉何等也。薪芻無遠近，辰出申還，疲病死者十七八。婦女各旗分取之，同營者迭嬲無晝夜，三伏溽暑〔三〕，或旬月不得一盥

〔二〕「功」，原作「㓛」，據蔣跋本改。
〔三〕「暑」，蔣跋本、中大本、《續編》本作「炎」。

拭〔一〕。除所殺及道死、水死、自經死，而在營死者亦十餘萬。所食牛豕，皆沸湯微煠而已〔二〕，飽食濕臥〔三〕，自願在營而死者亦十七八。而先至之兵，已各私載鹵獲，連舸而下，所掠男女，一并斥賣。其初有不願死者，望城破或勝，庶幾生還，至是知見掠轉賣，長與鄉里辭也，莫不悲號動天，奮身決赴，浮尸蔽江，天爲昏霾〔四〕。而自昌邑、吴城，下至儀、揚，舳艫貨物，瀰湛千餘里。於是河淮南北驍悍亡命之徒〔五〕，莫不忻健，願死江西而屬饜焉。非從固山額真來而繼至從軍括掠滿志願者，莫能名數。

固山額真營蒲子塘，距永和門六七里，築高臺於永和門東二里，高十餘丈，登臺望城中，市貿往來，獨行偶語，一一盡見。獨留惠民門濠側數十丈不圍，縱其出入，亦藉以浮掠，廉城中情狀。吴尊周託請廣兵而去，諸將先後各託請援去。郭天才屯西岸，五戰三勝，見城中無出戰意，亦撤營去。所遺購米、運硝黄芻油先後數百艘，見爲大兵横

〔一〕「月」，蔣跋本、中大本作「日」。
〔二〕「煠」，原作「熠」，據蔣跋本、《續編》本改。
〔三〕「濕」，蔣跋本作「溫」。
〔四〕「昏」，蔣跋本作「陰」。
〔五〕「淮南」，蔣跋本二字互乙。

江夾岸追擊〔一〕。六月二十一日，西燒生米，東燒河泊所。明日，燒市汊。七月六日，燒黄土墩。八月十日，洗松湖。水遮陸截〔二〕，無一人還報者。而得仁方娶武都司女爲繼室，錦綺金寶，筐篚萬千，以爲聘幣。親迎之日，綉旆帷燈，香燎歷亂，鼓樂前後，導從溢街巷。城外高臺望見，大怪其繽紛暇豫異常，但妄意以爲餙降，竟莫擬及建武侯娶婦也。笙吹方喧，忽大聲震天，火光數十道，擁黑雲大如車輪，飛墮城中。閧曰城崩〔三〕，舉國狂走，相蹈藉、赴池井死者無算。是時也，頃刻幾潰。已而寂然，歌鼓復作，衆乃少定〔四〕。晡時，得鉛彈於澹臺祠東，稱之，其重八斤，蓋城外炮核，先時大若車轂之雲者也。

自建武新婚炮驚，酒荒日甚，城中兵相率醎醵，縱歌舞，窮夜累日。聲桓面色如土，嚄恨而已。諸將稟問，百不一應，惟日責姜太保，令其遣客間道出城，號召四鄉起義。殷國禎請行。胡澹書入曰：「國中擁百萬精强，不能出寸步，日夜荒宴，而眼穿外援。

〔一〕「見」，中大本作「又」。
〔二〕「遮」，原作「遞」，據蔣跋本、《續編》本改；「截」，原作「藏」，據蔣跋本改。
〔三〕「崩」，原作「奔」，據蔣跋本改。
〔四〕「少」，蔣跋本、中大本、《續編》本作「稍」。

澮非辭難者，故敢與相國訣。自金氏入城，朘富良，誅鋤貞烈幾盡。劉天駟家抄，西山解體。胡奇偉擒至，李翔鳳欲釋，而金卒斬之，庾嶺以南腐心。郭應銓兄弟不返，吉安恨之到今。支解曾亨應父子，臨汝莫不齩齒。王氏、楊、萬同時起事者，宿怨略遍四維矣。且公以附金、王而起者爲義乎？不附金、王者義乎〔一〕？天下方亂，雄鷙並起，强者自立，能者因人。夫戴舊主，稱宗國，此固忠義士所性願望〔二〕，而亦能者風動之資也。今之確乎巋然不與畔援爲伍者，獨陳九思孤軍，五年百戰。即今兩家歸正，彼前一收祁門，旋還師候駕，卒未嘗通聘幣、介尺素於二氏也。其受命隆武者，揭司馬、傅詹事前入國門，已厭見其所爲而去。自餘不過群盜，假義名以行盜之魁傑。若蔡全才〔三〕、鄧參三輩，前已爲金氏蕩滅。餘豺貐爲曹，聞大兵至，各先散保妻子。金之腹心獨張起祚〔四〕，

〔一〕「者」下，蔣跋本有「爲」字。
〔二〕「性」，中大本無此字。
〔三〕「全」，蔣跋本作「金」。
〔四〕「腹心」，中大本、《續編》本二字互乙。

起祚幕客守郡〔一〕，宜圖得當以報，而瑞州闌僻，不能有所爲。鄧雲龍以五千歲議，濠召烏合〔二〕，崎嶇武寧溪谷間，望屋掠烟，實群盗耳。以當北兵，如振落，雖萬衆何益！且即令義士如雲，見前者摧折僇辱如此，稍有志識，莫不飲恨祝亡。今徒假年號〔三〕，種怨自恣在前，上無真主，而欲使氣節之士爲金、王出死力，其誰聽之？相國孤城瓦注，一葉蔽目，不見泰山，豈知重闉之外，所在白骨如丘陵，環南新附郭，百里村烟斷滅。人之不存，兵於何有？相國無庸談義兵爲也！」姜讀竟，嘿然良久，曰：「吾悔不用某言！」豫國來訊起義若何，但日與爲期，言待援兵至會集而已。

城中斗米漸至一金。宋奎光憂之，以死勸背城一戰，欲獨將其家丁開門赴清營死之〔四〕，終不能得。念諸將人人異趣，不足與謀，庶幾神道可以威衆。而德勝門郭中關王廟，向有酬賽神羊神馬，羊能怪最聞，馬朝自出就水草，夕還廟，調馴殊畜，而未嘗有試鞍勒者。奎光一日早起，使備香醴，疾趨德勝門，揚言曰：「夜者關帝見夢，賜吾馬

〔一〕「祚」，原脱，據中大本補。
〔二〕「濠」，蔣跋本作「號」。
〔三〕「徒假」，原二字互乙，據蔣跋本、中大本、《續編》本正。
〔四〕「獨」，蔣跋本作「别」。

以破敵，今趣往領。」遂入廟握馬鬣[一]，不鞍而馳之。三十六營兵將、七門四民皆驚，願聽約束，從宋都督出戰。而金、王終欲待外援夾擊，奎光計復不行。

城中斗米至六金。有狂僧大言於衆，云能解圍破敵，自言其名曰摩訶般若。聲桓欲驗其術，乃請以米五斗，試散兵民。自辰至酉，闔城霑足，由是駭服，共願推拜以爲國師[二]，自豫國公[三]、建武侯，而下至廝養傭丐，無不傾心頂禮者。令文武兵民，皆蔬水齋戒，而摩訶般若飲酒食肉自如。每日闔城手香，隨國師環繞七門各衢市，誦摩訶般若三匝。期以某夜出城破敵[四]，令軍士無持寸刃，獨用葦炬數百千竿縛之，人持一炬，爇四端，豫國公、建武侯親挾竹批，率師縱馬，大呼衝陣，即破矣。得仁覺其詐，然聲桓猶惑之。人龍乃稱病佯狂，聲桓爲求救於國師，摩訶般若曰：「咦！吾已知之，彼私飲御婦，天帝罰令爾，我行救之。」遂偕往視之疾。人龍故狂言如初，豫戒左右縛之[五]，具

[一]「鬣」，原脱，據蔣跋本補，中大本作「鬉」。
[二]「推」，原脱，據蔣跋本、中大本、《續編》本補。
[三]「國」，原脱，據蔣跋本、中大本補。
[四]「某」，原作「每」，據蔣跋本、中大本、《續編》本改。
[五]「豫」下，原衍「國」字，據中大本、《續編》本删。

刑拷鞫。摩訶般若曰：「我北來巡按江西御史也，入爲間，今何言。」遂磔之。是日，併殺章于天。姜家輔解太保印〔一〕，更以文武兵餉、内外軍事盡聽全鳴時指麾。全鳴時爲都督内外軍務、吏兵户三部尚書、太子太師，賜尚方劍，便宜行事。城中升米二金矣。固山額真聞之，知其窮也，以米二石，使人呼於城下，縋而餽之。豫國公報以冬笋百斤，金橘一石，固山亦笑稱其能答。至是，百姓皆呼願出城，從公、侯一舍命決戰云。聲桓、得仁終望外糧來繼。城中薪亦盡，撤屋以炊。初自荒静闤闠，漸至衢術，漸至官廨寺寮。啟視官倉米，未發者十已空七〔二〕。或曰：「此摩訶般若術所銷攝。」或曰：「摩訶般若本無術，特感神馬之事〔三〕，僥幸取不貲富貴。妖由人興，物或凴之，彼亦不知所以能然，數盡而敗。」或曰：「實爲間，小有術，但能鬼物爲耗耳。」而各營宿富裨伍，私囷窌亦盡。城中米至六百金一石，有反揵重户枕數十金而死者〔四〕。禽鼠草根木實悉盡，遂殺人而食。東北兩隅，撤屋最先，廢宅往往生雀麥，飢人將以食，得仁猶稱瑞曰：「此天貽

〔一〕「姜家輔」，原脱三字，據蔣跋本補。
〔二〕「未」，原脱，據蔣跋本、中大本補。
〔三〕「特」，原脱，據蔣跋本、中大本補。
〔四〕「十」，蔣跋本、中大本、《續編》本作「千」。

我也。」國中非十五成群，不敢行交衢。直巷先有瞭者，以隱爲號，曰雄鷄也即男，伏雌也即婦，曰有翅即帶刀者，曰無翅即無器者〔一〕，曰有尾者即群行，曰無尾即獨行者。聞無翅與尾者，即共出擒而殺之。其始獨兵食老弱及病者，漸乃擇人而食。民剥鼓皮靴箭之屬既盡，亦復群聚掠兵爲糧，後更不擇人而食，至父子夫婦相啖矣。日望外援外餉濟師，且曰春水漲必退，訖至全城爲醢。城破後，廨宇存者，人脂薰髀尚充牣云〔二〕。

譚固山知轉餉路絶，因得以從容，西南逐張啟昌，西北降鄧雲龍而殺五千歲，北剿余應桂、吴江於都昌，東收湖盗涂麒，西破丁家塘土砦〔三〕，餘什伯爲聚未成者林亮、殷國禎輩，次第擒散。胡澹憤國中所爲不中，以爲兩人不足惜，而徒沮中原之氣〔四〕，病膈噎死。其二子，亦爲大兵擒斬。百姓轉復歸，輸糧販鬻〔五〕，爲大兵耳目，幾月以後，牛

〔一〕「者」，原脱，據蔣跋本、中大本補。
〔二〕「髀」，蔣跋本、中大本、《續編》本作「髆」。
〔三〕「砦」，原作「呰」，據蔣跋本、中大本改。
〔四〕「沮」，原作「阻」，據蔣跋本、《續編》本改。
〔五〕「輸」，原脱，據蔣跋本、中大本、《續編》本補。

酒蓏菜日至，安坐而收其斃。然王氏火器精悍且多，清兵攻城，亦數爲所困。全鳴時用事〔一〕，衆志一新，全亦能軍善守，故前後相持至八閲月。

副將楊國柱私降江南，運紅夷大炮至。己丑正月十九日，盡日力攻，炮聲聞百餘里〔二〕，山谷皆震。亭午，城始破。金聲桓衣其銀甲寶鋌，赴帥府荷池死。王得仁突圍至德勝門，兵塞不能前〔三〕，三出三入〔四〕，擊殺數百人，被執，支解。宋奎光城破後二日得之於城西空舍〔五〕，擒見固山，諭之降，不食，乃殺之。陳芳、黄人龍皆死亂兵中。餘諸將不知死狀者，大率皆爲人所食也。聲桓病思食虎時，使人問死生於八角廟漢將軍番君梅鋗之神，神曰「死在浮漚」，應在驗於荷池〔六〕。得仁突圍，出入遭之者無不殊死，與譚固山馬首再相值，而不識其爲大將軍，豈非天哉！姜舊輔儒衣冠死於偰家池。餘兵以次

〔一〕「用」，蔣跋本作「任」，中大本作「受」。
〔二〕「炮」，原脱，據蔣跋本補。
〔三〕「前」，中大本作「去」。
〔四〕「三入」，蔣跋本作「皆入」。
〔五〕「二」，蔣跋本作「六」。
〔六〕「在」，中大本無此字。

降走矣。此江右一時公侯將相之梗概也。

人臣非甚頑薄，無不望其國中興者，顧知其可爲而爲之，與不知其不可爲而爲者，才與識異也〔一〕。要以武侯、文山之誠，兼汾陽、臨淮之福，盡瘁以事，生死置度外，猶懼不濟。今輕俠不本正義，苟且趨功名，不顧以億萬僥幸，且冀後世可欺，謂如陸賈之調和將相，齊名平、勃，欲格天，得乎？古受降招叛者，皆垂成或半，而特借之以爲全力，若漢高英布、周殷之事是也。今江右之難，以金叛始，亦以金叛終。彼諓諓者無論〔二〕，乃宿稱老成沉毅者，不思身不躡半壘一城，無寸尺以制人死命〔三〕，不免亦借遊説區區，欲仗掉舌之功，使畜頭人鳴，庶他方尤而效之，成其瓦解，卒之以叛易叛，於事無濟，而身名俱滅。雖事濟名遂，然後世猶不免以捭闔之徒同類而稱之也。君子哀之。

初，姜舊輔之出也，道過江上，使人邀漢儒裔俱出。辭曰：「某三年不入國門，久無本朝冠服，今慚見長者，何顔入郭〔四〕！」後數屬人來邀，曰「必致之」，乃入城，謁之

〔一〕「也」，原脱，據蔣跋本補。
〔二〕「者」，原脱，據蔣跋本補。
〔三〕「寸尺」，蔣跋本、中大本、《續編》本二字互乙。
〔四〕「顔」，原作「言」，據中大本改。

於故第。相見慰藉，娓娓道故，叙一事不可斷如纍時。日午，客飢，風且起，欲西還，因起辭去。姜曰：「止。請兄來，固欲有報也。」即謬曰：「適倉卒，待更端久，乃忘正語。」曰：「何語？」曰：「兩言耳。國家中興之喜忘賀，師相再造之功忘謝也。」立蹴踖曰〔一〕：「是何言！是何言！吾所謂當其時則無貴賤〔二〕，毋以子貴〔三〕，昪而作太上皇者也。於今爲之，當若何？」因復坐，請間曰：「明之所以失天下，非左與闖耶？金則左孽，王乃闖部投降〔四〕，公與侯安所授之哉？十日之間，年號兩易，名雖歸明，實叛清耳。今擅除爵、恣殺人、筦利權，大更張如此，若明有主，不待命如此，是僭也；若其無隆武、永曆而如此爲之，是僞也。僭、僞二者，《春秋》之所不許。相國縱與同事無後釁，後世論史，謂姜公何如人！且兩家與諸客，一以封拜，一以附明〔五〕，彼此互相愚以成其變，而究也實爲兩人所用。年號甫更，門迹已掃，今且内相猜忌，公能親於建武之

〔一〕「立」，蔣跋本作「姜」。

〔二〕「貴」，蔣跋本、中大本、《續編》本無此字。

〔三〕「毋」，原作「母」，據蔣跋本改，中大本作「勿」。

〔四〕「部投降」，蔣跋本作「校」，中大本作「援」。

〔五〕「附」，中大本作「歸」。

與豫國乎？能則攬其兵柄，退稱舊輔，縞素待罪，以告天下，令其悔而聽我，竭心力爲之，不濟則死？不能，則引身而退，歸耕田野可耳！」言畢辭去。姜舊輔後竟不能克如其言，以致身雖死而名不彰，可慨也夫〔二〕！

〔二〕 底本眉批云：「陳其年有《弔西江》詞，調《八聲甘州》：說西江，近事最消魂，啼斷竹林猿。歎灌嬰城下，章江門外，玉碎珠殘。争擁紅妝北去，何日遂生還。寂寞詞人句，南浦西山。　誰向長生宫殿，對君王試鼓，别鵠離鸞。怕未終此業，先已慘天顔。只小姑、端然未去，伴彭郎、煙水月明間。終古是，銀濤雪浪，霧鬢雲鬟。」

閩游月記

華廷獻撰[一]

粵在甲申之年，建辰之月，徂茲以往，尚忍言哉！金陵鼎新，延及閩、粵，於是乙酉、丙戌以來之事，可得而紀也。

余以申夏除服，遭遇世變，躬耕養母，志在首丘，分固應爾。會中興露布，衆正盈廷，今殉難家銓部公迫於推轂，起秉藻鑑，郵筒三及，謂一成一旅，政賢者所當盡力，毋自暴棄。遂策蹇白門，寓神樂觀。憶奔走南北，金陵凡數遊，卒卒無暇。茲得縱觀壇壝，顧瞻郊廟，紺瓦飛甍，丹楹委翠，乾坤並峙，而高皇帝配享於昭。攝衣而上，骨戰肌栗，悲來填膺[二]，與一時賢豪長者指畫陟降，約略進反，如在循牆遇氈之列也。几榻如玉雕鏤，亦非近代，云是齊、梁間物。喬木古怪，如虬龍舞鶴，非復人間氣象。出而散步林莽，一望丘墟，昔人所云「楸梧遠近千官冢，禾黍高低六代宮」，又增一番圖繪

〔一〕「撰」，原脱，據蔣跋本補。

〔二〕「膺」，蔣跋本作「胸」。

矣。俄而虹蜺揚輝，借靈煬灶，家銓部已指日謝事，而苞苴盛行，某地某行人先期嘖嘖。余固株守，遂得滇缺，隨歷階上控，以親老辭，賦《遂初》矣。無何而物議沸騰，價高倍約者，甚至閧堂質明，長至散班，鄉大老要太宰於朝門，而語之曰：「此番選事云何？服闋例得優補，況減俸紀録，如某人之滇缺，亦其一也。」時言路諸公以選法不倫，至質主爵於道周，而引某人爲口實。主爵爲之語塞〔二〕，徐應曰：「有故事，可改也〔三〕。」至逼除，而補閩汀之歸化。

歸化，古明溪地也，計程幾及二千。自幸謂可將母，迨問途已經，僉謂不減蜀道，陸則峻嶺，水則危灘。老母素畏輕舟，頗有難色，意欲一至武陵〔三〕，繾綣就道。時凴限已逾，斧資羞澀，至三月二十後始克就道〔四〕。寓湖樓，屈指二十年舊遊，則昭慶回禄後，滿目淒涼矣〔五〕。惟西廊一帶僅存，愴然禾黍之感。散步湖堤，遇青衣林立者，且前且却。

〔二〕「塞」，蔣跋本作「蹇」。
〔三〕「改」，蔣跋本作「政」。
〔三〕「至」，中大本作「識」。
〔四〕「就道」，中大本作「成行」。
〔五〕「滿目」，蔣跋本、中大本、《續編》本作「日」。

同人笑指曰〔一〕：「爾輩非閩役來迓者耶？」「是也，從錫而來也，憊矣！」且道陰雨纏綿〔二〕、溪流湍急狀，而北堂歸志决矣〔三〕。且持邑士紳寮佐啟箋，請兼程往。

遂於四月朔，奉母禮三竺，携子謁法相，而嘿禱于忠肅公祠，昔年祈夢地也。次早，拜別膝下，囑昆季隨舟南還，而與眷屬二十四人，買兩舟渡錢塘。中流分左右，一上一下，謂之兩浙江。過此則嚴江，遠望一村塢，不見城郭，舟子曰：「此桐廬也。」水清徹底，游魚可數，婦女争取五色石，舟幾覆。至七里灘，江流漸狹，名雖云江，其實是澗。峰巒迴合，前若無路，兩舟不相望。行到水窮，忽然山轉，則叢叢烟雨中，釣臺在焉，石壁插天，望祠堂如天上。「先生之風，山高水長」，實向往之矣。逆流而上，七日，抵青湖。舍舟登陸，過仙霞嶺。嶺百四十里，陟降凡兩程。峭壁中開，隘口盈丈，俯高臨下，百人守隘，千夫莫能過也。自意東南半壁，此其干城，詎謂債帥驕兵豕奔麋爛，一旦開關揖敵，雖坦途不是過哉〔四〕！絶頂神祠旁爲公館，霞烟皆生足下，真稱奇絶。石坊

〔一〕「笑」，蔣跋本作「喚」。
〔二〕「且」，蔣跋本、《續編》本作「具」。
〔三〕「志」，蔣跋本作「老」。
〔四〕「哉」，蔣跋本、中大本、《續編》本作「矣」。

有「浙閩分疆」四字，下此則閩境矣。時重陰彌月，忽又傾盆，肩輿不蔽風雨，遍體淋漓。徙石危潭，隨瀑布而下，輿人舉步千斤，其輕者掉臂而前〔一〕，重者落落在後，相去四五里，望既目眯，招呼聲亦漸杳。千山昏黑，風雨猛烈，一電光舉數武。約離浦城四十里，度前去者亦不能達，僅與弱妻稚子、一僕兩役止山崖草庵頹樓上，下對灶燎衣，餘俱不知去向，中焉如割。命兩役持炬追踪〔二〕，或云盜賊在前，或云豺虎在後，亦無可奈何耳。質明雨歇，行二十里，始知先驅者止一村落，母女相見，且泣且語曰：「人言宦遊樂，此是矣！」抵浦城，而同選鄭公爲虹已到月餘，彼此僅一謁，旋買舟。舟可容五六人，形如綉鞋，號「清流舡」。甫解維而長年變色，謂此番水漲，百倍往昔，所云將軍灘、老虎浜，頃刻萬狀。至佛閣脚，則前舟已覆，急挽就陸，覓輿四五乘〔三〕，半循涯，半冒險，石岸斷續，幾瀕於殆。三日，抵建寧，東南都會也。二日，抵延平，過黯淡灘，灘頗長，水勢不甚騰躍，不識鄭虎臣作何恐怖耳？至大中寺，則邑之胥吏里排集焉。前任爲蜀中趙公昱，我邑舊父母也，時已陞部，離任月餘，與直指梅谷吴公同門誼。直指

〔一〕「臂」，原脱，據蔣跋本補。
〔二〕「炬」，蔣跋本、中大本、《續編》本作「野燒」。
〔三〕「輿」，原脱，據蔣跋本補。

方按延，留以候代，而予與直指同鄉世講，先得見於維桑，屬余家信。故事，未接印，例難報謁。適趙父母脩尺牘迓於途，且持小刀至，謂直指已得台踪，走承舍領家信甚急，期以質明見。見則云舊任賢者，就此交盤，有僕在，無難色。唏吁謂揆闔鬬於穴，以中朝爲孤注，江南累卵，相對黯結久之。出而趙公候於八角樓矣。府城一半是山，樓臨澗上，爲冠蓋公所，有「峰回壑轉」之額，洵不誣也。至則新舊諸役相向，持清册數帙，一揖而交盤矣。余領直指意，姑留記室，不虞其後之費手也。由順昌從陸至白蓮驛，東爲將樂，西爲歸化。時清和將盡，或云例忌月杪，或云例忌五月，余總不暇顧，遂於朔日莅任。

孤城斗絶，四面皆山。憶初至寧城，遇王子房，每諷「一片孤城萬仞山」之句，今再諷矣。近邑爲鉄嶺，山形相峙如龜蛇，龜山先生廬舍丘隴依稀在焉，語在《龜山祠序》中。更憶寧爲昌黎故里，愚至譾劣，抑何與前哲有緣耶！

邑有三異：凡治皆南向，此獨北向，以山形拱峙之故，一異也。文廟皆城内，此獨去城四里許，以璧水盤旋之故，二異也。東西兩關，聲潺潺不絶，横亘邑中而不通舟楫，紆曲沮洳者二十里始達河，故自將樂至清流，往往從陸，三異也。

邑有四難：原賦萬餘，而加增至倍編，四十里輸將，并責里長，多借絶丁逃户，以子衿搪塞催科，一難也。公務倚辦里長，里長倚辦借支，送舊接新，眷屬來往，費至二三百金，交盤察盤，公開借庫，補庫名色，借者冒破，補者無期，二難也。郊外有墟三六九有集，不過布帛菽粟，而上司供應，多用犀象珠貝，名爲廣貨，離亂以來，阻且脩矣，而責者如故，三難也。里鮮絃誦聲，而黌序至五六百，中不乏自好者〔二〕，然掉臂街衢、連袂公庭者不少，試則匿名蜚語，訟則捲堂哭廟以爲常，予幸獲免，而夙習相沿，巧者穿鼻，拙者含沙，四難也。

而余有數奇者五：到任後，例謁諸上臺，費不貲。而建牙張公以年家誼，屬直指爲言，岩邑無煩遠涉。會汀守被劾，新任後期，以故明溪半載，未嘗一識府門。自謂此事差快人意，至六月，而黃都司事起矣。時建李高子静察盤至邑，携直指手書，翠華有移駐臨安之信，長江失守可知。方群疑滿腹，忽衙前轟聲如雷，諸生擁一武弁於憲門。弁稱：「都司黃晉，奉撫院委造軍器，器貯府庫。」諸生言：「昨在清流激變宵遁，今晨西關不納，彎弓相向。隨行一僧四僕，俱猙獰詭異。時寇氛震鄰，困汀李於寧化，方嚴盤詰。此爲奸細無疑，請同察盤梟示，以寒賊膽。」余索其憲檄，則云「并貯府庫」。高公

〔二〕「者」，蔣跋本、中大本、《續編》本無此字。

詔之入，長揖不跪，簡其篋，有快靴腰劍。高公謂：「此時此地，行而無驗，亦自取之殃。」遂錮之兩廂，申府定奪。余密詢陶清流，答札云：「此弁潛止李生家，李素以通賊爲邑所側目。次早來治投刺，群起攻之，其從者露刃。國人遂殺李生，火其家，故踉蹌而奔鄰境也。」高公見札，行縣羈候，申院定奪〔一〕。數日而府文至，則貯器是實。弁得釋，揚揚謂司李羈禁出縣官指，必報仇，遍控當道。幸張鯢翁見諒，手示慰勞，有「時艱加毖，具見丰稜」之語，謀始息。數奇一。

俄而，陳主簿之事又起矣。是日，察盤將啟行，忽衙前轟聲如昨，則陳簿與張元鬥毆，而士民攻之也。陳簿者名訓，江北籍，不知何等人也，素持正官短長，劣轉衛幕〔二〕，戀棧久矣。而張元者，汀李之積蠹也，素横屬邑。已酗酒，向簿索娼，角口至裂冠毀帶，各飽老拳。時嚚衿悍卒多袒簿，鼓煽遠邇，而張役已負公惡，咸欲得而甘心焉，聚而鬨於察盤之門〔三〕。予謂簿即無行，非役之所宜辱，高亦云然，因羈役候詳，衆始解。是役也，非羈候，幾不免。高公目擊情事，致書汀李，宜懲此役。汀李者，今高州守餘姚趙

〔一〕「申」，原作「内」，據蔣跋本、中大本、《續編》本改。
〔二〕「衛幕」，原二字互乙，據蔣跋本正。
〔三〕「鬨」，諸本同，疑當作「鬨」。

君最也，中於單詞，以高言爲河漢，謂簿倚令以聳察盤，而縣詳曲庇之，深文再四，字字針鋒。予始而疑，徐而悟。蓋在任兩月，適汀李署寧化篆，既未謀面，僅投空函，及承先施，而未遑脩候也。檄簿提鞫，簿始自言不宜久戀地方，暮夜赴省矣。迨汀李擢樞曹，攝道篆，過縣親讞，檄開差役前往嘉興候項座主，有杯幣書儀并寄家俸金，係簿搶劫，不宜縱，面諭諄諄，於公帑取償，而責簿追補。予一一代爲道地，又撻其父，械其僕，所不至死者，以勸阻之故。而簿慮補庫，固謂予坐視，乃擠之下石焉〔二〕，恨刺骨，至騰謗省城，投揭於曾公祖閣部、何黄如司馬。兩公正色曰：「循吏安得爾？」而舊汀李方改館選〔三〕，相與斥而逐之。至是，則汀李之疑釋，而簿猶未釋也。數奇二。

閏六月，接直指書，謂：「天下事遂至此，言念家國〔三〕，北望洒淚，巡汀之期，未可問也。」會邑簿陳王道自京口來任，云：「六月朔過錫城，市闃然，至舍索家信，一老閽人言家避南塘，再詢之，遁矣。因紆道迹某處，得家信而來也。」啟函時手欲顫〔四〕，舉

〔一〕「乃」，蔣跋本、《續編》本作「及」，中大本作「反」。
〔二〕「舊」，蔣跋本作「時」。
〔三〕「家國」，中大本二字互乙，蔣跋本、《續編》本作「家園」。
〔四〕「時」，原作「特」，據蔣跋本、中大本、《續編》本改。

家相顧失色，始知有五月十三之事，老親以先期入鄉，仰天額首矣。頗傳鄭帥鴻逵數乘過鄭嶺〔一〕，中有真主，俄而百官郊迎。時閩中有大鄭、二鄭之目，二鄭守金山，遇敵而潰。會唐藩以恩詔出中都，聞變渡江，邂逅於京口，塵埃物色，引與俱東，稱監國王。王雅好圖書，喜翰墨，有河間獻王風。傳檄手書，先述世系，後及時艱，痛天潢之慘裂，張王室於顛隮，一稱張鯢淵先生〔二〕，一稱吳梅谷先生〔三〕，方諸劉、祖，比於温、陶，洒洒千言，捧之嗚咽。即監國位於省城。旬日而登極議起〔四〕，諸老以「監國」名正，出關尺寸，建號未遲，示中外無利天下心。李侍御長倩伸其説，大鄭亦云然，而擁入者艷翊戴功，謂此時非大號無以壓衆心而杜後起，遂定議頒詔，而鄭俱列侯，按陞撫，撫陞樞，一命以上，咸與寵錫焉。於是敷求耆碩，如蔣八公名德璟〔五〕、朱胤岡名維祚〔六〕、黄跨千

〔一〕「逵」，原作「達」，據蔣跋本改；「嶺」上，蔣跋本無「鄭」字。
〔二〕「鯢淵」，蔣跋本作「肯堂」。
〔三〕「梅谷先生」，蔣跋本作「春枝」。
〔四〕「旬日」，蔣跋本、《續編》本作「越旬」。
〔五〕「名德璟」，原脱三字，據蔣跋本補。
〔六〕「名維祚」，原脱三字，據蔣跋本補。

名士俊〔一〕、曹能始名學佺〔二〕、何黄如名楷諸公咸在列〔三〕，而蘇觀生最信任，如曾二芸名櫻〔四〕、郭維經、何香山名吾騶〔五〕、葉廷桂等以次至。改福省爲天興府，庶吉士爲庶萃士，以天興、延興爲上游，汀、邵、漳、泉爲下游，各設撫按。有爲重望領兵之説者，大鄭首推黄石齋公名道周〔六〕，席未暖而行。公大儒，高冠深衣，臨敵不避，欲曉以大義，遂被創，至留都死之。有爲亂國重典之説，時吴郡守炆煒、朱司李健以南安王入境，疑敵兵，移眷他駐，坐倡逃，施建陽爈以奸胥摘發，坐貪酷，俱駢斬市曹。上頗右文，而五侯七貴，朱輪鬥風。何公以争朝班乞歸，至中途，爲誰何者擊幾斃。舊撫請告謝任，吴公爲大司馬。時所在擁藩，紛紛樹幟。孫嘉績、方逢年、鄭公子捐貲募士，保魯藩於會稽，勢在肘腋。勸駕者謂：江東子弟望王師若時雨，遲則解體，且恐祖鞭先着。章滿公

〔一〕「名士俊」，原脱三字，據蔣跋本補。
〔二〕「名學佺」，原脱三字，據蔣跋本補。
〔三〕「名楷」，原脱二字，據蔣跋本補。
〔四〕「名櫻」，原脱二字，據蔣跋本補。
〔五〕「名吾騶」，原脱三字，據蔣跋本補。
〔六〕「名道周」，原脱三字，據蔣跋本補。

車，日中未決，意欲先嚴内治，播告遐邇。於是八郡一州，拭目新政矣。而前此兩月無君，萑蒲蜂起。又南贛、汀、韶，地界三省，深山幽谷，皆賊淵藪。其穴爲簾子洞，累朝莫窮，有閻王總、猪婆營二種，若干年矣，歲掠村鎮，名爲採糧。邇聞京都淪没，巨膽滔天，俄而逼郊圻矣，俄而攻城池矣，武平、沙縣，是處見告。適王司道芋奉命辦賊，語予曰：「初意小醜易與耳，及覘舉動，不減西賊，奈何！」八月朔，逼沙縣，接壤爲紫霞山，蕭族素盛。忽貲郎來控，謂寇已抄山東，無去路，意必向城。急料理城守，而百年來人不知兵，什無一具。邑有娘娘廟，以滅賊成神載邑志，祈禱輒應。卜云：「此番無恙，後益甚。」予集士紳而矢於神曰：「徒手而搏，不教而戰，從古所戒。此地非賊久留，惟固守以俟其退，可尾而擊也。」添官兵，募鄉勇，可三百人。簡積庫，搜民間，人得一器，糧糗出之預應，火藥取之射鳥。自哂書生説劍，不啻武事中綿蕞也。賊約二千，日破一鎮〔二〕，蕭、陳諸友被擄入營，詢是在庠，與坐飲食，勒令贖身，或四五十金，少至數金，移信家屬〔三〕，取償乃返。各村擔負耄倪，肩摩城闉，號呼不絶，救之，則顧

〔二〕「破」，原作「攻」，據蔣跋本、中大本、《續編》本改。

〔三〕「移」，蔣跋本、中大本、《續編》本作「携」。

奴失主，委之，獨非赤子乎？邑鮮縉紳，惟兩曾孝廉及勛丞貲秩數人，而迂儒負氣，僉曰：「戰乃可守。」余謂：「關頭距城數里，至此，則勢在必救。」十三日，掠關頭村，諸生憤憤請行，予以：「兵無紀律，毋乃以性命爲兒戲，止宜揚兵城外，勿遠離。」於是陳三尹慨然誓師，冀得一當，驅市人而出，望見賊兵，手招蕭生打話。蕭善詞令，廣交遊，在賊營頗見禮，合城趣之行。蕭生請命，予曰：「諸君謂戰乃可守，今忽議撫耶？城下之盟，非敢聞命。」僉謂：「如合城性命何〔一〕！」情甚迫，予語蕭生：「汝即往，姑款之，以需大兵可也。」生往如前〔二〕，則營皆鄭幟，固謂〔三〕：「儂係關兵，有便宜借糧之檄，並非犯境，何爲截路？沙縣犒兵千金，亦爾，則當假途城外，戒勿近壕，謹候命。」蕭生歸，告其邑父老，邑父老曰：「城守令公事，郊勞我輩事也，盍謀所以爲牛酒資者。」令蕭生懷璧夜行，竟如約。次早，我兵繞城而列，陳三尹率兵據高阜，爲犄角。賊果迤邐而來，城上刁斗無聲，忽苗頭突至濠邊，我兵擒而殺之，令蕭生責其倍約。賊轉而西，與陳三尹兵相持於岩阿，遂望武平一路而去。此八月十七日事也，竟以此斷送中

〔一〕「何」，原作「耶」，據中大本改。
〔二〕「往」，蔣跋本作「徑」。
〔三〕「固」，蔣跋本、中大本作「因」。

秋矣。數奇三。

後武平城破，令被逮[一]，予與上杭羅文止，以城守加試主事銜，照舊管事。乃陳三尹竟爲禦賊墮澗，一僕被殺，歸衙半月，憂悸而卒。余經紀其後事，旅魄凄然，雖蝸名螘秩乎，其没於王事一也。余即脣焦穎秃，而天聽彌高，誰爲起死人而肉白骨者？昌黎所言，遐方小吏，不能自達而轉於溝壑，可勝道哉！抑猶是陳三尹也，一則戀棧而漏網，一則見危而捐軀，兩人何霄壤也！明溪兩峰，左白蓮，右九華，素稱騷擾。近楊機部、萬吉人以閣部銜大振義旅，勸駕幸贛，兵垣楊又如勸幸楚，何、蘇二相勸幸粤，踉蹌滿路，益疲於奔命。又附郭有滴水岩，怪石仙踪，遊軒過者，每借片晷以探奇，予於重九日獲一追隨。俄報守道于華玉之任上杭矣[二]。于係舊寧化，常毆府廳、毆庠友，而亦時見毆於上官、庠友、武弁，又以爲固然，其天性也。至則叙同鄉親誼，余謝不敢。又叙庚辰譜誼，益謝不敢。徐而吐露心腹，謂：「中途被劫，行李蕭然，車馬輕裘，可共敝乎？」予惟力是視，忻然别去。至十一月，張兵部應星使滇過邑。張係恩選，雙眸

[一]「令」，原脱，據蔣跋本補。
[二]「玉」，原作「至」，據蔣跋本、中大本改。

炯炯，習讖緯，工劍術，滇南人也。以州守軍功擢部，賫詔沐府，敕令沿途奏報，凡地方情形，人中吏治，得舉所知。傾蓋間恨相見之晚，唏吁時事，謂：「廷議缺兵，招安反側，令守關自贖，隨地打糧，命田憲副闞統之〔二〕，名爲官賊。於是素稱賊渠者，儼然搖扇拜客，有司抗禮，而道路以目，莫可誰何！自是星軺兩地檄，不辨其是兵是賊，而風鶴無虚日矣〔三〕。」頗聞前途兵阻，暫爾淹留。長至之夜，宴於後堂，忽報賊攻清流，炮穿雉堞。張公謂：「不惟阻我去路，勢必犯境。我雖過客，而眷屬在城，義無退避。利害禍福，請與君共之。吾有二弁數僕，皆膂力，無憂也。」至是而神言果驗。予與張公集士紳而瀝血於神曰：「狡賊再犯，勢不俱生，敢私通往來者，有如此盟！」由是衆志成城。平日嚚衿悍卒，頗得其力。先是，設爲門禁，囊石壕邊者，始炤入，已積石如山矣。庠友百人，就近輪直，晝司盤詰，夜司巡燎。初七日，賊過清流，屯九華駬，駬去城六十里。一面申請大兵，一面堅壁清野，議毀沿城房屋，而群情顧惜，謂臨時一炬未遲。駬吏奔竄，謂賊舍駬他往，張公曰：「必從間道而來，此時可以一炬矣。」急壘石四門。

〔二〕「田」，原作「由」，據蔣跋本、中大本、《續編》本改。
〔三〕「鶴」，原作「隺」，據蔣跋本、中大本、《續編》本改。

是夜，火光不絕，至黎明，而賊騎遍西關，掠飲食，環營衍作陣勢。張公登陴謂：「此赤脚賊，如馬足裹鐵，單裙白扇爲記，履山阪如平地。吾識此陣，以符呪破之，立解。」賊相顧：「此城有人。」大聲謂：「汝必行客，何苦乃爾！」張弁發數矢，中其二，城上呼聲如雷。四野頹垣尚在，賊蔽身而前，突抵城下，矢炮無所用，則拳石擊而退之。賊往打糧。是夜，與張公同宿城樓，戒士民曰：「每堞二人，一燎一炊，晝則無聲，而列幟於雉堞之上，則我逸而彼勞；夜則無火，而懸燈於雉堞之下〔一〕，則我明而彼暗。守此十日，必退無疑。」僉曰：「謹如約。」嗣後下午必打糧，黎明必犯城，或掘地道，則禦以矢炮，或從水門，則禦以火石〔二〕。如是者三晝夜，至十二日而士氣懈矣〔三〕。張公厲聲曰：「今晚男子困乏，須婦女上城。吾老妾幼婢尚堪鞍馬，何論紳衿！有下城者，共砍之。」於是復奮。余謂非信賞無以必罰，乃悉捐其俸資。會清流李介石以事赴省，阻於蕭生家，捐五十金，示同舟誼，於是益奮。庠友揭三龍入鄉省丘壠，遇賊不屈，竟被殺。

〔一〕「下」，蔣跋本、《續編》本作「上」。
〔二〕「火」，蔣跋本作「矢」。
〔三〕「而」，原脱，據蔣跋本、中大本、《續編》本補。

至十三日清晨，賊取斷榱壞棟打造天車，上如方栅〔二〕，容四十餘人，下如車輪，數人推而前，高與城齊〔三〕，從西關迤邐而來。張公謂：「此西賊最狠伎倆，惟衝木可禦。」以徑尺大木，上作丁字形，旁作兩耳，繫索，置堞間，使數人守索。車近城數尺〔三〕，一呼而上，則棟摧轅折。但賊車逼城，必發矢炮，守者無站立處，須團牌架隔，方可著力。嗟乎！至此亦危，望之無不失色。予戒其家屬曰：「我母老子一，能以身殉，不能以家殉。有某地足依〔四〕，可圖歸也，勿復相問。」遂絶裾登陴。見賊據高阜，望城如掌，設伏於東南，候車登爲號，則四面環攻，首尾莫顧。日旁午而車漸迫，張公熟視久之，與俱至神祠，拜而祝曰：「人力竭矣。」城中哭聲如雷，呵之不止。矢炮將盡，積石代之。士民知必死，上城飛石，石少，則婦女拾瓦礫佐之；城阪狹，則里巷取門扉拓之。天車雖四周，而上無覆蓋，瓦石蔽天如飛蝗。賊向以虚聲誘我，弦無矢，炮無藥。車近城丈許，果矢炮齊發，守者辟易。正危急間，而炮發忽反風擊車，瓦石又從空而下，或中肩，或

〔二〕「如方」，原二字互乙，據蔣跋本、中大本、《續編》本正。
〔三〕「高」，蔣跋本、中大本、《續編》本原在「齊」下。
〔三〕「車」，原脱，據中大本補。
〔四〕「某地」，原脱二字，據蔣跋本、中大本、《續編》本補。

傷額，遂沸然棄車走。有陳勇士乘勢越城取車而上，則周圍木柵，生牛皮障其外，血肉淋漓，火不焚，鏃不入，而隙光必辨，此西賊長技也，可畏哉！余始一入內，則家中且泣且慰，曰：「人言宦遊樂，此又是矣！」會汀李李之秀者，淮揚人，莫詳其履歷，爲于道監紀，縋城而來，云：「道兵救清流，知賊在此，當踵至。」余謂：「賊忽潛匿，必得是耗，詐稱鄉兵而要於路，恐墮其計。」急脩二函，具言狡賊詭迎狀，厚犒兩役，爲難民丐者，兩路間行。其一果遇害，其一遇道兵於九華駟，得爲之備。未幾，果望賊衆，即整旅迎之。賊計沮〔一〕，候道兵近城，竟拔營邀擊。事出不意，道急下馬，雜稠人中奔至城，則門已環堵。李監紀從上縋之〔二〕，而苦肥偉，縋而墮者再，傷其臂，顛其趾。余急令撥石，石堅者有頃始拔，道側身掖而入，則僵僕於地，而掣予之肘，瞪目發喘曰：「我救汝，汝不我救。」余謂：「九華一函，非救而何？」則嫚語曰：「汝即陞轉，我不能劾耶？」予拂衣起，衣爲之裂，復堵城登陴。張公謂：「彼劾汝，我不劾耶？將在外，君令不受〔三〕，况守道乎！且兵機詭秘，臨時無驗，烏知其是盗非盗，而開門揖進

〔一〕「沮」，原作「阻」，據蔣跋本改。
〔二〕「從」下，中大本有「城」字。
〔三〕「將在外君令不受」，原脱七字，據中大本補。

乎！」是日，道兵五百，鄉兵續至千餘，皆派宿民房，官給酒食。次日，賊無動静，至薄暮，文廟火起。有識者知賊必遁，可尾擊之於道[一]，道不可。賊果退，遂下搜山之令，於是沐猴而冠，凱歌而出，則青山盡是朱旗繞矣。徘徊泮宫，煨燼未息，經營規度，託詞脩造。諸生請追賊[二]，則曰：「窮寇勿追。且我兵遠勞，恃輦而行，汝邑能千乘否？」余偕張公謁於膠門，謂：「賊未退，不敢求去，今請挂冠歸印，惟君死生之。」道意其僞也，笑指齊簿可攝。余即取簿篆[三]，置簿前而去。道愕然，追之不及，竟委署。簿素係道門鷹犬，委報素封，勒寫助餉，遲則縱兵脅而譁之，而邑苦道兵，甚於賊矣。時予料理交盤，遂不復顧。俗素鄙吝而勢迫，争洗橐以應，兩日且盈篋矣。乃間多未便，李監紀爲造銀銷，選驍騎解送上杭，而乃快於心。然後市牛酒[四]，奏勝樂，招余赴賞功宴。余不赴[五]，則陽給銀牌上賞，而陰與監紀爲黄袱露布，顧謂縣官委城於賊，賴彼得全，

[一]「之」，蔣跋本、中大本、《續編》本無此字。
[二]「追」，原作「返」，據蔣跋本、中大本、《續編》本改。
[三]「簿」，蔣跋本、中大本無此字。
[四]「酒」，原作「肉」，據蔣跋本改。
[五]「赴」，原作「赶」，據蔣跋本、中大本、《續編》本改。

疏揭星馳。而張部公亦飛章直陳所見，兩相左。行直指稽核閩南爲高念東。余已就醫鄰境，適王司李三浚以巡汀至，則邑父老遮道而訴，司李以實告，高公特疏謂：「城係令與士民血守，道援在賊車既潰之後，廟燬在道兵已到之時，此孰功孰罪？且斂餉賈怨，衆實有口，其誰掩之〔一〕？」吴司馬語郭太宰曰：「功罪宜明，而屬吏與道不相能，宜變計。」於是擬道薄罪，張部加俸，余以加銜候考赴省。行而無資，淹留閩境。數奇四。

時廷臣請出關者衆，會迎曾后於途。甫即安，而上未有嗣〔二〕，或勸脩攝，以俟來春，報可。余以西臘至將樂，主太學王韶振園，園軒敞精潔，江南所僅。其子含度舉明經，家故饒而好禮，斌斌賢主人也。流連五閱月，詳含度《琅玕集序》中〔三〕。余得以閒身左右長者，知駕於仲春駐建，請出關者舌幾敝。時東南民望盡屬魯藩，畫錢塘爲界，烽火相望。説者謂胡越也而吴越矣，不知當日鷓鴣聲，向誰家啼血也？自兩都破竹，至此始阻，相距於七里灘者五閱月，又不知嚴先生眼中，誰是劉文叔？或更有非熊非羆，入其香餌中否？丙戌端午，至順昌，止庠友黄價人書館。館介兩園之間，軒敞不及王園，而

〔一〕「誰」，蔣跋本作「難」。
〔二〕「嗣」，蔣跋本、中大本、《續編》本作「胤」。
〔三〕「玕」，原作「干」，據中大本改。

幽折過之，琴劍圖書，致足樂也。遊軒往來，微聞家鄉有黄兵之事〔一〕。會總戎侯若孩携家往贛，詢及世事，揺手蹙額謂：「此時宜枕戈待旦，戮力一心。乃慮及累卵之危〔二〕，而脩筆舌之怨；忘敷天之憤〔三〕，而操同室之戈〔四〕，吾其濟乎？」時閩浙甌脱〔五〕，自分彼此，宦兩地各不自安〔六〕。朱未孩以一旅處兩大間，左右顧。如九江關外聲援既絶，錢塘兵力不支，議者以關門單薄，勸駕還省。省中人呼擁，謂恐絶天下望，因駐蹕劍津，而任吴司馬鎮守。辭閣不受，留駐浦城。吴石渠炳來自江右，單騎入關，以方伯提調棘闈〔七〕。六月開科，題爲「大學之道」三句〔八〕，猶雍雍太平話也。甫報竣，而陳謙之事起。陳，晉陵人，舊鎮金、衢，奉魯使至閩。及關趦趄，問途於大鄭，答云：「我在，無妨

〔一〕「家」，原脱，據蔣跋本、中大本、《續編》本補。
〔二〕「乃」，原作「不」，據蔣跋本、《續編》本改。
〔三〕「忘」，原作「亡」，據蔣跋本、中大本改。
〔四〕「戈」，蔣跋本、中大本、《續編》本作「仇」。
〔五〕「浙」，原作「游」，據蔣跋本、中大本、《續編》本改；「甌」，原作「歐」，據蔣跋本改。
〔六〕「宦」，蔣跋本作「官」；「地」下，中大本有「者」字。
〔七〕「闈」，原作「圍」，據蔣跋本、中大本、《續編》本改。
〔八〕「爲」，蔣跋本、中大本、《續編》本無此字。

也。」遂與文使林㙔偕入。迨啓表，稱皇叔父而不稱陛下，下廷議，羈二使於公館，罪且及謙。鄭爲之解。而京口錢開少不知何來，自請召對言天下事，語未竟，擢爲監軍御史，因密言陳爲魯心腹，係鄭石交，慮有間，宜急除。或以告鄭，鄭謂刑所素經其門，臨時未晚。不意夜半飛封，忽易其所，急救之，則已授首矣。伏尸哭極哀，既厚歛，爲文祭之，有「我雖不殺伯仁」之語。是時兵餉匱乏，行止猶豫，召對會議，欠伸而已。李之秀以貪酷正典刑，於道爲亂兵所劫，折其股，擄其屬矣，猶垂涎節鉞，逢人談劍，奮其螳臂，語刺刺不休。無何，而海驚狎至。鄭倉皇謂：「三關餉取之臣，臣取之海，海驚則無家，非㷊救不可。」拜疏即行。中使奉手敕云：「先生少遲，請與先生同行。」及之河，則已飛帆過劍津矣。七月望後，錢塘多不可問，馬士英、阮大鋮輩亦竄浙東。有舊撫田兵，會於魯藩，號三家兵，田兵、方兵、鄭兵，或離或合，甚至挾婦女，坐山頭，呼盧浮白，而元戎、大帥持空頭札市直充餉，如三家村老人，解人訴誶，廷議計無所出，命風力臺省二員鄭公爲虹、黄公大鵬往監之，識者知事之不可爲矣。八月廷計幸贛，廿一日啟行，錢監軍先期清路，抵雙峰，猶赫赫頤指郡縣，屬其客語予謂〔二〕：「上以筆墨

〔二〕「謂」，原重文，據中大本删。

屬周五溪，病目不果行〔一〕，肯策蹇從乎行在，庶萃士可唾手得也。」余謝不敏。次日，駕至行宮，戎冠金蟒而入。上好書，雖崎嶇軍旅，猶鄴架而行，以至釵環諳織錦之詞，裾佩媚玉臺之詠，豈料有播遷事乎！中使傳將召對，次早未發，至巳刻，一騎排闥，云：「敵至劍津，已燬關，且踵至。」頃之，行宮數騎突出，云駕已在内。閣部何、郭諸公從而趨。曾后肩輿艤舟河干，顧從官曰：「劉宮人有娠，好護持就道。」詞旨慷慨，使當隆盛時〔三〕，雖《鷄鳴》《黄鳥》曷以加兹！妃媵狂奔，有一舸而數人者，有一騎而三人者，花鈿翠冠，零落榛莽，猶作龍頭鳳尾形。此八月廿四日事也。嗟乎！乾坤何等時耶！先是，余與廣文吴友千孝廉友善，觴咏流連，尋盟丘壑，鷦枝兔窟，猶豫未就。猝不及謀，而地主黄君賢闓遂挈予眷屬入鄉，往投親識。出其東門，有女如林，争小艇如慈筏，登彼岸，則關兵潰圍，戈戟滿路，夾道而馳。幸脱虎口，崇岡蹭蹬，再蹶再起，日夕路脩，牽衣結隊，極人生未有之苦。兼以些須行橐，先寄邑友孝廉吴慎修家，季布一諾，謂可萬全。忽稱携眷渡河，盡遭潰兵之手。是數奇之中又數奇矣〔三〕。

〔一〕「行」，蔣跋本、中大本、《續編》本無此字。
〔二〕「當隆盛時」，蔣跋本、中大本、《續編》本作「遭時隆盛」。
〔三〕「之中」，原二字互乙，據蔣跋本、中大本、《續編》本正。

然而目擊蒙塵，生罹改物，悼時命兮不猶，傷覆載兮跼蹐，又何妻子之足戀，與身家之足惜乎！夜宿陳村，離城二十餘里。次日往探，不過數騎徑過河干，向幕索篆，令粘紅紙於門而去。云是鄭兵前道〔一〕，意不在城，欲有所躡也。迨追蹤及贛，報命洪塘，雖所傳異詞，卒與兩京同盡，尚忍言哉！太史公曰：「怨毒之於人，甚矣！王者且不能行之於臣下。」悲夫！顧誰貽之戚而至此？途之人有能言八月事者。初旬，貝勒駐衢，三家兵漫衍嶺界，或不持鐵，往來無禁者。四五日，忽又關上無一守兵，亦無一敵兵，如是者三日，始有胡馬二三十騎從容過嶺，分馳郡邑，遂有燬關躡蹤之事。所云履險如夷，信哉！

余自此伏匿山谷，周旋傖父，重陽有山可登，無帽可落，與吳友千隔山倡和，風送悲淒，而邏落忽嚴，鬼朴逼人，一夕三至。因思上陽介在順、延，歸途便道，地主吳君相約久，遂於十月杪移家。適君鄰母舅約晤於建陽之陳村，百里而遥，因山爲鎮，一姓千家，家多蓋藏，淹留半月，至洒淚而別，因偕往上陽，共商歸計。舍館既定，沽酒當罏，偷閒半日，而蛩然剥啄，片紙忽投，則舊張將樂金麗也。張於廿五日遇變赴省，爲

〔一〕「道」，原作「過」，據蔣跋本、中大本、《續編》本改。

道委官。時搜山令下，張奉道委，以舊人爲奇貨，因密至上陽，捕風捉影，及我兩人。主家相顧失色〔二〕，義難踰垣而避，微服就見，惟話歸思。張始勸駕，見余迂戇，云：「守、道不可不見，見則先容。」兩人答以請少間，客借重，即別去，心怦怦焉。越兩日，而張約晤，出一函見示，乃道手筆，内有「上陽兩紳，即來相見」等語，蓋別後報道，而批示於揭尾也。險哉！

十一月，張遣道役趣行，則劍浦城邊一堆白骨，云是馬士英、方國安父子〔三〕，阮大鋮已墮馬死而僇尸。所惜者，方書田耳，比匪之傷，悔何及乎！時延、順間以搜索龍杠〔三〕，破家隕命者十室而九，迨啟杠，中得五人連名請駕出關一疏，查在降後，恨其反覆，故有此舉。嗟乎！因緣賣國者，何所逃乎〔四〕！夫死一而已，有履刀鋸而骨猶香，伏斧鉞而血猶污者，豈非處死者異哉？會舊道萬永康邵〔五〕、李傅公子鐸避迹山村〔六〕，爲

〔二〕「主」，原作「至」，據蔣跋本、中大本、《續編》本改。
〔三〕「云」，原脱，據蔣跋本、中大本、《續編》本補。
〔三〕「間」，原作「聞」，據蔣跋本、中大本、《續編》本改。
〔四〕「乎」，原作「哉」，據蔣跋本、中大本、《續編》本改。
〔五〕「邵」，原作「郤」，據蔣跋本、中大本、《續編》本改。
〔六〕「傅」，蔣跋本、中大本、《續編》本作「傳」。

仇口所中，檄令到道，四人相對咨嗟。忽蜚語四起，首及萬公，謂禍且叵測。既而得釋，相與謁於公館，則曰：「來何暮也，當亟薦内院。」各陳病狀，則摇首不答，但云「次日領文」。出晤趙守秉樞，懇以病揭婉致當道，手答有「只候領文，惹出事來，悔無及矣」，語甚激切。次早，道役齎文來省，四人一例露封，以示無他，委弁馳送。時已無可奈何，盍聚首一識三山乎！冒險赴省，寶刹名山，皆成洩渤。開元寺前太平風景，何處去矣？南渡老人追尋往事，則守關而死難者，黄兵科名大鵬〔一〕、鄭侍御也〔二〕；傾貲守城，城潰自盡，至孥其胤而籍其家者〔三〕，曹宗伯名學佺也〔四〕。此外或入山，或入海，或混迹緇流〔五〕，或埋名屠販，莫得而詳焉。訪吴友千，圖書四壁，茗椀蕭然，聽門外輪蹄聲，則攘臂以取功名者，何減長安道上〔六〕。如殘疾之于華玉，盤散而之嶺北道矣〔七〕。卿御之毛

〔一〕「黄」，原作「鄭」，「科」，原闕，「名大鵬」，原脱三字，據蔣跋本改補。
〔二〕「鄭」，原作「黄」，據蔣跋本改。
〔三〕「孥」，原作「拏」，據蔣跋本、中大本、《續編》本改。
〔四〕「名學佺」，原脱三字，據蔣跋本補。
〔五〕「混」，蔣跋本、中大本、《續編》本作「溷」。
〔六〕「上」，原作「山」，據蔣跋本、中大本、《續編》本改。
〔七〕「盤」上，原衍「則」字，據蔣跋本、中大本、《續編》本删。

職方，雷廉道矣。選館之舊汀李，高州守矣。顧閣部之長公，墨衰而赴嶺東道矣。而余四人者，行同舟，止同寓，死生禍福同時，雖萍水不謀，所遭之勢然也。

於是咨中内院，既偃蹇而得辭；驗送軍門，亦佯狂而獲免。是時佟軍門撫閩，既報謁入，則曰：「我十年前陳貢生也，受顧司成老師深恩，以有今日。今顧師死難東甌，僕已迎眷至省，長公現在此間，諸君盍與商之。」至轅門，則顧長公且入幕，以桑誼囑爲委曲。質明而出，則云：「補缺易，回籍難。回籍非給照不可，給照非張總督不可。」遷延數日，而歲云暮矣，橐云竭矣。會撫軍出示，凡在省者，俱於次日齊赴洪塘，諸大老則折柬相邀，莫揣所謂。比至，則胡笳四起，毳幕參差，兔網瀰天，雉羅遍野，聚立而囁嚅者幾及百人。内院、撫軍席地而坐，執册指名，首朱胤岡，次黄跨千，次余大珹[一]。余係中州流寓在閩[二]，亦被羅織。拊其背而徘徊謂：「此三人者，非尚書、閣老乎？可隨我去。」每人一卒守之。中有紫衣胡服者，爲鄭飛黄[三]，亦與焉。傍徨有頃，名次及胡

[一]「珹」，蔣跋本、中大本作「城」。
[二]「余」，原脱，據中大本、《續編》本補。
[三]「飛」，原作「非」，據蔣跋本改。

舊撫矣，軍門持册手麾謂：「餘俱赴京聽用。」於是諸人薨然而退〔一〕，不啻鳥出籠、魚入海也。而歸途四五輩，有口喃喃若戀不能割者，我不知其於意云何矣。時貝勒即刻拔寨起〔二〕，四公竟載與俱行。先是，十月中，敵兵至莆，鄭兵退守泉郡，城外皆海道，洛陽橋亘其上。橋係蔡忠襄公所造，長四五里，上有瓦房百間，下臨絶壑千尺。假令橋爲門户，海爲宮府〔三〕，亦足老師。乃相距月餘，荛言絡繹，謂閩廣封侯，虚席以待。而温陵士庶，惧有一旦必遭林木，相與慫恿，既艶斗印之肘懸，又慮負嵎之難下，於是杯酒兵權，雪消冰釋，過洛陽橋，則鴛鴦已在籠中矣〔四〕。《述志令》有云：「一旦釋兵解甲，勢有不能。」抑何見之不逮老瞞也！

我輩言旋，劍津分手〔五〕，天各一方，而予與渭陽同就上陽過歲，向之搜山者，竟安

〔一〕「於是」，原脱二字，據蔣跋本、中大本、《續編》本補。
〔二〕「起」下，《續編》本有「行」字。
〔三〕「府」，原作「室」，據蔣跋本、中大本、《續編》本改。
〔四〕「鴦」，原作「央」，據蔣跋本、中大本、《續編》本改。
〔五〕「手」，原作「守」，據蔣跋本、中大本改。

在哉！亥春燈後，急理歸計，至劍津晤毛原儀，談家鄉事頗悉。二月初，抵建州〔一〕，向日危灘，了不經意。忠憲所云，險須用習，信哉！浦城遇婁東吴襄威，携家共事，馬頭倡和，消遣窮途。忽胡馬縱横，行旅奔竄，我兩家無路可避。閩橋皆屋，會天雨，暫憩於橋。一帶民居，皆被兵火，兩家肩輿約六七十乘，因雨甚暫止破屋。而悍卒亦解鞍坐地〔二〕，嘍嘈聲漸逼，甚而排闥，甚而毁垣，時已薄暮，勢甚岌岌。吴君謂：「事已至此，行亦危，止亦危耳，與其止，寧行。止則我散彼聚，行則彼散我聚也。」予深服其言，遂冒險偕行。衆兵出不意，叫號莫集〔三〕，惟劫雨具、擄乾餱以洩忿而已。青湖接家信，且慰且憂。月杪至西湖，遇鄭金吾，爲假寓於興化李公祠。時已垂橐，會劉臬長舊理刑懷州，相善，爲措資斧而歸。

四月，抵家，則知仲通兄於酉冬以他事請仙，得于忠肅公大書：「君家廷獻，危在

〔一〕「抵」，原脱，據蔣跋本、總股本、《續編》本補。
〔二〕「卒」，原作「兵」，據蔣跋本、中大本、《續編》本改。
〔三〕「集」上，原衍「絶」字，據蔣跋本、中大本删。

旦夕〔一〕。墓左有近日權厝者，宜速移去，否則命不得活。」計其歲月，正在天車圍城之時〔二〕。公鑒我於二千里之外，我何人，而得此於公也？愧且懼矣。屈指兩年，以五奇而處四難，行囊則所存者數口，家計則所餘者數椽〔三〕，以視滇南天末，碩果孤懸，烏知得滇未必非福？得閩未必非禍？而所求異所應，所應異所求〔四〕，抑我相不當侯耶？豈固命也？雖然，獨一身一家之事乎哉？

游子曰：曷爲乎月記也？月者，微詞也，彰之不得，則微云耳；月記者，簡詞也，詳之不得，則簡云耳。遭逢鼎盛，司起居，則日記者之事也。月以佐日之不逮也，而風雨蕩之，陰霾錮之，其亦有竊廣寒之藥，以挽魯陽之戈；泛銀漢之槎，以盻扶桑之影者乎？是安可無記。

〔一〕「危」，中大本、《續編》本作「厄」。
〔二〕「天」，原作「矢」，據蔣跋本、中大本、《續編》本改。
〔三〕「餘」，原作「存」，據蔣跋本、中大本、《續編》本改。
〔四〕「所應」，原脱二字，據蔣跋本、中大本、《續編》本補。

兩粤新書

方以智撰[一]

衡陽桂藩，流寇蹂躪其桐封，徙寓端溪，此崇禎末年事。

丙戌九月，福京弗守，兩廣制臺丁魁楚自晉首揆，攝冢宰事，粤西撫臺瞿式耜晉宗伯，預知機密，策擁桂藩第二世子由榔爲皇帝，易年號永曆，以肇慶府府署爲行宫，此十月初九日事。時廣東省城布政顧元鏡，會舊閣臣何吾騶[二]、蘇觀生俱從福建逃歸，亦立隆武弟爲紹武皇帝，以都司署爲行宫，學道林佳鼎加總憲銜督兵，意下肇慶。丁魁楚隆次相式耜宫保銜，行大司馬事，提兵東峽口，設兵炮禦之[三]。至十一月十五日，瞿與林對仗，一炮殲林。偵者誤傳瞿敗，端水新臺省、新部屬逃徙一空，永曆帝隨衆奔遁，直達梧州。太后馬氏通史書，原不欲世子稱帝，呼省中李用楫[四]、臺中程源等面呵無固

[一]「撰」，原脱，據蔣跋本補。
[二]「吾騶」，原二字互乙，據蔣跋本、中大本、《續編》本正。
[三]「兵」，中大本無此字；「炮」，蔣跋本無此字。
[四]「用」，原作「州」，據蔣跋本、中大本、《續編》本改。

志，并詰責棄逃狀。適瞿報至，知前訛，諸臣皆伏地請罪，遂奉永曆帝再下肇慶，别遣清江伯嚴雲從護三宫安頓桂林。至十二月十五日，清朝總鎮李成棟突入廣州府，蘇觀生伏誅，何吾騶、顧元鏡等皆投誠，紹武帝削除。端水丁魁楚等罔不知耗，惟計值百司，另授給澴，急急若措兵儲餉，無暇顧峽以外事。文武二十五日早朝儀，退班後，永曆聞確信，遂肩輿出城，駕小艇西上西峽，文武紛逐，各不相顧。

丁亥年正月朔，永曆帝再達梧州，於知府陸世廉取銀五十兩，爲僱夫費，北進俯江[一]。肇慶首揆丁魁楚挾重貲西走岑溪縣[二]，又次相李永茂、晏日曙，太僕田芳等俱潛遁博白縣，隨行者惟總憲王化澄，户尚吴炳，翰林方以智，文選吴貞毓，科唐鍼，道程源，中書吴其靁、洪士彭，大金吾馬吉翔等。李用楫又先差交趾，停舟瞠目視。瞿式耜妾媵衆多，逗留梧江。二月初，永曆帝抵桂林，方以智、吴炳二人並相。瞿式耜後一月纔至。知湖廣武岡州及長、衡、永、寶四府尚爲野渡横舟，議帝駕駐之，自爲留守桂林。計定矣，方以智忽棄妻子入山去，後有人於勾漏、星岩、羅浮、南華各處見之，作回道

[一]「俯」，下篇《風倒梧桐記》作「府」。
[二]「挾」，原作「扶」，據蔣跋本、中大本、《續編》本改。

人様，自號浮生，所談皆鬼神事，有謂已成仙云。王化澄、吴炳典閣務，并馬吉翔等隨行。四月，上武岡州。道臣嚴起恒面闊身長〔一〕，有相狀，遂拜相。百日間，崇禎朝河南江北未剿流寇曹志建〔二〕、王朝俊等數十人皆來歸〔三〕，賜五等爵。晉何騰蛟爲總制，封世襲侯，駐衡州，堵胤錫如何官，駐長沙，聲勢稍振。不意八月二十四日下午，武岡敗，刃斫北關，棄釜飧而逃。除帝駕三宫，無不徒步行者〔四〕。呱呱世子兩匝月矣，竟委沙灘〔五〕。中宫嫡妹與王皇親母乘輿出城，俱迷失無踪。閣臣吴炳不及出而死〔六〕。帝與諸臣踉蹌至慶遠府〔七〕，僅覓二小艇，以載永曆帝與宫眷〔八〕。十一月中旬，至象州，意欲至南寧府，又爲新興伯焦璉亂兵所阻。寥寥文武，皆以青布裹頭，胼手胝足，面無生氣，幾

〔一〕「長」，蔣跋本、《續編》本作「高」。
〔二〕「江」，原作「河」，據蔣跋本、中大本、《續編》本改。
〔三〕「十」，蔣跋本、《續編》本作「廿」。
〔四〕「步」，原脱，據蔣跋本、中大本、《續編》本補。
〔五〕「灘」，原作「坦」，據蔣跋本改。
〔六〕「而死」，原脱二字，據蔣跋本補。
〔七〕「帝與諸臣」，原脱四字，據蔣跋本補。
〔八〕「帝」，蔣跋本、中大本、《續編》本無此字。

欲散去。馬吉翔左右帝舟，力挽衆，乃分閣臣王化澄、吏左吴貞毓間道護三宫往南寧，永曆帝仍遡十八陟西上桂林。十二月初三日〔一〕，始達桂林，得息殘喘焉。瞿與嚴同相，君民上下皆鍵户避兵。

戊子年二月二十三日夜二更，霍允中者，永成伯也，忽搶入大内，劫永曆帝於寢被中，置之城外，將在城職官捆弔苛勒〔二〕，逼盡所有。瞿相國更大不堪，不但罄橐無遺〔三〕。殺炙一晝夜，霍兵盡驅城内官民眷屬，纔颺走。永曆帝雖裸體，幸無傷，錦衣馬吉翔備布袍〔四〕、竹轎而行，遇水濡足，過嶺攀枝，所不免也。三月初十日，奔南寧，隨至者，嚴起恒，馬吉翔，科中吴其靁、洪士彭、許兆進、尹三聘，大司馬蕭琦七人耳。潯、柳二府，陳邦傳尚爲永曆據，然亦不貢錢糧。嚴起恒以首揆兼太宰，資斧空乏，即於十五日廣爲開選。邕城通二十四土州〔五〕，梹榔、鹽官及土樂户皆列鴛班。四月初一，生世子，

〔一〕「日」，蔣跋本、中大本、《續編》本無此字。
〔二〕「捆」，原作「梱」，據蔣跋本、中大本、《續編》本改。
〔三〕「罄橐」，蔣跋本、中大本、《續編》本二字互乙。
〔四〕「布袍」，蔣跋本作「布衣」，中大本作「衣袍」。
〔五〕「州」，原作「司」，據蔣跋本、中大本、《續編》本改。

王化澄翊護三宮，力請册爲太子，赦天下，詔曰「萬喜」。初十日，廣東李成棟反向明朝，以全廣還永曆帝，遣洪天擢、潘曾緯、李綺三人齎奏敦駕蹕端州[一]。成棟丁亥年二月收繳兩廣印信，文武大小不下五千顆，於中取出制臺印藏之。有一愛妾揣知其意，因朝夕慫恿。成棟撫几曰：「憐此雲間眷屬也。」愛妾曰：「我敢獨富貴乎？先死尊前，以成君子之志。」遂自刎[二]。成棟抱尸大哭，曰：「是矣[三]。」明日即衣冠，將制臺印具疏迎駕。又金聲桓據南昌，藏表疏於佛經部面中，遣使奏至。於是王化澄再相矣；朱天麟從太平府要永曆拜相矣；晏清自田州出爲冢宰矣；吴貞毓吏侍兼副憲，先遣下廣，答諭成棟矣；張鳳翼兵科兼翰林院矣；張佐辰自貴州來管文選司矣；顧之俊於制中亦來隨駕矣；張起、王者友等各造一名，來考選矣；董雲驤爲大行[四]，潘駿觀爲兵曹矣；龐天壽掌司禮矣。彈冠色喜，螻蟻瀰漫[五]，曾經出仕，僉曰迎鑾，遊手白丁，詭稱

〔一〕「敦」下，原衍「請」字，據蔣跋本、中大本、《續編》本删。
〔二〕「刎」下，蔣跋本、《續編》本有「頸」字。
〔三〕「是」上，《續編》本有「女子乎」三字。
〔四〕「驤」，原作「襄」，據本篇下文改；以下徑改，不再出校。
〔五〕「螻蟻」，蔣跋本、中大本、《續編》本二字互乙。

原任，六曹兩侍，幾日間駐列濟濟。然相遇於朝堂道左〔二〕，猶各不舉手，爲有一二科甲在內，故凌氣質以自尊；一三勢力在内，爲豪舉以相亢。此外，菜傭、屠夫、皂役、書門、倡優、鴇龜等項，雖居然進賢冠也，行行隊隊，若不欲以面示人。但見穿吉服者在其中，素服者在其中，錦綉者在其中。章身靴帶，恒未完備，至服不合其帶，帶不合其補，補不合其人。滿朝皆無等威，攘臂脱肩，牛襟馬裾，新創朝廷，遂成墟市。嚴起恒不得不任其咎。喧嚷兩月〔三〕，方下肇慶，駕至潯州，慶國公陳邦傳挽留訴功。又興一等札付官，始於慶國自札，繼而部札，後則貴欽札。欽札者，皇帝用寶札官，與吏、兵二部不相涉者。巡檢、典史、知縣、知府，至科道、翰林、尚書、侍郎，俱可札授。武則正、副總兵、參將三種。尚書、正總欽札，亦可易百金，下廣路費，需之此也。

八月初一日，上肇慶，李成棟百里外迎接，慰勞倍至。宫中儲銀一萬兩，以備賞賚，餘衣飾器皿，亦約萬金。行宫整飭，具體可觀，政無巨細，亦必稟之而後行。十二日，成棟上南雄，欲下贛州，面奏永曆帝曰：「南雄以下事，諸臣工任之；庾關以外事，臣

〔二〕「左」，原脱，據下篇《風倒梧桐記》補。
〔三〕「月」，原作「日」，據蔣跋本改。

獨肩之。」一言竟去。都察院左都湖廣袁彭年，向爲周宜興心腹，宜興議處，首揭之，後歸清朝爲學道〔一〕，出示云：「金錢鼠尾，乃新朝之雅致；峨冠博帶，實亡國之陋規。」及返明朝，乃復詆之矣〔二〕。今又恐兩榜得志道其本末長短，別出意見，横制當局。成棟有養子李元胤，本姓賈，河南人，留肇慶守家。特隆重其體〔三〕，以内外權故屬之，自矜爲返正功臣。洪天擢爲吏部侍郎〔四〕，潘曾緯爲大理正卿，李綺爲學道，三人皆爲成棟親愛，故其兵尚曹燁，工尚耿獻忠，通使毛毓祥，皆自廣城來者，爲一種。其嚴、王、朱三相公，及吏尚晏清，吏侍吴貞毓，六科吴其靁、洪士彭、雷得復、尹三聘、許兆進、張起等，皆從廣西來，爲一種。又有從各路來者，如副憲劉湘客、禮尚吴澋、即吴文瀛。吏都丁時魁〔五〕、兵都金堡、户都蒙正發、禮都李用楫、文選施召徵〔六〕、光禄陸世廉、太

〔一〕「爲」，原作「而」，據蔣跋本改。
〔二〕「乃」，蔣跋本、中大本、《續編》本作「又」。
〔三〕「特」上，《風倒梧桐記》有「彭年」二字。
〔四〕「洪」上，蔣跋本有「時」字。
〔五〕「都」，原作「部」，據下篇《風倒梧桐記》改。
〔六〕「召徵」，原作「台徵」，據蔣跋本、中大本、《續編》本改。

僕馬光、儀制徐世儀等，又爲一種。其廣東省翰林陳世傑、驗封吴以連、科李貞省〔二〕、道高賚明、太僕楊邦翰、職方唐元楫等，亦爲一種。種種望風，歸入一黨，元胤之門，遂如趨市，登其門不啻龍門。每當朝期，東班趨入西班，交談元胤，東班爲之一空。非盡能與元胤談也，元胤正不止一人也。元胤爲人又率意自如，客至不揖〔三〕，去不送。喜遣僕卒與客賭博，諸人不惜身家力陪奉之，謔浪罵座，罔忌人諱。皆袁彭年脅制内外，曲意枉徇，玉成之者。中郎無子，詢不誣矣！十月初十，元胤奉成棟密計，殺佟養甲於德慶道上，威權愈赫。遇其誕日，公分之外有私分，私分之外有私公分，私公分之外又有私私分。私私分饋送，憧憧月下，呼崧呼壽，無般不出矣。

八月至冬杪，相奔競於元胤之左右，便作中興盛事。至通政司疏陳乞職者，日以千計，閣臣票擬，只有「看議具奏」四字。吏部門前，如《破窑記·彩樓招贅》一曲，瞎眼折脚，俱來冀望。文選雖掌銓衡之權，無出選之地。廣東一省，非奉成棟咨，大小有司官不得擅爲除授。桂林、平樂，則瞿閣部爲政；慶遠、柳州，則焦新興爲政；潯、

〔二〕「省」，原脱，據中大本補；以下徑補，不再出校。
〔三〕「揖」，原作「迎」，據蔣跋本、中大本改。

南、思、太，則陳慶國爲政；惟袖手杜門而已。

兩衙門迎合成棟之意，求元胤歡顔，因共擊邦傳。邦傳者，浙人，原係廣西總兵，隆武二年挂征蠻將軍印，永曆封思恩侯，今晉爵慶國公。素爲成棟所賤惡，以曾有降禀到廣故也〔一〕。至是擊之者，科臣金堡最勁。邦傳上疏云：「皇上前年幾次奔逃，流離顛沛，並無一位兩衙門官〔二〕，何今日議論紛紛若是？如以臣爲無兵無將，請即遣金堡爲臣監軍，以觀臣十萬鐵騎。」閣臣朱天麟票擬，有「金堡從來，朕亦未悉」之語。時己丑年正月十一日。票進，科臣丁時魁陡然震怒，於十三日盡率科道等官十六人進入丹墀，挂冠哄叫而出，曰：「我輩不願做官矣！」所恃者，李元胤也。永曆正在穿堂〔三〕，召馬光追論五年前永州被難逃入全州事，忽聞外變，兩手震索，茶遂傾衣，情實可憫可恨。時魁等隱情，金堡原任臨清知州，曾受李賊僞官〔四〕，杜工部《喜達行在》詩有「辛苦賊中來」之句，謂嘲其痛筋也。永曆賜諭帖於元胤：「前旨收回，天麟即日放還田里。」勸諸

〔一〕「降禀」，原作「禀封」，據蔣跋本、中大本、《續編》本改。
〔二〕「官」，原脱，據蔣跋本補。
〔三〕「穿」，原作「川」，據下篇《風倒梧桐記》改。
〔四〕「賊」，原作「自成」，據蔣跋本、中大本、《續編》本改。

臣照舊供職。當時以爲風裁矯矯，中興第一美舉。天麟舉動原不協輿情。其未出山時，盛款王太監，得其薦疏，王寺直道其詳而不諱。又央陳慶國特薦，得以閣臣召。既拜相矣，營大兒爲侍御，即令管河南道事，營次兒爲中書，又使其弟爲行人。又僱鄉兵四五十人，挺鎗揭旗，隨侍左右，云爲將來出將地。凡會客講話，非日昃夜分不了。在蘇爲朱怪，在廣爲朱癡。至是，一門迸斥〔一〕，半係自取。

又有誥敕中書張立光〔二〕，崑山張魯得之子，陳慶國致銀二十兩，換一字以欺朝廷，發之。去秋，永曆過潯州，以慶國公故駐留一月餘，成棟上表亟促之〔三〕，不敢再羈。駕發時，求居守潯州，如瞿稼軒故事。中書寫敕，遂以「世」字易「居」字，追其敕更焉。兩衙門亦有出公疏，爲永曆挽事權者。袁彭年上疏曰：「倘臣舊年以三千鐵騎西來，今日君臣安在？」永曆持其章泣訴臣下，舉朝大駭。肇慶因而有假山圖、五虎號。假山者，李元胤姓賈也。五虎者，都憲袁彭年爲虎頭〔四〕；吏科丁時魁、户科蒙正發，俱楚

〔一〕「斥」，中大本、《續編》本作「黜」。
〔二〕「光」，《續編》本作「先」。
〔三〕「之」，蔣跋本、中大本、《續編》本無此字。
〔四〕「虎」，原作「科」，據蔣跋本、下篇《風倒梧桐記》改。

産，一爲虎尾，一爲虎脚；兵科金堡，浙人也，因在福建爲延平知府，疏激隆武賞罰不明，連殺同鄉尹文煒、施爃二人，人畏之也，爲虎牙〔一〕；副都劉湘客，陝西布衣〔二〕，來自瞿稼軒，又爲成棟同鄉，故爲虎皮。五人皆紙虎耳，作略全無，故將祖制二字，説迂談，講空話，因之獲厚利。正在肆行威福之時，三月初七日，李成棟凶信與湖廣何騰蛟凶信一刻並至，驚破膽魂〔三〕，逃徙徹晝夜。議論水火，門户冰炭，萬千葛藤，悉皆解釋，平靖者月餘。至四月中，雲南張獻忠養子孫可望，遣龔彝之弟龔鼎獻南金二十兩〔四〕、馬四疋，移書求親王名號。金堡固諍，以爲祖制無有，阻撓兩月而未定。廣西南寧府與雲南廣南府錯址來書〔五〕，有「不允即殺出」語。陳邦傳恐甚，先假敕封秦王。行在刻印刓印〔六〕，喙長計短，持兩可，封荆郡王而去。可望不受後封。六月初，袁彭年生母死，自

〔一〕「牙」，原作「矢」，據中大本改。
〔二〕「西」下，中大本有「一」字。
〔三〕「膽魂」，中大本、《續編》本二字互乙。
〔四〕「二」，原作「三」，據蔣跋本、中大本、《續編》本改。
〔五〕「廣南」，原脱「南」字，據蔣跋本、《續編》本補。
〔六〕「刓」，原作「利」，據中大本、《續編》本改。

謂丁艱不守制，黨中人以爲國爾忘家，宜晉爵。馬太后亦以爲祖制無有，靦顔一月餘而去，挾重貲寓佛山。庚寅十一月，廣城既破，彭年首先到廣投誠，捧犒師銀八百兩，哭陳前年叛清非其本心，兩王揮出之。七、八月，又爲堵胤錫浮蒼梧而下崧臺，始則頌，後則詘，呶呶者又兩月。其間楊大甫造反，閻可義陣亡，忠貞營東下，忽然驚起逃，不止四五次也。先是，崇禎舊相公黄士俊、何吾騶，正月廿八日入直以來，論章不止盈篋，茲皆告歸。此時揆地紛嚻〔一〕，疏未拜稿，先商票擬，落旨拂情，則與相公仇論。相公袖中備一底簿示之，委云内改，聞有兩底簿云。又日必拜客，客必候面，頗煩苦，惟嚴相公耐之，故能久安。至九、十月，起恒獨相，奉永曆帝粉飾太平，贈何騰蛟中湘王、李成棟寧夏王，皆設壇掛帛，永曆抆淚親祭。又有假吴三桂本，假南京家書〔二〕，皆曰四方好音日至，如醉如夢，妄想妄憶而已。兩衙門又有考選、考貢之事，是非賄賂，日夜忙忙。王皇親新戲子班成，無會不戲，無戲不徹晝夜。加級加銜，巧獲三代恩綸，蔭子讀書，如如意珠〔三〕。武弁無不世襲分茅，蕞爾端溪，饜腹俱滿。間有一二知幾者，亦思爲

〔一〕「此」，原作「比」，據蔣跋本、下篇《風倒梧桐記》改。
〔二〕「南」「家」，《風倒梧桐記》作「東」「回」。
〔三〕「如如意珠」，蔣跋本作「無求不遂」。

緑野錦堂計〔二〕。奈梅關破，玉門難望生出〔三〕，日悠優姑待，若天下不獨生一李成棟者。

庚寅年正月初一日，清朝兵克南雄。初七日，信至肇慶，君臣上下魂不附體，竄潰如崩。武官家丁横眼搶殺，先劫囊之重者〔三〕、官之顯者，凡係文官，皆爲几上肉。初九日，永曆登舟。十三日，解維，隨路劫奪，文職無完膚。二月初，至梧州，皆以舟爲家。李元胤不敢西上，停舟肇慶。五虎失勢，報仇者寢皮食肉。獨袁彭年以覲先去，將金、丁、蒙、劉四虎奉旨逮問，照廠、衛故事，全副刑具，輪番更用，招贓俱有五六十萬〔四〕，云爲受刑不過所致。拷問時，金呼「二祖列宗」，丁、蒙、劉則滿口「老爺饒命」「萬代公侯」等語，不計叩頭而已。向之附五虎得志者，膽破魂消，傾家掩蓋。永曆登位三年，至是始見聲色。至四五月間，時局又稍定，再行考選，略似人形者，無不繡衣鐵簡，木天銓席。常州府靖江縣，三百年來無四衙門，至是，朱士焜褒然吏科給事中也。可憐董

〔二〕「爲」，原脱，據蔣跋本補。
〔三〕「門」，下篇《風倒梧桐記》作「關」。
〔三〕「劫」，原作「將」，據下篇《風倒梧桐記》改。
〔四〕「五六十」，下篇《風倒梧桐記》作「十五六」。

雲驤以臺臣謝恩，叩頭不起，殞於皇船。潘駿觀又爲人起口號「方巾片片潘雙岳〔二〕」，因此改職方。嚴秋冶逍遥河上，至八月十五日，無以爲金鏡之獻，親書「水殿」二字，置一小牌坊於永曆所載之船，形係孤舟嫠婦，情同畫船簫鼓。己丑秋冬至今，罪又在嚴秋冶伴食戲遊矣。至十一月初九日，聞羊城已失，各各抱頭鼠竄，移舟西上，不五里，又搶殺遍行。上至藤縣，遂分兩股，從永曆者上右江，餘則入容縣溝〔三〕。上右江者，至潯州道上，兵各散走，永曆呼之而不應。入容縣溝者，於北流境地盡行劫去，户尚吴貞毓愛妾失亡，刑侍毛毓祥隻身煢煢，餘可知也。聞永曆上南寧，入土州，相隨者四人，嚴、王二相，馬吉翔、龐天壽而已。此外無人傳説，不敢臆叙。

〔二〕「岳」，下篇《風倒梧桐記》作「鶴」。
〔三〕「溝」，下篇《風倒梧桐記》作「港」。

風倒梧桐記〔一〕

衡陽桂藩，流寇蹂躪其桐封，徙寓端溪，此崇禎末年事。

福京弗守，兩廣制臺丁魁楚，會同粵西撫臺瞿式耜、廣東按臺王化澄、廣西按臺鄭封、肇慶知府朱治憪，策擁桂藩第二世子由榔爲皇帝，仍稱隆武二年，以明年爲永曆元年，改肇慶府府署爲行宮，此丙戌年十月初九日事。晉魁楚首揆，兼攝冢宰事；式耜宗伯，預知機密；化澄憲副，封通參；治憪右副兼兵侍，提督兩廣，承魁楚後；内外局惟魁楚主裁。端溪隔羊城省會止四百里，擁立時，嫉凌煙列名多人，無一函商及三司各屬。既立後，不復頒新天子詔，惟鬻爵是課。時羊城左藩顧元鏡耻不與策戴勳，適隆武閣臣何吾騶、蘇觀生從粵逃歸，亦遂立隆武弟爲皇帝，改都司署爲行宮，建元紹武。學

〔一〕按：本篇，中大本闕。
〔二〕「卬」，原作「印」，據《續編》本改。

臣林佳鼎晉總憲，行大司馬事，提兵西上三水，意侵端溪。式耜亦奉命出東峽〔二〕，設炮禦焉。十一月十五日，林、瞿對仗，一炮殲林。偵者誤傳瞿敗，端溪新創朝廷逃徙一空。永曆帝隨衆奔遁，直達梧州，五百里溯流，兩日夜并程也。太后馬氏通史書，原不欲世子稱帝，呼省臣李用楫、臺臣程源等面呵無固志，且詰責棄逃狀。適式耜手報至，知前訛，諸臣皆伏地引罪，遂奉永曆帝再至端溪，别遣清江伯嚴雲從護三宮頓駐桂林。十二月十五日，清朝總鎮李成棟突入廣州府，蘇觀生伏誅，何吾騶、顧元鏡等皆投誠，紹武帝削除。端溪丁魁楚罔不知耗，惟計值百司，給憑給札，無暇顧峽以外事。二十五日早辰謝恩，見朝者猶趨蹌殿陛，忽有肩輿出城，掠一小艇，駕上西峽，喧傳爲永曆帝。於是文武紛逐，各不相顧。帝固知有確信，隨奔者亦知事決大壞，不可瞬息留。惟魁楚則春容雅度，漸移行李入舟，瞠目而視，反若局外觀者。魁楚則别有作用。

丁魁楚者，河南永城縣人也。晉撫失機，遣戍五年。戊寅年，奉旨納餉三千兩，許本軍准回原籍，魁楚援例得歸。永城縣有在籍總兵劉超者，壬午年冬十月，以私仇殺丁

〔二〕「奉」，原作「奏」，據蔣跋本改。

艱侍御魏景琦。按臺王漢奉旨往勘[二]，超又一箭斃漢，且據縣劫衆鄉紳，勒魁楚爲之上疏訟冤。魁楚且款且代，陰爲之計，别遣子弟兵四面布置。至癸未年三月初一日五更，伏兵四起，用鐵網遏超之身，擒解至京獻俘焉。魁楚叙功復職，當年，職方郎王永績量加本省屯田巡撫之銜。至明年甲申，馬士英留都用事，竟總制兩廣。自乙酉二月到任，酷則未有之酷，貪則未有之貪。本年七月，聞弘光之變，即潛通靖江王下廣舉事。靖江王果以桂林推官顧奕爲相國[三]，臨桂知縣史其文爲兵部尚書，八月初七，立抵端溪。丁魁楚已於初六日拜福建隆武登極詔，隨架火炮，碎靖江之舡，并擒史、顧二人，解閩省正法焉，邀功靖粤伯[三]。此不可質之鬼神者。今擁立永曆。十二月十五日省城之變[四]，彼知最早，即密遣親幹齎精金三千兩，珍寶稱是，囑其重賄清兵主將，須百計爲之先容。至永曆帝十二月廿五日逃奔時，彼日有密報，親幹已投入李成棟帳下爲家丁，惟望佳音入耳。故衆雖忙逃，而彼獨安閒也。彼有大哨舡四十隻，將三年宦囊裝入舟中，又在肇

[二]「往」，原作「住」，據蔣跋本改。
[三]「王」，原作「主」，據蔣跋本、《續編》本改。
[三]「功」，蔣跋本作「封」；「粤」，原作「越」，據蔣跋本改。
[四]「日」，原脱，據蔣跋本、《續編》本補。

慶度年。丁亥年正月初旬，方移上岑溪縣，假意於城中脩蓋茅屋，實不登岸，静候廣城消息。親幹於二月初，方敢以精金珍寶上供成棟，通魁楚孝敬至意。成棟曰：「何不早言，正要請你老爺仍做兩廣軍門，快賫書去。」二月二十六日，魁楚於岑溪縣舟中得成棟手翰，喜從天降，更不必造屋，仍移四十號哨舡順流東下。時李成棟駐札梧州，先上五里迎接，握手道故，相見恨晚。知魁楚三子入廣，已夭其二，止存一大令郎，亦必請見，交情世誼，有加無已。臨晚，成棟請魁楚父子接風，隆重出於常套之外，握手訂曰：「明日吉期，即煩再攝兩廣篆。拜表即真，亦在明日，舉令牌、令旗、符驗、旗纛、制臺舊敕印，一并手付。」魁楚欣慰笑樂之極，惟求早退，爲明日到任之舉，歡顔而别。魁楚就枕，魂隨蝶舞矣。忽三更時候，成棟舟中四面列炬，遣一令旗宣請丁老爺、丁相公密話。是時魁楚不知所以，父子忽忙過舡，見成棟正位不動，知事有變，即下跪曰：「某止一子，請饒狗命。」成棟曰：「爾欲饒子乎？」先令砍下，左顧而首級至矣，即驅殺魁楚焉。成棟再上舡頭，四面火光照耀如同白日，將魁楚家丁，每營分配一人。家眷舡中一妻、四妾、三媳、二女、幾婢、幾僕婦，逐一搜檢，歸入成棟舡中，惟一妾於過舡時投入水中。四十舡之厚槖，未嘗失一紙角，悉歸成棟。魁楚三年貪酷，止赢得父子駢首，妻妾媳女恣他人臂上歡也。哀哉！雖然，豈盡貪酷之罪？聞其舟中精銀實有八十四萬，倘以十萬佐永曆上桂林，四十大哨舡掖護之，猶不失身榮首相，妻兒恒在膝下也。總之，無君之報，魁楚可鑒焉！

丁亥永曆元年正月朔，永曆再達梧州，於知府陸世廉取庫銀五十兩〔二〕，爲僱覓舟挽之費〔三〕，北進府江〔三〕。所召次輔李永茂〔四〕、晏日曙，冏卿田芳，銀臺鄭封等，俱潛入博白縣深山。隨行者，惟總憲王化澄，大司農吴炳，宫詹方以智，文選吴貞毓，省唐鉞，臺程源，中翰吴其靁、洪士彭，大金吾馬吉翔而已。式耜仍留端溪，同朱治憪爲守禦計〔五〕，復逗留梧江者幾日。二月初，式耜方尾永曆帝至桂林。亦改府署爲行宫。在途，先已拜方以智、吴炳並相。知湖廣武岡州及長、衡、永、寶四府，清朝兵馬未至，尚爲野渡横舟，方、吴二相隨駕北上，駐武岡。式耜留守桂林。王化澄亦協理閣務，馬吉翔

〔二〕「知府」，原脱二字，據蔣跋本補。
〔三〕「之」，原作「舟」，據蔣跋本改。
〔三〕「府」，上篇《兩粤新書》作「俯」。
〔四〕「茂」，原作「芳」，據蔣跋本改。
〔五〕「計」，原作「討」，據蔣跋本、《續編》本改。

護三宮〔一〕，三月初，往湖南，上武岡。衡永道臣嚴起恒郊迎〔二〕，面闊身長，品有相狀，遂拜相。百日間，崇禎末年河南江北未剿流寇曹志建、王朝俊等奚畜數百頭目，今皆逼入湖南，來歸者悉賜五等爵，又晉何騰蛟爲制臺，加宫保，駐衡陽。李自成殘兵高必正等聲言百萬，流入長沙等處，騰蛟具奏堵胤錫制之，題曰「忠貞營」，分爲十營，聲勢稍振。不意八月二十四日下午，武岡敗，刃斫北關，棄𨥤滄而走，除帝駕三宫，無不徒步跣足而奔〔三〕。呱呱世子兩匝月矣，竟委沙灘。中宫嫡妹與王皇親嫡母乘輿出城，亦迷失無踪。吴炳不及出而死。又恐清兵於正路自全州、灌陽入桂林，帝與逃難臣工從間道踉蹌至慶遠府，僅覓二小艇〔四〕，載帝與三宫，十一月中，至象州。意欲進南寧府，爲永永不出之計，又爲新興伯焦璉亂兵所阻。寥寥文武，皆以青布裹頭，胼手胝足，面無生氣，幾欲散去。馬吉翔左右帝舟〔五〕，力挽衆，乃分閣臣王化澄、吏左吴貞毓、司禮龐天壽護

〔一〕「護」，原作「并」，據蔣跋本改。
〔二〕「恒」，原作「衡」，據蔣跋本改。
〔三〕「跣」，原作「蹺」，據蔣跋本、《續編》本改。
〔四〕「艇」，原作「艘」，據蔣跋本、《續編》本改。
〔五〕「舟」，原脱，據蔣跋本補。

三宫上南寧，永曆帝仍遡十八陟逆流北上。十二月初三日，舟達桂林，得息殘喘焉。式耜與起恒並相，君臣上下皆鍵户避兵，人無土著，街無獨行，柴米貨物，價昂五倍，軍丁居貨，交易不以善顔，無不度日如年者。

戊子永曆二年二月二十三日夜三更，霍允中者，永城伯也，忽搶入大内〔二〕，劫帝於寢被中，置之城外。將文武百官捆弔索勒，逼盡所有，一晝夜飽颺。帝雖裸體，幸無傷。留守閣臣瞿式耜搶掠罄盡，隻身逃下平樂府。桂林不可駐足矣。金吾馬吉翔備布袍、竹輴，掖帝而行，遇水濡足，過嶺扳枝，所不免也。三月初十日，入南寧，隨至者，内閣嚴起恒、馬吉翔，吏科許兆進，兵科吴其靁，户科尹三聘，禮科洪士彭，大司馬蕭琦七人耳。帝意直欲上土州〔三〕，蕭琦上《十便十不便疏》止之。君臣資斧空乏實甚，起恒以首揆兼太宰，即於十五日廣爲開選。邕城通二十四土州，檳榔客、鹽布客及土樂户皆列鴛班〔三〕。四月初一，生世子，王化澄翊護三宫，力請册爲太子〔四〕，詔曰「萬喜」，赦天

〔二〕「内」下，原衍「門」字，據蔣跋本、《續編》本删。
〔三〕「上」，蔣跋本、《續編》本作「進」。
〔三〕「鴛」，原作「夗」，據《兩粤新書》改。
〔四〕「力」，原作「功」，據蔣跋本改。

下。時田州、果化州等土官來朝行在，文武各曲意徇奉，冀得其歡心，思爲異日逃入之東道主。土巡司皆陞爲邑宰，土邑宰皆陞爲知府，竟有道銜與土知府。蓋土司舊規，原加一等行事，以道銜與之，彼竟儼然開府矣。此三百年不破之格也。

初十日，羊城總鎮李成棟反叛清朝，以全廣還永曆帝，遣洪天擢、潘曾緯、李綺三人齎奏敦駕蹕端州。滿朝驚喜，非可以言喻，然無有信之者，亦姑應之而已。先是，成棟丁亥年二月收繳兩廣文武印信，大小不下五千顆，於中取出制臺印藏之。有一愛妾，雲間所得青樓也，獨携往閩粵，揣知其意，因朝夕慫恿，成棟置不理。至今者四月初三日晚飯侍酒〔一〕，復挑之。成棟撫几曰：「憐此雲間眷屬也。」蓋成棟本來家眷悉駐在松江府城内。愛妾曰：「吾敢獨享富貴乎？先死尊前，以成君子之志。」遂取刀自刎。成棟抱尸哭曰：「女子乎？是矣！」當即取梨園袍裳、腰金吉服、進賢冠〔二〕，四拜而斂之。出兩廣制臺印，具疏迎永曆帝於南寧。洪、潘、李三人到後〔三〕，又有沈原宥者，再齎成棟速駕之奏至。知其事果真，於是彈冠之興，草木皆飛。王化澄杜門半年有餘，忽爾入

〔一〕「日」，原脱，據蔣跋本、《續編》本補。
〔二〕「進」，原作「晉」，據蔣跋本改。
〔三〕「到後」，原二字互乙，據蔣跋本正。

直矣；朱天麟變姓名隱太平府，走別竇邀拜相矣；晏清自田州出爲冢宰矣；張鳳翼兵科兼翰林修撰矣；張佐辰與扶綱自貴州來，司文選考功矣；顧之俊於制中亦來隨駕，上天地人三策、水火藥三用矣；張起、王者友等各造一名色，營考選矣；吴江縣書役王正國爲吏部司務矣；董雲驤爲大行人矣；潘駿觀進兵曹，王曙户曹矣〔二〕；龐天壽掌司禮矣；吴貞毓吏侍兼副憲，先遣下廣，答諭李成棟矣。又下考貢之旨，村師、巫童以及緇衣、黄冠，凡能搦管書黑字於紙上者，悉投一呈，曰山東山西某府某縣生員，然必取其極遠者，以無可證也。曳裾就道，瀰漫如蟻，曾經出仕，僉曰迎鑾，遊手白丁，詭稱原任，六曹兩侍，旬日間駐列濟濟。然相遇於朝堂道左，各不舉手，爲有一二科甲在內，故淩氣質以自尊；二三勢力在内，爲豪亢以自高。此外，菜傭、屠夫、書門、皂役、倡優、鴇卒等項，雖居然進賢冠也，行行隊隊，若不欲以面示人。但見無故穿吉服者有之，無故穿素服者有之，獨自錦繡者亦有之。脚下之靴卑末，而天藍剪絨者不異也，快靴聊當取其形似耳。又有天青地白，竟有以油釘皮靴從事，亦取其形似而已。章服補帶，恒未完備，亦未合式。補鶴而帶銀，則服不合其帶；帶金而補雀，則帶不合其服。

〔二〕「曙」，蔣跋本、《續編》本作「澤」。

帶黑角而四雲大紅石藍，則帶服中又相違其服、相舛其帶者〔一〕。至人不知其帶〔二〕，人不知其服，人不知其站立位次，人不知其稱呼禮貌，滿朝皆無等威，攘臂脱肩，牛襟馬裾，新創朝廷，遂成墟市。嚴起恒不得不任其咎。

喧嚷兩月，閏六月初十日，帝駕同三宫方出南寧，時值急流，兩日夜已至潯州府〔三〕。舊總兵陳邦傳挽留訴功，柳、慶二府，尚爲永曆據，然設官征賦自耑也。訶大司馬蕭琦不遣兵護衛，以石碎其舟，琦悶絶而死。晏日曙、李永茂、鄭封三人，各艤舟蒼梧縣蛇廟三角嘴，以閒闖入廟，觸犯蛇神，暴疾而死。羊城、端溪、梧江千餘里間，注望龍舟順流而下，杳不可得。爲陳邦傳百計投轄，帝駕又上潯州府，暫駐府署爲行宫，給發札付。始而慶國自札，繼而部札，後則貴欽札矣。欽札者，皇帝用寶札官，與吏、兵兩部不相涉者。巡檢、典史、知縣、知府，至科道、翰林、侍郎、尚書，俱可札授，武則正、副總兵與參將三種。尚書、正總欽札，亦可易百金，下廣路費，需之此也。

七月二十九日，至端溪城下，李成棟百里外迎接，慰勞倍至。三十日，駕留舟中。

〔一〕「者」，蔣跋本、《續編》本無此字。
〔二〕「知」，原作「如」，據蔣跋本改；以下徑改，不再出校。
〔三〕「州」，原作「明」，據蔣跋本、《續編》本改。

八月初一日辰刻，再入肇慶府行宫，宫中儲銀一萬兩，以備賞賚，餘衣飾器皿，亦約萬金，象魏堂陛，具體可觀。首相嚴起恒，次王化澄，次朱天麟，事之行止，政凡大小，必承成棟而後奏。成棟爲人樸訥剛忍，無矜意，無喜容，不脂韋，不多言，文武内外，惠敬而深畏焉。永曆帝築壇拜之，壇半就，成棟曰：「事在人之做不做，安在壇之登不登！」蓋刎頸愛妾〔二〕，刻不去懷，必欲得當，以瞑九原之目也。十二日，面奏永曆帝曰：「南雄以下事，諸臣工任之；庾關以外事，臣獨肩之〔三〕。」一言竟去，提兵二十萬上南雄。此時江右金聲桓據守南昌〔三〕，已通成棟，約期南下矣。成棟去後，朝局大變。都察院左都御史袁彭年，向爲宜興心腹〔四〕，宜興議處後首揭之，後歸清朝，爲廣東學道，出示云：「金錢鼠尾，乃新朝之雅致；峨冠博帶，實亡國之陋規。」及返明朝，又復詆之矣。自矜爲反正功臣，今又恐從龍兩榜得志道其本末長短，別出意見，横制當局。成

〔二〕「頸」，原作「頭」，據蔣跋本、《續編》本改。
〔三〕「肩」，原作「任」，據《續編》本改。
〔三〕「守」，蔣跋本、《續編》本無此字。
〔四〕「宜」上，上篇《兩粤新書》有「周」字。

棟有養子李元胤，姓賈，河南人，以其蠢濁，不携行間，留肇慶守家。彭年特隆其體〔一〕，以内外權故屬之，挑其怒以用其怒，乘其喜以用其喜。元胤爲傀儡，彭年爲線索，傀儡之笑罵無情，線索之機權刺骨，一時政事人心，遂乖離殊甚。吏部侍郎洪天擢、大理寺正卿潘曾緯、廣東學道李綺、兵部尚書曹燁、工部尚書耿獻忠、通政使毛毓祥，爲成棟之所親愛，皆自五羊城來〔二〕，爲一種。嚴、王、朱三相公，吏部尚書晏清、吏部侍郎吴貞毓，并雜項出身，六科吴其靁、洪士彭、雷得復、尹三聘、許兆進、張起等，皆自南寧隨駕而來，爲一種。又有從各路至者，都察院右副都御史劉湘客、禮部尚書吴景〔三〕、吏科都給事中丁時魁、兵科都給事中金堡〔四〕、户科都給事中蒙正發、禮科都給事中李用楫、文選司郎中施召徵、光禄寺正卿陸世廉、太僕寺正卿馬光、儀制司郎中徐世儀，又爲一種。其廣東本地人，陳世傑詞林，吴以連司封，李貞省、高賫明臺中，楊邦翰冏卿，唐元楫方郎等，亦爲一種。一種望風，歸入一黨，袁彭年一手招，一手驅，有力者先登，

〔一〕「特」，原作「時」，據蔣跋本、《續編》本改。
〔二〕「城」，蔣跋本、《續編》本無此字。
〔三〕「景」，蔣跋本作「璟」，《續編》本作「燝」，上篇《兩粵新書》作「澋」。
〔四〕「科」，原作「部」，據蔣跋本、《續編》本改。

無力者仰扳。無朝廷，有成棟；成棟遠，元胤近；元胤之親幸未可卜，彭年之指揮不得不從。於是元胤之門，遂如趨市，登其堂，望其闕，不啻龍門。每當朝期，東班趨入西班，交談元胤，東班爲之一空。元胤爲人暴戾自用，狂率不情，客至不揖，去不送[二]。喜遣僕卒與客賭博，諸公不惜身家力陪奉之，謔浪罵座，罔忌人諱。皆袁彭年脅制内外，曲意枉徇，玉成之者。中郎無子，洵不誣矣！十月初十日夜，元胤奉成棟密計，殺佟養甲於德慶道上，自此威權愈赫。是月十五，元胤誕辰，在朝文武，公分之外有私分，私分之外有私公分，私公分之外又有私私分。私私分饋送，憧憧月下，呼崧呼壽，無般不出矣。

自八月至冬杪，相奔競於元胤左右，便作中興盛事，謂中興大業，成棟自於嶺外爲之也。誰知成棟十月廿四日到贛州府城下，廿六日五更黎明，聞城上呼董大哥者三。成棟於夢中驚醒，曰：「董大成是吾中軍，彼呼之，吾軍已爲彼有矣。」亟披藍布短馬衣，跨一騾，不言疾走。虔關至梅關六百里，兩晝夜[三]，大雨中奔蹶前趨。彼領兵二十萬，

[二]「去」，原作「亦」，據蔣跋本改。
[三]「晝」，原作「兼」，據蔣跋本改。

分爲十大營，各營一總戎。成棟棄軍而走，十總戎亦尾之而行，至進南安府城門，成棟若夢初覺，顧謂十人曰：「爾等何得亦來？」諸人曰：「大老爺走矣，我等不得不來〔一〕。」成棟怒曰：「胡説！」即手刃愛將楊某〔二〕。其二十萬士卒器械〔三〕，净棄贛州城下，止餘百人南下，亦無顔再入端溪面君，因順流直下珠江，爲再舉計。此信達朝中，諸臣工亦不以爲異，各爲封章，爲轉陞仕籍紛紛，無别想、别技代成棟分憂。若有過計如何外禦，如何内備，共嘖爲愚人矣。至通政使疏陳乞職者，日以千計，閣臣票擬，止有「看議具奏」四字。吏部門前，如《破窑記·綵樓招贅》一曲，瞎眼折脚，俱來冀望。文選司雖掌銓選之權，無出選之地。廣東一省，非奉成棟咨〔四〕，大小有司官不得擅爲除授〔五〕。桂林、平樂，則留守閣臣瞿式耜爲政；慶遠、柳州，則新興伯焦璉爲政。焦璉者，陳邦傳出京時京債主也。潯、南、思、太四府，則原思恩伯、今慶國公陳邦傳爲

〔一〕「來」，原作「走」，據蔣跋本、《續編》本改。
〔二〕「某」，原闕，據蔣跋本補。
〔三〕「其」，原闕，據蔣跋本補。
〔四〕「咨」，原作「旨」，據蔣跋本改。
〔五〕「官」，原脱，據蔣跋本補。

政。文選所以副乞陳之望，第給一空札，爲後日到部凴據而已。

兩衙門迎合彭年意，求元胤歡顔，因共擊陳邦傳。邦傳故浙東人，原廣西總兵，隆武二年春，掛征蠻將軍印。成棟素所賤惡之，以其丁亥年二月先有降表到羊城故也〔一〕。至是擊之者，科臣金堡最勁。邦傳上疏曰〔二〕：「皇上兩三年幾次奔逃，流離顛沛之極，並無一位兩衙門官共嘗辛苦。何今日即次稍安，侍御濟鏘〔三〕，議論紛紜若是？如以臣爲無餉無兵，竊取勳爵，請即遣金堡爲臣監軍，觀臣十年糧草，十萬鐵騎。」己丑年正月初十，疏入。十一日，朱天麟票擬，有「金堡從來，朕亦未悉」之句。時嚴起恒久欲擠朱而無其隙，即以此票擬字樣，密示吏科丁時魁。時魁陡然震怒，連夜約結兩衙門，於十三日早，盡率現在科道十六人進入丹墀，共言：「强臣箝結言官之口，將來唐末節度可虞，宗周守府再見。」因哄叫而出，曰：「我等不做官矣！」將公服袍帶擲棄庭中，小帽白衣冠而出，所恃者李元胤也。元胤承彭年之槖籥，權通大内，勢逼至尊。時永曆帝正在穿堂，召太僕馬光追論五年前永州被難逃入全州事，忽聞外變，兩手震索，茶遂傾衣，

〔一〕「月」下，《續編》本有「内」字。
〔二〕「曰」，蔣跋本、《續編》本作「云」。
〔三〕「鏘」，蔣跋本作「蹌」。

情實可憫可恨。時魁等隱情，金堡原任臨清州知州，李賊來時，不知云何。杜工部《喜達行在》詩，有「辛苦賊中來」之句〔一〕，謂嘲其痛筋也。十四日早，特降諭旨，敕李元胤：「各到十六位科道門諭令，仍入辦事。前本另發票擬，閣臣朱天麟即日放還田里。」諸臣以爲風裁矯矯〔二〕，中興侍御第一美舉。天麟於是不得不掛冠。天麟舉動原不協輿情。其未出山時，變姓名隱居太平府山中，知有李成棟歸明之事，適王太監保到山買蘇木，因盛款之。王具疏特薦，詳述天麟肴饌之盛、禮儀之恭而不諱，彼不知大體，以爲薦之懇摯耳。嚴、王二相公則不容有第三人入直〔三〕，以「該部知道」還之。又求慶國陳邦傳特疏，嚴、王二相諒擬以宗伯召，時爲六月初一。越三日，則天麟見朝矣〔四〕。宗伯篆王化澄兼攝，初五日〔五〕，化澄以禮篆送天麟，天麟不受也，往返推辭〔六〕，自旦至暮，終不

〔一〕「有」，原在「部」下，據蔣跋本正。
〔二〕「風」，原作「丰」，據上篇《兩粵新書》改。
〔三〕「入」，原脱，據蔣跋本補。
〔四〕「則」，蔣跋本、《續編》本無此字。
〔五〕「日」，原脱，據蔣跋本、《續編》本補。
〔六〕「返」，原作「反」，據蔣跋本、《續編》本改。

允諾。科道兩衙門傳揭曰：「天麟原以閹臣薦，豈宜授之宗伯？今當合詞以閹臣請。」明日疏上，則仍以「該部知道」還之，於是天麟不得不受宗伯矣。無已，乃營大兒日生名宿垣爲侍御〔一〕，即令管河南道事〔二〕，次兒月生名斗垣爲中翰〔三〕，弟天鳳爲大行。又僱鄉兵四五十人，挺鎗揭旗，隨侍左右，云爲將來出將地。凡會客講話，非日昃夜分不了。在蘇爲朱怪，在廣爲朱癡。至是，一門擯逐，半係自取。又去秋七月，帝駕留潯州，時帝允邦傳居守潯州，寫敕，中書張立先得銀二十四兩〔四〕，遂以「世」字易「居」字，亦併發之。欲追其敕更正「居」字〔五〕，然而未果也。正月二日〔六〕，以攻陳邦傳爲正課，其餘總不暇計。

至李成棟舊冬十一月還羊城，整頓兵馬。十二月二十七日，又上南雄，於湞陽峽中，

〔一〕「名宿垣」，原脱三字，據蔣跋本補。
〔二〕「南」，原脱，據蔣跋本補。
〔三〕「名斗垣」，原脱三字，據蔣跋本補。
〔四〕「先」，蔣跋本作「光」；按：上篇《兩粵新書》亦或作「光」，或作「先」。
〔五〕「追」，原作「進」，據蔣跋本、《續編》本改。
〔六〕「日」，疑當作「月」字。

忽見所殺之將楊某索命。成棟攀弓射之〔一〕，身隨矢去〔二〕，墮入水中，救起，神情慘然。從此亦不敢踰梅關，駐軍信豐縣城中。二月二十六日，出師南下，三更，先發火器手三百，責副曰〔三〕：「如前遇敵兵，盡發火炮，我爲後應。不爾，竟前走。」至黎明，杳無炮聲。衆皆曰：「火器軍決然前往，吾當拔營被甲上馬。」言未絶口，清兵殺入，滿營潰亂。蓋火器手遇清兵時，當亦取火，奈暴雨忽至，火爲雨滅，火炮半聲不發，三百火器手砍斬不遺一人故也。成棟營後，即係急流大山澗，有見成棟被甲未完，乘一跛馬渡澗者，及過澗後覓之，無有也。

己丑永曆三年三月初七日，成棟凶信與湖廣何騰蛟凶信一刻並至，驚破魂膽，逃徙徹晝夜。議論水火，門户冰炭，萬千葛藤〔四〕，悉皆解釋，平靖者一月。兩衙門有望氣者，以爲成棟死而元胤不足恃，彭年之健翮，思有以鎩之，具《重朝廷抑奔競》一疏，申請以事權歸永曆帝，隱彈及彭年之把持。彭年拂然震怒，答疏中有「倘臣舊年以三千鐵騎

〔一〕「攀」，蔣跋本作「彎」。
〔二〕「矢」，原作「弦」，據蔣跋本改。
〔三〕「責」，原作「賁」，據蔣跋本、《續編》本改。
〔四〕「萬千」，原作「一干」，據蔣跋本、《續編》本改。

鼓勵西行，今日君臣安在」等語。永曆持其章疏泣訴臣下，舉朝失色。肇慶因而有假山圖、五虎號。假山圖者，假者賈也，繪假山一座，下繪朝官數百，有以首戴之者，有以手托之者，有以肩背負之者，有以木杖支之者，有仰望者，有遠聽者，有指點話言者，有驚怕退避兩手掩耳而走者，又山巔黑氣一道〔一〕，直上沖天。此皆市井童叟，不平於胸中，爲此圖以詼諧之也。五虎號者，吏都丁時魁，户都蒙正發〔二〕，俱彭年同鄉，楚産也，一爲虎尾，一爲虎脚；兵都金堡，浙人也，因在福建爲延平知府，疏激隆武賞罰不明，連殺同鄉尹文煒、施璩二人〔三〕，人畏之也，爲虎牙〔四〕；副憲劉湘客，關中一布衣，來自留守閣臣瞿式耜，又爲成棟同鄉，故爲虎皮；虎頭則袁彭年也。日將祖制二字，説迂談，講空話，因之獲厚利。言非虎黨不發，事非虎黨不成，星岩道上，遂成虎市。

忽四月初六日，雲南張獻忠養子孫可望，遣龔鼎、楊可仕等六人獻南金二十兩〔五〕、

〔一〕「巔」，原作「嶺」，據蔣跋本、《續編》本改。
〔二〕「正」，原作「至」，據蔣跋本改。
〔三〕「璩」，《閩游月記》《兩粵新書》作「㻐」。
〔四〕「牙」，蔣跋本作「矢」。
〔五〕「仕」，原作「任」，據蔣跋本、《續編》本改；以下徑改，不再出校。

琥珀四塊、馬四匹，遺書求封秦王。其書曰：「先秦王蕩平中土，除剪貪官污吏，十年來未嘗忘忠君愛國之心。不謂自成犯順，玉步旋移，孤守滇南，恪遵先志〔一〕，合移知炤，王繩父爵，國繼先秦，乞敕重臣，會觀明詔〔二〕。謹上書〔三〕。己丑年正月十五日，孫可望拜書。」以方幅黄紙書之，不奉朔亦不建朔如此。議下，群臣慫慂以秦王封者十有八九，獨兵都金堡固諍，以爲祖制無有，李元胤、袁彭年因龔鼎、可仕者自陳邦傳來〔四〕，亦決以爲不可，阻挽者兩月而未定。廣西南寧府與雲南廣南府錯處，中止隔田州，其間兩日可達。邦傳於戊子年十月强娶南太道臣趙臺女爲媳〔五〕，親到南寧，因通可望。可望所差之人，邦傳引導。可望咐差出門時，有「秦王不允，滇兵殺出南寧」等語，邦傳首先被難者也，恐甚。知行在刻印刓印〔六〕，喙長計短，又爲金堡所持，不能必得，乃先假敕假

〔一〕「遵」，原作「守」，據蔣跋本、《續編》本改。
〔二〕「明」，原脱，據蔣跋本補。
〔三〕「謹上」，原二字互乙，據蔣跋本正。
〔四〕「因」，原作「固」，據蔣跋本、《續編》本改。
〔五〕「女」，原脱，據蔣跋本補。
〔六〕「刓」，原作「利」，據蔣跋本、《續編》本改。

差封孫可望爲秦王。可望肅然就臣禮，先五拜叩頭，舞蹈稱臣。受封秦王後，率其義兄弟三人并三軍士卒，各呼萬歲。後又秦王陞座，受義兄弟三人并三軍士卒慶賀。禮畢，正欲繕表稱賀，適龔鼎等賫荆郡王之敕到，可望即毁裂棄地〔二〕，不問，亦不改前封也，謝表亦遂止，時已十月初矣。

孫可望者，張獻忠養子中之一。自獻忠丙戌年炮斃於成都府，可望遂入貴州，據定番城休息人馬，其意欲入滇南，取沐府也。不意沐府之事更奇。沐府世守雲南，爲桑土綢繆計，即稍破慳囊，亦情理之所應然。乃燕臺大變，彼高卧也。金陵失守，彼高卧也。丙戌七月，福京再陷，於是三司兩院啟請增兵守滇南境口，恐防客兵流入。增兵必先措餉，今求助餉。沐主天波戚容曰："極是要緊事，只爲遞年多費，不能助一緡，奈何！奈何！還宜從長酌處。然增兵之説，不可再遲，各有身家，刻下欲行者也。滇田甚磽，無容議加，天波以爲各土司用鹽頗多，再增本府一票，餉可從出矣。"衆皆是之，乃令鹽場計會官給運使之鹽票，再置沐府之餉票，准於九月爲始初行。時土司亦有遵法納沐票

〔二〕"即"，蔣跋本、《續編》本無此字。

餉銀者。初九日，楚雄府土司吾必魁抗令焉〔一〕，於鹽場中不惟棄沐票，并奪商鹽。鳴之縣，縣差捶之。鳴之府，府差殺之。聲言「已無朱皇帝，何有沐國公」，遂舉衆入城，執楚雄府文武官，數罪而殺之，又併其城而據之。天波於是爲餉票生事矣。欲除大憝而克楚城，所衛壯隸之力不能也，計必調土司之强有力者以靖掃之。崇禎初年，滇南有浦民升之亂。民升非能自爲亂也，其妻范氏姿甚嬌，色甚美，而力亦甚巨，且多智而不好静，日驅挾民升振旗鼓、掠勇壯以取樂。朝廷爲之耗餉發帑幾廿萬，兩院司道奪職鐫級者不計數，恇怯僨弁殞命革逐正不知幾十百也。後民升將敗，忽與言别曰：「爾不可以我爲妻，我亦不與爾爲夫。我去矣。」即去鶴慶府，執一土司沙亭州者曰〔二〕：「惟我與爾，可爲夫妻。」沙亭州曰：「我有妻也。」范氏曰：「請出，我與之語〔三〕。」妯娌稱呼，三言未畢，一揖恭亭州曰：「今未可爲百年之好乎？」於是亭州一遵范氏之約束，征發調遣，號令嚴明，遂爲滇南土司中富强第一。兹天波以令符調之，彼欣然傾洞而出。十一月初旬，困楚雄。十五日，已解吾必魁，掃靖楚雄府，奏令再設文武各屬，爲守土撫治計。

〔一〕「吾」，蔣跋本作「吴」，《續編》本或作「吴」，或作「吾」。
〔二〕「亭」，蔣跋本皆作「定」。
〔三〕「之語」，蔣跋本、《續編》本二字互乙。

天波喜甚，賚金帛重賞之。亭州又奏曰：「臣夫婦欲來面恩。」至是月二十九日，天波陞座，兩樹設儀仗鼓樂旗幟，極其炫耀，受拜受賀。亭州止夫婦兩人耳，三叩未完，兩人俯首，忽趨上殿，急視之，兩人兩手舞四刀，已格殺左右幾人矣。天波急奔入內殿，兩人亦竟入內殿，隨見隨殺，沐府男女內侍不啻四五百，頃刻尸橫遍地。幸天波踰牆而逃，彼反徐徐陞殿，已有拜賀趨蹌供其調遣，四城門又有亭州親信之人典守盤詰。蓋彼破楚雄後，各兵已俱潛伏在城〔一〕，亦刻期共起。天波慳養兵之幾百金，竟至妻兒不保，三百年祖業喪亡，亦可哀也！亭州夫婦坐據沐府，殿宇華美，宮室壯麗，三司兩院，許仍照舊供職，日輦天波三百年蓄積〔二〕，盡入本洞。其所藏之富厚〔三〕，奚啻敵國〔四〕。他物勿論，箭頭石青、箭頭朱砂、落紅琥珀、馬蹄赤金，裝以細篾簸，每簸五十斤，藏以高板庫，每庫五十簸，共二百五十庫也。珍珠、青紅寶石、黃龍凉傘一百四十頂。亭州夫婦自十

〔一〕「俱」，原脱，據蔣跋本、《續編》本補。
〔二〕「百」下，原衍「十」字，據蔣跋本、《續編》本删。
〔三〕「所」下，原衍「以」字，據蔣跋本删。
〔四〕「奚」，原作「不」，據蔣跋本、《續編》本改。

月搬運，至丁亥年四月方完。此信一達於孫可望之耳〔二〕，拍案而起曰：「此吾几上肉也。沙亭州么麽小寇，何得襲我囊中之物。」遂宵夜而行，竟入雲南府，時爲七月初二日。亭州夫婦已先三日遁歸本洞〔三〕，可望只取沐府空宅，因咨訪天波，并駢戮三司兩院。天波來自大理府，可望許之復仇，即用天波爲報門官。十一月，選三千精鋭圍困亭州土洞〔三〕。至戊子年二月，擒獲亭州夫婦并親戚四人，沐府之藏并亭州之所素有，仍盡輦入沐府内宅。孫可望將所擒六賊，於沐天波坐前活剥其皮〔四〕，天波亦於可望前叩首稱謝。此孫可望入滇之始末也。

行在六月初，袁彭年生母死，自謂丁艱不守制，喧言於衆曰〔五〕：「我家受國恩深重，奕世科名，更受天地之宏大，代産異才。我今享年過先人，天正不欲置我於無用之地也。」虎中人以爲國爾忘家，中興可望，宜晉世爵。馬太后甚惡之，宣查丁艱不守制，是

〔二〕「於」，原脱，據蔣跋本、《續編》本補。
〔三〕「遁」下，原衍「去」字，據蔣跋本、《續編》本删。
〔三〕「圍困」，原二字互乙，據蔣跋本、《續編》本正。
〔四〕「坐」，蔣跋本、《續編》本無此字。
〔五〕「曰」，原作「也」，據蔣跋本、《續編》本改。

何朝祖制？彭年又靦顏月餘，挾重貲而去，擁妾寓佛山焉。七、八兩月，又爲制閣堵胤錫浮蒼梧而下崧臺，始則頌，後則訕，呶呶者又兩月。永曆又批發學道李綺生銀三千兩，付之連絡高必正，忠貞十營頭矣。李元胤登門强索而去。時忠貞營已下潯、梧搶殺〔一〕，胤錫無可奈何，乃縱酒以解之。八月廿七日辭朝，適得史其文無主家眷委禽焉〔二〕，因酒勝氣塞，色又乘之，遂畢命於潯州府。因此番下廣，實爲李元胤等所奚落也〔三〕。朝中虎局久定，彭年雖去，無敢探穴。時崇禎朝舊相公何吾騶、黄士俊正月廿八日入直以來，論章不止盈篋〔四〕，茲皆告歸。此時撰集紛囂，疏未拜稿，先商票擬，落旨拂情，則與相公仇論。相公袖中備一底簿示之〔五〕，委云内改，聞有兩底簿云。又日出拜客，客必候面，頗煩苦，惟嚴起恒能耐之，故能久安。至九、十兩月〔六〕，起恒獨相，奉永曆帝粉飾太平，

〔一〕「營」，原脱，據蔣跋本補。
〔二〕「委」，原作「安」，據蔣跋本、《續編》本改。
〔三〕「元」，原脱，據蔣跋本補。
〔四〕「論章」，原作「議論」，據蔣跋本改，《續編》本作「論疏」。
〔五〕「中」下，原衍「簿」字，據蔣跋本删。
〔六〕「九十」，原二字互乙，據蔣跋本、《續編》本正。

贈何騰蛟中湘王、李成棟寧夏王，皆設壇掛帛，帝俱拉淚親上奠。又有假吳三桂疏、假東京回書〔一〕，皆曰四方好音日至，如醉如夢，妄想妄憶而已。兩衙門又以考選、考貢事，是非賄賂，日夜忙忙。長洲伯王皇親新戲子班成〔二〕，文武臣工無夕不會，無會不戲，無戲不徹夜。加級加銜，巧獲三代恩綸，蔭子貤封，各樣異數，如如意珠，所想必求，所求必遂。武弁無不世襲，分茅蕞爾，端溪鼷腹大滿。間有一二知幾者〔三〕，亦思爲緑野錦堂計，奈梅關破，玉關難望生出，日悠優姑待〔四〕，若天下不獨生一李成棟，青樓女子必多若成棟之愛妾者。曾見有見幾而作不俟終日者三人〔五〕，吳璟、方以智、李用楫也。吳掌宗伯，見咨入貢生皆作牛頭馬面，掛冠朝門而去。方參機密，見涣發絲綸不達城外，棄妻子而去。李則初遣敕封交南，以失印而罷；繼差敕封滇南，以議更而罷；又以家眷舟中三次逢盜，日給無資，亦遂拂衣而去。此皆戊子、己丑年事也。然宫禁湫隘，供

〔一〕「東」「回」，《兩粵新書》作「南」「家」。
〔二〕「班成」，原二字互乙，據蔣跋本正。
〔三〕「者」，原脱，據蔣跋本補。
〔四〕「日」，原作「月」，據蔣跋本、《續編》本改。
〔五〕「作」，原脱，據蔣跋本補。

奉清素，不踰千金子也。侍女寥寥，亦俱幼蠢荆布。内侍夏國祥以六十金於廣城娶一歌舞青娥，髮方覆額，不一月而失所在。遍索城中不得，越三日，於東池水面浮起紅帶，已殞命於中，想亦有所不得已也。蓋府署與高要縣學並峙[一]，中隔一池，於是覆土填其半。日於下午，永曆帝同内侍騎射其中，帝亦多命中，三宫從側樓閲視以爲樂。三宫者，太后馬；聖后王，生母也；中宫王，正宫也。每日三宫同帝供膳，止二十四金，凡有賞賚亦在内。帝度又弘大，報捷面恩奏畢之後，必左顧曰：「賞銀十兩與他。」内侍吴國太、夏國祥等甚以值日爲苦。至大司禮龐天壽，亦養御營兵十營，每營大總兵一人，副總兵二人，參將四人，參將之下官頭二人[二]，官頭之下小卒一人耳。一營十人，十營亦有百人，此皆天壽出自己鈔，以爲永曆儀衛擁護，亦甚虧之矣。

庚寅永曆四年正月初一日，清兵過梅關。初三日[三]，克南雄府。初七日，信至肇慶，君臣上下魂不附體，竄潰如崩。武官家丁横眼搶殺，先劫囊之重者，如冢宰晏清等，宦之顯者，吏部丁時魁等，凡係文官，皆爲几上肉。初九日，永曆登舟。十三日，解維，

〔一〕「蓋」，原作「益」，據蔣跋本、《續編》本改。
〔二〕「官」，原作「營」，據蔣跋本、《續編》本改；以下徑改，不再出校。
〔三〕「日」，原脱，據蔣跋本、《續編》本補。

隨路劫奪，文職無完膚。二月初一日〔二〕，至梧州，皆以舟爲家。李元胤久與陳邦傳相軋〔三〕，不敢西上，挽舟崧臺。五虎失勢，報仇者寢皮食肉。獨袁彭年以艱先去，將金、丁、蒙、劉四虎奉旨逮問，照北京廠、衛故事，全副刑具，隨番更用。以有馬吉翔在此，彼固以北金吾起家，縱送乘落，盡其法也。招贓俱有十五六萬〔三〕，云爲受刑不過所致。拷問時，惟金呼「二祖列宗」〔四〕，丁與蒙、劉則滿口「老爺饒命」「萬代公侯」等語，不計叩頭而已。向之附五虎得志者，膽破魂消，傾家掩蓋。永曆登極三年，至是始見聲色。至四月間，羊城未下，杜永和時有捷報至梧州，李元胤以計殺叛將羅守誠，局勢稍緩。再行考選，略似人形者，無不繡衣鈇簡，木天銓席，然得之非分，天即有以敗之。如董雲驤以臺中謝恩，叩頭不起，殞於皇舡。朱士焜吏科歸省，全家殲於賊手。潘駿觀改銓部矣，見朝無官帽，以便服行禮，人爲起「方巾片片潘雙鶴」之口號，亦遂奪職。如此之類，不一而足。嚴起恒逍遥河上，至八月十五日，無以爲金鏡之獻，親書「水殿」

〔二〕「二」，原作「三」，據蔣跋本、《續編》本改。
〔三〕「久」，原脱，據蔣跋本、《續編》本補。
〔三〕「十五六」，上篇《兩粵新書》作「五六十」。
〔四〕「惟」，原脱，據蔣跋本補。

二字，置一牌坊，鼓樂迎送皇帝所坐之舡，再令群工上表稱賀，情實孤舟嫠婦，形似畫船簫鼓。戊子年五月初十日至今，二年餘矣，從無有談兵説餉之疏，亦無有正氣侃論之臣。伴食戲游嚴起恒〔一〕，庸臣也，亦佞臣也，亦貪臣也，非奸臣也，罪不容誅，夫復何説！

時廣東省臣兩廣總制杜永和〔二〕，猶然固守。杜永和，河南人，李成棟之謹身好友也。成棟渡淜殞身時，兩廣印永和佩之〔三〕，得不亡失，傳之李棲鵬。棲鵬陷於梅嶺，仍不失，再傳之閻可義。可義病卒於韶州，又傳之李五老。五老者，元胤之兄，亦成棟之養子，軍士鼓噪而罷，又傳之羅守誠〔四〕。守誠原成棟之中軍，亦以不協衆望而罷。此皆己丑年夏秋間事。至九月，永和攝兩廣篆，專守羊城。庚寅年正月初七日，聞清兵過嶺，杜永和同三司江櫄等於十四日出城上船〔五〕，仍泊海珠寺側，俟清兵一到，即挂帆虎頭門也。不意俟至月終，杳無聲耗，永和復率三司官入城，各派汛地，爲固守計。至二月初四日，

〔一〕「游」，原作「泄」，據蔣跋本改。
〔二〕「永」，原作「允」，據本篇上文及蔣跋本改；以下徑改，不再出校。
〔三〕「廣」，原脱，據蔣跋本補。
〔四〕「誠」，原作「珹」，據蔣跋本、《續編》本改；以下徑改，不再出校。
〔五〕「櫄」，蔣跋本作「樵」。

清兵纔至，札營城北，仰攻甚難。蓋羊城東、南二面距珠江，北城濠外有二里許污田，人馬不可站立，惟西門一帶爲山麓，永和爲石重城守之。珠江以南五大縣錢糧，各輸貢不少懈。自二月至十月，清兵凡三大敗，永和晉封豫國公。十月初十日，永曆聖誕，永和會集文武官於五層樓拜牌，偶一言呼守西外城主將范承恩，其綽號「范草包」，直呼之。承恩以爲辱之於衆也，恨甚。范承恩者，淮安府之皂隸，隨成棟入廣者，目不識丁，故曰草包。承恩遂潛通平南、靖南二王〔二〕，十月廿八日，二王兵竟攻西外城，承恩退入裏城，而外城失矣。連攻三日，至十一月初二日未刻，羊城崩陷。永和率三司官携兩廣印航海而去，聞入暹羅國也。

初五日，袁彭年首先投誠，捧犒軍銀八百兩，哭訴當年迫於成棟之逆犯，後則着着仍爲清朝，此心可表天日，二王亦揮出之。又舊輔黄士俊、何吾騶，及楊邦翰〔三〕、李貞省、吴以連等，各各投誠，惟恐或後。當時打油腔嘲士俊，有「君王若問臣年紀，報道於今方剃頭」之句。蓋崇禎末年，士俊曾膺存問也，年已八十有二，復遭此幾代陞沉，

〔二〕「二」上，原衍「王」字，據蔣跋本删。
〔三〕「及」上，原衍「又」字，據蔣跋本删。

有生不如死矣。何吾騶者，更爲可怪。彼三百萬家私，大瀾、小瀾之住宅，巍煥壯麗，總付之一炬。又兩廣軍民殺戮幾百萬，城郭村野燬滅幾萬家，致世界兩次鼎革，皆由何吾騶與辜朝薦爭事權[一]、分爾我所起。從來兩廣在籍鄉紳，必有攬兩院三司之線索者[二]，己未以後，歸之香山矣[三]。辛未以來，潮陽辜朝薦每事欲與香山角，又角之必欲勝。其中局勢，畢竟香山力大而厚[四]，辜不勝也[五]，憤甚。丙戌年八月，清兵取閩，尚無入廣之令。朝薦，潮州人也。潮州至閩省，四日程耳。親往福州府，獻下廣之策，盛言三月之功，可直達西粵桂林，思得首功，便可壓倒香山，而不使之出頭也。清兵總鎮李成棟，遣三百精騎宵夜東行，由老龍而下廣，過增城縣，俱潛入花山。十二月十五日上午，止將十人，以青白布擄頭作洋人舟子狀，直至廣城布政司前雙門下紫薇牌坊，人叢中各去

[一]「何」，原脱，據蔣跋本、《續編》本補。
[二]「兩」，原作「内」，據蔣跋本、《續編》本改。
[三]「矣」，原脱，據蔣跋本、《續編》本補。
[四]「力」，原在「厚」上，據蔣跋本正。
[五]「辜」，原脱，據蔣跋本補。

頭布〔一〕，現出辮髮剃頭〔二〕，當時止殺一人，滿城崩潰。十人分守六門，將城門謹閉，於城上巡視，候至第三日，三百精騎方到。李成棟大兵，月餘纔到。何吾騶投誠，乞修明史，門署「纂修明史」，廣東人有「吾騶修史，真堪羞死」之謡。此時成棟初到，真是市不易肆，寸草不動。成棟亦無驚擾地方，但傳檄各府州縣，至明年二月，已達潯、太等處，兩廣定矣，辜朝薦不得别興風波。後朝薦全家被害，身首異處，居室灾燬無遺，又因丁亥年二月初一日，陳子壯、張家玉二人豎義旗起兵〔三〕，於是上而蒼梧，下而潮陽，各處伏莽淫掠小民，村堡受禍。張家玉六月兵敗，身沉於江。陳子壯潛身於高明縣，復擁一妓者，因而被擒，解至省城。李成棟會同三司正法，成棟曰：「若依國法，應剮三千七百刀，今折下十倍，三百六十刀罷。」袁彭年跪稟曰：「李老爺，國法所在，還應三千七百刀。」成棟曰：「我尚恨其不先死，來解也，何必如是！」羊城上下稍靖，而潮陽界閩漳，山海深菁，盜賊日甚，百姓追原亂始，總起於辜朝薦請過清兵所至，恨入骨髓。

〔一〕「去」，原作「出」，據蔣跋本改。
〔二〕「辮」，原作「辨」，據蔣跋本、《續編》本改。
〔三〕「旗」，原脱，據蔣跋本補。

又朝薦之父，横肆鄉曲，凡秤尺斗斛、服食器用等項，非奉彼號不得用。其秤曰「辜爺秤」一〔一〕，尺曰「辜爺尺」之類是也。及李成棟反明後〔二〕，永曆帝見駐肇慶，朝薦竟不敢見朝，雖有門生禮科李用楫三爲薦剡，恐一出而其事大露。潮州士庶已欺其孤弱，己丑四月，激於義憤，盡誅滅其家。嗚呼！是亦丁魁楚無君之報也。

至十一月初七日，聞羊城已失，各各抱頭鼠竄，移舟西上，不五里，又搶殺遍行。上至藤縣，遂分兩股，從永曆帝者上右江，餘則入容縣港，王化澄等類是也。上右江者，至潯州道上，兵各散走，永曆呼之而不應。入容縣港者，於北流境地爲土寇盡行劫奪，棄妻失妾，亡子遺僕，比比皆是，煢煢孑身，步行足重，乞食顔羞，向爲鴛班貴客，今爲鵠形喪狗，哀苦萬狀，人生當此，真不幸也〔三〕！永曆帝再上南寧府〔四〕，仍以府署爲行宫，所喜嚴起恒尚不忍舍去，同大金吾馬吉翔、大司禮龐天壽三人班荆對泣而已。

〔一〕「其秤」，原作「其號」，據蔣跋本改。

〔二〕「及」，原作「又」，據蔣跋本改；「反」，疑當作「返」。

〔三〕底本眉批云：「時北流知縣朱浣，父諱士鯤，號南池，以明經謁選，得粤西柳州府武宣縣。永曆朝，歷官至吏科給事中。壬辰，清師入粤，士鯤同子浣暨闔門三十口俱殉節於北流之黎村。陳其年有《賀新凉》輓詞。」

〔四〕「再」，蔣跋本作「舟」。

辛卯永曆五年正、二兩月，因略平安，間有舊臣從别道而至者，又有新臣不三思而就職者，文武兩班，位列楚楚，然亦薤上露、水中漚，究無依恃。忽三月初一日，孫可望發兵三千直抵邕江，亟取兵科都給事中（當日現任其職者，應天吴晋叔山也〔一〕），腰斬之，猶以爲向日之金堡耳，不知官是而人非。再取首撲嚴起恒，在舟中與之追論不封秦王之故，相對猶然成禮，及别時，則投之江北。邕江之水極其汛暴，源從交趾流入。起恒家人急駕舟往救〔二〕，直追至横州，得其尸焉。嗚呼！是亦云死之得其當〔三〕。其餘朝臣，盡皆逃散，爲生爲死，不得聞之。

丙戌年十月初九日至今，五六年中之事局，日變月新，千奇萬怪。後之作史者，諒亦幸此書之獨存也。

〔一〕「叔」下，原衍「也」字，據蔣跋本删。
〔二〕「舟」，原脱，據蔣跋本補。
〔三〕「當」，原作「所」，據蔣跋本、《續編》本改。

北使紀略〔一〕

明總兵陳洪範撰〔二〕

闖寇肆虐，逼犯北京，先帝賓天，宗社淪喪。洪範世受國恩，邇年廢居海濱，驚聞異變，泣憤同仇，徒跣至鎮江，史閣臺招同過江，議安將士。忽接禮部札付，奉旨召對，始知爲吴三桂借虜破賊，顧大宗伯薦往北使〔三〕。蒙皇上面命，謹對：「國事多艱，惟命所之，義不敢辭。但使事甚重，非武臣可以專任，必得文臣同往〔四〕。」部議兵部侍郎左懋第、太僕寺卿馬紹愉偕行，以銀十萬兩、金一千兩、緞絹一萬疋，爲酬虜之儀，因以祭告祖靈，奠安先帝、后，封吴三桂爲薊國公。本鎮恐虜情甚狡，事難遥度，就中機宜，必奉廟算，可以奉行，具疏上請。復蒙皇上召對親切，群臣廷議僉同。

七月十八日，銀幣甫齊，始得開舟。行至瓜、儀，原請借用各鎮馬騾，鮮有應者，

〔一〕按：本篇，中大本闕。
〔二〕「明總兵」「撰」，原脱四字，據蔣跋本補。
〔三〕「北使」，蔣跋本二字互乙。
〔四〕「得」，原作「將」，據蔣跋本、《續編》本改。

箱鞘繁重，苦不能前。至清江浦，僱騾市馬，不足馱運，分留緞絹，從河泛舟。劉東平、田淮撫各發兵三百餘名護送〔一〕。十五日〔二〕，渡黄河。廿一日，至宿遷。忽接虜使唐起龍等六人賫攝政嫚書與本鎮，事涉嫌疑，不敢遽進，當即具疏奏聞。念已奉使在道，難以中阻，與左、馬二使酌議前行。廿五日，至馬蘭屯，爲沂、滕之衝。時值土寇劫屯，聞本鎮至，半夜遁去。次日，委標下游擊孫國柱執本鎮與左部院諭牌招撫〔三〕，仍留國柱在本鎮團練鄉勇〔四〕，即有土寇千人就撫爲兵，八寨俱散，一方獲全。九月初一，至望冢黄家樓，遇土寇千人劫馱打仗〔五〕，護行將士追殺數十人，寇退，箱鞘無恙。初五日，至濟寧州，虜官不許近城栖宿，放炮吶喊，有欲出打仗狀。夜宿五里鋪，次晨移駐二十里鋪，以待水運緞幣。待四日不至，差參將王茂才沿河催運。自渡河來，村落彫殘，巷無居人，將士裹糧露宿。濟寧以士民爲虜用，概不納兵，食宿更艱。初九日，將借護兵將發之南

〔一〕「三」，蔣跋本、《續編》本作「二」。
〔二〕「十」前，據文意疑當有「八月」二字。
〔三〕「左」，原作「尢」，據蔣跋本改。
〔四〕「鎮」，蔣跋本作「鎮處」，《續編》本作「屯」。
〔五〕「仗」，原作「杖」，據蔣跋本改。

回，沿河途另僱土著鄉兵護行〔一〕。十一日，至汶上縣，途遇虜官總河楊方興統兵相遇。本鎮告以通好之意，彼嫚言：「謀國要看大勢。我國兵强，如要和好，須多運漕糧來。我們好説話，只是你降官要我攝政早收一統之業耳〔二〕。」本鎮對以：「逆闖未滅，正當南北同心。降官説話，如何輕聽得！」十五日晚，至臨清〔三〕，有舊錦衣駱養性，虜用爲天津督撫，遣兵來迎。十八日，至德州，有虜官巡撫山東方大猷告示云，「奉攝政王令旨〔四〕，陳洪範經過地方，有司官不必敬他，着自備盤費。陳洪範、左懋第、馬紹愉，止許百人進京朝見，其餘俱留置静海。祖澤溥所帶多人〔五〕，俱許入京」等語。味其語意，目中已無命使矣〔六〕。次早，傳虜示之榜傍有匿名一示云：「我乃俯僂而循〔七〕，汝猶正面

〔一〕「著」，原作「着」，據蔣跋本、《續編》本改。
〔二〕「降」，蔣跋本、《續編》本作「南」。
〔三〕「至」，原脱，據蔣跋本補。
〔四〕「王令」，原作「令王」，據蔣跋本、《續編》本改。
〔五〕「祖」，原作「鄭」，據蔣跋本改。
〔六〕「命使」，蔣跋本、《續編》本二字互乙。
〔七〕「僂」，原作「接」，據蔣跋本改。

而立〔二〕。原非不令而行，何怪見賢而嫚。」四語殊可駭異，疑爲地方無賴，借端中傷使臣也。及有報稱目擊誰寫貼者〔三〕，惟揭示存炤而已。後聞虜官知州將匿名示句抄報至北，攝政酋令逆輔馮銓解説，此語乃是罵王，酋益滋不悦矣。

至滄州，本鎮與左部院商確：「虜驕且嫚，相見之禮如何？若執不見，當日面承召對，天語叮嚀，恐無以通好濟國事。」因集馬太僕、梅主事各參謀共議〔三〕，僉云：「時異勢殊〔四〕，圖濟國事，不妨稍從委曲。」再四躊躇，未協一。次日，左部院出首輔主議、廷臣覆疏二通，以示本鎮，始知閣議中，以屈膝爲辱命〔五〕，尊天朝體〔六〕，議論乃定。因悉議中「以關外甌脱與之，許歲幣不擅過十萬」，覆疏中有「酬虜而非款虜」等語。此由閣議時，第知吴三桂借兵逐寇〔七〕，不知虜踞都僭號，猖獗如此，諒難受我戎索，使臣惟

〔二〕「面」「立」，原二字互乙，據蔣跋本、《續編》本正。
〔三〕「及」，疑當作「未」。
〔三〕「議」下，原衍「不妨」二字，據蔣跋本、《續編》本删。
〔四〕「異勢」，蔣跋本、《續編》本二字互乙。
〔五〕「屈」上，原衍「不」字，據蔣跋本删。
〔六〕「天」，蔣跋本作「大」。
〔七〕「兵」，原作「名」，據蔣跋本改。

有不屈共矢也矣。二十六日，駱養性親到静海縣，將三使臣所帶官丁，止許百人進京，餘盡安置静海古寺中，以夷官守之。養性雖奉虜旨，語言之際，似尚不忘故國。虜諜者偵知以報，攝政怒疑養性，削職逮問。且京城内外，訪察甚嚴，有南人潛通消息者，輒執以聞。陷北諸臣，咸杜門禁舌，不敢接見南人。而甘心降虜者，惟云絶通好〔二〕、殺使臣、下江南，以取容悦。山東僭踞，皆王鰲永、方大猷爲政，聞其屢疏，極言不可和狀。嗣王鰲永爲其裨將縛諸轅門，髯唾其面，争臠割之，足以昭降虜之報。

廿九日，至河西務，聞虜小汗入都，擇於十月初一日僭立〔三〕，不便遽前，差官王廷翰、生員王言，假以副將聯名帖送内院。馮銓見帖寫「侍生」，厲聲曰：「入國問禁。何無攝政王啓，輒敢持帖來見吾？」王言曰：「大使奉本朝皇帝之命，致謝清朝。大使行過濟寧，已草一啓，欲先達攝政王。及抵德州，見有『不必敬他』之説，因此中輟。今差官此來，正是問禁。」馮銓語塞而厲稍平，徐曰：「不收汝帖，可即進京來見。」初五日，至張家灣，因貽攝政酋啓，大意言：「爲國以禮。三使奉御書禮幣而至，禮宜遣官

〔二〕「云」，原脱，據蔣跋本補。
〔三〕「於」，蔣跋本、《續編》本無此字；「立」，蔣跋本、《續編》本作「位」。

郊迎〔一〕，豈有呼之即入之禮？」復草一書，與内院諸臣。王言至内院，兩見洪承疇，似有不安之色，含泣欲墮〔二〕。謝陞時而虜帽，時而南冠，默然忸怩。馮銓則惟其所言，岸然自恣也。内院首剛林榜什問〔三〕：「何以不徑進來？」王言告以：「御書不可輕褻，若不差官去迎，使臣寧死不敢前進。」初十日，虜差禮部韃官又奇庫迎至張家灣。祖澤溥差原同參將辛自修二人至灣，説攝政見啓，意頗善。其父祖大壽傳言：「少有機會，無不效力。」密遣人相聞三桂，三桂傳言：「清朝法令甚嚴〔四〕，恐致嫌疑，不敢出見。令所親來致意，終身不忍一矢相加遺。」三桂旋西出剿賊。

十二日，鼓吹前導，捧御書從正陽門入城，使臣隨之，左部院素服素帷〔五〕。虜將使臣及官兵人等送至鴻臚寺居住。虜欲以御書送至禮部，捧書者却足不敢前〔六〕。時已天晚，

〔一〕「禮」，原脱，據蔣跋本、《續編》本補。

〔二〕「泣」，蔣跋本、《續編》本作「涕」。

〔三〕「林」，原作「陵」，據蔣跋本改；以下徑改，不再出校。

〔四〕「甚嚴」，《續編》本二字互乙。

〔五〕「素帷」，原作「索惟」，據蔣跋本、《續編》本改。

〔六〕「足」，原作「走」，據蔣跋本、《續編》本改。

亦因迎入寺中，關防甚嚴，内外不許舉火，俱虜傳送，官丁飢寒殊甚〔一〕。十三日，有夷官禮部數人至寺，問：「南來諸公有何事至我國？」三使應之曰：「我朝新天子聞貴國借兵破賊，復爲先帝發喪成服，令我等賚御書銀幣前來致謝。」夷官云：「有書可付我們。」應之曰：「御書禮宜送入貴朝，不宜輕投你部。」夷官云：「凡進貢文書。俱到禮部轉啓。」應之曰：「天朝御書，何得以他國文書比〔二〕！」夷官云：「説是御書，吾們也不收罷。」作色而去。虜以謝禮爲貢，以天朝御書同之他國貢文，以故御書不敢輕與。十四日，夷官剛林榜什率十餘人，俱夷服佩刀，直登寺堂。剛林踞椅上坐，諸夷坐地右毡上，通事指地左毡曰：「你們坐此。」左部院正顔曰〔三〕：「我們中國人，不比你們坐地慣，快取椅來坐〔四〕。」遂取椅三，與剛林相對而坐。夷通事車令，即剛林之弟〔五〕，其人狡黠舌辨，通夷夏語。夷曰：「我國發兵爲你們破賊報仇，江南不發一兵，突立皇帝，這

〔一〕「甚」，蔣跋本、《續編》本作「苦」。
〔二〕「以」，原脱，據《續編》本補。
〔三〕「部院」，原二字互乙，據蔣跋本、《續編》本正。
〔四〕「坐」，蔣跋本、《續編》本無此字。
〔五〕「即」，原脱，據蔣跋本、《續編》本補。

是何説？」三人曰：「今上乃神宗皇帝嫡孫，夙有聖德。先帝既喪，倫序相應，立之誰曰不宜？」夷曰：「崇禎帝可有遺詔否？」三人曰：「變出不測，安有遺詔！南都聞先帝之變，會今上至淮，天與人歸，臣民擁戴，告立於高皇帝之廟，安事遺詔！」夷曰：「崇禎皇帝死時〔一〕，你南京臣子不來援救，今日忽立新皇帝！」應之曰：「北京失守，事出不測。南北地隔三千餘里，諸臣聞變，整練兵馬，正欲北來剿賊，傳聞貴國已發兵逐賊，以故不便前來，恐疑與貴國爲敵。特令我等來謝，相約殺賊耳。」夷曰：「你們向在何處？今日却來多話。」左曰：「先帝遭變時，我正在上江催兵，陳總兵、馬太僕尚在林下。」夷曰：「汝催兵，曾殺得流賊否？」左曰：「我是催兵剿張獻忠，闖賊也未曾敢犯上江。」夷曰：「汝服孝服，便是忠臣麽？」本鎮應之曰：「左部院是母喪，不是國服。」夷曰：「毋多言，我們已發兵下江南矣〔二〕。」左曰：「江南尚大，兵馬甚多〔三〕，莫便小覷了。」夷聞江南尚大之言，覺有不悦，本鎮應之曰：「我等原爲攝政王發兵破賊，又爲先帝發喪成服，皇帝命我賫御書銀幣，數千里遠來，原是通好致謝，何得

〔一〕「皇」，蔣跋本、《續編》本無此字。
〔二〕「兵」上，蔣跋本、《續編》本有「大」字；「矣」，蔣跋本、《續編》本無此字。
〔三〕「甚多」，《續編》本作「不少」。

以兵勢恐嚇？果要用兵，豈能阻你？但以禮來，反以兵往，不是攝政王起初發兵破賊之意。况江南水鄉，胡騎能保其必勝乎？」剛林不答，徑起而去〔一〕。十五日，內院夷官率户部夷官來收銀幣，對之曰：「銀幣是送你們的，正該收去。」將銀鞘十萬、金一千兩先付，蟒緞二千六百〔二〕，餘緞絹，尚在後運也。私計吴三桂既不出拜詔，則萬金可以無與。虜見十萬外尚有餘鞘，輒起攘奪。告之曰：「銀一萬兩，緞二千疋，是賞吴三桂的。既到此地，你們亦收去轉付。」諸虜撫掌踴躍，負馱而去。目擊虜情狡悍，事勢難爲，密脩寸楮，令都司車鎮遠踰垣而去〔三〕，馳報史、馬二輔，早飭備禦。嗣聞西寇勢急，連日八王子領兵出彰義門往西剿賊。過此，數日封鎖寺門，杳無消息。令人密探，聞攝政問内院諸人：「南來使臣，如何處他？」十王子曰：「殺了他罷。」攝政摇手。馮銓曰：「剃了他髮，拘留在此。」攝政不答。洪承疇曰：「兩國相争，不斬來使。難爲他們，下次無人敢來了。」攝政曰：「老洪言是。」遂有放回之意矣。

二十日，車令送祖澤溥同來參將辛自修、姜琦等八人至寺，稱：「祖錦衣他父親留

〔一〕「去」下，原衍「出」字，據蔣跋本删。
〔二〕「緞」，原作「蝦」，據蔣跋本、《續編》本改。
〔三〕「去」，《續編》本作「出」。

他，不去了。同來官丁，送在這邊，同回南去。」辛自修言：「祖錦衣十六日被虜逼令剃頭髮〔二〕，痛哭一日夜，自言『奉命同來，圖好仍回南〔三〕。今爲韃子所苦，至死不忘國家』等語。」二十六日，剛林至寺，説：「你們明早即行，我遣兵護送至濟寧就去〔三〕。報你江南，我要發兵南來。」三使云：「奉命而來，一爲致謝貴國，一爲祭告陵寢，一爲議葬先帝，尚要往昌平祭告。」夷曰：「我朝已替你們哭過了，祭過了，葬過了。你們哭甚麽？祭甚麽？葬甚麽？先帝活時，賊來不發兵，先帝死後，擁兵不討賊，先帝不受你們江南不忠之臣的祭！」本鎮應之曰：「果不容我們改葬，願留銀二千兩，煩貴國委官督工，如何？」夷曰：「吾國儘有錢糧，不須你們。已葬了，不必改葬。」出僞檄一通，當堂朗讀〔四〕，三使坐而聽之，隨粘寺壁。大約以不救援先帝爲罪一，擅立皇帝爲罪二，各鎮擁兵虐民爲罪三，旦夕發兵討罪等語。左曰：「今上賢序俱應，何爲擅立？」夷曰：「前已講過了，不必再言。」本鎮曰：「原爲講好而來，今竟講不得好了耶？」夷曰：「來講，河上可講，江上可講，隨地可講。」本鎮曰：「流賊在西，猖獗未滅，貴國又發兵而

〔二〕「髮」，蔣跋本、《續編》本無此字。
〔三〕「仍」，蔣跋本、《續編》本作「成」。
〔三〕「護」，蔣跋本、《續編》本作「押」。
〔四〕「讀」，蔣跋本作「誦」。

南，恐非貴國之利。」夷曰：「你們去，不要管吾。」
二十七日早，夷官二帶兵三百，立促出京，督押隨營安歇，不許一人前後，一人近語。二十九日，至河西務，仰望諸陵，近在咫尺，不得一祭告，哀痛不禁。即在河西務整備祭品，設位遥祭，文武將士，皆痛哭失聲。初一日，至天津，遇後運緞絹，有虜差户部主事一員押之而北。初四日[一]，行過滄州十里[二]，忽見夷官車令帶兵四五十騎，追左、馬二使復回北京。本鎮曰：「三人同來同歸，何復留二人[三]？」夷官曰：「留二位暫當住住，你可速回南去傳報，報我大兵就來[四]。」夷官遏二使而北[五]，擁本鎮而南，不許叙別。左部院惟於馬首曰：「我以身許國，不得顧家，致意我朝當事諸公，速防河防江[六]。」本鎮此時同出獨歸，肝腸欲裂矣。或傳虜使王之佐、魏之屏等三人使南，王之佐

〔一〕「日」，原脱，據蔣跋本、《續編》本補。

〔二〕「州」，原作「洲」，據蔣跋本改。

〔三〕「何」上，《續編》本有「奈」字；「人」，《續編》本作「使」。

〔四〕「報」，蔣跋本、《續編》本無此字。

〔五〕「官」，蔣跋本、《續編》本作「兵」。

〔六〕底本眉批云：「（左）懋第以不屈被害，（題）有絶命詞曰：『漠漠（黄沙）少雁過，片雲南下（竟如）何。丹衷碧血消（難盡），蕩作寒煙總不（磨）。』（被）難時忽風沙四起，（卷市）棚於雲際，一時罷市。」按：眉批原有闕文，凡括號内文字均據徐鼒《小腆紀年附考》卷十「順治二年閏六月庚子」（中華書局一九五七年點校本）補。

留之不回，初一日，魏之屏北歸至京，有他言，故復來追去〔二〕。總之，夷狄豺狼，變幻莫揣也。十五日，行至濟寧，途遇王之佐，因托其善爲我辭，早還二使。十六日，虜兵押過濟寧二十里而回，途中知宿遷之失，急從徐州渡河〔三〕。聞虜發兵三股北來，及各處調合諸營，約有數萬，暫在濟寧養馬，便欲南犯。又聞調取麗舟數千，從海而南，防河防江戰守之具，所當急爲有備者也。

洪範勞苦備嘗，奉使無効，自維衰朽，稍免斧鉞，决計乞閒。惟是往返情事，逐日筆記，一字不敢虚僞。其諸虜至寺嫚語尚多，難以詳述，姑記大略如此，聽高明垂鑒焉。謹記。

〔二〕「復」，蔣跋本、《續編》本無此字。
〔三〕「河」，原脱，據蔣跋本補。

江陰城守紀事

許重熙撰〔一〕

江陰以乙酉六月方知縣至，下薙髪之令。閏月朔，諸生許用大言於明倫堂曰：「頭可斷，髪不可薙。」下午，北門鄉兵奮袂先起，拘知縣於賓館。四城内外應者數萬人〔二〕，求發舊藏火藥器械，典史陳明遇許之，隨執守備陳端之，搜獲在城奸細。以徽商邵康公嫻武事，衆拜爲將，邵亦招兵自衛。舊都司周瑞龍船駐江口，約邵兵出東門，己從北門協剿。遇戰，軍竟無功，敵勢日熾。各鄉兵盡力攻殺，每獻一級，城上給銀四兩。徽商程璧入城〔三〕，盡出所儲錢與明遇充餉，而自往田撫及吴總兵志葵乞援。田、吴不至，程亦不返〔四〕，遂祝髪爲僧。

是時叛奴乘釁四起，大家救死不暇。清兵首掠西城，移至南關，邵康公往禦，不克。

〔一〕「撰」，原脱，據蔣跋本補。
〔二〕「四」，蔣跋本作「中」。
〔三〕「璧」，原作「壁」，據蔣跋本、《續編》本改。
〔四〕「返」上，原衍「至」字，據蔣跋本、中大本、《續編》本删。

敵燒東城，大劫城外富户。鄉兵死戰，有兄弟殺騎將一人。鄉兵高瑞爲敵所縛，不屈死。周瑞龍船逃去。明遇遣人請舊典史閻應元爲將，鄉兵擁之入城，率衆協守。敵四散焚劫，鄉兵遠竄，無復來援者。敵專意攻城，城中嚴禦。外兵箭射如雨，民以鍋蓋爲蔽，以手接取，日得三四百枝。一人駕雲梯獨上，内用長鎗拒之。將以口納鎗，奮身躍上。一童子力提而起，旁一人斬首，尸墮城下。或曰此七王也。又一將周身縛利刃〔一〕，以大釘插城而上，内用鎚擊，斃之。敵騎日益，依君山爲營，瞰城虚實，爲炮所中，乃移營去。居民黄雲江，素善弩，火鏃發弩，中人面目，號叫而斃〔二〕。陳端之子在獄製木銃〔三〕，銃類銀鞘，從城上投下，火發銃裂，内藏鐵烏菱，觸人立斃〔四〕。應元復製鐵檛，用綿繩繫擲，著人即弔進城。又製火毬、火箭之類，敵皆畏之。劉良佐降敵爲上將，設牛皮帳，攻城東北角。衆索巨石投下，數百人皆死。良佐移營十方庵，令僧望城跪泣，陳説利害，

〔一〕「縛」，原作「服」，據蔣跋本改。
〔二〕「斃」上，原衍「罷」字，據蔣跋本、中大本、《續編》本删。
〔三〕「木」，原作「未」，據蔣跋本、中大本、《續編》本改。
〔四〕「人」，中大本、《續編》本作「之」。

衆不聽〔一〕。良佐策馬近城諭降〔二〕，應元罵曰：「我一典史卑官，死何足惜！汝受朝廷封爵，今日反來侵逼，汝心何心？」良佐慚而去。明遇日坐卧城上，與民共甘苦。戰應元當先，明遇平心經理，民瀕死無恨〔三〕。一夕，風雨怒號，滿城燈火不然〔四〕。忽有神光四起，敵中時見三緋衣在城指揮，其實無之。又見女將執旗指揮，亦實無之。

敵破松江，貝勒率馬步二十餘萬盡來江上，縛吴志葵、黄蜚於十方庵，命作書招降。蜚曰：「我與城中無相識，何書爲！」臨城下，志葵勸衆早降，蜚默然。應元叱曰：「汝不能斬將殺敵，一朝爲敵所縛，自應速死。」志葵大泣拜謝。城下大炮日增，間五六尺地一具，彈飛如雹。一人立城上，頭隨彈去，而僵不僕。又一人胸背洞穿〔五〕，而直立如故。有敵將坐十方庵後，城上發炮，忽轉向營，立斃。八月望，應元給錢與民賞月，

〔一〕「衆」，原脱，據蔣跋本、中大本、《續編》本補。
〔二〕「降」，原脱，據蔣跋本補。
〔三〕「瀕」，中大本、《續編》本作「縱」。
〔四〕「不」上，原衍「風雨」二字，據蔣跋本、中大本、《續編》本删。
〔五〕「又」，原脱，據蔣跋本、中大本、《續編》本補。

携酒登城嘯歌〔一〕。許用作五更曲〔二〕，命善謳者高唱，城下人悲怒相半，有激烈慷慨者〔三〕。

廿一日午時，祥符寺後城傾，敵從烟雨溷雜中潛渡〔四〕，遂入城。民猶巷戰，有韓姓格殺三人，乃自刎。男婦死者，井中處處填滿。孫郎中池及泮池，積尸數層〔五〕。陳明遇闔門投火死。閻應元投水被縛，大罵死。明遇浙人，故長厚循吏。應元者，北通州人，膽略有治才〔六〕。甲申，海寇顧三麻直抵黃田港〔七〕，閻率鄉兵拒戰，手射三人，應弦而倒。以功加都司銜，陞廣東簿，道阻未去。義民陸先同徇。訓導馮某，金壇人，自經於明倫堂。中書戚勳，字伯平，家青陽，入城協守，知力不支，大書於壁曰：「戚勳死此，勳之妻若女死此〔八〕，子若媳死此！」闔室自焚。許用亦闔室自焚。黃雲江故善彈唱，城陷

〔一〕「登」，中大本、《續編》本作「望」。
〔二〕「曲」上，原衍「轉」字，據蔣跋本、中大本、《續編》本刪。
〔三〕「慷」，中大本、《續編》本作「感」。
〔四〕「溷」上，原衍「中」字，據蔣跋本、中大本、《續編》本刪。
〔五〕「積」，蔣跋本、中大本、《續編》本作「疊」。
〔六〕「治」，中大本無此字，《續編》本作「將」。
〔七〕「抵」上，原衍「投」字，據中大本、《續編》本刪。
〔八〕「死此」，中大本、《續編》本無此二字。

後，抱胡琴出城，人莫識爲弩師也。

江陰野史曰：有明之季，士林無羞惡之心[一]。居高官享重名者，以蒙面乞降爲得意，而封疆大帥，無不反戈内向。獨陳、閻二典史，乃於一城見義。向使守京口如是，則江南不致拱手獻人矣。時爲之語曰：「八十日戴髮效忠，表太祖十七朝人物；六萬人同心死義，存大明三百里江山。」

[一]「林」，原作「民」，據蔣跋本、中大本、《續編》本改。

江陵紀事〔一〕

吴應箕撰〔二〕

江陵敗後〔三〕，諸不得志於江陵者悉被顯擢，一時氣節之士，鋭然以盪滅餘黨爲事，張蒲州名四維實左袒之〔四〕。而茂苑申公名時行素爲江陵所信愛〔五〕，其黨非衆所指名者，申輒默爲地以免〔六〕。蒲州亦不久罷去，以故衆議紛紛，將移師向申矣。諸君子中，鄒元標爲稱首，其所建白，多禁切主上者。上既不堪，申因擠出之。又令人搆趙用賢等，使自相攻，於是吴中行遂仇用賢，而江東之、李植亦内不相善，新進附和，居臺省者，輒以年例外遷，士氣亦益衰矣。

〔一〕「江陵紀事」，中國歷史研究社編《東林始末》作「東林本末中」（上海書店一九八二年復印本）。

〔二〕「吴應箕撰」，原脱四字，據《東林始末·東林本末》補。

〔三〕「江」上，《東林始末·東林本末中》有「張」字。

〔四〕「名四維」，原脱三字，據蔣跋本、《東林始末·東林本末中》補。

〔五〕「而」，原脱，據蔣跋本、中大本、《續編》本、《東林始末·東林本末中》補；「名時行」，原脱三字，據蔣跋本、《東林始末·東林本末中》補。

〔六〕「申」，原作「中」，據蔣跋本、中大本、《續編》本、《東林始末·東林本末中》改。

初，太倉王公名錫爵以營救吴、趙爲江陵所忌〔一〕，故諸君子共推轂，致大拜，計且藉以抗申。王一旦反面與申合，諸申所欲斥，申不自發，輒授意王，使訟言排之。諸君子皆愕出意外，猝無以抗也。會丁亥内計，主計者希申旨，疏申所怒十九人，欲悉中之。銓曹無異議，獨河南道御史王國意不可。申乃起其黨馬允登補河南道，資故在國前，遂掌道事。一日，諸御史並會堂上，允登書十九人姓名示同列曰：「諸人亦可謂公論難容矣！」國熟視，叱之曰：「諸人皆骨鯁無罪，罪獨失申相公意耳。青天白日，何出此魅語！」直前欲拳之。允登走，國逐之，環臺廡一匝。於是國與允登悉外補，而十九人得不廢。

申謝事，王爲政，諸人皆或進或退，終莫能遂其志。會王稱病，文選郎中顧憲成乘間悉進諸人官，奏輒得可。時趙用賢爲太倉計逐且死〔二〕，吴中行亦久廢不用，而沈思孝、江東之、李植、王國〔三〕、王士性輩則各奮起，彬彬列卿寺矣。思孝素善太宰孫丕揚〔四〕，

〔一〕「名錫爵」，原脱三字，據蔣跋本、《東林始末·東林本末中》補。
〔二〕「太」，原作「東」，據本篇上文改；以下徑改，不再出校。
〔三〕「王國」，原脱二字，據中大本、《續編》本補。
〔四〕「揚」，原作「楊」，據本篇下文及蔣跋本、中大本、《東林始末·東林本末中》改；以下徑改，不再出校。

王國屬思孝言太宰，令推己巡撫，太宰未許也。國疑思孝不爲言，怨之，搆思孝於太宰，太宰頗疑思孝。一日，思孝等五人會於某勳臣家，思孝掌工部事，入内會葺理費，以是後至。坐定，國驟問曰：「吾諸兄弟同心，而公獨屢進官，何也？」思孝曰：「吾向亦疑之，今日某内臣言，我在大理鞫某事，稱上旨，上進閲惡人簿，除我名矣。」惡人簿者，蓋申、王去位時，疏所不相善姓名，密白之上者也。國怒曰：「汝背吾等附新建得遷，乃以是欺我耶〔一〕！」衆皆唯，遂罷會〔二〕。於是國與李植遂反思孝，獨江東之、王士性與思孝厚善如故。

乙未外計〔三〕，考功郎蔣時馨者，鄒元標、沈思孝等所卵翼也，至是亦反思孝，與國等合白太宰，欲除丁此吕、沈鈇等，以爲貪頑比古四凶。此吕與鈇等皆跅弛士，此吕尤與思孝善。思孝揚言於朝，欲救之。故事，計典將行，主計者發單於臺諫，人一紙，令各列所見聞應察治者，會議之。此吕單坐贓數萬，然無主名，蓋時馨與其黨私造者也。時馨恐不勝思孝等，乃持此吕單白太宰奏之，此吕坐是謫戍。然自公卿以下皆重其宿名，

〔一〕「耶」，原闕，據中大本、《續編》本補。

〔二〕「會」，原脱，據蔣跋本、《續編》本、《東林始末·東林本末中》補。

〔三〕「乙」，原作「己」，據蔣跋本、中大本、《續編》本、《東林始末·東林本末中》改。

争出祖道。御史趙文炳因劾時馨贓罪，時馨遂罷。時侍郎吕坤、張養蒙皆西人，有氣勢，爲後進所嚮，附太宰而仇疾思孝等。養蒙呼文炳，恐喝之。文炳即具自首：「前劾時馨疏，乃江東之屬草，令臣書奏者也。臣負陛下。」上不問，而思孝等益孤。時會東之、植皆擢巡撫以出，國與士性並推巡撫〔一〕，國首推，顧不得，士性得之，心不安，疏稱病，以官讓國。有旨調士性南京，而切責國，調外任。思孝獨與其里人樂元聲累數十疏攻吕坤等，及與諸臺諫舌戰良久，苦之。上積怒臺諫多妄言，實不任事。次相張新建名位頗倚思孝〔二〕，乃聳上敕部院盡疏臺諫名上，上親察之，逐數十人。思孝雖頗以爲意得，然亦不安其位，與丕揚並謝去矣。思孝從此遂廢，新建不久亦得罪去〔三〕，自後好名喜事之徒，皆依倚西北，謂之正人君子。

沈歸德爲次相，温純爲總憲，身爲標的，招集賢良，以引同類；而首相沈四明名一

〔一〕「推」，原作「擢」，據蔣跋本、《東林始末·東林本末中》改。

〔二〕「名位」，原脱二字，據蔣跋本補；「倚」，原作「阿」，據蔣跋本、中大本、《續編》本、《東林始末·東林本末中》改。

〔三〕「去」，原作「士林」，據蔣跋本、中大本、《續編》本、《東林始末·東林本末中》改。

貫〔一〕，承王太倉、趙蘭溪之後，布列私人在要地，共相與扼之。會楚人郭正域掌禮部，謂楚王非宗室裔，其疏宗方上奏訐，正域爲之謀主，欲遂革正之。然王已立三十年，事遠證不具，四明及諸卿臺諫往往受王賂遺，莫肯從正域議者〔二〕。無何，妖書事起，四明乘上怒，欲陷歸德沈鯉及正域〔三〕，悉取其往來遊客拷繫之〔四〕。正域狼狽走歸〔五〕，幾及於禍，獨部郎于玉立左右之，亦被斥。玉立者，名家子，少喜事，自前輩趙用賢者即器之，爲忘年友〔六〕。嘗鞫寧夏事，因漸釋罪撫魏學曾，奏得可。學曾西人也，以故玉立雖江南人，特爲西北所欽信。是時顧憲成罷歸久，於錫山創東林書院，招集士紳講學。其學經生之所知，絶無足聽者，徒相與臧否人物，訾國政〔七〕，冀當國者聞而藥之也。玉立既參議其間，則往往致之西北之同志者，令多方奏論之。以故附四明者，用漸罷去。四明度

〔一〕「名一貫」，原脱三字，據蔣跋本、《東林始末・東林本末中》補。
〔二〕「議」，原作「意」，據蔣跋本、中大本、《續編》本、《東林始末・東林本末中》改。
〔三〕「沈鯉」，原脱二字，據蔣跋本、《東林始末・東林本末中》補。
〔四〕「繫」，原作「擊」，據蔣跋本、中大本、《東林始末・東林本末中》改。
〔五〕「歸」下，原衍「德」字，據蔣跋本、中大本、《續編》本、《東林始末・東林本末中》删。
〔六〕「友」，《東林始末・東林本末中》作「交」。
〔七〕「訾」下，《東林始末・東林本末中》有「議」字。

不能留，遂計絜歸德同去，而政授之朱山陰矣〔一〕。

當四明在位時〔二〕，内外計典已輒爲部院所持，不能自持主，及山陰朱賡益懦且老〔三〕，不爲衆所憚，於是謀復召太倉，以中旨下之，而于東阿名愼行〔四〕、李晉江名廷機〔五〕、葉福清名向高亦同日拜焉〔六〕。晉江獨在京師，得先入。太倉方引故事疏辭，而顧憲成爲文二篇〔七〕，號《夢語》《寤語》譏切之〔八〕。江西參政姜士昌以慶賀入，遂疏錫爵「再居相位〔九〕，褊愎忌刻，摧抑人才，不宜復用」，語連廷機，大抵推憲成旨也。東阿以拜官日

〔一〕「遂計絜歸德同去而政授之朱山陰矣」，原脱十五字，據中大本、《續編》本、《東林始末·東林本末中》補。

〔二〕「當四明在位時」，原脱六字，據中大本、《續編》本、《東林始末·東林本末中》補。

〔三〕「朱賡」，原脱二字，據蔣跋本、《東林始末·東林本末中》補。

〔四〕「名愼行」，原脱三字，據蔣跋本、《東林始末·東林本末中》補。

〔五〕「名廷機」，原脱三字，據蔣跋本、《東林始末·東林本末中》補。

〔六〕「名向高」，原脱三字，據蔣跋本、《東林始末·東林本末中》補。

〔七〕「成」，原脱，據蔣跋本、中大本、《續編》本、《東林始末·東林本末中》補。

〔八〕「寤」，原作「寐」，據中大本、《續編》本改。

〔九〕「疏」下，《東林始末·東林本末中》有「劾」字。

卒，不與政。福清素無根柢於舊相〔一〕，持東林者十八九，益相與咀嚼太倉、山陰、晉江，令不得在位，并其黨斥逐殆盡。而福清遂獨秉政，海内皇皇以起廢一事望之。福清度不能得請，請亦不力也。

東林暨西北人士所屬望爲冢宰、總憲者，首曰淮撫李三才。三才與王國有睚眦隙〔二〕，國恨之深，對客駡不絶口。國弟王圖翰林掌院，與福清善〔三〕，國亦不信其言。西北人士之心，始内離矣。先是，浙人以趙、沈、朱三相故，爲西北所擯，困阨日久。西北人方并合勁楚，延攬東林，浙人雖恨之，不能報也。會南給事中段然怨翰林顧天埈，爲忿詞數千言奏詆之〔四〕。天埈與同官李騰芳相期許，兩人皆郭正域所親也。騰芳疏言：「臣與天埈同志，天埈被詆，臣義不得獨留。」遽棄官去。然遂并攻李，恐不勝，輒走東林求助，東林許之。於是正域怒曰：「東林私我所憎，攻我所親，豈與我爲難耶？」遂切齒東林，西楚之雄俊者，始不附矣。浙人乃令其黨説王國曰：「當今與公争權者，李三才

〔一〕「柢」，原作「抵」，據蔣跋本、中大本、《續編》本、《東林始末·東林本末中》改。
〔二〕「睚」，原作「涯」，據蔣跋本、中大本、《續編》本、《東林始末·東林本末中》改。
〔三〕「福清」，《東林始末·東林本末中》作「三才」。
〔四〕「忿」，原闕，據蔣跋本、《續編》本、《東林始末·東林本末中》補。

耳。吾等爲公盡力攻三才，公當爲後拒。」國然之。時方巡撫畿輔，日夜削牘走京師，毁詈三才。其弟圖諷曰：「攻淮撫者，攻吾兄弟漸也。」國叱不聽〔一〕。於是攻與救者日夜搆，宛若兩敵國〔二〕，互指爲奸邪，爲盜賊，棄官者以數十〔三〕，而三才卒用是困矣。

時孫丕揚復起爲太宰，銜沈思孝不已。顧憲成移書勸之，欲令灑濯思孝，復引與同心，則依附者自解，且宜擁衛三才〔四〕，勿墮他人計。丕揚信國語，怒不省，而好事者遂録其書傳天下，東林由是漸爲怨府。浙人欺丕揚老聵，給令發單訪東林得失。王圖夜叩扉，激丕揚曰：「若然，先生五十年立朝名節，一旦盡矣。」丕揚悟，止不發。自是，楚、浙並側目於圖。時朝中猶斥浙人爲四明黨，以故每事不敢先發，往往推楚人爲軍鋒，而乃芟刈之。顧、李已罷，詞林久次者前後爲臺諫所摘，無完人。宣城湯賓尹乙未進士

〔一〕「叱」，原作「吒」，中大本作「斥」，據蔣跋本、《續編》本、《東林始末·東林本末中》改。
〔二〕「宛」，原脱，據蔣跋本、中大本、《續編》本、《東林始末·東林本末中》補。
〔三〕「者」，原脱，據中大本、《續編》本、《東林始末·東林本末中》補。
〔四〕「衛」，原作「護」，據蔣跋本、中大本、《續編》本、《東林始末·東林本末中》改。

入館纔十五年耳〔一〕，見前輩寥落〔二〕，頗自負，益折節下人，以故顧、李黨爭附之，欲倚以屈王圖。辛亥内計，圖掌院事，遂斥賓尹。而丕揚主察，明督諸曹察治楚、浙黨，被斥者甚衆。餘人不服，閧然爲賓尹等七人稱冤，章日上。獨憲成門生丁元薦抗言謂：「七人宜察，救者非是。」於是臺諫同聲擊元薦，元薦與往復數番，卒以病罷。丕揚、圖亦相繼去矣。是時，西北、東林日益衰謝，楚、浙之黨蔓引他省，玉立身被數十疏，猶日出奇，使其門生故人伺釁攻之，不肯遂已。後憲成死，福清亦罷相，方德清名從哲用事〔三〕，臺諫右東林者並出，他傍附者皆以法謫，向之罪申、王、四明者皆不復口及〔四〕，而東林獨爲天下大忌諱矣。

外史氏曰：禄位無常，一興一衰，固也。賢愚是非，亦隨以遷，謂之何哉！往江陵以前，嗣相位者，必反前人之政，進其所忌，退其所暱。申、王以後，轉相擁護，久而不敗，議者比之傳鉢沙門。信夫！前相用廷杖鉗天下口，被杖者卒成名士，乘間蹈

〔一〕「乙未進士」，原脱四字，據蔣跋本補。
〔二〕「見」上，原衍「前」字，據蔣跋本、中大本、《續編》本、《東林始末·東林本末中》删。
〔三〕「名從哲」，原脱三字，據蔣跋本補。
〔四〕「皆不復口及」，《東林始末·東林本末中》作「久亦不復計」。

瑕，遂起爲難。申、王去廷杖，凡得罪者謂之欽降官員，終身不叙，遂皆老死不振。後車戒前，抑善自爲謀哉！然朱山陰以前，臺諫雖詆訾内閣，内閣終亦有所持，不爲役使。福清之掃崑、宣，德清之盪東林，曾有一毫己意行乎其間哉？吁！可哀也已！

東林事略

吴應箕撰〔一〕

門户始末論〔二〕按此篇始自並封，至丁巳京察而止，未及熹宗朝也〔三〕。

嘗觀自古國家之敗亡，未有不起於小人傾君子之一事；而小人之傾君子，未有不託於朋黨之一言。漢有顧、厨、俊、及，唐有清流、白馬，宋有新法、僞學，所號爲黨人流入之禍〔四〕，中於君子，而國運隨之以促。興言及此，真不知賈生之流涕盡，而繼之以血也！然黨錮之禍，其流甚烈，而其源有漸。宋之黨錮，極於元符，而蔡襄四賢一不肖之詩，已爲之端。昭代之黨禍，極於萬曆丁巳〔五〕，而嘉、隆諸政府已開其漸。故自張鳳

〔一〕「吴應箕撰」，原作「失名」，據《東林始末·東林本末》補。
〔二〕「門户始末論」，《東林始末》作「東林本末上·門户始末」。
〔三〕「宗」，蔣跋本、《東林始末·東林本末上》作「廟」。
〔四〕「入」，《東林始末·東林本末上》作「及」。
〔五〕「萬曆」，原作「萬歷」，據蔣跋本、《續編》本改；以下徑改，不再出校。

磐名四維以前〔一〕，溯而上之，如張太岳名居正〔二〕、高中玄名拱〔三〕、徐存齋名階〔四〕、嚴介溪名嵩〔五〕、夏桂洲名言者〔六〕，其權專，其黨同伐異顯行於好惡之間，而人莫之敢議；然其局專於攻擊前人，故一相敗露，而爲其鷹犬〔七〕、爲其斥逐者，亦轉盻而陞沉互異，是以君子不久錮林泉，小人不終據要津也。自瑶泉申時行以後〔八〕，遞而下之，如王荆石名錫

〔一〕「磐」，原作「盤」，據本篇下文及蔣跋本、《東林始末·東林本末上》改；「名四維」，原脱三字，據蔣跋本、《東林始末·東林本末上》補。
〔二〕「名居正」，原脱三字，據蔣跋本、《東林始末·東林本末上》補。
〔三〕「玄」，原避諱作「元」，據《續編》本改；「名拱」，原脱二字，據蔣跋本、《東林始末·東林本末上》補。
〔四〕「名階」，原脱二字，據蔣跋本、《東林始末·東林本末上》補。
〔五〕「名嵩」，原脱二字，據蔣跋本、《東林始末·東林本末上》補。
〔六〕「名言」，原脱二字，據蔣跋本、《東林始末·東林本末上》補。
〔七〕「其」，原脱，據蔣跋本、《東林始末·東林本末上》補。
〔八〕「申時行」，原脱三字，據蔣跋本、《東林始末·東林本末上》補。

爵〔一〕、張洪陽名位〔二〕、趙瀫陽名貞吉〔三〕、沈蛟門名一貫〔四〕、朱金庭名賡者〔五〕，其術巧，其黨同伐異詭託於宮府之内，而人莫之能測；又其局專於汲引後人，故衣鉢相傳，而爲其所庇護、所排擊者，縱易地而用舍如前，是以君子竟同碩果，而小人終等延蔓也。遠不具論〔六〕，試就萬曆間言之。

當張鳳磐罷位，申、王當國，而許潁陽名國預焉〔七〕，其時朝議册立，天潢序定，誰敢紊之？而申、王獻媚，密主三王並封之説，衆正争之，遂詆爲黨矣。後册立既定，工部主事某請造太子儀仗〔八〕，會逢聖怒，欲置之法。時申、王、許逼以公論，具揭救之。

〔一〕「名錫爵」，原脱三字，據蔣跋本、《東林始末·東林本末上》補。
〔二〕「名位」，原脱二字，據蔣跋本、《東林始末·東林本末上》補。
〔三〕「名貞吉」，原脱三字，據蔣跋本、《東林始末·東林本末上》補。
〔四〕「名一貫」，原脱三字，據蔣跋本、《東林始末·東林本末上》補。
〔五〕「名賡」，原脱二字，據蔣跋本、《東林始末·東林本末上》補。
〔六〕「具」，原作「且」，據蔣跋本、中大本、《續編》本、《東林始末·東林本末上》改。
〔七〕「潁」，原作「穎」，據《許文穆公集》後附王家屏撰《潁陽許公墓誌銘》改；「名國」，原脱二字，據蔣跋本、《東林始末·東林本末上》補；「焉」，原作「爲」，據蔣跋本、《東林始末·東林本末上》改。
〔八〕「某」下，《東林始末·東林本末上》注有「張有德」三字。

申、王又懼其忤上，遂密揭諉過於許，而不認前揭，自謂陰陽其事[一]，神鬼莫知。不謂上竟出其密揭，以塞廷議，而黄正賓以之發抄，衆正糾之，又詆爲黨矣。

歲甲午，申、王既敗，許亦致政，趙瀫陽、張洪陽當國，而沈蛟門預焉。一日，張以其私干主銓，不聽。會傳旨考察銓部，四司盡罷職，衆正薄之。已而遼陽有倭變，張、沈主戰，趙與石星主和。和議失矣，而主戰者又私一總戎李如梅。會麻貴一日敗倭十八陣[二]，倭棲釜山，疲困之極。麻貴謂遼撫楊鎬曰：「今日乘勝一攻，盡殲醜類矣。」時鎬因如梅未到，鳴金收軍。蓋鎬與如梅結盟，懼其不得預功耳。詰朝，倭已結寨，如梅始到[三]。鎬欲攻之，麻貴不可，謂倭已有備，攻之必敗。鎬不聽，引兵而進，倭用弩銃乘風迎戰，鎬與如梅、麻貴僅以身免，遼陽精鋭盡死於此。乃匿不以聞，獨贊畫兵部主事丁應泰疏其實於朝，參張洪陽、沈蛟門、楊鎬等，於是洪陽與鎬奉旨爲民，瀫陽隨死，而蛟門獨留，爲禍遂烈。乃考察丁應泰，坐以不謹，陷給事中徐觀瀾幾死，誣害觀瀾親家侍郎張養蒙，罷職。

[一]「陽」，中大本作「秘」。

[二]「八」，蔣跋本、《東林始末·東林本末上》作「一」，中大本無此字。

[三]「倭已結寨，如梅始到」，原二句互乙，據蔣跋本、《續編》本、《東林始末·東林本末上》正。

已而枚卜沈龍江、朱金庭。朱爲蛟門私人，龍江名鯉乃聖心特眷者〔一〕。於是申瑶泉貽書蛟門曰〔二〕：「藍面賊來矣，須備之。」蓋龍江居宗伯時，與瑶泉相忤，懼其銜己，欲與蛟門謀陷之。以龍江面青而黑，故云。然龍江方正清操，無可齮齕。適徽棍程守訓等賄内使〔三〕，以礦税動上，龍江揭之甚力〔四〕。蛟門既欲逢上，又利税使餽遺，於是閹監四出，海内騷動。間有言者，而蛟門之鷹犬如姚文蔚、陳治則、楊應文、錢夢皋等，承風順旨，力爲排擠矣。

其大犯公論者有二：一曰楚獄。蓋自楚撫趙可懷先以家居占人田宅，不容於鄉，私奔長安，重賂蛟門，遂使可懷撫楚，屬其曲護陳奉。到日，大失民心。已因楚藩以假王相訐〔五〕，楚王輿金錢進〔六〕，且賂蛟門。諸藩惡其行賂也，踰江奪之。可懷遂坐以劫攟，

〔一〕「名鯉」，原脱二字，據蔣跋本、《東林始末·東林本末上》補。
〔二〕「是申」，原作「中」，據蔣跋本、中大本、《續編》本、《東林始末·東林本末上》改。
〔三〕「棍」，《東林始末·東林本末上》作「商」。
〔四〕「揭」下，《東林始末·東林本末上》有「阻」字。
〔五〕「因」，蔣跋本作「而」，《東林始末·東林本末上》作「而因」；「訐」，原作「許」，據蔣跋本、中大本、《續編》本、《東林始末·東林本末上》改。
〔六〕「進」下，中大本、《續編》本有「上」字。

不俟題請，徑加慘刑。諸藩執《會典》争之，而百姓恨其庇陳奉，亦乘機逼殺可懷。蛟門遂坐諸藩，以大辟者七，繫高牆者數十。殺戮太多，輿情能不共憤？一曰妖書。夫妖書爲越人趙士禎所刻，蓋歸美蛟門有功東宫，諸人不爲出力，獻媚耳，初無他異。蛟門乃以挑激聖怒，大索京都，一欲逼死沈龍江，蓋以議礦税不合也〔一〕。龍江曰：「妖書果自我造，我當死於西市，决不自經。」一欲逼死郭正域，蓋正域發楚送蛟門禮單，遂令大兵圍其私宅，下家僮於獄。正域僅保首領，行至楊村，復以兵快守之，不得去。其夫人脱簪珥，令小女貿薪米以給日用。後得總漕李三才解免。衆正忿其太險毒，具疏參之。丙午，李三才亦疏論貫、鯉不和，有累聖政。蛟門遂密揭逮問李三才、沈鯉、郭正域，上驚曰：「如何爲一閣臣，逮一同官、一侍郎、一督臣！貫果病耶？」故批其告病疏云：「卿既病，着俟後命〔二〕。」蛟門始權去矣〔三〕。然懼龍江留必爲後患，乃陰賄司禮，陽

〔一〕「也」，原脱，據蔣跋本、《東林始末·東林本末上》補。
〔二〕「後命」，原二字互乙，據《東林始末·東林本末上》正。
〔三〕「權去」，蔣跋本作「去相」，中大本、《續編》本作「放去」，《東林始末·東林本末上》作「去位」。

撼龍江〔二〕，扯之同去。又懼三才入掌總憲，發彼妖書、楚獄之失，令姻婭邵輔忠參之以去〔三〕。

在蛟門之忿消矣，而蛟門之黨如錢夢皋等，向賴蛟門而留，一旦蛟門歸，失其所庇，惟恐辛亥之察大不利於群小，於是以東林爲綱，以淮撫、秦脈爲目〔三〕，結成一大網，無人不推入其中。而察前先發以自保者，則有王紹徽、鄭繼芳、劉國縉、金明時、南中錢策、劉時俊若而人；察後謀翻者，則有秦聚奎、朱一桂、喬應甲、徐兆魁、周永春、姚宗文、張鳳彩、彭維城、孫紹吉、陶子顧、馬從龍、王三善、南京王萬祚、曾陳易、周達、高節若而人。所賴主銓諸賢拚却一官，力結此局，而小人之忿愈逞，君子之身愈危。迨考選一下，元凶劉廷元、李徵儀〔四〕、潘汝楨等，或借釁於湯賓尹〔五〕、韓敬而浙、

〔二〕「陽」，《東林始末·東林本末上》作「使」。
〔三〕「邵」，原作「趙」，據蔣跋本、中大本、《續編》本、《東林始末·東林本末上》改。
〔三〕「以」，原脱，據蔣跋本、中大本、《續編》本、《東林始末·東林本末上》補。
〔四〕「徵」，原作「徽」，據蔣跋本、《東林始末·東林本末上》改。
〔五〕「賓尹」，原脱二字，據蔣跋本、《東林始末·東林本末上》補。

宣合〔一〕，或乘機於荆養喬〔二〕、熊廷弼而楚人合〔三〕，或排擊夫顧憲成〔四〕、李三才而三吴合〔五〕。假亓詩教爲戎首，倚方中涵爲泰山，誣以四凶，詆爲五鬼，屏力斥去〔六〕。大臣如孫丕揚、王圖〔七〕、孫瑋、王象乾、吴達可、翁正春、魏養蒙、孫慎行、吴桂芳、葉臺山〔八〕、崔景榮、徐宗濬、陳薦，次第逐矣。京堂如朱吾弼、胡忻、葉茂才、朱國禎、朱世禎、郭倡〔九〕、朱延禧、南師仲、朱光祚、馮上知、歐陽東鳳、吴正志、金士衡、吴炯

〔一〕「敬」，原脱，據蔣跋本、《東林始末·東林本末上》補。
〔二〕「養喬」，原脱二字，據《東林始末·東林本末上》補。
〔三〕「廷弼」，原脱二字，據《東林始末·東林本末上》補；「人」，《東林始末·東林本末上》作「秦」。
〔四〕「憲成」，原脱二字，據《東林始末·東林本末上》補。
〔五〕「三才」，原脱二字，據《東林始末·東林本末上》補。
〔六〕「屏」，原作「並」，據蔣跋本、中大本、《續編》本、《東林始末·東林本末上》改。
〔七〕「圖」，原作「國」，據蔣跋本、中大本、《續編》本、《東林始末·東林本末上》改。
〔八〕「臺山」，《東林始末·東林本末上》作「向高」。
〔九〕「倡」，中大本、《東林始末·東林本末上》作「昌」。

等，次第逐矣。科臣如曹于汴〔一〕、李瑾、張國儒、李成名、孫振基、張鍵、梅之煥、麻僖、段然、熊明遇、張篤敬、韓光佑等，次第逐矣。臺臣如孫居相、湯兆京〔二〕、吴亮、彭端吾、李邦華、周起元、徐良彦、吕圖南、陳一元、王時熙、馬孟禎、劉若星、魏雲中、張五典、吉人劉蘭、史學遷、荆養喬、史記事、錢春、潘之祥、宋槃〔三〕、吴良輔、吴允中等，次第逐矣。部寺如孫鼎相、鄒存謙、劉崇文、張鳳〔四〕、張養才、鮑應鰲、韓萬象、賀烺、沈正宗、李樸〔五〕、涂一榛〔六〕、常澄、龐時雍、劉宗周等〔七〕，次第逐矣。

至丁巳、己未兩察，私惡所加，不必循例，至有未任而懸坐以不謹，如李炳恭者；有任不數月而妄誣以不謹，如丁元薦〔八〕、潘之祥者。禁錮考選，六七年不下，復借名題

〔一〕「汴」，原作「忭」，據《明史》卷二五四《曹于汴傳》改；以下徑改，不再出校。
〔二〕「兆京」，原二字互乙，據蔣跋本、中大本、《續編》本、《東林始末·東林本末上》正。
〔三〕「槃」，原作「盤」，據《東林始末·東林本末上》改。
〔四〕「鳳」下，《東林始末·東林本末上》有「翔」字。
〔五〕「李」，原作「季」，據蔣跋本、中大本、《續編》本、《東林始末·東林本末上》改。
〔六〕「涂」，原作「除」，據蔣跋本、《續編》本、《東林始末·東林本末上》改。
〔七〕「宗」，原作「宋」，據蔣跋本、中大本、《續編》本、《東林始末·東林本末上》改。
〔八〕「丁」，原脱，據蔣跋本、《東林始末·東林本末上》補。

差，陽爲轉通，陰實斥逐，令孤而言不敢發，差出而發不敢盡，致有株守日久貧病而死者，有棄之而去者。而見任臺省〔一〕，則一人常兼數差，俸近必陞京堂〔二〕，好官惟我做盡，國事聽其日非。世界如此，宜奴酋一舉而城堡傾、社稷危矣。要皆起於蛟門、龍江邪正不合，成於蛟門私人畏辛亥京察清議難容，故其黨先發，傾正人而以身固其官，卒之主察者執持不阿，小人愈忿。又見南察抑正伸邪，而北察既竣〔三〕，而一二敗群之夫，如許弘綱〔四〕、余懋衡者，陽説陰施，倒身宵小〔五〕，於是僉壬之焰愈張。朝廷之上，正人不得安其位，山林之下，正人并不能安其身，而天下大事去矣。《詩》云：「人之云亡，邦國殄瘁。」豈不痛哉！

乃邪正之消長，政府其本，而京察則其候也。癸巳以孫鑨爲冢宰〔六〕，温純爲總憲，

〔一〕「見」上，原衍「任」字，據蔣跋本、中大本、《續編》本、《東林始末·東林本末上》删。
〔二〕「陞」，原作「陛」，據蔣跋本、中大本、《續編》本、《東林始末·東林本末上》改。
〔三〕「竣」，原作「峻」，據蔣跋本、中大本、《續編》本、《東林始末·東林本末上》改。
〔四〕「弘」，原作「宏」，據氏著《群玉山房文集》改。
〔五〕「倒」，蔣跋本、《東林始末·東林本末上》作「側」。
〔六〕「癸巳」，原作「己亥」，據《東林始末·東林本末上》改；以下徑改，不再出校。「鑨」，原作「瓏」，據蔣跋本改。

趙南星爲考功，止有項應祥未歸於正〔一〕，然蓬生麻中，卒之黜陟稱平。迨至乙巳〔二〕，較門力庇私人錢夢皐等，所賴少宰楊時喬、總憲温純、功郎劉一焜、掌道吴達可持正不阿，雖吏垣侯慶遠事後持之不堅，諸奸邀旨留用〔三〕，然而公論已稍伸矣。

辛亥京察，冢宰則孫丕揚，而署總憲則許弘綱也，功郎王宗賢，吏垣曹于汴、湯兆京，雖衆正在事而邪氛已煽，君子處强弩之末，小人當蜂起之初。至於丁巳、己未，方中涵爲政，鄭繼之、趙焕掌銓，李鋕掌院〔四〕，趙士諤爲功郎，韓浚掌道〔五〕，徐紹吉掌吏垣，而居間把持一手握定者，惟劉廷元、李徵儀、亓詩教而已。其於正人君子，若風掃殘雲，雨摧壞塊，靡有孑遺焉。故癸巳，尚矣；乙巳，則宋之熙寧、元豐也，邪正互立，而邪不勝正；辛亥，則元祐、紹聖之交，君子日退，小人日進，而正不勝邪矣；

〔一〕「未」，原作「求」，據蔣跋本、中大本、《續編》本、《東林始末·東林本末上》改。
〔二〕「乙」，原作「已」，據蔣跋本、中大本、《續編》本、《東林始末·東林本末上》改。
〔三〕「邀」，原作「繳」，據《東林始末·東林本末上》改。
〔四〕「鋕」，原作「志」，據《東林始末·東林本末上》改。
〔五〕「浚」，原作「俊」，據蔣跋本、《東林始末·東林本末上》改；「道」下，《東林始末·東林本末上》有「事」字。

丁巳，則宋之元符，廷無君子之踪，而家蒙黨錮之禍[一]，徽、欽覆轍，恐不旋踵矣。

東林紀事本末論七首[二]按此論始自鄒南皋諫奪情，至《三朝要典》而止。

江陵奪情

論曰：予追溯東林所自始，而本之於争奪情，以其爲氣節之倡也。夫江陵之鋒，觸之立碎，諸君子豈甘以其身爲劉安成之續哉？扶國紀而明人倫，雖身死何惜！吉水鄒元標即微後日之講學[三]，當其發憤抗疏之際，雖聖人所謂「朝聞夕死」者有以加乎？吴中行、趙用賢、沈思孝、艾穆後有用不用[四]，要之爲忠臣義士也。江陵敗而後之秉國者[五]，如吴如婁，又一異矣。無江陵之横而有其擅，非江陵之才而多其妬，起角之者非黜則錮，於是林岩之間，賢哲相望。夫諸君子進不得用[六]，退而有明道聚徒之樂，此誰

[一]「而」，原脱，據蔣跋本、《續編》本、《東林始末·東林本末上》補；「蒙」，原脱，據蔣跋本、中大本、《續編》本、《東林始末·東林本末上》補。
[二]「東林紀事本末論」，《東林始末》作「東林本末下」。
[三]「鄒元標」，原脱三字，據蔣跋本補；「微」，原作「爲」，據《東林始末·東林本末下》改。
[四]「穆」，原作「樸」，據《東林始末·東林本末下》改。
[五]「秉」，原作「乘」，據蔣跋本、中大本、《續編》本、《東林始末·東林本末下》改；以下徑改，不再出校。
[六]「夫」，中大本、《續編》本作「其」。

使之而又黨之？噫，甚矣！天啟間耆老僅存者尚秉用，未幾黨錮興，而實發難於吉水。則夫以此始亦以此終者，其是之謂與！

或謂予：「吉水晚節稍異，甫至京，即屬福清以復江陵謚爲首務，且悔其論劾爲少年客氣。」予曰：「是何言哉！是何言哉！」後以問方侍御，侍御曰：「先生爲總憲，莅任，諸御史皆在坐〔二〕。先生曰：『江陵之不守制，罪也〔三〕，予往時不得不論。由今思之，則江陵未嘗無功，謚亦不可不復，諸君以爲何如？』時諸御史皆服先生無成心，其始終皆爲國也。」嗚呼！由侍御之言觀之，此所以爲東林哉！

三王並封

論曰：予嘗讀《王文肅奏議》〔三〕，未嘗不歎服其才，則亦豈未嘗學問者。而東宮繼嫡之議，三王並封之擬，此何以稱焉？重於失君，遂於天下之大計有所不暇顧者，則將焉用此相哉！幸當時諸部以死争之〔四〕，而王亦旋自悔劾，故其事得寢。不然，太倉之

〔二〕「坐」，原作「至」，據蔣跋本、中大本、《續編》本、《東林始末·東林本末下》改。
〔三〕「罪」上，原衍「知」字，據蔣跋本、中大本、《續編》本、《東林始末·東林本末下》删。
〔三〕「文」，原作「忠」，據《東林始末·東林本末下》改。
〔四〕「時」，原脱，據蔣跋本、《東林始末·東林本末下》補。

肉，豈足食乎！爭三王與爭考功俱一時事，爭此未盡者，於考功盡焉。嗚呼，其甚矣！予嘗歎國家養士數百年，未嘗不收其用，然有二盡：嘉靖時盡於議禮，萬曆時盡於國本。非國本盡之〔二〕，而爲留中永錮者盡之也。永嘉張孚敬實才相〔三〕，視當時建議者老死竄戍卒無一語〔三〕，推是心也，其以破人家國有餘矣！區區者，何足以蓋之！況所謂太倉者，才又不及乎！然議禮意見相左，其時無黨名；爭國本則有菀結於其間，而邪正分，邪者遂目諸君子爲東朝之黨。夫東朝何人也？而曰黨，則言是者人道盡矣〔四〕！雖然，東朝果可黨也〔五〕，此非不佳事，而何以東林之外寥寥焉？嘗讀諸君子封事，與史玉池恭惟條議，及顧涇陽所與王太倉書，未嘗不作而歎曰：「黨哉！黨哉！顧國家安得盡若人而爲之黨也〔六〕！」

〔一〕「國」上，《東林始末·東林本末下》有「議禮」二字。
〔二〕「張孚敬」，原脱三字，據蔣跋本補。
〔三〕「者」，原脱，據《東林始末·東林本末下》補。
〔四〕「言是」，中大本、《續編》本二字互乙。
〔五〕「可」下，原衍「完」字，據《東林始末·東林本末下》删。
〔六〕「爲之黨」，中大本作「黨之」。

癸巳考察

論曰：予聞吏部自江陵擅權後，諸司仰政府鼻息，即冢宰無能自行其志者。迨平湖陸五臺負其權智，始一振拔，而孫清簡、陳恭介繼之，於是閣不得撓部權，而統之體以肅，蓋稱國家三太宰云。若高邑趙公之爲考功〔二〕，則尤異矣。高邑主計，大約先邪佞而次貪鄙，嚴要津而寬散秩，清夜籌燈，精心衡量，有蟲巢於耳而不知。遇一權勢姓名，則奮腕抑之，而所斥都給事中，則其姻家；所斥吏主事，則冢宰甥也。嗟夫！國家二百餘年，有此銓司哉？而使有賢輔臣焉，所當委己任之，昌言論薦，俾蒙不次之擢。奈何以喪其所私，反肆之螫？而一時大寮列署以論救罷斥者，至十數君子焉，政府可謂肆志而愉快矣，於國家何？於萬世何？然則太倉也，新建也，蘭溪也，豈非高皇帝之罪人哉？

自是之後，高邑白首林居，而諸子以高邑廢者雖死不悔〔三〕，於是而曰黨也，真所謂君子亦有黨矣！抑予尤有感焉。癸巳而後，其爲察也可知矣，賢者率數十年而不勝。辛

〔二〕「高邑趙公」，蔣跋本、《續編》本、《東林始末·東林本末下》作「趙高邑」。
〔三〕「子」上，蔣跋本有「君」字。

亥則門户分焉，至舉國聚訟不決。三案興而東林大敗。要之，不三案何以知東林〔二〕？今亦幸有三案爲涇渭矣，而邪者尤呶呶焉，此亦何與？夫人而邪也，吾無責焉耳。而依附門户者，實亦有人，見小利害即不能不掉臂去，豈獨不能與政府抗？實呈身焉；豈獨不能棄官以争？且賣友矣。嗚呼！此烏睹所爲東林哉？聞高邑諸君子之風，其亦可反而愧死矣！

會推閣員

論曰：予於萬曆癸巳，蓋不勝世道消長之感焉。諸君子之被禍也，争並封未盡者，大計盡之；大計未盡者，會推又盡之。自顧涇陽削歸而朝空林實〔三〕，東林之門户始成。夫東林，故楊龜山講學地，涇陽顧公請之當道，創書院其上，而因以名之者。時梁溪、毗陵、荆溪、金沙、雲陽諸公，相與以道德切劘，而江漢、北直遥相唱和，於是人品理學，遂擅千百年未有之盛。然是時之朝廷何如哉？夫使賢人不得志而相與明道於下，此東林之不願有此也。即後世之爲賢人君子者，亦何嘗標榜曰吾東林哉！朝廷之上見一出

〔二〕「不」下，蔣跋本有「有」字。
〔三〕「空林」，原作「廷空」，據《續編》本、《東林始末·東林本末下》改。

身吐氣，鄉黨之間有一砥行好修，率舉而納之曰「此東林也」。浸淫二三十年，壯者衰，老者死。迨遼難作而勢不可復支，至不得已，求人於此中，而又以門户撓其成而利其敗。嗚呼！此誰非癸巳以後之爲哉？吾故觀於此，而不勝感慨係之耳！

雖然，國家實非不幸而有此也。予嘗以爲，留東漢之天下者，氣節也，凶如董卓而不能取，奸如曹操而不敢取。天啟乙、丙之間，一閹作孽，不過刀鋸餘息，乃能使天下衣冠之徒，回面汚行，事至不忍言；而累累相接，駢首就誅，卒以其死力捍之，使聖賢讀書之種不絶，而爲留未竟之緒，以待今日聖明再馭者，此誰爲之？則東林之流風餘韵，猶能繫人宗社如此也。誰謂黨人不可爲哉！予嘗客梁溪，歷陽羡〔一〕，徘徊毗陵、華陽之間，過東林廢趾，訪求諸君子遺事，而益歎夫東林之名，世之所諱言也，則亦實考其所以爲東林者而可矣〔二〕。

辛亥京察上下

論曰：是役也，舉國分爲二黨，曰西北，曰東朝，其實東林也；曰崑，曰宣，其

〔一〕「陽羡」，原作「華陽」，據中大本、《續編》本、《東林始末·東林本末下》改。
〔二〕「可」，中大本、《東林始末·東林本末下》作「已」。

實南也。夫君子以小人爲小人，小人亦以君子爲小人，於何辨之？前此之奪情，之並封，之京察〔一〕，不已較著乎？邪者曰：「彼一時偶爲之耳，何得概生平？」今試觀天啟乙、丙間事，何如哉？何向之攻東林者，盡甘心從逆而不辭也〔二〕？夫依附東林者，豈曰無人，亦寧至媚閹作逆，以爲狗彘所不爲之事，此而亦將曰「吾一時偶爲之耳，奈何遂以概吾生平」哉〔三〕？夫朋黨之説，無代無之，要未有如吾朝之截然者也。唐之二黨，皆爲小人所附和。宋之三黨皆君子，而使小人借之爲兵端。獨漢之諸君子，事起於與宦豎角〔四〕，而鉤黨之禍獨劇。夫近時所角者，皆朝臣也。角之不勝，至借宦豎以撲之〔五〕，其禍亦略與漢同。夫士人與宦豎角，而誣以朋黨，可言也；士人與士人角，而以朋黨相傾，猶可言也；倚宦豎以作孽，而傾士人，此固向者節、甫輩之所羞稱，而不意聖朝士

〔一〕「察」下，《東林始末·東林本末下》有「會推」二字。

〔二〕「盡」，原脱，據蔣跋本、《續編》本、《東林始末·東林本末下》補。

〔三〕「吾」，蔣跋本、《續編》本、《東林始末·東林本末下》作「我」；「生平」，蔣跋本、中大本、《續編》本、《東林始末·東林本末下》無此二字。

〔四〕「與」，原脱，據中大本、《續編》本補。

〔五〕「撲之」，原作「發」，據中大本、《續編》本、《東林始末·東林本末下》改。

大夫爲之。然則不有東林，其可謂世有士人也哉？又何黨之足云！

又曰：孫富平之爲太宰也，以不直沈純甫、李道甫與東林尤，及再出，而何以爲東林驅除也？豈非以佐銓者有王衷白〔一〕，而長臺省者之爲湯賓尹乎〔二〕？然聞湯賓尹之黜也，湯兆京持之力，而蕭雲舉以衙門體救賓尹，至於屈膝，富平斷斷不可，曰：「老夫爲今日去一嚴嵩，快哉！」此真太宰矣！然是時攻淮撫者，無完膚矣，因以及無錫。即今號爲賢者〔三〕，舉及淮撫輒曰：「此東林之累也。」而於金壇之于中甫亦然。蓋謂淮撫貪而遥執朝權者，實中甫爲之。即福清入相，于亦有力焉，無錫且爲兩人用而不覺。是言也，嘗疑之。乃趙高邑則謂：「使淮撫爲經略，爲中樞，東事必不至敗。」而顧涇陽則謂：「淮撫有功於國家，必無暮夜受金事〔四〕。」桐城馬侍御至死時猶曰〔五〕：「謂修吾貪，

〔一〕「衷」，原闕，據蔣跋本、中大本、《續編》本補，《東林始末·東林本末下》作「袁」。
〔二〕「賓尹」，蔣跋本、中大本、《續編》本、《東林始末·東林本末下》作「曹」。
〔三〕「今」，原作「令」，據《東林始末·東林本末下》改。
〔四〕「暮」，原作「莫」，據蔣跋本、中大本、《續編》本、《東林始末·東林本末下》改。
〔五〕「桐」，原作「相」，據蔣跋本、《東林始末·東林本末下》改；「時」，原脱，據蔣跋本、中大本、《續編》本、《東林始末·東林本末下》補。

吾不瞑目。」夫然，賢者盡妄語乎？後予以問通州范璽卿，曰：「淮撫固不貪，然豪俠人也，不善自匿飾，又揮金如土，以故來讒慝之口耳。且不攻淮撫，又安得東林之巇而詆之[一]？」又以中甫質吾鄉鄭太宰，太宰曰：「果若人言，于何自以廢主事終乎？」嗚呼！兩先生蓋持中之論矣。及予閲三朝封事，逆黨以李三才爲盜臣，其言皆橫罵者，此不足辨。而吾鄉一御史首攻淮撫，御史固時所稱抹殺忠臣孝子者也。其攻淮撫以貪，而御史又非不貪者，則其所謂貪，又可知矣！

三　案

論曰：予觀逆黨之翻三案也，必以東林爲口實。蓋以並封者三案之源，而東林者以並封而著，不傾東林，何以護持三案乎！然前之争並封，與後之争三案者，人雖殊也，功則同也，而受禍更酷。東林之爲東林，至後而愈難哉[二]！夫東林之能既見於天下如此矣，其攻東林者又作孽如彼矣，此即三尺童子能起而明其趨舍者。而世之人，猶好指摘賢人君子之細，以巧談而樂道之。吾然後知大道之不明，而亂臣賊子之不絶迹於天下也。

[一]「又」上，原衍「淮」字，據蔣跋本、中大本、《續編》本、《東林始末·東林本末下》删；「得」，原脱，據《東林始末·東林本末下》補。

[二]「而」，原脱，據蔣跋本、中大本、《續編》本、《東林始末·東林本末下》補。

或曰：東林往矣〔二〕，向之忠言至計與夫蒙難受禍之事，世多不察，而末世漫擬富貴之習，又入人骨髓。彼豈不知諸君子之賢？反之身而有所不便，故即逐聲相吠不恤耳！要之，責人以受禍誠難，但不至悖而從逆也，此稍讀書知道理者皆能之。彼向之持三案以攻人者，乃作如此舉動，由是相提而論，寧過而訾東林，忍乎哉！然則世之覈東林者〔三〕，無他道也，但以今上所欽定之逆案，與夫逆黨所作之《點將録》合而觀之，而天下之大辨在是矣。

〔二〕「往」，原作「德」，據中大本、《續編》本、《東林始末·東林本末下》改。
〔三〕「者」，原脱，據蔣跋本、中大本、《續編》本、《東林始末·東林本末下》補。

孫高陽前後督師略跋

蔡　鼎撰〔一〕

鼎之從愷陽先生也，是先生督關之明年，癸亥十一月也〔二〕。鼎以辛酉受募兵太僕何天玉先生薦，壬戌，復受薊撫岳石梁先生薦，至京，居薊幕，往來京、薊間。所上當道書言「奴且死，遼可復，五星聚張，有封建宫中，赤祥有赦，黔犯歲刑，主兵不利」語，聞諸公卿，首輔葉文忠先生數引與論邊關大計〔三〕，遂誦言於公。時薊爲關後勁，公倚薊切。石梁先生交余密，故余不欲舍薊而關。是冬，岳被言將去，送余詣公，曰：「無負兄北來馬足〔四〕。」公之初見也，曰：「望兄久矣，願聞教言。」自辰至午，披肝洞膈，退告幕僚曰：「蔡子了了，人言不謬。」是午，邀閲車營，因論營制。又明日，邀閲芝麻灣，予曰：「大海洋洋，出奇之地。」公益屬余。又數日，邀閲龍武營。營，閩卒也，予

〔一〕「撰」，原脱，據蔣跋本補。

〔二〕「二」下，原衍「年」字，據蔣跋本删。底本眉批云：「癸亥，乃明熹宗三年。」

〔三〕底本眉批云：「文忠即向高。」

〔四〕「負」，原作「貞」，據蔣跋本、中大本、《續編》本改。

因言：「用水非此兵不可。」公優賞之。時偵卒言奴欲以明年正月之三日，假西虜衣帽，取道喜峰。關撫張鳳翼及關門大吏俱遣眷歸，商賈相率避去。公以詢予，予曰：「水星疾躁，法則占虜水伏不出，虜未動也。以人事言之，相公當即以初三出寧遠，静人心。虜來而精騎在前，可以一戰〔一〕。」公意決〔二〕，邀予同行，予從此始居關幕〔三〕，而以師禮事公。公令鎮道爲予議餼〔四〕，余不可，曰：「書生不宜以口腹取時厭薄，且受餼，去留未便。」公遂不欲屈予，而以客禮處。

予從居寧時，西虜以精騎聚寧東，要吾拔歸之遼人，東諜盡爲所得〔五〕。予請與諸將擊之，師出大捷。然每爲公言朝紳當有清流、白馬之禍，欲公留心幹濟。留寧者三閱月，時共事競相讒搆，予歎曰：「幕府諸君若此〔六〕，何疑輦轂。」遂辭西歸。公欲留之，予

〔一〕「可以」，蔣跋本、中大本、《續編》本作「便可」。
〔二〕「意」，原作「急」，據蔣跋本改。
〔三〕「居」，原脱，據蔣跋本補。
〔四〕底本眉批云：「鎮道，即後之袁公崇焕也。」
〔五〕「諜」，原作「謀」，據蔣跋本、中大本、《續編》本改。
〔六〕「諸」，原脱，據蔣跋本補。

曰：「鼎來佐東征耳，此間無所用鼎。若師以秋行，鼎當來赴。」訂期而別。

秋入京師，聞師期尚遠，以僉憲左浮丘先生留〔一〕，因居焉，時左禍已不可解。十一月，發京師詣闕，意欲與公密商斡旋之策。到闕之明日，公叱馭西巡，余謁曰：「師西行耶〔二〕？覲聖耶？時事大有可商，當若爲易與以狃之，不宜造次。」公不聽。是日壬子風，幕僚茅止生曰：「是謂天子風，吉孰大焉。」予曰：「西來逆我，有天子怒。予説不行，大事去矣！」公行，鹿職方從，予與杜武庫居守。璫疑公興晉陽之甲者，時輔共承璫意，嚴旨逐公。公歸，予曰：「邊塵不驚，邊人無可議也，惟當急爲調停。」公不聽。予與鎮道謀曰：「事可若是乎？」入都，時乙丑二月也。余以軍國大義説南樂，而別令人爲鎮道説當事，解乃出〔三〕，公不知也。既至，告公曰：「璫烈方張，不可撲已。元規污人，惟有去耳。」公爲涕泣，且陰詢帝星禍福。予爲著《帝星論》曰：「侯星大過於帝，而帝患青黑，嫌於小弱。」末曰〔四〕：「意者星聚河清，鳳見璽出，欲開中興之泰。而

〔一〕底本眉批云：「左僉憲，即光斗。」
〔二〕「西行」，原二字互乙，據蔣跋本、中大本、《續編》本正。
〔三〕「解」上，《續編》本有「可」字。
〔四〕「曰」，蔣跋本、中大本、《續編》本作「云」。

丙、丁、戊、己，不能無燒劫煉之灰。」公讀畢歎曰：「事至是耶！」又問璫局。曰：「竟於丁卯〔一〕。」公曰：「何以知之？」曰：「楊憲副劾璫時〔二〕，歲在幸臣歲末也。木數三，計其期在丁卯七八月間。」蓋楊疏發於甲子七月也。又問楊、左，曰：「歲逆執法，二公不免矣。」相對飲泣。後數日，予告去，公曰：「何遽舍我？」曰：「向以此間有封侯氣，欲來爲師成之。今細察，是亂人假竊耳，願師勿復言恢復。」又爲《吉日車攻說》〔三〕，以八月後師行有忌〔四〕，勸公早歸。公益泫然。予每見，方欲啟辭，而公以淚出〔五〕，予不敢復言，乃以蕭客出幕，覓驢徑去。時乙丑三月也。

予去，公以七月出右屯〔六〕，九月師渡柳河，折前鋒將李承先、魯之甲等，朝議沸騰，公引去。公歸，而璫以邊勞開國矣。保定舉公祠〔七〕，公不署名，事懸未舉。璫怒，必中

〔一〕底本眉批云：「丁卯，天熹末年。」

〔二〕底本眉批云：「楊副憲，即漣也。」

〔三〕「爲」，原作「曰」，據蔣跋本、中大本、《續編》本改；「車攻」，原二字互乙，據蔣跋本正。

〔四〕「師」下，原衍「有」字，據蔣跋本、中大本、《續編》本刪。

〔五〕「以」，蔣跋本、中大本作「已」。

〔六〕「右」，原作「古」，據蔣跋本、中大本、《續編》本改。

〔七〕底本眉批云：「保定公祠，即媚魏璫生祠。」

以危。予歸，瑫以左故忌余，且謂余持左書，囑公興晉陽之甲者。余裹足山中，不交市朝者三年。

己巳，謁公於家。時上初政，朝端相望太平，關督袁公鋭以復遼爲己任。予告公曰：「時局又當决裂。袁跐舉矣，禍不遠矣。」公曰：「然則奈何？」余曰：「秋盡冬來，師當再出肩危，一切行笥，約略整頓。鼎來故爲是耳。」時仲夏五月也。六月入都，鹿乾岳太常使人來促甚急。余過鹿，出袁勘馬帥三咨示〔二〕，予歎曰：「人情至此！」勘皇賞，勘媚瑫，勘柳河失事，語語彈射，且連公。予曰：「固知是兒心死久矣，我當一行，令彼必易。」鹿曰：「袁自戕毛帥以來，目中大無忌憚，未可嘗試。」予笑曰：「彼何能爲？不吾易，吾不歸。」遂以明日去關。袁探得之，嚴門者不通以困予。往見趙帥〔三〕，語侵之急，趙不能堪，泣告袁曰：「三咨不易，率教無死所矣！無能且謂率教與恩臺實陷馬，以波及師相，率教無辭於無能！」更若不知余來者，邀余。余入，申明大義，諭以師相造就之恩，馬帥八拜之盟，不可隨俗擠排，動以福難禍易，前事後師。袁

〔二〕底本眉批云：「馬帥，即馬世龍。」

〔三〕底本眉批云：「趙帥即率教，袁之中軍副將也。」

無以復，曰：「謹如教言。」

八月，還京，走書告公曰：「虜來近矣，當關者不支，必在師。」遍告當事，使早爲備。十月，虜入，天子從當事議，起公於家。公入對，余候公於朝房。公曰：「事果至是耶？」余曰：「中外直待師成款耳。」公曰：「某聞之〔一〕，無能以爲如何〔二〕？」曰：「鼎固知師臺不可〔三〕。」公爲微笑。時上方柄用公，而一時忌者以通急非公不可，逐公。公出東便門，余追赴之，而門已塞矣。公繇通去關，余後與馬帥至薊，欲詣關而虜破永平。馬曰：「吾兩人在薊，正與關犄角耳，何必往關！」然馬終不用予〔四〕，故予辭而南。虜退，予以八月至關，時趙帥死賊，袁坐逆伏法，與公相對感泣。中朝忌公，欲歸公，而以遼事任丘撫〔五〕，丘撫亦以遼自任。公累疏乞休，未允。余别公歸京，中樞梁公大胸

〔一〕「某」，中大本、《續編》本無此字。
〔二〕「如何」，中大本、《續編》本二字互乙。
〔三〕「知」下，原衍「非」字，據中大本、《續編》本删。
〔四〕「不」下，中大本、《續編》本有「能」字。
〔五〕底本眉批云：「邱撫，名禾嘉。」

挽余〔一〕，余留京師。

辛未春，梁以沈敏事爲御史水嘉胤所劾，余復至關。公班役在京者密稟投公，謂梁事且及予，毋久居。余事平〔二〕，公曰：「日來雖爲兄過計，然知兄自不可浼。」余曰：「兩年來，正以一腸熱血〔三〕，幾罹不測。己巳之冬，有謂鼎等共詆袁督，實爲奴行間者。袁逮，又有謂鼎爲袁逆黨，欲行驅逐者〔四〕。今復爾爾，總之，言易行殊〔五〕，不當久處冗地。」留幕府三閱月，公每有所條列，必咨余，尤惕於往日三咨之口〔六〕，更加敬慎，不復以幕客臨戎矣。秋七月，告歸，公曰：「無能歸耶？如此老病何！」予曰：「師歸近矣，其歲除乎！」公曰：「如此，則非好歸。」予曰：「遼撫貪鄙輕躁，必敗乃事，師惟善計。」時大凌工築方半，公意欲留余同省凌工。予悚於世路，倦飛欲還，遂辭公歸。

〔一〕底本眉批云：「梁公，即廷棟。」
〔二〕「事」，原闕，據中大本、《續編》本補。
〔三〕「一」，中大本、《續編》本作「癡」。
〔四〕「者」，原脱，據蔣跋本、中大本、《續編》本補。
〔五〕「言易行殊」，蔣跋本、中大本、《續編》本作「行易言殊」。
〔六〕「咨」，原作「至」，據蔣跋本改。

而大凌被圍，長山喪師，則遼撫之爲也。虜退，公上疏自列，因議改督爲撫，分關、遼、薊爲守，而力請去。上允公閒，蓋是年除月也。

予歸，長卧白門，交遊罕接。乙亥還閩，避地更遠。丁丑秋，歎曰：「虜禍逼矣，踐土食毛，誰非臣子。豈二十年侈口天下者，可於今日遂不與天下同憂耶！」又念高陽城小，不可當賊，廼仗策北上。越戊寅春，始至定興，哭乾岳喬梓，告其孫孝廉静觀曰：「速自圖，毋再及於禍。」蓋乾岳死定興之難，仁卿又痛父以死也。時容城孫鍾元孝廉爲鹿直客，予謂鍾元，曰：「逃將焉往？有死而已！」鍾元蓋公與鹿之老友，皆北方人傑也〔一〕。丙子，奴入，鹿守定興，鍾元守容城，公守高陽。定興破，容城、高陽得免，二公之力。翼日晨，至高陽，刺入，公方頮，六世兄出迎曰：「師方盥櫛。」公出，喜曰：「今日可謂出於望外！數年懷想，無由得慰面〔二〕。去歲林掌科正亨來，詢兄動定，云相去遠離〔三〕，雖知名，尚不能詳。晨起得刺，心動，然謂兄未必至此，急欲得名閲之。

〔一〕「皆」，蔣跋本、中大本、《續編》本作「均」。
〔二〕「慰」，中大本、《續編》本無此字。
〔三〕「離」，中大本、《續編》本無此字。

方纇手濕，令家人代轉揭，轉誤不可得。及得〔二〕，令人躍起。今日可謂出於望外！」而精神矍鑠，意氣沉雄，殊不減癸亥、甲子時。至於目破蠅頭，飯常兼人，則予不及焉。公亦謂予不類昔時瘦削者，以次問舍弟，詢小兒，詢前日諸厮，大都如家人父子，言言相悉，事事圖度，竟三晝夜不少懈。予別公曰：「鼎老且貧，不可再至。且干戈浸淫，南北將梗，亦斷不能再至。以鼎愚識，朝廷國勢，大有可虞。又慮今秋奴來，師臺此城，如何可守？故不遠萬里，特相來告，願師善計。」公曰：「守則守耳，餘亦無計。」相對黯然，因出所哭鹿乾岳詩百首示余。余退謂四世兄咸若曰：「斯城難守，兄等如何爲計？余言止矣。」咸若曰：「兄豈不知，老師前非吾輩所敢出口者〔三〕。天若助明〔三〕，決無可慮。」予遂不復言，計入都與當事謀，起公於朝，如已巳然，用以脱公而濟天下。及抵都，大司寇鄭公元嶽逮〔四〕，大司農程公我旋、大司馬楊公文弱避客不面，惟廷尉王公虞石、今大學士前少司空蔡公静源頗善予言。款議起，予上書司馬門，深言不可。掌科

〔二〕「及得」，原脱二字，據中大本、《續編》本補。
〔三〕「口」，蔣跋本作「言」。
〔三〕「助」，蔣跋本作「祚」。
〔四〕「逮」上，蔣跋本有「被」字。

何楷疏劾非是，司馬咎予饒舌，隱隱不相容矣。予説不行，痛哭南歸，聞者尚疑予過激。時季夏初旬也。京畿大水，次新城〔一〕、雄縣者各數日，告張于度、王北愚、劉士望諸公謹備賊，且寄語静觀、鍾元云：「望都入安州，去高陽一舍地，盜劫縱横，州人相戒，不敢出户。」復痛哭而南。

後錢牧齋過公，公問曰：「無能在京，每書言來，何竟不到？」錢曰：「正自不解。」冬，余入虞山，錢以公言告余。余方作報，仗錢爲達，而高監視「大臣罵賊慘死合門就義」之報至矣。容城、任丘、雄縣、新城同日報陷，于度諸公又不知何如矣，痛哉！予痛哭數日，眼爲之爛。牧齋來，約予入虞山，爲位哭師，因以《前後督師略》屬予。予删煩摘要，爲萬五千言，用以信今垂後，因題其簡末如此。

〔一〕「次」上，原衍「新」字，據蔣跋本、中大本、《續編》本删。

督師袁崇焕計斬毛文龍始末

李　清撰〔一〕

崇禎二年己巳五月二十二日，袁督師牌仰旗鼓司，查東江官兵見在清江者給賞，隨登岸。輕騎標下各官，當有龍武後營都司金鼎卿帶船二十八隻接應，俱列坐賜酒。

二十四日，賞東江官兵每員名行糧二斗〔二〕。登岸試放佛朗機大炮，遠者不去五六里〔三〕，近者去三四里。登嶺極望，指畫形勢，云可議屯。

二十五日午時分，東北風起，自北泛江開洋，歷大王山，風轉。是夜大霧，諸船從大洋甄一夜，次早〔四〕，收泊中島。

二十六日，齊泊雙島。

〔一〕「李清撰」，原脱三字，據蔣跋本補。

〔二〕「二」，蔣跋本作「三」。

〔三〕「去」，原闕，據蔣跋本、中大本、《續編》本補。

〔四〕「早」，原作「平」，據蔣跋本、中大本、《續編》本改。

二十七日，南風大，未開船[一]。見本島白骨暴露，各齊。抵發，立散諸將領[二]。有登州海防左營遊擊尹繼阿叩見，蒙調兵船四十八隻到。

二十八日午時，風順，開船，歷松木島、小黑山、大黑山、猪島、蛇島、蝦蟆將石，泊雙島。此處離旅順，陸路十八里，水路四十里。旅順遊擊毛永義叩見。登島嶺，謁龍王廟。督師向衆云：「國初，中山王、開平王諸君子，始戰於鄱湖、采石，繼戰於沙漠、北平，水戰勝，馬步戰亦勝，故得驅逐胡元，以成一統。今水營止以紅艢自守[三]，豈達騎來入水戰乎？本部院若復河東，不以水汛了事，且要用之於陸地。各將毋得虛冒。」賜各將酒飯。快船稟報，毛帥已到，因夜未見。

六月初一日，毛帥見，上下交拜。毛帥親進禮帖三封，小飯二桌。傳入船，毛帥側坐，茶叙，止收小飯。毛帥出，面看毛帥[四]，茶叙云：「遼東海外，只本部院與貴鎮二人，務必同心共濟，方可結局。本部院歷險至此，欲相商爲進取計。軍國大事，在此一

[一]「未」，原作「來」，據蔣跋本改。

[二]「將」下，原衍「敘」字，據蔣跋本删。

[三]「紅」，中大本、《續編》本作「船」。

[四]「毛」上，原衍「出」字，據蔣跋本、中大本、《續編》本删。

舉。本部院有個良方，不知患者肯服此藥否？」毛帥云：「文龍海外八年，也有許多功，只因小人之説，錢糧缺少，又無器械、馬匹，不曾遂得心願。若一二應付〔一〕，要幫助成功也不難。」辭回，傳免謝，分付船上不便，借島崖毛帥帳房待酒。督師屈體推誠密語，毛鎮略無難色，二更方散。

初二日，毛請袁登島，禮畢，東江將官叩見，又夷丁叩見，討馬，蒙賞夷丁每名銀一兩、米一石、布一疋。隨上席，毛帥親丁帶刀環遶，袁叱退，與毛密語，三更方散。

初三日，差官謝，毛又備酒，請袁便服登島，又密叙至晚，毛有傲狀不説意。酒散，袁傳副將汪翥話叙〔二〕，三更方出。

初四日，賜東江兵三千五百七十五員賞，官三五兩不等〔三〕，兵每名一錢，又將帶來

〔一〕「二」，中大本作「一」。
〔二〕「傳」，原作「侍」，據中大本、《續編》本改。
〔三〕「五」，原脱，據蔣跋本、中大本、《續編》本補。

銀十萬交卸東江官名明白。傳徐旗鼓〔一〕、王副將、謝參將話〔二〕。出行文毛帥〔三〕：自後旅順東行毛帥印信，西行督師印信。又行文定營制〔四〕，又行文諭恢復鎮江、旅順，俱未遵依。

初五日，傳各兵登崖楞圍，較射領賞。毛帥見禀：「大人何日起身〔五〕？」袁云：「寧遠重地，本部院來日便行。今邀貴鎮島山盤桓，觀兵角射。」毛帥欣從。袁云：「明日不能踵辭，國家海外重寄，合受本部院一拜。」并拜畢〔六〕。隨登島山，謝參將暗傳號令，各營兵四面楞圍。毛帥隨行官百餘員，俱繞在圍内，其兵丁截在營外。袁問東江各官姓名，俱應姓毛，毛帥云：「這都是敝户的小孫。」袁云：「你們那裡都姓毛〔七〕，是出不得已。這樣好漢，俱人人可用。我寧前官有許多俸，兵有許多糧，尚然不足飽暖。念

〔一〕「徐」，原作「齊」，據中大本、《續編》本改。
〔二〕「將」，原脱，據中大本、《續編》本補。
〔三〕「帥」，原作「師」，據蔣跋本改。
〔四〕「又行文定營制」，原脱六字，據中大本、《續編》本補。
〔五〕「大人」，蔣跋本作「問老爺」。
〔六〕「畢」，原作「量」，據蔣跋本改。
〔七〕「們」，原作「門」，據中大本、《續編》本改；「那」，中大本、《續編》本作「村」。

你們海外勞苦，每人只得米一斛，甚至家有幾口，俱分食此米，言念及此，情實痛酸。你們受我本部院一拜，當爲國家出力，自後不愁無餉。」各官感泣，叩首再四。隨問毛文龍云：「本部院節制四鎮，清嚴海禁，實恐天津、登萊受心腹之患。今請設東江餉部，錢糧由寧遠送東江亦便。昨與貴鎮相商，必欲解銀，自往登萊糴買；又必移鎮，定營制，分旅順東西節制，并設道所查稽兵馬錢糧，俱不見允。終不然只管混賬？國家費許多錢糧，要東江何用？本部院披肝瀝膽，與你談了三日，只道你回頭是岸，也還不遲，那曉得你狼子野心，總是一片欺誑到底〔二〕。目中無本部院猶可，方今聖天子英武天縱，國法豈得容你！」語畢，西向叩請皇命，拿下文龍，剥去冠裳。文龍尚有抗意，督帥又責云：「你道本部院是個書生，本部院却是一個將首〔三〕。你這毛文龍，欺君罔上，冒兵尅餉，屠戮遼民，殘破高麗，騷擾登萊，騙害各商，擄掠民船，變人名姓，淫人子女，這是你該死罪案。今日殺了你文龍，本部院若是不能恢復遼東，願試尚方，以償你命。」又宣言東江各官曰：「毛文龍這樣罪惡，你們說該殺不該殺？若本部院屈殺了他，你們

〔二〕「欺」，原作「虚」，據蔣跋本、中大本、《續編》本改。
〔三〕「是」下，中大本有「朝廷」二字，《續編》本有「國家」二字。

就上來殺我，又以身從之。」衆將官俱相對失色，叩頭哀告。文龍語塞，但云：「文龍罪惡，自知該死，求老爺開恩〔一〕。」袁云：「你不知國法久了〔二〕，若不殺你，這一塊土非皇上所有！」西向叩請尚方劍〔三〕，令水營都司趙不枝、何犇圖監斬，令旗牌官張國柄執尚方劍，斬文龍首級於帳前。即分付將領，付他親人，備好棺木安葬〔四〕。圍外兵丁洶洶，見我兵嚴整，勢不能犯。督師又喚東江各官來見，云：「本部院今日只斬毛文龍一人，以安海外兵民。這是殺人安人。你各將照舊供職，各復原姓，爲國報効，罪不及你，不必憂疑。」又分付將東江兵二萬八千，分爲四協，殺其父用其子，用毛承禄管一協，用旗鼓徐敷奏管一協，還有二協，東江衆官保游擊劉興祚、副將陳繼盛二員管之。又分付東江官兵，久被毛鎮剥削，將帶來銀十萬賞各島兵，一員名賞銀三兩。喚張賞功，同東江

〔一〕「爺」下，原衍「求」字，據蔣跋本、中大本、《續編》本删。
〔二〕「知」，原作「云」，據蔣跋本、中大本、《續編》本改。
〔三〕「向」，原脱，據蔣跋本補。
〔四〕「棺」，原作「官」，據蔣跋本、中大本、《續編》本改。

旗鼓馮有時〔二〕，將見在官兵一千八百員名，共賞銀五千四百，以張信賞必罰之意〔三〕。其餘四協，照例給賞。又諭馮旗鼓，速差人往旅順宣諭〔三〕。又諭：「將毛帥印繳來。東江事務，權着陳繼盛代管〔四〕，俟一協能建功，即將此印題授與他〔五〕。」諭畢，離島登舟，發牌一面，曉諭安撫各島軍民。又票行登州游擊尹維何〔六〕，速備監船二十隻候用。又用文龍子毛承先〔七〕，係安撫后有所欠商銀，着辦償還。發小帖云：「户部委官陳越札授守備，督運各島糧餉。」又發犒賞四協札付。又差官查島中冤獄，并擄來客商船隻，俱即查報商人洪秀等十名訖。至夜，請徽州朱相公拂纓上船叙坐，至二更方散。

〔二〕「東」，原作「來」，據蔣跋本、《續編》本改。
〔三〕「罰」，原作「伐」，據蔣跋本、《續編》本改。
〔三〕「諭」，原作「謝」，據蔣跋本、《續編》本改。
〔四〕「陳」，原作「徐」，據蔣跋本、《續編》本改。
〔五〕「即」，原脱，據蔣跋本、中大本、《續編》本補。
〔六〕「維何」，本篇上文作「繼阿」。
〔七〕「文」上，原衍「毛」字，據蔣跋本、中大本、《續編》本删。

初六日，命備祭酒〔一〕，督師親詣文龍棺前拜祭，云：「昨日斬你是國法〔二〕，今日祭你是本部院情。」遂下淚，各將官俱下淚感歎。

初七日，登山試演。

初八日，差中軍往皮島，取劍并符驗。

初九日，往旅順，官軍迎接〔三〕，佈置畢。

初十日晚，開船。

十一日，抵寧遠。是夜風大。

十二日早，過江，進城畢。

〔一〕「祭酒」，蔣跋本二字互乙，中大本、《續編》本作「祭禮」。

〔二〕「國」，蔣跋本、《續編》本作「朝廷」。

〔三〕「迎」，原作「追」，據中大本改。

東陽兵變

錢謙益撰〔一〕

許都，浙江東陽縣人，故副都御史弘綱之孫也〔二〕，任俠好義，遠近信服。縣令姚孫棐貪虐殘民〔三〕，借名備亂，横派各户輸金，而坐都以萬。都家實中産，勉輸數百金，自詣告竭。孫棐大怒，摘都所刻社稿姓氏，謂是結黨造反，桎梏之。時輸金者盈庭，閧然沸亂。有姚生者，執孫棐於座，按之街下〔四〕，笞之，群擁許都爲主。巡按御史左光先聞變，即調台州兵行剿，所至屠掠。東陽、湯溪、蘭溪民各保鄉寨拒敵，官兵大敗。光先遂以許都反聞，集兵處餉，人人幸功。杭州推官陳子龍謂都實非反者，遣生員蔣若來賫

〔一〕「錢謙益撰」，原脱四字，據蔣跋本補。

〔二〕「弘」，原避諱作「宏」，據《續編》本、計六奇：《明季北略》卷二十《東陽許都》（中華書局一九八四年點校本）改。

〔三〕「棐」，下篇《甲申北都覆没遺聞》「三月二十二日辛丑」、談遷：《國榷》卷九十九「崇禎十六年十二月甲申」（中華書局一九八八年影印本）、《明季北略》卷二十《東陽許都》作「榘」；本文下同，不再出校。

〔四〕「街」，《明季北略》卷二十《東陽許都》作「階」。

書諭之，都即率同事十三人詣杭投獄。子龍爲之請，光先不許，悉斬之，盡隱孫棐之過，命之復任。此崇禎十七年正、二月間事。

崇禎甲申燕都紀變實録

京口草莽臣錢邦芑録

三月十七日，賊兵圍城，内外炮聲不絶，外多内少，震而又强。

十八日，大雨，守城軍民皆無固志。

十九日辰時，皇上手自撞鐘[一]，集百官，無一至者。少頃，賊兵入城彰義門。皇上登煤山，見賊勢昌熾，知事不可爲，遂入壽寧宫。皇后自縊，袁宫人亦自縊，繩斷墮地，皇上以自劍斷其頸[二]。時長公主年十五矣，號泣在側，皇上欲殺之，手不能舉。久之，復砍二刀，悶絶於地。皇上乃自縊。

二十日，李賊入宫，不見皇上，遂出示：「有能得我皇上者，賞銀萬兩，封伯。」又出示：「凡文武官員，俱於廿一日朝見。願回籍者[三]，聽其自便；願服者[四]，量才擢

[一]「手自」，原二字互乙，據蔣跋本、《續編》本、《明季北略》卷二十《三月十九帝崩煤山》正。

[二]「以自」，蔣跋本二字互乙；「自」下，中大本有「佩」字。

[三]「者」，原脱，據蔣跋本、中大本、《續編》本、《明季北略》卷二十《二十日戊申李自成入宫》補。

[四]「服」，《明季北略》卷二十《二十日戊申李自成入宫》作「服官」。

用。如抗違不出，罪加大辟。藏匿之家，一并連坐。」得皇子於民間，欲命之跪，怒曰：「我豈爲若屈耶？」賊問〔一〕：「汝父何在？」曰：「死壽寧宮矣。」賊又問：「汝家何以失天下？」曰：「以用賊臣周延儒。」賊笑曰：「汝也明白。」皇子又問曰：「何不速殺我？」賊曰：「汝無罪，我豈妄殺？」皇子曰：「如是，當聽我一言。第一，不可驚我祖宗陵寢；第二，速以禮殯葬父皇母后；第三，不可殺戮百姓。」皇子又曰：「文武百官最無義〔二〕，明日決來朝賀矣。」至次日〔三〕，朝賀僞主者一千三百餘人，賊嘆曰：「此輩不義如此，天下安得不亂！」於是始動殺僇之念。

廿一日，忽見板門舁二尸，送至魏國坊下。皇上蓬頭跣足，上下皆白綿紬衣，胸書數行云：「朕不德，以致失國，羞著衮冕見祖宗於地下。」又傳聞宫中御案有遺詔云：「朕即位十有七年，五經虜寇，日切憂懼，不意任用匪人，致有今日。統大兵在外，當協民心，以固國本〔四〕。慎之！慎之！」是日，在京大小官員由東華門入朝拜賀，御座上不

〔一〕「賊問」，原脱二字，據蔣跋本補。
〔二〕「義」下，中大本、《續編》本有「者」字。
〔三〕「日」，原作「者」，據蔣跋本、中大本、《續編》本、《明季北略》卷二十《内臣獻太子》改。
〔四〕「國本」，原二字互乙，據蔣跋本、中大本、《續編》本正。

見有人，但見青衣小帽一人傳呼。賀畢，衆官請殯先帝，見青衣傳一硃批云：「帝禮葬，王禮祭，二子待以杞、宋之禮。」衆官又求併以帝禮祭，少頃，青衣傳語云：「准了。」殿上呼名，首呼魏藻德〔一〕，三呼不應，即命速拿。少頃，以繩繫至，命送刑官拷打。衆官人物豐偉及知名者，俱留用；其素有貪名及富實者〔二〕，俱發刑官夾打索銀。賊衆有理刑官二人：劉國公、曹都尉。又有内官降賊者自宫中出，皆云李賊雖爲首，然總有二十餘人，俱抗衡不相下，凡事皆衆兵謀也〔三〕。入宫之後，集諸宫女美者，每賊首分得三十人。賊初入城，不甚殺戮，數日後，肆屠戮奸淫擄掠，無所不至。諸降賊者，妻妾俱不能免，始怨悔欲逃。賊兵入城者四十萬，擄掠淫婦女甚虐，安福衚衕，一夜婦女死者三百七十餘人。死難諸臣家眷，賊兵絶不敢犯；至於降賊受官者，諸賊將審問長班，如招稱本官藏有金銀，即便鎖去拷打不休。每賊將一人，領長班五十名，緝治官民藏匿〔四〕。長班一名，每日限訪過一件，名曰公刺。北路凡受僞府縣官，遇賊兵過，先搜民間婦女

〔一〕「首」，原闕，據蔣跋本補。
〔二〕「實」，原作「貴」，據蔣跋本、中大本、《續編》本改。
〔三〕「兵」，《明季北略》卷二十《廿八日丙辰》作「共」。
〔四〕「治」，《明季北略》卷二十《廿五癸丑拷夾百官》作「訪」。

供應，稍或不足，卒即以刀背亂打，本官苦不可言。美者携去，惡者棄下，仍命本官留以待後來者。秀才朝見宋企郊，叱曰：「朝賀大典，安用若輩！速回讀書，候新天子考試。」後數日，果試，首題「天與之」，次題「大雨方數千里」〔二〕。拘銀匠數千人，凡擄掠金銀，俱傾成大磚，以騾馬馱回陝西。大約賊意在關西〔三〕，刻刻思歸。京城外土賊橫行，李賊絶不能禁。李賊軍師，身長不滿三尺，其形如鬼，占驗甚精。相傳未破城時，占十八日大雨，十九日辰時破城。若辰時不破，即日全軍俱返，待六年後始破。十九日辰時，賊以二人乘雲梯上城，滿城即刻逃竄。寧遠總兵定西伯吴三桂擁兵不屈，賊挾其父手書招之。三桂得書不發，八拜謝父，咬斷中指，扯裂家書，隨約王永吉借虜兵十萬，以圖恢復。梓宫殯東長安門外，凡從逆官往拜者，賊亦不禁，然至者甚少。有僧二人，在旁誦經。衆賊各肆擄掠，全無紀律，李賊或禁之，輒譁曰：「皇帝讓汝坐，金銀婦女亦不與我耶？」

二十八日，諸候選官見僞尚書宋企郊，求選授衙門。企郊曰：「諸公職銜俱前朝所

〔二〕「大雨」，蔣跋本作「若大旱之望雲霓也」。

〔三〕「約」上，原衍「意」字，據蔣跋本、中大本、《續編》本删。

考授，新主另有一番規矩，恐不能盡循舊例。」諸人力懇一體選授，企郊曰：「諸公何不解事！新天子御極，自當另用一番人。前已考試，不過安衆人之心耳。以予爲諸生謀，不如歸去爲上。」諸人既絶望，於是以漸逃歸。李賊以四千人守山海關，被王永吉、吴三桂殺盡，餘二三十人逃歸。李賊朝官多懼，下令四月十二日親征。又傳李賊爲風雷震傷，降賊朝官多被震死。孫傳庭以兵搗陝西賊巢，殺僇殆盡。虜兵大入〔二〕，李兵屢敗，不知所之。

〔二〕「入」上，原衍「兵」字，據蔣跋本、中大本、《續編》本删。

甲申三月忠逆諸臣紀事

錢邦芑再記〔一〕

一曰殉節之臣，旌忠也。守城遇賊斫死者，則有王章。投井死者，則有范景文。投御河死者，則有金鉉。衣冠坐堂上仰藥死者，則有李邦華。自縊死者，則有倪元璐、施邦曜、許直、吴甘來、吴麟徵、周鳳翔。同妻縊死者，則有汪偉。同妾縊死者，則有馬世奇。同妻妾縊死者，則有劉理順。同父子夫妻姑媳縊死者，則有孟兆祥、孟章明。全家死者，則有成德。此皆京職也。其有在外任而死者，得三人焉：曰朱之馮、衛景瑗、周遇吉。而勳戚之中，全家自焚者，得四家焉：曰劉皇親、鞏駙馬、王皇親、惠安伯。真可謂與國同休者矣。

二曰遁迹之臣，美明哲也。君子不輕責人以死，死亦誠難，第能不投款，不報名，託迹緇黄，埋名樵牧，庶幾有不忘故主之思焉。共得十一人：曰汪惟效、周亮工、鄭二

〔一〕「錢邦芑再記」，原脱五字，據蔣跋本補。

陽、曾櫻〔一〕、曹鼎臣、宫偉鏐、施燨〔二〕、史夏隆、王都、蔣臣、楊爾銘。

三曰受刑之臣，志辱也。《語》曰：「士可殺，不可辱。」衣冠搒掠，君子耻之。最不可解者，首得四相焉。生爲上柱國，乃猶不能拚一死，意欲何爲？其夾而不死者，方岳貢也。夾而死者，丘瑜、魏藻德、陳演也。其他若李遇知、沈惟炳、陳必謙、衛胤文、楊昌祚、林增志、李士淳、吴邦臣、金之俊、吴泰來、張忻〔三〕、張端、陳純德、馮垣登、張鳴駿、彭敦曆〔四〕、方以智、宋之繩、劉廷琮、王家彦、劉若宜、鄒逢吉〔五〕、朱芾煌、秦汧、潘同春、李逢申、吴履中、朱徽、謝于宣、彭琯、龔懋熙〔六〕、張元輔、劉中藻、

〔一〕「曾櫻」，原作「曹纓」，據《明季北略》卷二十二《幸免諸臣》改。
〔二〕「燨」，《明季北略》卷二十二《幸免諸臣》作「璩」。
〔三〕「忻」，原作「圻」，據蔣跋本、《明季北略》卷二十二《刑辱諸臣》改。
〔四〕「敦曆」，原作「登歷」，據《明季北略》卷二十二《刑辱諸臣》改。
〔五〕「逢」上，原衍「若宜」二字，據蔣跋本、中大本、《續編》本、《明季北略》卷二十二《刑辱諸臣》删。
〔六〕「懋」，原作「想」，據蔣跋本、中大本、《續編》本、《明季北略》卷二十二《刑辱諸臣》改。

聶一心、衛貞固、趙士錦、沈自彰〔一〕、吴孳昌、申濟芳、鄭楚勳，或夾而死〔二〕，或不死〔三〕。總之被極荼毒，囚虜爲伍，辱至此極矣，尚可赧顔人世耶？尤可惜者，楊玄錫一人，十三而登科，十四而登甲，人以爲仙佛再世，乃亦包羞忍耻至此。至於張家玉，業已駡賊不絶口矣，綁出要封，遽爾回心，爲烈不終，君子惜之。

四曰受職之臣，志污也。讀吾朝之詩書，服吾朝之冠帶，受吾朝之封蔭，一旦反顔竄名賊籍，顔面何施？何瑞徵，教習庶吉士。劉昌、薛所藴，皆祭酒。其有願用金二萬求爲國子監者，韓四維也。侍郎三人：葉初春，刑部；楊觀光，禮部；梁兆，兵部。都御史一人：高翔漢。編修三人：楊廷鑑、高爾儼、陳名夏。簡討二人：周鍾〔四〕、朱積，鍾則執筆草僞詔者也〔五〕。照原官爲庶吉士者四人：王自超、劉餘謨、何胤光〔六〕、史

〔一〕「自彰」，原作「日章」，據《明季北略》卷二十二《刑辱諸臣》改。
〔二〕「死」，原脱，據蔣跋本補。
〔三〕「或」，原脱，據蔣跋本補。
〔四〕「鍾」，原作「鐘」，據《明季北略》卷二十二《從逆諸臣》改；以下徑改，不再出校。
〔五〕「僞」，原脱，據蔣跋本補。
〔六〕「光」，原作「文」，據《明季北略》卷二十二《從逆諸臣》改。

可程。原係庶吉士，今改選外任者十一人：趙玉森、姚文然、劉肇國、白胤謙、傅學禹、趙熲[一]、張玄錫[二]、梁清標、成克鞏、李化麟、李長祥。惟魏學濂雖改外任，仍留京用，則户部司務也。大理卿一人：吴家周。太常丞一人：項煜。諫議二人：光時亨、裴希度。吏部郎中四人：楊枝起，文選；郭萬象，考功；侯佐，驗封；熊文舉，稽勳。驗馬寺一人：宋學顯。直指一人：龔鼎孳。運使一人：王孫蕙。助教二人：繆沅、錢位坤。若柳寅東、高來鳳、耿章光、孫襄、方允昌、朱國壽、許作梅、程光貞、周蘭、郭充、姬琨、陳聯璧、李森先、吴道新、徐有聲、李逢申、凃原，俱部屬。若蘇京、戴明説、孫承澤、林銘球、李際期、周壽明、歸起先，俱防禦使。姜金胤、張之奇、劉世芳、施鳳儀、劉廷諫、顧棻[三]，俱選府。湯有慶、翁元益、時敏、徐時[四]、黄國琦、吕兆龍、王顯、董復、黄昌胤、熊世懿、劉有斕[五]、傅振鐸、胡顯、秦汧、黄繼祖、吴

[一]「熲」，原作「穎」，據《明季北略》卷二十二《從逆諸臣》改。
[二]「玄」，《明季北略》卷二十二《從逆诸臣》作「立」。
[三]「棻」，《明季北略》卷二十二《從賊入都诸逆臣附》作「芬」。
[四]「時」，蔣跋本作「敬時」。
[五]「斕」，原作「爛」，據《明季北略》卷二十一下《殉難臣民》改。

達、張琦，俱選縣。其他已掛選而不知何衙門者，則有王鰲永、王正志、郝晉、趙京仕、黨崇雅、侯恂、張若麟〔二〕、李元鼎、賀王盛。其官之大小不同，而總之皆事僞朝爲僞官〔三〕。查得《大明會典》，凡從逆諸臣，父母流三千里，妻子没入功臣爲奴，田産屋宅皆没入官。立振乾綱，大加天討，是在新天子矣。

〔二〕「若」，原作「應」，據《明季北略》卷二十二《從逆諸臣》改。
〔三〕「爲」，原脱，據蔣跋本補。

附録

國家圖書館藏海甸野史清鈔本蔣鳳藻題記五則

海甸野史書首題記

此《海甸野史》，崑山顧亭林先生編緝本也。往余在蘇，偶得明中葉王文恪公銅章一方，持贈王芾卿太史爲先世之珍。芾卿藏有是書舊鈔四册，知余好古，因以爲報。今王本貯藏蘇中，憶曾見有閣古古詩札一種，編録在内。近余又得閩中李蘭屏都轉家藏鈔本，當有異同，惜不暇寄來互校也。光緒乙酉五月中旬，時寓東沖，差次重裝，因記。

盧司馬殉忠實録卷末題記

往余藏有盧公手書《黄庭經》殘册一本，所惜者上半截辭中缺佚，而於册尾款識、硃印，精整小楷，撫臨王帖，法度謹飭，自是至寶。他日有暇，當倩立品端正君子，書此書中《盧公遺事》等數篇於後，泐石傳世，垂示千古，不獨爲後學規模計，且爲維持風教計也。此願此志，沾沾於懷，不知何時能償之耳。光緒十一年七月廿三日，鄉後學蔣鳳藻謹記於東沖。時正奉敕赴任福寧，府事猶在局次。

閩游月記卷中題記

鳳藻按：曹公石倉家富藏書。世居閩省西門城内熄烽里。當其城破之日，朝服謝恩，自縊樓中。蓋閩省樓居絶少，惟曹公爲藏書計起此大樓，至今猶存焉。往余曾寓此屋之中，據聞樓頭時或紅袍紗帽，子夜間脱脱靴聲出見，是以恒封固不敢閑住。此樓忠魂英靈，千古不□，於此可见。因述所遇，偶記於此。

閩游月記卷末題記

是本脱訛不勝枚舉，暇日當向家鄉檢取王芾卿部曹舊贈鈔本，互校一過爲是。蓋此鈔胥之謬，實有出於情理之外者。如風雨之雨誤鈔作兩，而以天各一方之天字誤鈔犬字之類，荒唐絶倫。萬不得不約略稍改之，以昭敬而已矣。七月二十三日展讀，鳳藻記。

北使紀略卷末題記

祥符周星詒季貺在福州寓齋借看。左公奉使被留殉國，洪範陰陷之也。此記巧飾自文，小人哉！

中山大學圖書館藏海甸野史清鈔本題記三則

永曆紀事卷末題記

右《永曆紀事》一卷，不著撰人名氏，而《荆駝逸史》所刻者，則題丁大任撰，當必有所據也。季才記。

孫愷陽先生殉城論卷末題記

按：此論與後之《孫愷陽督師前後略》同出一手，其中有「鼎曰」者，即可證其爲蔡鼎也。季荷記。

孫高陽前後督師略跋卷末題記

蔡鼎，泉州人。隆武二年親征，以布衣召見，授軍師，不數月而閩亡矣。《荆駝逸史》亦有此刻，而漏去「壬子風」以下三行，則此本良足珍也。校畢並記。季才。

東莞袁督師遺事

邑後學張江裁次溪氏纂

道光《平南縣志》卷二十一，袁崇煜《問天賦》：

蓋聞麟亡星隕，虎嘯風霾。珠胎與月等其盈虧，荆樹因人互爲榮悴。物之相感，類有猶然；情所特鍾，寧勿不爾。矧巢傾峻宇，弱鷇與卵俱危；火燎平原，喬木與天胥燼。灘惟或斷或續，嚮故難平；桐則半死半生，音繇式叶。用是妄杼積悃，少展癡言。非騷非賦，總之哀不釋聲；可泣可歌，或亦誠能動物。

昔靈均衍爲《天問》，余謬舉以《問天》。若夫泉名交讓，樹曰連枝。首倫常而作翕，漸逵序以爲儀。罔隨陟而輒望，原雖在而如偲。僕本畸人，胤於舊族。稟川岳以含靈，藉陰陽而亭毒。家承肸蠁之休，代踵蹄輪之躅。弄柔翰以裁雲，騁游詞而轉轂。皇考異余之修能，錫嘉名曰崇煜。勔從鯉對，出齒雁行。請長纓於甲帳，托後乘於戎疆。第五之名不滅，阿奴之擲滋狂。已而念切循墻，鑒存欹器。足每裹於公庭，頰罕緩夫時事[二]。聊俯拾以自敷，幸閒居而適志。

一朝事異，九簣功隳。犬馬之勞不録，俎醢之禍旋擠。所謂天乎，維是彼蒼之氣；

[二]「緩」，原作「諼」，據道光《平南縣志》卷二十一《問天賦》（廣西人民出版社二〇一五年《廣西古籍叢書府州縣志系列》影印本）改。

所謂地乎，疇爲瘞碧之泥。耳嘈嘈如罔聞，神惘惘而忽見。肆駢首以請囚，敢掀唇而致辨！論既定而猶疑，恩已沛而尚戰。粵乃越揚，粵徙閩甌。釋嫌疑於闕者，貽哂笑於群咻。曾餘生之足恤，恐後事之隱憂。挈雛嫠而於邁兮[一]，愍纍纍之載道。念亡兄之冰蘖兮，罄資橐已如掃。天乎天乎莫問，行矣行矣誰翻？幸而閩境，道出武陽。爲亡兄之治地，有勿伐之甘棠。問尸祝兮具在，薦明水兮增傷。昔領邑以治人，今受廛而甿隸。豈循環之固然，抑時命之偶值。倚蚊睫以棲身，又孰知其孔細。已焉哉！在漢法之三章，無申韓之慘酷；剏高帝之八議，有功過之可贖。豈臣妾所敢言，在當事之所恤[二]。

系曰：天道斡流兮邈無垠，山川修阻兮善閱人。惟未定兮弗勝，繄大夢兮難真。彼大人之達觀，與時偕止。納天地於毫髮，喻萬物於一指。失奚以悲，得奚以喜。巫咸有所不知兮，吾其如斯而已矣。

按：崇煜爲督師弟。此篇叙其被禍之慘也。

[一] 「嫠」，原作「婺」，據道光《平南縣志》卷二十一《問天賦》改。

[二] 「在」，原作「有」，據道光《平南縣志》卷二十一《問天賦》改。

番禺屈大均《翁山文録·王子安先生哀辭》：

庚子之冬，予謁禹陵於會稽。有王子安先生者，延予館其家。時先生七十有四，予三十有一。計先生舉賢書之歲，乃予生之歲，齒相懸，德業又相遠也。先生顧忘其爲丈人行，而與予約爲兄弟，謂君子論道而不論年。予則有愧於先生焉。

先生嘗謂予曰：「子之鄉，有大司馬袁公崇焕者。方其督師薊遼，予以諸生居幕下，其爲國之忠勤，予獨知之。其不得死於封疆，而死於門户，天下人更未必知之也。自大司馬死，而遼事遂不可爲。吾三十年以來，每一念至，未嘗不痛心切齒於當日之權奸也。大司馬無子，其疏稿及余集生、程更生訟冤諸疏，予藏之笥中久矣。今授子，以爲他日國史之採擇，其可乎？」又曰：「吾生平治古兵法，不獲一展所長。自申酉變亂以來，吾浙東之死節者有九人焉。彼倪公元璐、周公鳳翔、施公邦曜〔二〕、劉公宗周、祁公彪佳、余公煌者，皆有高爵厚禄於朝，其從容一死以明大臣之義，固其所也。乃若黄子毓蓍、潘子集、周子卜年之三人者，以布衣韋帶之士，而亦慷慨以死。吾宅前柳橋，乃黄子所自沈之處。水寒霜落，紅蓼迷離，吾每褰裳過之，未嘗不潸然流涕。誠知衰老無成，混

〔二〕「邦」，原脱，據《明史》卷二六五《施邦曜傳》補。

混然與世相溷濁，曷不早從故人於柳橋之下也。」予曰：「孔子稱守死善道。今先生學純粹而行潔清，是九人者所託以任後死者之責者也。」先生默然。臨別，噓吁嗚咽，復執予手曰：「曩當喪亂時，予不能死，不惟有愧於吾鄉九公，且無以見袁大司馬。使大司馬被逮時，予以一死明其冤，以十口保之，天怒或回，使大司馬得立功自贖，則遼事庶幾可爲。而吾乃薾弱不能，鬱鬱至今，悔之無及。惟斯疏草，子其採入大司馬列傳，使後世獲知其忠，亦吾所以下報大司馬也。」予拜。先生亦拜，且曰：「子年雖少，然自今其亦求死所矣。如予犬馬之齒，碌碌至於七十有四，亦未必子之幸也。」

嗟夫！予今三十有八矣，別先生七年，而先生遂死。先生得死，而予身世茫茫，又安知其所底止哉！窮邊寂寞，追念老成，爲辭以哀之云爾：

嗟國祚之將移兮，而朋黨之禍倡。上有君而下無臣兮，神華之統以亡。嗟匹夫之不辱兮，入雲門而高翔。從溝瀆而不忍兮，欲雪耻於百王。無朝廷之用賢兮，抱智勇而傍偟。鄙明哲之保身兮，雖老彭爲不祥。恨考終於妻子之手兮，不獲陪乎首陽。維忠賢之同道兮，生與死其皆臧。而夫子之全歸兮，亦孝子之大方。念平生之歡好兮，忽契闊於北邙。臨歧路而涕流兮，勉以求仁之遑遑。今躑躅於寒邊兮，迷不知父母之遺鄉。悲耆舊之凋零兮，與穉子而同行。魂營營於會稽兮，彷彿先生之容光。爲長歌以追弔兮，庶鑒格於窮荒。

漸岸恒夫趙吉士纂編、四明公弼盧宜彙輯《二續表忠記》卷二，《督師袁公傳》：

明崇禎己巳年六月，督師袁崇焕奉賜劍誅總兵毛文龍於皮島。十一月，京師戒嚴，下崇焕於獄。庚午八月，亦死於西市。

崇焕字元素，東莞人。萬曆己未進士。知邵武縣。慷慨饒膽智，好談兵，恒以邊才自許。天啟二年正月，朝覲，在京御史侯恂薦其經濟，遂擢兵部職方主事。廣寧師潰，議守山海關，此職方專責也。而司中忽不見袁主事，詢其家人，亦莫知所向，一部諸司皆大駭。已而還朝，歷指關上情形并山川阨塞[二]，在廷益稱其才，擢臬僉，監關外軍務。尋赴前屯，安置遼人之失業者。奉符，即於黑夜馳虎狼荆棘中，四鼓叩城而入，將士莫不壯其膽。經略王在晉深倚任之，題爲寧前兵備，議築重城於八里鋪。內閣孫承宗行邊，駁之，更議所守，崇焕獨主寧遠[三]，當承宗意。遂以入告，令崇焕同滿桂往，大興版築。

[二]「阨」，原作「扼」，據《二續表忠記》卷二（北京出版社《四庫禁燬書叢刊》影印本）《督師袁公傳》改。

[三]「遠」，原脱，據《二續表忠記》卷二《督師袁公傳》補。

閱五月，訖工。桂固良將，而崇煥勤於其職，又善拊將士，樂爲盡力，商旅集而播遷歸，遂爲關外重鎮。遭父憂，奪情視事，進參政。

五年十月，承宗罷，高第來代，謂關外必不可守，盡撤錦右諸城守具，移其將士於關内。督屯通判金啟倧上書崇煥曰：「錦右、大凌三城，皆前鋒要地。倘收兵退守，既安之百姓復懼播遷，已得之封疆再遭淪没，榆關内外，更堪幾次退守耶！」崇煥首肯其説，力争不可，而第意不可回，欲并撤寧前。崇煥曰：「我寧前監司也。官於此，當死於此。我必不去。」第無以難，乃撤錦州右屯、大、小凌河及松山、杏山、連山、塔山守具，盡驅屯兵屯民入關，委棄米粟十餘萬，死亡載道，號哭震野，民怨而軍聲益以不振。崇煥乞終制，不允。十二月，進按察使，視事如故。

六年正月，大兵渡遼河，直抵寧遠。崇煥集將士，刺血爲書，誓以死守，椎牛殺馬，引佩刀自割其肉，烹以餉士，見者爲之墮淚。盡撤城外居民入城，清野以待。城中亦不得私自往來，間諜盡絶。又移檄前屯守將趙率教、山海守將楊麒，將士潰逃至者，悉斬以徇，人心始定。大兵臨城，百道進攻不能克，乃退。當是時，朝中聞警，咸震慴，本兵恇擾，莫知所出。集廷臣議，戰守迄無成策。經略高第、總兵楊麒假護關爲名，擁兵不救，中外皆以寧遠必不能守。及捷書至，若出意外，舉朝大喜。得旨，立擢崇煥僉都御史，桂等亦進秩有差，第與麒咸褫官去。遼土多故以來，文武將吏罔敢挺身任疆事者。自有此捷，而士氣漸奮，中朝之議戰議守，亦自此始。叙功，加兵部右侍郎，世蔭錦衣千户。復設遼東巡撫，以崇焕爲之。

其冬，巡歷錦州，大、小凌河，將大興屯田，漸復高第所棄舊土。魏忠賢方用事，兵部因以爲功，列爵五等，崇焕亦蔭指揮僉事。崇焕復言：「遼左之壞，雖由人心不固，亦緣失有形之險，無以固人心，衹有憑堅城、用大炮一策。今山海四城既新，亦當修理松、杏諸城。」從之。崇焕鋭意圖恢復，乘大兵渡鴨緑，討朝鮮，因遣使議和，將以其間繕治錦州、中左、大凌三城。使既往，然後疏聞。會朝鮮、毛文龍俱告急，咸言議和所致，崇焕疏辯。七年五月，大兵再圍錦州，分攻寧遠，旋亦引去。是時，中外章奏無不頌忠賢功德，崇焕疏亦及之，而終不爲忠賢所喜。因使其黨劾崇焕不救錦州，爲暮氣難鼓。崇焕引疾乞休，七月，遂允其去，而以王之臣代之。

八月，崇禎即位，廷臣咸請召崇焕，擢爲兵部添註右侍郎。元年四月，命以兵部尚書兼副都督師薊遼兼督登津軍務。七月，崇焕入朝，召見平臺，對以五年全遼可復。帝退而少憩，給事中許譽卿詰以五年之説，曰：「聖心焦勞，姑以是相慰爾。」譽卿曰：「上英明，安可漫對！異日按期責效，奈何？」崇焕憮然自失。頃之，帝出，因奏：

「東事本不易竣，臣爲五年之期，必須兵馬錢糧事事湊手。」帝即召户、兵二部，申飭如其言。又奏：「臣一出國門，便成萬里，忌能妬功〔一〕，夫豈無人。即不以權力掣臣之肘，亦能以意見亂臣之謀。」帝起立聳聽曰：「朕自有主持。」閣臣劉鴻訓請收回王之臣、滿桂尚方劍，以賜崇煥，假之便宜。帝悉允之。

崇煥之始受事也，即有誅毛文龍之意，疏請遣部臣赴島上理餉。文龍抗疏駁之。崇煥滋不悦，而誅文龍之意益決。二年五月中，以閲兵爲名，泛海抵雙島。文龍來謁，崇煥接以客禮，復坦懷待之。文龍安之，不爲意。六月五日，邀文龍觀將士角射，設幄山上。文龍至，其部卒皆不得入。崇煥詰文龍違令數事，文龍抗辯，崇煥厲色叱之，命去其冠帶，縶縛〔二〕，復數其有十二斬罪，遂請尚方，斬之帳前。衆股栗，不敢仰視。乃諭之曰：「所誅止文龍一人，餘皆無罪，不相及也。」命棺殮文龍。次日，具牲醴拜奠曰：「昨日斬爾，朝廷大法；今日祭爾，僚友私情。」爲之下淚。乃四分其兵，令文龍子承祚〔三〕、副將陳繼盛、參將徐敷奏、遊擊劉興祚轄之。發十萬金，分犒將士。盡除文龍苛

〔一〕「妬」，原作「姤」，據《二續表忠記》卷二《督師袁公傳》改。

〔二〕「縛」，原作「縳」，據《二續表忠記》卷二《督師袁公傳》改；以下徑改，不再出校。

〔三〕「祚」，《海甸野史·督師袁崇煥計斬毛文龍始末》作「禄」；本篇下同，不再出校。

政，釋所繫無罪商民。始還鎮，具疏上聞。帝驟見此疏，甚爲駭異。念文龍已死，且欲安崇煥心，優旨褒答，傳諭暴文龍罪。崇煥又上言：「文龍一匹夫耳，何遂不法至此？則以茫茫海外，固易於爲亂之地也。倘再設一帥，文龍之後，豈無文龍？此官宜停勿補，即以陳繼盛攝之，於計爲便。」又核減舊餉一百二十餘萬兩。帝嘉獎之，咸報可。

十月，大兵分道入龍井關、大安口。崇煥即督諸將入衛，以十一月十日抵薊州。帝聞其至，甚喜，温詔褒勉，發帑金，犒其將士，令盡統諸道援軍。俄聞趙率教戰歿，遵化、三屯營皆破，巡撫王元雅、總兵朱國彦自盡。崇煥懼，急引兵入衛京師，營沙河門外。帝立召見，深加慰勞，賜御膳、貂裘。時大兵所入隘口，非崇煥所轄，聞警即千里赴援，自謂有功無罪。而都人驟遭兵革，怨謗紛起，謂崇煥故縱長驅，擁兵不戰。朝士素惡崇煥者，因其有通和之議，誣其引兵脅和，將爲城下之盟。帝不能無惑。又獲間諜訛言，崇煥密約通款，帝信之不疑。十二月朔，再召對，縛下詔獄。方崇煥初受命督師時，閣臣錢龍錫問進取之策。對言：「當從東江始。」龍錫曰：「舍實地而就海道，何也？且毛文龍未必可恃。」對曰：「可則用之，不可則殺之，易易爾。」龍錫謂其漫言，不爲意。及崇煥誅文龍，報疏中亦云與龍錫商過。及崇煥將通和修好，龍錫亦嘗貽書止之。而龍錫，故東林也。於是魏奄遺黨謀興大獄，爲逆案報仇。見崇煥下吏，遂以擅主和議、耑戮大帥二事，爲兩人罪。法司竟坐崇煥謀叛，龍錫亦論死。三年八月，崇煥被磔，兄弟妻子流三千里，籍其家。初議流杭州，得旨：「罪督家屬阮氏等十九名，不應流徙善地。」駁行浙江撫按，改徙雲南廣西府維摩州。崇煥無子，家亦無餘貲，天下冤之。

林時對曰：《法傳録》載，毛帥於天啟四年獻俘十二，内幼童四、幼女四、婦一，此豈臨陣所獲者？則其冒功殺良也可知。又《長編》載，毛帥死後，孫輔閲實其兵，册報一十五萬，僅得四萬二千人，則其虛伍侵餉也可知。設令不齒賜劍，亦終成海上之漏卮，於國事又何裨焉！若袁督之信而見疑，忠而被謗，則又自古爲然矣。

《二續表忠記》卷二，《大學士錢劉二公合傳》：

及袁崇煥殺毛文龍，其報疏内有云：「輔臣龍錫，往復商榷，臣得奉行無失。」帝方顧崇煥厚，聞其言，不爲忤也。至是年十二月〔二〕，京師戒嚴，帝中讒〔三〕，下崇煥於獄。

〔二〕「年」，原脱，據《二續表忠記》卷二《大學士錢劉二公合傳》補。
〔三〕「讒」，原作「纔」，據《二續表忠記》卷二《大學士錢劉二公合傳》改。

黨人遂力攻龍錫，疏至再三，帝意不能無動。龍錫引疾，旨即允其歸。然以兵事正旁午，不假竟崇煥獄也[二]。三年八月，黨人復上疏加詆，且誣龍錫出都，以崇煥所畀數萬金轉寄姻家，巧爲營幹，致國法不伸。帝意益動，敕刑官五日内具獄。其實龍錫固未嘗受賄，即崇煥亦未嘗行賄也。錦衣劉僑上崇煥獄詞，帝令廷臣大議於中府，謂：「斬帥雖龍錫啟其端，而兩書有『處置慎重』語，意不在於專殺，則殺之自是崇煥過舉。至講款，則倡自崇煥，龍錫未嘗擔承，故始則答以『在汝商量』，繼則答以『天子神武，不宜講款』。要之，軍國大事，皆自爲商度，竟不奏聞，何所逃罪。」遂遣使逮之下獄。龍錫疏言：「崇煥自知斬帥專殺有罪，故借無心問答，爲分過之地。講款，則前後兩書，未嘗輕許。」因悉封崇煥原書及所答書稿進驗。帝不聽，令俟部議。

道光《平南縣志》卷二十，袁珏《前明薊遼督師家元素先生十六首》：

少時貧賤嘆飄零，家托扶風任少卿。伏皂群空騏驥足，雌黄日起蟪蛄聲。藤陰館裏徘徊意，西岳碑前感慨情。志乘至今傳兩地，田園猶在不須爭。先生東莞人，今廬墓、

[二]「假」，據文意疑當作「暇」。

遺址與後人俱在平南。

名成榜上已中年，却被風吹下九天。萬井饑寒民父母，一身清白吏神仙。滄浪詩話公餘續，先生爲邵武宰，地有宋嚴羽詩話樓，先生曾續作，今不存。甑釜歌詩去後傳。三載循良來奏績，濟時又著祖生鞭。

書生拔戟去從戎，慷慨行間國士風。劍氣光連頭易白，箭瘢凍裂血常紅。短兵蓐食髑髏裏，匹馬宵行虎豹中。信是男兒能報效，一枝班管六鈞弓。

誓師痛哭守孤城，下拜三軍感至情〔二〕。淚染旌旗痕不滅，令嚴刁斗夜常鳴。析骸能使人心定，捫蝨都從甲縫生。底事良謀擯主帥？十三山外泣遺氓。

家書一紙事艱辛，泣血從軍有棘人。生我劬勞天罔極，殺身懺悔佛無因。心知已亂悲徐庶，裾記曾牽恨太真。最是君恩深未報，廬山徒步爲思親。

三疏陳情未許歸，不堪縗墨作戎衣。枕戈待旦親傳戰，秣馬趨風大合圍。塞上烽烟騰殺氣，朝中弓狗兆危機。尸饔有母情難割，回首南天歎靡依。

戍人何幸代瓜時，拜別軍門意轉悲。失勢廉頗心未死，不侯李廣數原奇。當前祿厚

〔二〕「情」，原作「誠」，據道光《平南縣志》卷二十《前明薊遼督師家元素先生十六首》改。

承君賜，從此家貧奉母慈。膝下愴懷親已老，商瞿四十尚無兒。

林下寬閒未十旬，璽書萬里召孤臣。再回鄉里知何日？忍向庭幃乞此身[一]。宦海曾嘗鷄肋味，征途重拂馬頭塵。平臺帝語詢謀略，復把兵機次第陳。

細柳軍營説亞夫，尚方寶劍手親扶。軍容精采輕裘出，士氣飛揚免胄呼。燐照伏尸魂慘淡，風吹大纛血模糊。其後人現藏一大纛，長丈許，中綉五龍，血漬過半，蓋當時軍中物也。偏裨舊將今猶在，薦舉良材共引袍[二]。謂祖大壽、趙率教、何可剛。

星落形勢繞邊城，上將親行閱島兵。反骨法應誅魏延，延，本平聲，亦入霰韵，今借用。奸謀夢早兆田横。毛文龍少年夢人告曰：「欲學淮陰，已老一半；欲作田横，無人作伴。」淮陰年二十七，文龍誅時年五十四。虚靡國餉充私橐，巧借官階蓋賊名。杯酒靈前親一祭，本來僚友有私情。文龍死後，先生致祭，分其兵二萬八千人爲四協，仍以其子承祚領之。

保守封疆已厭兵，欲銷金甲事春耕。息肩辛苦倡和議，側目從容坐罪名。千里勤王

[一] 「幃」，原作「煒」，據道光《平南縣志》卷二十《前明薊遼督師家元素先生十六首》改。
[二] 「袍」，原作「裾」，據道光《平南縣志》卷二十《前明薊遼督師家元素先生十六首》改。

馳突騎，兩人定策壞長城。謂温體仁、梁廷棟。廣渠門外親鏖戰，陣上捐軀決死生。

疲兵苦戰少奇功，再見天顏即獄中。四面鼓鼙聲未息，五更魂夢氣猶雄。手書尚可追逃將，心迹真難白上公。臣罪當誅原本分，三邊太息事成空。

陰霾慘慘日無光，不死沙場死法場。熱血何人收槀葬？孤魂有路返家鄉。争來事業千秋定，誤却功名半世忙。地下傷心應自慰，岳家青史共流芳。

奇獄真如三字成，朝端肉食盡公卿。百身莫贖甘同死，謂程更生諸人。一語難翻不可生。忠賢遺黨王永光等論先生擅主和議，坐謀叛。弱弟問天天已醉，先生胞弟煜有《問天賦》，序其家禍。寡妻赴水水無聲。夫人黄氏赴水死，尸流至赤水，漁人葬之。《剖肝録》與《愚忠紀》[二]，公道人間罪自明。江南布衣程更生作《愚忠紀》，兵部郎中余大成作《剖肝録》，皆明先生冤。

家徒四壁久蕭然，骨肉流離舊治遷。家屬徙二千里安置，適在邵武縣[三]。邑人憐之，濟其困乏。身後尚收廉吏報，邑中共説大夫賢。曾爲上將惟知死，本是文官不愛錢。白髮高

[二]「紀」，原作「記」，據道光《平南縣志》卷二十《前明薊遼督師家元素先生十六首》改。

[三]「適」，原作「邊旁」，據道光《平南縣志》卷二十《前明薊遼督師家元素先生十六首》改删。

堂年八十，留居破屋剩三椽。母葉氏，年老不徙。百年往事少人知，特旨褒忠出盛時。舊時門庭今已失，舊宅今爲大姓所有。聖朝雨露本無私。一官可慰孤魂餒，半面猶存小像奇。有畫像小幀，今尚存。百世聞風頑懦起，山川生色動遐思。

朝鮮潘南朴趾源美齋《燕岩集》卷二十，《馹汛隨筆》：

永寧寺，崇禎間祖大壽所創云。佛寺、關廟，於遼東初見其狀麗〔二〕，略有所記。其後沿道雖有大小之異，而其制度則大同，不惟不可殫記，亦頗倦於觀玩，不復歷覽焉。路傍有十餘丈高峰，名嘔血臺。世傳清太祖登此峰〔三〕，俯瞰寧遠城中，爲明巡撫袁崇焕所敗，嘔血而殂，故稱之。崇禎二年十一月，虜兵薄皇城。十二月，督師袁崇焕率祖大壽、何可剛入援，所過諸城，留兵守之。帝聞其至，甚喜，令盡統援軍。清人設間，使其將高鴻中於所獲兩明太監前故作耳語，曰：「今日掇兵，意者袁巡撫有密約。頃見二

〔二〕「狀」，據文意疑當作「壯」。

〔三〕「祖」，原作「宗」，據《清太祖高皇帝實録》卷十（中華書局一九八六年影印本）改。

人來見汗，語良久而去。」楊太監佯卧竊聽之，旋縱之歸，遂以告於帝。遂下崇焕於獄。大壽大驚，與可剛擁衆東走，毁山海關出。

道光《平南縣志》卷十六：

袁崇焕，字元素，祖籍東莞。父子鵬，徙居平南白馬墟，與藤縣接壤。登萬曆進士。天啟二年，由邵武令擢兵部主事。六年，自寧前道巡撫遼東〔一〕，寧遠之役，實倚賴焉。以憂還，著有《樂性堂稿》。崇禎元年，起爲兵部總督薊遼登萊天津軍務，召見平臺，慰勞甚至。問以方略，對曰：「假臣便宜，計五年全遼可復。」因以尚方劍賜之。於是築錦州、大凌河三城〔二〕，又合寧、錦爲一鎮，移薊鎮於關門，自駐寧遠，遂罷遼東巡撫二。閱兵抵雙島〔三〕，斬總兵毛文龍，乃暴其十二罪，分其兵爲四協。又奏東江一帶，牽制所必資，宜增餉。十月，清兵入薊州〔四〕，逼京城。崇焕屯沙窩門，互有殺傷。尋爲忠賢遺

〔一〕「遼東」，原脱二字，據道光《平南縣志》卷十六《袁崇焕傳》補。
〔二〕「大」，原脱，據道光《平南縣志》卷十六《袁崇焕傳》補。
〔三〕「抵」，原作「折」，據道光《平南縣志》卷十六《袁崇焕傳》改。
〔四〕「清」上，道光《平南縣志》卷十六《袁崇焕傳》原有「大」字。

黨王永光[一]、高捷等劾其擅主和議、專戮大帥，與大學士錢龍錫同論死。時崇禎三年八月也。葬北京城内。乾隆間，廕其後嗣炳爲峽江丞。摘録《明鑑》。

謹按：乾隆四十九年恭奉詔書云：「前明經略熊廷弼[二]、袁崇焕，均有輯寧邊境之才，得一足以安天下。而先後俱被宵小構讒，死於非辜，朕甚憫焉。着廣西巡撫查出袁崇焕後裔，量材録用，以獎忠良。欽此。」隨據知縣繆琪奉行查明，具覆上臺，牒稱：「袁崇焕無子，惟查其族内有繼嗣元孫袁炳，現居平南城中。」送部引見，即授峽江縣丞。竊以二公心迹，當明季比黨交攻，各逞臆者，紛紛並無公論。恭承聖明洞鑒，昭雪褒嘉，曠世隆恩，古所未有。而天語煌煌，洵足爲二臣定論云[三]。

光緒《重修邵武府志》卷十五：

袁崇焕，字元素，東莞人。萬曆進士。天啟初任。明決有膽略，盡心民事，冤抑無不伸。素趫捷有力，嘗出救火，着靴上牆屋，如履平地。後以邊才薦，累官遼東經略。

[一]「光」，原作「先」，據本篇上文改。

[二]「熊」，原作「態」，據道光《平南縣志》卷十六《袁崇焕傳》改。

[三]「足」，原脱，據道光《平南縣志》卷十六《袁崇焕傳》補。

光緒《藤縣志》卷二十三，何壽謙《袁督師事略》：

憶幼時家居，從先大夫遊里閈間，與群兒戲石墩上。先大夫指予曰：「汝亦知此物何來乎？此前明袁督師之故居遺迹也。」督師爲明忠臣，被冤死，家蕩然，鄉人哀思至今，故存以爲紀念。此乃當時石柱墩也，今存其四，大踰合抱。此外，則白馬南北岸，相去里許，有袁氏祖墳。其北墳，乃督師父子鵬公葬地也。其南墳，鄉人呼爲犁頭山。因墳前築砂石三墩，形如犁頭，故沿以爲名。相傳督師母老，望子久不歸，誤信陰陽家言，築此魘之。督師竟因此不祥罹禍云。父老相傳，難徵實録。袁督師者，藤縣天平鄉白馬村一名蓮塘村。人也。諱崇焕，字元素。其先東莞人，父子鵬遊西江，過藤〔二〕，慕白馬山川之勝，遂卜居焉。兄弟三人，次崇燦，季崇煜，督師其長也。崇焕無子，家亦無餘貲。妻黄氏，投江死。尸流至縣屬赤水峽，鄉人哀而葬之。《鐔津考古録》爲立烈婦傳。弟煜，流閩中，作《問天賦》，天下冤之。

〔二〕「藤」，原作「籐」，據本篇上文改。

宣統《東莞縣志·行狀》云：

崇煥守不愛錢、不惜死之訓，死之日，家徒四壁，所没者，皆同産兄崇燦子兆基與弟崇煜及祖遺薄産。一查不再問，仍留其祖遺屋數椽，以棲崇煥母葉氏，使終天年。余大成作《剖肝録》云：「乙丑春，至雹白戍所，晤督師弟崇煜，將所彙前後奏疏十本，付煜藏之。督師之冤，與岳武穆相似。武穆有子霖、孫珂，能白其冤。而督師竟胤絶聖世。異日者使余言有徵，其在煜之子也夫！」今邑中無煜後裔。近項城袁世凱，乃自稱煜裔，豈煜子孫後居中州耶？或曰，袁世凱蓋託言也。布衣程本直，以上疏訟袁督師冤，論死。其作《漩聲記》云：「壬申之秋，將赴西市。顧余棄市後〔二〕，復有一程本直者，收余尸首，並袁公遺骨合而葬之，題其上曰『一對癡心人，兩條潑膽漢』，九原之下，目爲瞑也。」今京師袁督師墓右，有一塋，無碑碣，相傳爲從督師死者，姓名不傳。此當爲程本直墓，蓋好義者如其説葬之，特無確證耳。

〔二〕「顧」，原作「顧」，據宣統《東莞縣志》（臺灣成文出版社《中國方志叢書》影印本）卷六十一《袁崇煥傳》改。

家君《袁廟祝鮀隨筆》卷一載：

民國四年二月二十一日，《亞細亞日報·京塵見聞録》謂「項城袁氏，自總督端敏公甲三、侍郎文誠公保恒以來，門望甲於海内。迄今大總統，遭際時會，肇造民國，功德茂焉。頃其宗人修訂族譜，其始祖原籍廣東東莞，且有祖山葬於寶安縣屬，其地名擎天一柱。緣七世祖崇煜公於明末流寓河南，遂占籍爲項城人。宗派乃分，淵源所自，實始東莞。聞已遣長老赴粤，調抄族譜，以明宗系之所由來」云云。更謂「日來滬報及粤報均載其事」。事之確否，局外人不可得知，然事非無因。吾爲東莞人，於袁族事知之最悉，謹略述所知，以告當世。

考袁崇煜，即崇焕弟。崇禎三年八月十六，崇焕磔於市。其時，崇煜先戍電白。後石衲任山東巡撫，會餉乏兵變，罪不過罰俸。温體仁憾其爲焕鳴不平，恐後雪焕事，遂謫戍電白。案石衲曾爲崇焕訟冤，因與體仁交惡。乙亥春，衲至電白戍所，晤崇煜，將所彙焕前後章疏十本，付煜藏之。蓋自爲督師至下獄，所上職方副本也，中俱有督師鈐印關防。其遺集，清代視爲禁書，無有敢付梓者。兹經重訂付梓，即余所刻《袁督師遺集》也。

又考崇煜先戍電白，越數年，挈其妻子寄居豫東項城縣，因是隸籍於項城。此事，鄉人多有知之者。吾於光緒三十四年留學日本時，曾草一文，詳論其事。日本新聞記者采之，登諸《朝日新聞》。崇焕嫡傳已絶，今在莞奉祀者，均其兄崇燦、弟崇煜之子孫耳。又聞父老説：崇焕於崇禎三年八月十六棄市後，時有一方外人過鄉，語諸人曰：「今日殺袁者清，他日亡清者必袁。」案崇焕本爲明所殺，其原因實由清用反間之計以殺之。考其時，清軍適獲明太監二人，以副將高鴻中，參將鮑承先、寧完我、巴克什達海監守之。至是，鴻中、承先遵太宗所授密計，坐近二太監，故作耳語曰：「今日撤兵，乃上計也。頃見上單騎向敵，敵有二人來見上，語良久乃去。意袁巡撫有密約，可立就矣。」時楊太監者，徉卧竊聽〔二〕，悉記其言。三十日，命縱楊太監歸，具竊以所聽者上聞，獄遂起。方外人謂殺袁者清，其説固有所本，而謂亡清者袁，何所據而云然耶？按崇焕棄市，在八月十六日。辛亥武昌起義，亦在八月中旬，可謂有數存焉。此可見古之讖語，多有於後世而驗之者。余大成作《剖肝録》，有言曰：「昔岳武穆以忠蒙罪，至今冤之。督師力捍危疆，而身死門滅，其得罪大略相似。但武穆有子霖、孫珂，能白其冤。而督師竟胤絶聖世，誰復爲《金陀粹編》者？可嘆也！異日者余言而有徵也，其在煜

〔二〕「徉」，疑當作「佯」。

之孫子也乎！」案余氏所言，「使余言有徵，在煜之子孫」一語，一若預知煜之子孫日後必能爲祖宗復仇者，抑何言之有餘痛耶！錢家修作《白冤疏》，程本直亦作《白冤疏》，作《漩聲記》，《荆駝逸史》載有《崇煥計斬毛文龍始末記》，均詳記崇煥軼事，余均採入《督師遺集·附録》内。

又聞鄉人説，袁氏有一軼事，爲正史所未載，亦足供人研究。崇煥父名子鵬，精堪輿學，門多奇士。有一江西堪輿家，其姓名則忘之，或言即某布衣。主袁家十有餘年，芒鞋草笠，徜徉於山巔水涯，默識吉穴。嘗臨穴貯立，凝想徘徊不忍去。後爲子鵬所知，陰以父骨葬之，即今日吾邑豔傳擎天一柱，袁族之大地者是也。越數月，爲堪輿家所聞。一日酒酣，謂子鵬曰：「余寄食君家有年，本思得一吉穴酬君，擬以某地贈君葬先人，以擎天一柱留葬吾父。今吾所留葬吾父之地，不幸爲君得。吾家福薄不能享，此固君家之福也。但有一言爲君告：此地葬後三年，應於某年月日掘穴，取其骸骨，置諸庭中，暴露三宵，蒸受霧氣，再葬。日後異方遠代，子孫貴不可言。否則，目前縱有曠世人才，終必罹殺身禍。此地殺氣，君宜識之。」旋囑子鵬携各男兒出見，與之評論休咎。時崇煥生甫彌月，一見奇之，曰：「光君門閥者，即此子也，宜善育之。」堪輿家遂將其父之骸骨，葬於擎天一柱墓傍，囑袁家春秋墓祭，代爲供奉，珍重話别。子鵬不信其言，謂輕掘吉地，其氣必洩。意謂堪輿家恨其竊葬，故以此陷之。吾鄉人僉謂，子鵬當日不信堪輿家之言，致使崇煥遭殺身之大禍。然方外人所言，「日後異方遠代，子孫貴不可言」一語，則遲至今日而始驗耳。又案十年前，曾有一顯宦在北方，自認爲崇煥後裔，謂其先代確由東莞移殖而來者。迄今吾鄉人每過擎天一柱墓傍，輒復凝神鵠立，争先快覩其龍跳虎躍之大地，爲之流連不忍去也。

甲申北都覆没遗闻

松陵明秀阁外史黄巍赫述

崇禎十七年甲申，正月朔庚寅，大風霾〔一〕，震屋揚沙，咫尺不見。占曰：「風從乾起，主暴兵至，城破。」□户部侍郎胡世賞引退〔二〕，上獎其恬淡，特准馳驛。□户部以移借派發請，上諭以防邊防河急餉准借，别項俟外解到湊發。□鳳陽守陵谷國珍奏報地震。□建州定國號大清，改元順治。大清皇帝立，尚幼，皇叔九王理國，稱攝政王。以遼東范文程爲大學士。

初二日辛卯，安廬撫報柯兵混殺放火。□東江總兵請酌用水師。□兵部奏：「蕪湖關爲兵所據，商旅不通，國税全虧。」□江督袁繼咸奏報：「五月二十二日拜命領咨，是日聞逆獻已破武昌縣。六月初六日達安慶，楚之會城陷。恐狡賊乘虚東下江州，人心驚潰〔三〕，則吴越之勢摇矣。臣移咨皖撫，調發勁兵三千，爲臣臂指之使。臣率陳可立親兵先到湖口，遏賊狂奔。乞敕左良玉先事江南，掃除逆獻。」

〔一〕「霾」，原脱，據《國榷》卷一百「崇禎十七年正月庚寅」、《明季北略》卷二十《風變地震》補。

〔二〕按：底本各條之間原空一字，整理本改爲加「□」，以示區别。「賞」，原作「賁」，據《國榷》卷一百「正月庚寅」改；以下徑改，不再出校。

〔三〕「驚」，原作「警」，據《國榷》卷一百「正月辛卯」改。

初三日壬辰，吏部薦起方震孺〔一〕。□王世英分巡兖西道〔二〕。□諭兵部：「凡衆廢武職及草澤義勇，有能勵志殺賊、固守城池者，奏，與上賞。」□群賊擁李自成稱王於西安，國號順，僞元曰永昌。以宋獻策爲軍師，牛金星爲丞相。設六政府，各尚書一人，侍郎二人，左侍郎則皆隨設〔三〕。吏宋企郊，户楊建烈，兵喻上猷〔四〕，禮鞏焴，刑陸之祺〔五〕，工李振聲等，皆明臣降附。□順賊掠河東、河津〔六〕、稷山、滎河、絳州，一路俱陷。

初四日癸巳，户部尚書倪元璐解部任，仍供講職。□兵科都給事陞尚書張縉彦到任。□吏部推司務主事官補陞知府，不許。□南兵部奏火藥被焚。□兵部舉用廢將于永綬。□登撫曾化龍請練鄉兵以避客兵之害〔七〕，清野以保民蓋藏之資。□工科曾應遴言：「今之

〔一〕「孺」，原作「儒」，據《國榷》卷九十九「崇禎十六年十二月己丑」、痛史本《崇禎長編》卷二「崇禎十七年正月癸巳」（臺灣「中研院」史語所校印本）改。
〔二〕「英」，《崇禎長編》卷二「正月癸巳」作「瑛」。
〔三〕「設」，《明季北略》卷二十《李自成僭號》作「征」。
〔四〕「猷」，原作「獻」，據《國榷》卷一百「正月庚寅」、《明季北略》卷二十《李自成僭號》改。
〔五〕「陸」，原作「陡」，據《國榷》卷一百「正月庚寅」、《明季北略》卷二十《李自成僭號》改。
〔六〕「河」，原脱，據《明季北略》卷二十《李自成僭號》補。
〔七〕「化龍」，《國榷》卷一百「正月癸巳」作「櫻」。

紳富，皆安坐而吸百姓之髓者。平日操奇贏以愚民而獨擁其利，臨事欲貧民出氣力相護，無是理也。秦藩之富甲天下，賊破西安，府庫不下千百萬，悉以資賊。倘其平日少所取民，有事多發犒士，未必遂至於此。又聞萊陽之破，以東門鄉紳張宏德利賊之退，盡追鄉民犒賞，痛笞而窘迫之。一家發難，闔邑罹殃。虜至，令宏德自指其藏，得百萬金，然後闔門就戮。今之紳富，亦宜鑒之。略借均田之法，使富者稍捐以賑貧，亦救民撥亂之策也。」

初五日甲午，恤保定監軍任棟死事，贈光禄卿。□越其傑量復冠帶〔二〕，效用。□福嗣王奏：「王寶實係無存。」蓋爲世子時，自竊以送賊者。

初六日乙未，諭吏部：「前諭内外兼轉，吴麟徵未歷監司，不得遽陞京堂。」□王之仁、周仕鳳，充浙江、廣東總兵。□侍郎雷躍龍、張維機，各教習庶吉士。□工科高翔漢言：「大清兵出口未數月，忽接遼撫黎玉田、永撫李希沆揭，稱復有入討情形〔三〕。寧遠逼近，不可示以單弱，調兵南征，豈稱勝算？將爲三軍司命，唐通、馬科、孔希貴錚

〔二〕「復」，原作「得」，據《國榷》卷一百「正月甲午」改；以下徑改，不再出校。

〔三〕「討」，《國榷》卷一百「正月乙未」、《明季北略》卷二十《議撤寧遠》作「寇」。

錚有名。鎮臣盧九德怯懦，已經議易，而馬科仍調南行，三軍誰爲統率？」

初七日丙申，兵科曾應遴言：「臣鄉江右，自橋頭失守，而賊從永破吉，插嶺兵破〔一〕，而賊破萍及袁。吕大器褊急，不能駕馭左帥，臣已言之。今江督更置之時，即合閩、越之力，以供虔鎮。副將鄭鴻逵與芝龍爲兄弟，緩急可不煩檄調。有云益王走閩中，建昌潰於十一月初二日，撫州、南豐同陷於初七日，並有言贛失守者〔二〕。而虔撫之報杳然，諸臣真同醉夢矣。」□保定撫奏：「義衿陳延祚破家養士，厚捐全城。」□劉承胤殺賊有功〔三〕，加陞都督僉事，鎮守武岡。□方國安鎮守湖廣。

初八日丁酉，方孔昭戴罪整理河北，張有譽總督南京糧儲。□順賊陷平陽，沿河州縣，望風瓦解，皆置僞官，有防禦使〔四〕、大尹等官。

初九日戊戌，山西逃兵南下，江北震恐。路振飛派兵防河，副將金聲桓守徐〔五〕，周

〔一〕「破」，《崇禎長編》卷二「正月庚子」作「變」。
〔二〕「言」，原作「定」，據《明季北略》卷二十《曾應遴奏江右事》、《崇禎長編》卷二「正月庚子」改。
〔三〕「承胤」，原作「成徹」，據《國榷》卷一百「正月乙未」、《崇禎長編》卷二「正月庚子」改。
〔四〕「有」上，原衍「官」字，據《明季北略》卷二十《李自成陷平陽》删。
〔五〕「桓」，原作「植」，據《國榷》卷一百「正月戊戌」、《明季北略》卷二十《李自成陷平陽》改。

仕鳳守泗，周爾敬守清口〔一〕。

初十日己亥，諭：「在京五城兩縣，各立鄉約所，朔望集士民，宣解聖祖上諭。仍立善、惡二簿，咨訪孝弟、節義、素行端良，即行推獎。其有忤逆、淫薄、賭博、拿訛者，嚴懲。務以民俗之浮澆，宣各官之殿最〔二〕。」□唐鈺被糾，革職。□右副都方請核赦前舊賦官胥侵漁〔三〕。□山西撫蔡懋德奏榆林被寇，諭：「周遇吉何故尚在寧鎮？着即日移防河冲。」□上召撫寧侯朱國弼、忻城伯趙之龍至中左門〔四〕。□刑科郭充言：「賊衆入關，憂不止秦也〔五〕。會城之安危不曉〔六〕，則督臣之趨進無方；各官之聚散不知〔七〕，則九

〔一〕「爾敬」，原二字互乙，據《國榷》卷一百「正月戊戌」、《明季北略》卷二十《李自成陷平陽》正。

〔二〕「宣」，據文意疑當作「定」。

〔三〕「方」下，《國榷》卷一百「正月戊戌」有「岳貢」二字；「核」，原作「該」，據《國榷》改。

〔四〕「中」，原脱，據《國榷》卷一百「正月戊戌」、《崇禎長編》卷二「正月丁酉」補。

〔五〕「憂」，原脱，據《國榷》卷一百「正月己亥」補。

〔六〕「會」，原作「合」，據《國榷》卷一百「正月己亥」改。

〔七〕「各」，原脱，據《國榷》卷一百「正月己亥」補。

邊之征調難及〔二〕；賊勢之趨向不測〔三〕，則河東之防禦亦徒勞。必偵探明白，使秦省無恙，新督臣宜疾入居。如賊黨充斥，勢難渡河，即應從永寧渡綏德，直趨固原，亦以上游馭下風。聞賊入時，官兵有劫掠地方，馬騾獸散者。河東防賊，不在防之河東，而當防之河西。今者賊入關一月，而地方尚爾矇矇，未有不知彼而能取勝者。」

十一日庚子，王庭梅順天府尹。□道臣潘士彥革職。□予鄭友玄擒渠得城，議恤。□上聞遼民任姓有疏，爲鼓聯義勇，着通政司封進。□呂大器言：「楚疆糜爛，楚官曾無一人。舊承天撫王揚基戴罪請功〔三〕，改任楚撫，仍兼承天，庶殘疆不至益廢。」

十二日辛丑，漕撫路振飛言：「淮徐道何騰蛟整頓徐方有功〔四〕，今陞楚撫，已成之緒恐廢。有同知范鳴珂，二十年安於府倅，恬守可知。即以補騰蛟缺，可稱並美。」

十三日壬寅，總河黄希憲爲前任張國維頌勞。□陝撫金毓峒奏西安失守情形，着該鄭予、馮師孔、黄綱、吴從義、祝萬齡議恤。

〔一〕「九」，《國榷》卷一百「正月己亥」作「三」。
〔二〕「向」，原脱，據《國榷》卷一百「正月己亥」補。
〔三〕「揚」，原作「錫」，據《國榷》卷一百「正月庚子」、《崇禎長編》卷二「正月丙午」改。
〔四〕「道」，原作「還」，據《國榷》卷一百「正月辛丑」、《明季北略》二十《何騰蛟》改。

十五日甲辰，召何楷來京陛見。□武標臣劉孔昭薦田仰堪任節鉞。□刑科郭充言：「南道王孫蕃恥於分功一疏，則叙功冒蔭之欺君可知。孫蕃應與正色辭叙之，詹兆恒速旌之，可以當激勸也。」

十六日乙巳，大學士李建泰揭請出師，因題用衛貞固〔一〕、凌駉、郭中傑。上諭：「卿即整裝就行，具見忠奮。所請，吏部即用。其中傑帶馬兵二百，依議旗牌勘合，照例速給。」先是，上臨朝，向各閣臣言：「賊勢如此，閫外無人承任，府庫殫竭，將如之何？」建泰曰：「主憂至此，臣敢不竭駑力。臣家在晉，願以家財佐軍，可資萬人數月之糧。臣請提兵遂行。」上大喜，慰勞再四，曰：「卿若行，朕當仿古推轂禮，親餞之郊〔二〕，不敢輕也〔三〕。」□楚撫王揚基言：賊去岳州，官兵收得。□王承胤掛印鎮守宣府。

十七日丙午，諭兵部：「山東土寇出沒，外解梗阻，撫按全無奏聞。着即掃蕩，以

〔一〕「衛貞固」，原作「因衛員」，據《明季北略》卷二十《李建泰督師》改，《崇禎長編》卷二「正月丙午」作「衛禎固」。

〔二〕「郊」，原作「部」，據《明季北略》卷二十《李建泰督師》、《小腆紀年附考》卷二「順治元年正月乙卯」改。

〔三〕「輕」，原作「敕」，據《明季北略》卷二十《李建泰督師》、《小腆紀年附考》卷二「正月乙卯」改。

通餉道〔二〕。」□又諭：「寇患地方，人心不固，聞警逃避，法紀蕩然。亟行賞罰，用示勸懲。如山西保德州固守有功，已命破格敘擢。其倡逃者，不論宗室宦紳，立行拿問。」□又諭：「畿南震鄰、紫、馬、龍、固等關〔三〕，亟宜毖備，以一賊不入爲功。倡義急公者，奏聞紀録。」□又諭〔三〕：「秦督已至河干，即統率高傑等相度往援。宣督星馳防河。該部飛檄。」

十八日丁未，南贛添兵二千，加鄭鴻逵副總兵銜鎮守〔四〕。□工科彭琯奏：「往者逆賊犯楚，實由人心惑於『三年免征〔五〕，一民不殺』之僞示耳。又見撫臣李乾德懸示免征，益復踴躍。倘皇上大下蠲詔〔六〕，通行曉諭，更當何如！近傳十六、十七年寬赦，何如寬之十八年，使賊滅後猶有餘力〔七〕，並奇荒赤地通行酌免，使老幼捧檄泣下，非目前第一

〔二〕「道」，原作「送」，據《明季北略》卷二十《上諭》、《崇禎長編》卷二「正月丙午」改。

〔三〕「紫」「固」，原作「柴」「因」，據《國榷》卷一百「正月丙午」、《崇禎長編》卷二「正月丙午」改。

〔三〕「□」，原脱，據本書體例補。

〔四〕「銜」，原作「衛」，據《崇禎長編》卷二「正月戊申」改。

〔五〕「年免」，原作「軍先」，據《國榷》卷一百「正月丙午」、《明季北略》卷二十《彭琯奏》改。

〔六〕「詔」，原作「銀」，據《國榷》卷一百「正月丙午」、《明季北略》卷二十《彭琯奏》改。

〔七〕「猶」，原作「就」，據《國榷》卷一百「正月丙午」、《明季北略》卷二十《彭琯奏》改。

義乎？武昌破時〔一〕，沿江積尸千里。州縣收復，原任官戴罪不敢任事，必待選補。選補之臣，功名與性命較則輕，決不赴任，罪以規避而止，何益於地方之緩急！請查陷賊各官〔二〕，除門迎、先逃外，調補無官地方，以聯絡人心，似爲切要。」□蘇松按糾金壇舉人虞植逆親害民〔三〕。

十九日戊申，鳳督馬士英奏：「太湖疏防失守。」□中書張同敞奏：「劫豐破窖，是兵非賊。」命該部行檄督撫，即擒梟示。□總兵高傑言：「逆寇業已渡晉。」有旨：「看郡邑失守情形〔四〕，撫按嚴飭何在？高傑既稱兵精，即當聽調，賈勇破賊，何待大兵四集？」□鄖陽推官朱翊鏻奏〔五〕：「周士奇以鄖人監鄖，棄城先遁。」□命周遇吉馳扼保

〔一〕「武」，原作「義」，據《國榷》卷一百「正月丙午」、《明季北略》卷二十《彭琯奏》改。

〔二〕「請」，原作「清」，據《國榷》卷一百「正月丙午」、《明季北略》卷二十《彭琯奏》改；「賊」，《國榷》、《明季北略》作「城」。

〔三〕「□」，原脱，據本書體例補。

〔四〕「郡」，原作「群」，據《明季北略》卷二十《馬士英奏》、《崇禎長編》卷二「正月己酉」改。

〔五〕「鏻」，原作「辨」，據李天根：《爝火録》卷六「甲申八月二十五日庚辰」（浙江古籍出版社一九八六年點校本）改。

河，仍着高傑領所部協擊。□劉肇基提督南京大教場。□平陽鎮臣陳尚文投賊爲前驅[一]。

二十日己酉，允侍郎金之俊奏：收拾人心，聯絡鄉勇，俱從鄉紳起。江南士紳素稱好義者，着撫按責成。□郭中傑實授副總兵，督輔中軍旗鼓。

二十一日庚戌，上傳旨：「二十六日，行遣將禮。朕御正陽樓，宴餞督輔，並召五府、內閣、部院掌印官侍坐，鴻臚贊禮，御史糾儀，大漢侍衛。應用法駕、宴桌，該衙門預備。」□令查《大明集禮》中遣將授鉞告廟禮，着議妥行。□諭户部：「邊餉告急，外解不前，餉臣既撤。即着鹽臣黃家瑞督催解京。」□監軍霍達恭報秦中殉難諸臣[二]，命馮師孔優恤外，朱新⿺辶枼妻妾[三]，查姓氏並恤。□督倉白貽清、侍郎胡世賞回籍。□上海舉人何剛言：「忠義知勇之士，在浙則有東陽、義烏，昔時名將勁兵，多出其地。臣熟知東陽生員許都，天性忠孝，素裕韜鈐，一見知人，能與士卒同甘苦。乞用許都，以作率東義、徽歙二方之奇才。臣願以布衣奔走聯絡，悉遵戚繼光法，申詳約束，開導忠義，

[一] 「文」，《明季北略》卷二十《馬士英奏》作「知」。

[二] 「達」，原作「逵」，據《崇禎長編》卷二「正月辛亥」改。

[三] 「⿺辶枼」，原作「逵」，據《崇禎長編》卷二「正月辛亥」改；《明史》卷一八二《忠義·段復興傳》作「鏶」。

一歲之餘，可使赴湯蹈火。臣見進士姚奇胤、夏供祐，桐城生員周岐〔一〕，陝西生員劉湘客，山西舉人韓霖〔二〕，皆憂時有心。乞頒手詔，會天下豪傑，則忠義知勇，連袂而起，助皇上建業矣。」

二十二日辛亥，李化熙兵部侍郎〔三〕，總督陝西三邊；郭景昌赦罪起，提督雁門關。□諭吏、兵、刑三部：「舉人何剛條奏，儘多可採。着授職方主事，即令往東陽、義烏聯絡義勇，練成勁旅，以資剿寇之用。」□又允何剛奏，「許都、姚奇胤作何委用，該部速議。」□户部題請：餉司依督輔所請，介松年去。□南户科羅萬象極言南糧折乾之弊。

二十三日壬子，允李建泰揭，差布衣羅天錦如議用。介松年着以科銜催餉，有功實授。□諭工部：「汴城水滔日久，城柵有無塌壞，宮室有無頹毀，着察司官速往，會同撫按相度。城内遺貲，必被奸民竊取，設計撈起，以充修城之用。其屬藩封者，即還藩封。」□召忻城伯趙之龍、陝按金毓峒來中左門。□田貴妃安葬。□袁繼咸報履江北屯

〔一〕「岐」，《國榷》卷一百「正月乙未」作「奇」。

〔二〕「霖」，原作「林」，據《國榷》卷一百「正月乙未」改。

〔三〕「熙」，原作「照」，據《國榷》卷一百「正月庚戌」、《崇禎長編》卷二「正月己酉」改。

任。□操江劉孔昭言：安、盧、池、泰，處處當添防兵，蕪湖尤要嚴防〔一〕，檄道府巡飭。□賊破趙城〔二〕。□劉孔昭殺其叔萊臣。蓋萊臣應襲嫡嗣，以幼，爲孔昭父藎臣僭襲〔三〕，孔昭復冒之。及管操江〔四〕，遂捕萊臣，斃之獄。

二十四日癸丑，内閣陳演三年考滿，加少保、吏部、建極殿，蔭子中書。□兵部奏：李輔明抗勇血战，特贈左都督號謚。□真定參將李茂春報〔五〕：「流寇過河，平陽府縣開門盡逃，高傑兵搶河東一帶。」□張言〔六〕：「浙自舊撫熊奮渭潦倒之後〔七〕，海上僅足一旅，民壯則多人奴占役，鄉勇則虚應故事，將領則總纛虚懸〔八〕，參、游以下皆紈袴，

〔一〕「防」，原脱，據《國榷》卷一百「正月壬子」、《明季北略》卷二十《劉孔昭殺叔》補。
〔二〕「趙」，原作「起」，據《國榷》卷一百「正月壬子」、《明季北略》卷二十《劉孔昭殺叔》改。
〔三〕「僭」，原作「借」，據《明季北略》卷二十《劉孔昭殺叔》改。
〔四〕「管」，《明季北略》卷二十《劉孔昭殺叔》作「官」。
〔五〕「春」，《國榷》卷一百「正月癸丑」作「明」。
〔六〕「張」下，《國榷》卷一百「正月癸丑」、《明季北略》卷二十《廿四癸丑》有「縉彦」二字。
〔七〕「潦」，原作「遼」，據《國榷》卷一百「正月癸丑」、《明季北略》卷二十《廿四癸丑》改。
〔八〕「纛」，原脱，據《明季北略》卷二十《廿四癸丑》補，《國榷》卷一百「正月癸丑」作「督」。

儲備則鋒朽藥銷，餉供則奇荒大疫〔一〕，道殣相望〔二〕，豈直一方之利害而已哉！」

二十六日乙卯，諭兵部：「淮揚爲南北咽喉，宜有重兵防扼。着漕督、鹽法官增募。」□太監韓贊周奏南京地震。

二十七日丙辰，上御正陽門樓，親餞李建泰，曰：「先生此去，如朕親行。」建泰既行，上目送之，良久返駕。是日，又大風沙。占曰：「不利行師。」進士程源謂監軍凌駉曰：「宜兼程直抵太原。」□建泰奏：「微臣馳往太原。」因揭救河東分守李正脩。上命金毓峒監軍赴晉，允正脩赦罪，督輔軍前效用。時山西賊信洶洶，建泰家存亡未卜，益遲遲其行，日行三十里。

二十八日丁巳，始傳平陽之陷，都人大震。□建泰兵至涿州，營兵三千逃回。□陳演揭救在獄諸臣，命限十日審結，其方士亮、姜埰、尹民興、龔鼎孳保出。□湖廣黃澍奏：舊輔賀逢聖從容就義〔三〕。命從優恤。

〔一〕「供則」，原作「缺」，據《國榷》卷一百「正月癸丑」、《明季北略》卷二十《廿四癸丑》改補。

〔二〕「殣」，原作「途」，據《國榷》卷一百「正月癸丑」、《明季北略》卷二十《廿四癸丑》改。

〔三〕「聖」，原作「金」，據《明史》卷二六四《賀逢聖傳》改。

二十九日戊午，吏科李清奏：監司只宜實陞。有旨：「監司不宜，例起何時？非代人出缺，即爲人擇官。以後除邊地需才，量才酌調，其餘着久任，不得輕移。」□諭應天等十三府：「十二年以前罪贖豁免。」□李建泰聞家被焚掠，爲之奪氣。兵過東光不戢，民閉城門。建泰怒，留攻三日，破之。

三十日己未，陞右庶子李明睿，左諭德衛胤文、羅大任，俱補吏科。□晉王奏：晉疆萬分危急。□塘報賊陷閿鄉。

二月庚申朔，命工部尚書范景文、禮部侍郎丘瑜並兼東閣大學士。□諭吏部：「曾櫻名城屢陷〔一〕，革職提問。」□河北屯撫方孔昭，謹舉屯墾應天巡按鄭言興屯業有實效〔二〕。上諭：「興屯原爲足國裕民，若未經開墾，輒議陞科〔三〕，小民能無畏阻？各撫按

〔一〕「櫻」，原作「纓」，據《國榷》卷一百「二月庚申」、《明季北略》卷二十《李自成僞封》改；以下徑改，不再出校。

〔二〕「巡」，原脱，據《國榷》卷一百「二月庚申」補；「鄭」下，《國榷》有「崑貞」二字；「言」，原作「宜」，據《國榷》改。

〔三〕「陞」，《國榷》卷一百「二月庚申」作「三」。

責成實行。」□諭兵科：「捕官節次獲賊，每每欺罔鄉愚，捏功冒叙。該部嚴核真確，方許算功，不得但憑科疏。□進士程源至天津，勸巡撫馮元颺急修戰備，與總鎮曹友義、道臣韓文鏡等相向感憤，以兵薄爲憂。

初二日辛酉，原任督師丁啓睿奏薦計處知縣夏萬亨勸農有功，乞優陞副使。不許。□大同總兵報逆賊闖關。順賊破汾州。

初三日壬戌，兵科韓如愈言晉寇訛傳。時晉已殘破，諸臣相戒，不欲上聞。□總兵周遇吉奏：「保德嬰城固守，内有豪衿把持。」□劉有實專轄三關。□懷慶夜變〔二〕，福王同母走出東門，棄母兵間，狼狽走衛輝，依潞王。

初四日癸亥，諭部院：「言官論事，須明白直陳。近來多埋伏隱語，殊非奏君之體。着嚴行警戒。」□南户部張慎言劾奏楊文驄貪淫不法，着革職提問。□主事李逢申奏：勸助不若糾貪，赦罪輸餉。着九卿科道糾彈贓私顯著者，各摘一二人如議。□姜埰允予謫戍邊遠〔三〕，蔣拱辰、方士亮、尹民興從輕擬杖。□陞户部左、右侍郎王正志、王鰲永。

〔二〕「□」，原脱，據本書體例補。
〔三〕「□」，原脱，據本書體例補。

初五日甲子，戎政李國禎報追叛大捷，又奏禁旅撤回行伍。□命迎護益藩歸國。□山西糧儲程奏：「晉省鹽課，欠至七十餘萬。」□予劉之綸謚。

初六日乙丑，賊圍太原。時余應桂初聞平陽破，諸將皆遁，太原無一兵守城。賊圍三日，以數人上城，開門而入。賊移檄遠近，有云：「君非甚暗，孤立而煬蔽恒多；臣盡行私，比黨而公忠絶少。甚至賄通宫府〔一〕，朝廷之威福日移；利入戚紳，氓庶之脂膏盡竭。」又云：「公侯皆食肉紈袴，而倚爲腹心；宦官悉齕糠犬豚〔二〕，而借其耳目。獄囚纍纍，士無報禮之思；征斂重重，民有偕亡之恨。」人讀之無不扼腕，而朝廷若處夢中，惟着某人營某缺，門户苞苴是務，有識無不寒心。□諭户部：「邊餉甚棘，外解不至，皆由有司急贓贖而緩錢糧，不嚴立賞罰，何以勸懲！以後在内責成部科〔三〕，在外責成巡按，痛禁耗索，充足者陞四品京堂，未充九分者革職。」□中書張同敞奏：「楚、豫僞官，多以紳衿從賊。宜察教官，以諸生忠逆爲功罪。」下部酌議。

〔一〕「宫」，原作「公」，據《明季北略》卷二十《李自成僞檄》、卷二十三《補遺·李自成僞詔》改。
〔二〕「糠」，原作「糖」，據《國榷》卷一百「二月乙丑」、《明季北略》卷二十《李自成僞檄》改。
〔三〕「以後」，《國榷》卷一百「二月乙丑」作「今」。

初七日丙寅[一]，總督余應桂報晉中瓦解。上諭：「應桂奉命督秦，何故遠奔沁、澤？前疏兵僅二百，今言近千，有無虚報開銷？」□徽州鄉勇拒殺黔兵。

初八日丁卯，上召總督、新舊閣臣、府部院郎官至中極殿。□又召閣臣陳演、户兵部郎官至中左門。□陞刑部左、右侍郎郝晉、孟兆祥。□侍郎劉令譽奏遵旨聯絡士民，又言佔輸潘雲翼等予優叙。□太原城風沙大作，對面不見。賊從東北角上城，巡撫蔡懋德死於南城，共司道官四十六員，尸在街巷。□御史熊世懿言推官倪長玗賄脱計處。

初九日戊辰，御書親敕督輔：「朕仰承天命，繼祖宏圖，自戊辰至今甲申，十有七年。兵荒連歲，民罹兵戈，流毒直省。今卿代朕親征，鼓勵勇忠，選拔雄傑。其驕怯逗玩之將，貪酷倡逃之吏，當以尚方劍從事。行間一切調度賞罰，俱不中制。卿宜臨事而懼，好謀而成，真剿真撫，早蕩妖氛，旋師奏凱，封侯晉爵，勒銘鼎鐘。須將代朕至意，遍行示諭。」建泰初有寵命，恃有家財之足可佐軍。已聞家破，進退失措，又不敢上辭，

〔一〕「初七」，原作「初六」。按：前一日「初六日乙丑」，本日應作「初七日丙寅」。然本書因此錯誤，自二月丙寅至四月丁亥，日期均錯前一日。今據《明季北略》卷二十所載日期与干支，將本書日期錯誤全部改正，不再逐一出校説明。

惟逡巡畿内而已。□劉澤清移鎮彰德。□録陳郡屠戮，贈關永傑[一]、亢孟檜等卿、少。

初十日己巳，閣臣蔣德璟以病，召對不能趨赴。□贈死事鄧藩錫[二]、王維新等。

十一日庚午，諭吏部：「平陽副使李士焜等七人[三]，先逃後返，已經革職。着帶罪料理，圖功自贖。」□諭户部：「地方設立民壯，原以捍衛地方。乃祇供勾攝，封守何裨？嚴責有司編入鄉兵，實行選練。」

十二日辛未，召内閣、户兵部、户兵科及總兵吴襄至中左門。□優恤殉難官劉禋、閻士選、王來。□李祖述襲祖爵。□順天撫楊奏飢民焚掠。□諭刑部：「張國維中樞溺職，一徒豈足蔽辜？」□又諭：「周延儒見賄忘法，本當全没財産，量追十二萬，着周正儀、周奕封納；吴昌時量追五萬，俱免籍没。」□高傑率兵東下，鳳督馬士英迎駐徐州。

十五日甲戌，賊探馬至大安驛，傳達京師。中樞持議，請敕督輔綢繆布置。時建泰尚在河間也。又請敕臨、德、通、津、昌、密六處，悉聽督輔調遣。□賊遣僞官於山東、

[一]「關永」，原作「開保」，據《國榷》卷一百「二月戊辰」、《明季北略》卷二十《張履旋投崖》改。

[二]「藩錫」，原二字互乙，據《崇禎長編》卷二「二月癸酉」正。

[三]「士」，原作「世」，據《國榷》卷一百「二月己巳」、《明季北略》卷二十《張履旋投崖》改。

河南州縣各處代任。每官先遣牌至州縣，士民各苦征輸之急，痛恨舊官，因借勢逐之，執香迎導，遠近風聞若狂。□准成勇、葉廷秀起用[一]。

十六日乙亥，諭部院：「寇氛入晉，畿輔戒嚴，固圉安民，全在察吏。該撫按將所屬官嚴加甄別，必清謹循良、素爲民戴者，方許留任，責令募練鄉勇，毖備城守。如貪殘及闒冗者，勒令解任。或遴賢能，竟行推補。」□陞畿南河北山東總督徐標、密雲巡撫宋權。

十七日丙子，户科介松年言：「士節不振，廉耻風微，倡逃迎降[二]，出自紳衿，深可痛憤。亟宜崇獎節烈，以收拾人心。」上是之。□又諭：「王鰲永屢疏請纓，具見忠憤。但今鼓鑄伊始，未便他移。」□吏科馬嘉植言[三]：「皇上亦知孫傳庭僨事之因乎？守關原自有餘，大言一鼓蕩平，明知不可爲而僥幸爲之，以塞前言，是以進退失據。今不復已覆轍爲戒，而空拳徒膺，萬一晉陽與淮揚俱震，則爲禍愈激，非知彼知己着數也。臺臣陳丹衷借師土司之説，尤當商量。以數世豢養之兵，尚不能必其用命，而向蠻夷責

[一]「廷」，原作「延」，據《國榷》卷一百「二月甲戌」改。
[二]「倡」，原作「倶」，據《國榷》卷一百「二月丙子」、《明季北略》卷二十《馬嘉植疏》改。
[三]「嘉」，原作「加」，據《國榷》卷一百「二月丙子」、《明季北略》卷二十《馬嘉植疏》改。

大義，此實難矣！况不能裹糧景從〔一〕，則搜括不加倍乎？百姓見兵過，尚摇手閉門〔二〕，而狼兵一來，保無驚竄乎？狼子驕悍，兩粵之間，又增多事矣！」

十八日丁丑，河南按蘇京報賊窺懷慶。□刑部孫彦言：「吴中彦父子臟銀十萬，遷延五載。」着撫按嚴提。□賊騎已叩固關〔三〕，將逼真定。真、保之間，全憑道路之口，京中嚴戒妄言。□進士程源請於内閣〔四〕，重賞募兵。

十九日戊寅，吏部題堪任督撫諸臣：沈迅、魏公韓、孫肇興、朱家仕、萬元吉、馬鳴騄〔五〕、楊毓楫、何楷、聶明偕、周光夏〔六〕、許譽卿、汪心淵、毛九華、蔣允儀〔七〕、王道純、詹爾選、黄宗昌、鄭之尹、王守履、李長春、毛羽健。

二十日己卯，太康伯張國紀進銀一萬兩，命進封侯爵。

〔一〕「能」，原脱，據《國榷》卷一百「二月丙子」、《明季北略》卷二十《馬嘉植疏》補。

〔二〕「手」，原作「守」，據《國榷》卷一百「二月丙子」、《明季北略》卷二十《馬嘉植疏》改。

〔三〕「固」，原作「故」，據《國榷》卷一百「二月丁丑」、《明季北略》卷二十《馬嘉植疏》改。

〔四〕「□」，原脱，據本書體例補。

〔五〕「騄」，原作「録」，據《國榷》卷一百「二月戊寅」、《明季北略》卷二十《堪任督撫諸臣》改。

〔六〕「周光夏」，《明季北略》卷二十《堪任督撫諸臣》作「周光、夏允」。

〔七〕「蔣」，《國榷》卷一百「二月戊寅」作「夏」。

二十一日庚辰，驟寒，大雪，凍死人無數。□兵部塘報：太原、汾州、潞安連陷。□諭：「亟訪各藩王下落〔一〕。」□諭河南總兵土國寶加意整頓〔二〕，立功自贖。□命内官閻國輔等，賫餉往薊、寧等處分給。□諭吏部：「朕念豫、楚殘破，州縣料理需人。各各撫按官自爲挑選，不拘科目雜流，生員布衣，但才能濟變，即與填用。有能倡義募兵，恢復一州縣者，即授知州、知縣。功成則賞，朕不爾靳〔三〕。」□分敕内官監制各鎮：寧前，高起潛；通津、臨德，盧維寧；真保，方正化；宣府，杜勳；順德、彰德，王夢弼；大名、廣平，閻思印〔四〕；衛輝、懷慶，牛文炳；大同，楊茂林；薊鎮中協，李宗化；西協，張澤民。□兵部報〔五〕：「鄒、滕之間，土寇團聚。」

二十二日辛巳，差内官王坤、科臣韓如愈巡歷地方，催解京邊正項，並改折贓贖及周延儒、吴昌時、朱大典等贓銀。□御史吴邦臣奏浙寇立翦。諭部：「陳子龍、蔣若來

〔一〕「落」，原作「議」，據《明季北略》卷二十《堪任督撫諸臣》改。
〔二〕「土」，原作「王」，據《國榷》卷一百「二月丁亥」、《明季北略》卷二十《堪任督撫諸臣》改。
〔三〕「靳」，原作「厪」，據《國榷》卷一百「二月庚辰」、《明季北略》卷二十《堪任督撫諸臣》改。
〔四〕「印」，原作「邱」，據《國榷》卷一百「二月庚辰」、《崇禎長編》卷二「二月己卯」改。
〔五〕「兵」，原脱，據《明季北略》卷二十《堪任督撫諸臣》補。

才長定亂，作何優異？」先是，東陽之變，實主許都。都，故副院弘綱之孫〔一〕，任俠好義，遠近倶服〔二〕。縣令姚孫榘，貪虐害民，借名備亂〔三〕，横派各户輸金，而坐都以萬。都家實中産，勉輸數百金，自詣縣告竭。孫榘大怒，摘都所刻社稿姓氏，是結黨造反，桎梏之。時輸金者盈庭，閧然沸亂。有姚生者，執孫榘於座，按之街下，笞之，擁許都爲主。巡按御史左光先聞變，即調台州兵行剿，所至屠掠。東陽、湯溪、蘭溪兵各保鄉寨拒戰，官兵大敗。光先遂以許都反聞，集兵處餉，人人幸功。紹興推官陳子龍謂都實非反者，遣生員蔣若來賚書諭之。都即率同事十三人詣杭投獄。子龍爲之請，光先不許，悉斬之，盡隱孫榘之過，命之復任。□諭刑部：「張國維附和罪輔，矇蔽君上，本當重治。念方士亮等輕擬，着免罪候用。」□河南按蘇京報賊逼澤州，催任濬速到任。□通州兵噪，傷巡撫楊鶚〔四〕。薊督王永吉奏：「叛兵旋噪隨執。」諭兵部：「楊鶚實心任事，豈因

〔一〕「弘綱」，原作「何剛」，據《國榷》卷九十九「崇禎十六年十二月甲申」、《明季北略》卷二十《東陽許都》改。

〔二〕「倶」，《明季北略》卷二十《東陽許都》作「信」。

〔三〕「亂」，原作「禮」，據《國榷》卷九十九「崇禎十六年十二月甲申」、《明季北略》卷二十《東陽許都》改。

〔四〕「通州兵噪傷巡撫楊鶚」，原脱九字，據《國榷》卷一百「二月辛巳」補。

兵噪輒易〔一〕。着即視事。」

二十三日壬午〔二〕，賊陷真定。先是〔三〕，知府邱茂華聞賊警〔四〕，預搬家眷出城。撫臣徐標執茂華下獄。適標麾下中軍官不服〔五〕，伺標登城畫守禦，劫縛出城外殺之，劈獄，請茂華出。茂華遂牒所屬州縣，豫叛待賊。數日，而賊始以數騎來取之。地去京城只三百里，寂無言者〔六〕。

二十四日癸未，太監方正化奏討中軍旗鼓。□漕督朱國弼到任。

二十五日甲申，兵部張縉彥兼翰林學士。□總兵劉澤清請於青、登諸山開礦煎銀，着巡撫設法。

二十六日乙酉，諭內閣：魏藻德陞禮部尚書兼工部〔七〕，總河屯練，方岳貢陞户部尚

〔一〕「噪」，原作「淫」，據《國榷》卷一百「二月辛巳」改。

〔二〕「壬午」，原脱二字，據《國榷》卷一百「二月壬午」、《明季北略》卷二十《賊陷真定》補。

〔三〕「是」，原作「差」，據《明季北略》卷二十《賊陷真定》改。

〔四〕「邱」，原作「兵」，據《國榷》卷一百「二月壬午」、《明季北略》卷二十《賊陷真定》改。

〔五〕「麾下」，原作「節争」，據《明季北略》卷二十《賊陷真定》、《小腆紀年附考》卷三「二月辛巳」改。

〔六〕「言」，原作「定」，據《明季北略》卷二十《賊陷真定》、《小腆紀年附考》卷三「二月辛巳」改。

〔七〕「禮」，原作「兵」，據《國榷》卷一百「二月乙酉」、《明季北略》卷二十《賊陷真定》改。

書兼兵部〔一〕，總漕屯練。□加黎玉田右都〔二〕。□禮部奏桂、惠二藩同走粤，着賫璽書慰問〔三〕。□兵部奏：「操撫分任水、陸，鳳淮二督應援江干，吴淞、狼山各將犄角港内，其紳衿册報立約，各練鄉兵。」俱依議。

二十七日丙戌，召輔臣陳演、總督李國禎〔四〕、刑科光時亨至中左門。□尚書倪元璐爲朱大典祈減贓銀，不許。□禮部請禁止社交。

二十八日丁亥，召六科、十三道、駙馬鞏永固至中左門〔五〕。□賜楊鶚藥餌銀三十兩。□御史李瑞和奏〔六〕：馮垣登匿報課銀七萬八千兩〔七〕。

二十九日戊子，内閣陳演面陳引退，賜路費五十兩，馳驛歸。時道路梗塞，演以貲

〔一〕「方」，原脱，據《國榷》卷一百「二月乙酉」、《明季北略》卷二十《賊陷真定》補。

〔二〕「都」，原作「部」，據《國榷》卷一百「二月乙酉」、《崇禎長編》卷二「二月乙酉」改。

〔三〕「書」，原作「出」，據《國榷》卷一百「二月乙酉」、《明季北略》卷二十《賊陷真定》改。

〔四〕「禎」，原作「貞」，據本書二月初五、三月初五文改，《國榷》卷一百「二月丙戌」、《崇禎長編》卷二「二月丙戌」作「楨」。

〔五〕「至」上，原衍「王」字，據《國榷》卷一百「二月丁亥」、《崇禎長編》卷二「二月丙戌」删。

〔六〕「瑞」，原作「端」，據《國榷》卷一百「二月丁亥」改。

〔七〕「垣」，原作「延」，據《國榷》卷一百「二月丁亥」改。

富不敢出京，遷延半月而及禍。□魏藻德辭新銜〔一〕，允之，並罷河漕之行。□以大理寺丞吴履中爲户侍郎，署部事。□批：「余應桂既不入秦，又不防河，何故往來介、霍間？中軍鼓噪，庸怯可知。兵馬芻糧，有無虚耗，李化熙核奏。」□諭兵部：「寇氛孔棘，官員或不候交代，輒自離任。任濬久報赴任，一味退縮，俱革職。濬充爲事官管事。」□兵部奏：「戊寅以前，各處曾設内監，其時物力尚可支持一切，中軍把牌尚可裕用。今何時也，糧餉中斷，士馬虧折〔二〕，督撫各官，危擔欲卸。一時而添内臣總監三員、監視七員，不惟物力不繼，而事權紛掣〔三〕，使督撫得以藉口，士民因而驚疑，不得不望聖明裁奪也。」

三月己丑朔〔四〕，諭部院、厰衛各捕官，譏察奸黨，五城申嚴保甲之法，巷設邏卒，

〔一〕「銜」，原作「衛」，據《國榷》卷一百「二月戊子」改。
〔二〕「馬」，原作「事」，據《明季北略》卷二十《山西全陷》、《小腆紀年附考》卷三「二月己卯」改。
〔三〕「權」，原作「務」，據《國榷》卷一百「二月庚辰」、《明季北略》卷二十《山西全陷》改。
〔四〕「三月己丑朔」，原作「三月庚寅朔」，據《國榷》卷一百、《明季北略》卷二十《三月己丑朔》改。

禁夜行，尤加意謹毖倉庫草場。□召前尚書張國維、庶吉士史可程、舉人朱長治至中左門〔一〕。□魏藻德請自出京議餉，諭以：「在閣佐理，兵餉着黄希憲、路振飛加意。」□諭府部〔二〕：「寇氛孔棘，戒嚴城守。」□昌平兵噪，劫官民舍一空。□宣府告急，命都督王承胤偵賊所向。□命遣戍有罪内官宋晉等八人〔三〕，俱釋罪閑住〔四〕。

初二日庚寅，召文武大臣科道於中極殿，問禦寇之策。奏對者三十餘人，有言：「守門乏員，當今之急，無如考選科道。」餘皆練兵、加餉套語。□議百官分守九門，稽出入。□全晉之破陷始聞。□何謙以兵變聞，命謙戴罪安職。□趙京仕陞左通政〔五〕。□淮撫路振飛練義勇，各保村坊。

初三日辛卯，加魏藻德兵部尚書，往天津調兵；方岳貢户部尚書，往濟寧督餉。尋

〔一〕「朱」，原作「張」，據《國榷》卷一百「三月己丑」、《明季北略》卷二十《三月己丑朔》改。

〔二〕「□」，原脱，據本書體例補。

〔三〕「□」，原脱，據本書體例補。「八」，原作「人」，據《國榷》卷一百「三月己丑」、《明季北略》卷二十《三月己丑朔》改。

〔四〕「住」，原作「任」，據《國榷》卷一百「三月己丑」、《明季北略》卷二十《三月己丑朔》改。

〔五〕「仕」，原作「任」，據《國榷》卷一百「三月庚寅」、《崇禎長編》卷二「三月庚寅」改。

寢之。□命韓王、益王歸國。時益王走邵武。□命張國維往督浙直兵餉。□授朱長治職方主事。□浙按左光先言董象恒撫浙著績。□應撫鄭瑄奏補程珣兵道，以督糧正急，不准改。□贈李繼貞左御史。

初四日壬辰，欽天監奏帝星下移。□詔封各總兵：吴三桂平南伯〔一〕、左良玉寧南伯、唐通定西伯、黄得功靖南伯，給敕印；劉澤清實陞一級；劉良佐、周遇吉、高傑、馬岱、馬科〔二〕、姜瓌〔三〕、孔希貴〔四〕、黄蜚、葛汝芝、高第、許定國、王承胤、劉芳名、李棲鳳、曹友義、杜允登〔五〕、趙光遠、卜從善〔六〕、楊御蕃各陞署一級〔七〕；督撫馬士英、王永吉、黎玉田、李希沆分别各應加實署。□福、周、潞、崇四王，各棄藩南奔。□内閣蔣德璟引退，准馳驛回籍。□吏部奏殉城諸臣傅梅等贈官。□衛帥卜從善南奔，駐宿遷。

〔一〕「南」，《國榷》卷一百「三月癸巳」作「西」。
〔二〕「科」，原作「祥」，據《國榷》卷一百「三月癸巳」、《明季北略》卷二十《初四日壬辰》改。
〔三〕「瓌」，原作「宣」，據《國榷》卷一百「三月癸巳」改。
〔四〕「貴」，原作「賢」，據《國榷》卷一百「三月癸巳」、《明季北略》卷二十《初四日壬辰》改。
〔五〕「允」，《國榷》卷一百「三月癸巳」作「名」。
〔六〕「善」，原作「吉」，據《國榷》卷一百「三月癸巳」改；以下徑改，不再出校。
〔七〕「蕃」，原作「番」，據《國榷》卷一百「三月癸巳」、《明季北略》卷二十《初四日壬辰》改。

初五日癸巳，命襄城伯李國禎練營兵，守西直門。□命恤死事諸臣張經、李昌期等贈官。又馮師孔右都、黄絅太常卿〔一〕、祝萬齡太僕卿。□督師李建泰病，其兵潰。

初六日甲午，吏部奏大寇就殲。有旨：「陳子龍定變可嘉〔二〕，着授兵科給事中。周亮工、劉令尹、朱朗鑅劫虜全城，各授試御史。」□大同告急，命内官謝陞火速赴任〔三〕。□召吴三桂、唐通、劉澤清將兵入援。三桂、澤清不奉詔，惟通以千里至。□李邦華奏請皇太子撫軍江南，兵科光時亨駁止之。□諭部院：「近來庶績廢馳，治功罔奏，總由上官不行料理，司官祇聽吏胥，積蠹相仍，惟賄是視，以致流弊不可勝言〔四〕。今後堂官務要正己率屬，左右侍郎分任料理，不得優游藏拙。如司官闒冗，一任書吏，及假手濟貪，賄迹有據者，即參拿問。」

〔一〕「絅」，原作「綗」，據《國榷》卷一百「三月癸巳」改。
〔二〕「變」，原作「憂」，據《明季北略》卷二十《東陽許都》、《小腆紀年附考》卷三「三月甲午」改。
〔三〕「陞」，《國榷》卷一百「三月甲午」作「太舉」，《明季北略》卷二十《初六日甲午》、《小腆紀年附考》卷三「三月甲午」作「文舉」。
〔四〕「言」，原作「定」，據《國榷》卷一百「三月甲午」、《明季北略》卷二十《初六日甲午》改。

初七日乙未，賊陷大同府，知府董復及鄉宦韓霖俱降〔二〕。初，賊揚令降者不殺，兵民皆欲降，總兵朱三樂不可〔三〕。有紅夷大炮在城，朱命放之，衆莫應。朱自起點火，兵後擊之。朱憤甚，奪卒刀自殺。撫臣衛景瑗罵賊被磔。□唐通陞見，上慰勞再三，命同太監杜之秩固守居庸〔三〕。□張國維率數騎南行。□陞蔡鵬霄、吴麟徵、姚思孝各少卿。

初八日丙申，賊陷宣府。時叛將白廣恩以書約總兵姜瓖降〔四〕。太監杜勳出城三十里，迎賊入城。執撫臣朱之馮〔五〕，殺之。監軍霍達走回京。□兵科韓如愈奉差至東昌〔六〕，劉澤清遣兵殺之，曰：「尚能論我主將否〔七〕？」□吏部確查延安死事，贈都任、南企仲、

〔二〕「復」，原脱，據《明季北略》卷二十《初七賊陷大同》補。

〔三〕「三樂」，《明季北略》卷二十《朱之馮傳》作「樂三」。

〔三〕「命」，原作「合」，「之」，原作「三」，據《國榷》卷一百「三月丙申」、《明季北略》卷二十《初六日甲午》改。

〔四〕「瓖」，原作「壤」，據《國榷》卷一百「三月丙申」、《明季北略》卷二十《初八宣府陷》改。

〔五〕「執」，原作「報」，「之」，原作「一」，據《國榷》卷一百「三月丙申」、《明季北略》卷二十《初八宣府陷》改。

〔六〕「□」，原脱，據本書體例補。

〔七〕「論」，原作「諭」，據《明季北略》卷二十《初八宣府陷》、計六奇：《明季南略》卷一《劉澤清》（中華書局一九八四年點校本）改。

王道純〔一〕、南居業、焦源溥、源清、朱家仕各卿、少、都御史。□忻城伯趙之龍薦于仕廉、錢位坤才品。□太監報：陝西難民慘苦荼毒，命刊布流傳，使軍民共見。□諭兵部：「賞不踰時。近來每多沉閣，致使營囑有權。速將積案盡覆。」□陞密雲撫王則堯、遵化撫宋權。□淮撫路坐河岸〔二〕，以令箭約各藩船魚貫進口，預給鋪行供應。

初九日丁酉，諭户部：「乘時勸糴。凡勳戚及鄉紳、富室、商賈，積粟私家至三千石者，優叙。」□又諭勳戚文武進馬助公。□召見庶常於中左門，特命陳名夏爲修撰，兼户兵科。□給太監王國治火藥。□賊犯寧武關，總兵周遇吉力戰不支，闔室自焚死。賊遂屠寧武。□賊陷陽和，道臣于重華出城十里迎降。重華，城中人〔三〕，以邊才薦任者。□兵信屢至，内閣或蹙額相向，或談笑如常。范景文數舉南遷之議，方、魏以爲惑衆，力止勿言。本兵張縉彦别無布置，但出示沿街擺炮，置城上懸簾，以待賊至而已。□霍達以叛兵劫營報，上問蘇京下落及宗翼明何在。□陞户部尚書陳必謙、通政使王公弼，

〔一〕「純」，原脱，據《國榷》卷一百「三月丙申」補。
〔二〕「路」下，《明季北略》卷二十《初八宣府陷》有「振飛」二字。
〔三〕「城中」，《明季北略》卷二十《初九陽和陷》作「青城」。

起禮部尚書王鐸〔一〕。□有僞選淮安知府翟克順遣牌至淮，巡按王燮碎其牌，綑責其人，逐之。

初十日戊戌，霸州道報至，始聞真定之陷。□寧武報至〔二〕，畿輔震動。進士程源謂魏藻德曰：「建泰何名尚住河間〔三〕？其標下總兵馬稔有現兵萬人〔四〕。令速赴居庸，與唐通協守，猶可鎮撫萬一。」不聽。□山東總兵劉澤清虚報捷，賞銀五十兩。又詭言墮馬被傷，復賞資四十兩。命即拒真定。澤清不從，即於是日大掠臨清，統兵南下，所至焚劫一空。□吴三桂以寧遠叛，降大清。□高起潛棄關走西山。□王永吉請嚴居庸守禦。□進封戚臣周奎爲侯。遣太監徐高宣詔求助，謂：「休戚相關，無如戚臣。務宜首倡，以五萬至十萬協力設處，以備緩急。」奎謝曰：「老臣安得多金！」高宣諭再三，見其堅辭，拂然起曰：「老親臣如此鄙吝，大事去矣，廣畜多産何益？」奎自具疏，勉鐲一萬。内監王永祚、曹化淳等，有助至五萬、三萬者。内監王之心，富第一，上面諭之，對以

〔一〕「起」，原作「改」，據《國榷》卷一百「三月丁酉」改。
〔二〕「報」下，原衍「事」字，據《明季北略》卷二十《初十徵戚璫助餉》删。
〔三〕「名」，《明季北略》卷二十《李建泰督師》、《小腆紀年附考》卷三「四月癸巳」作「爲」。
〔四〕「稔」，《國榷》卷一百「三月戊戌」作「科」。

家計消乏，僅獻一萬。其後，李賊夾追之心十五萬兩，金銀什物稱是。周奎抄現銀五十二萬兩〔一〕，什器緞疋車載。人皆快之。□淮口擒僞官鞏克順，按臣王燮斬之以徇衆。燮自任守河，托撫臣路振飛守城，士民恃以屹然。

十一日己亥，頒罪己詔，給城軍半歲糧。□警報不一，廷臣有勸上南遷者。上怒曰：「卿等平日專營門户，今日死守，夫復何言！」□諭兵部：「都城守備有餘，援兵四集，何難刻期滅寇！敢有訛言惑衆及私發家眷出城者，擒治。」□吏部會議〔二〕，凡罪廢諸臣，各復冠帶開釋，以收拾人心。□諭：「勤王兵馬雲集，着太監王承恩、總督王永吉節制。」□兵部劾奏王繼謨棄汛不守，借題巧避。着守爲事官，鼓勵殺賊。□張鳳翔准贖徒。□陳子龍改兵科給事中。□陞陝撫高斗樞、保定撫宋祖法〔三〕、天津撫李希沆、通政宋學顯、南尚寶程正揆。□周王薨於湖嘴舟中〔四〕。

十二日庚子，順天撫楊鶚易服遁；督學陳純德臨遵化，中道走回京。□昌平總兵李

〔一〕「二」，原作「三」，據《國榷》卷一百「三月乙未」、《明季北略》卷二十《初十徵戚璫助餉》改。
〔二〕「會」，原作「全」，據《明季北略》卷二十《十一頒罪己詔》改。
〔三〕「祖法」，《國榷》卷一百「三月己亥」二字互乙。
〔四〕「湖」，原作「河」，據《明季北略》卷二十《十一頒罪己詔》、《明季南略》卷一《赧皇帝》改。

守鑠自殺。□李國禎每事遜王承恩，科臣戴明説劾之。

十三日辛丑，各城門分設紅夷大炮，給守門兵人黃錢一百。□左都李邦華榜諭：訛言抵罪。□吏部李遇知爲御史涂必泓所論，謝病不出。

十四日壬寅，起舊司禮曹化淳守城。□密旨收葬魏忠賢遺骸。□時日色兩旬無光。是夜，風色陰慘，沙塵刮天。□南京孝陵夜哭。

十五日癸卯，日色益晦，正陽門外關神廟旗杆中霹。□賊叩居庸關，總兵唐通、太監杜之秩迎降，撫臣何謙縊死，甦，遁。□朝廷發三大營[一]，營齊化門外。李國禎坐城樓，無所主張，惟以太監王相堯統領[二]。□總兵馬岱自殺其妻子，急走山海關，謂王永吉曰：「事勢如此[三]，何以自安？」遂度關投三桂。□有權將軍者，發議牌云：「定於十八日，至幽州會同館繳。」人争駭之。□仁和王載周王柩南行。

十六日甲辰，黎明，昌平陷，十二陵享殿悉焚。賊分兵掠通州糧儲。□上御殿，召考選諸臣，問裕餉、安人。滋陽知縣黃國琦對曰：「裕餉不在搜括，在節慎；安人繫於

[一]「三」，原作「立」，據《國榷》卷一百「三月癸卯」、《明季北略》卷二十《十五居庸關陷》改。

[二]「相」，原作「伯」，據《明季北略》卷二十《十五居庸關陷》改。

[三]「勢」，原脱，據《明季北略》卷二十《十五居庸關陷》補。

聖心，聖心安，則人心安矣。」上首肯，即命授給事中。餘遞對，未半，忽秘封入。上色變，即起入内。久之，諭退，始知昌平失守也。□是日，賊自沙河而進犯平則門，竟夜焚掠，火光焰天〔一〕。城守事盡歸中官，莫有料理者。□賊檄南下，清河、沐陽、邳州皆除僞官。

十七日乙巳，早，上召文武商議。上泣下，諸臣亦相向泣，束手無策。或言馮銓當起，或言楊維垣當用，方、魏請封劉澤清爲東安伯。上皆不應，俯首書御案十二大字〔二〕，有「文臣箇箇可殺」語〔三〕，密示司禮監，隨即抹去。□吴履中語釋繫禁諸臣，納贖，出董象恒、鄭二陽、曾櫻於獄，復章正宸、瞿式耜冠帶。□午刻，有數騎直至西直門，始知寇至，倉卒閉門。傳兵上城，每堞一人，無爨食處。申刻，命各監内官至小竪俱乘城〔四〕，凡數千人。□賊攻平則門，叛監杜勳射書城中約降〔五〕。□夜漏半，曹化淳開彰義

〔一〕「焰」，《明季北略》卷二十《十六報賊焚十二陵》作「燭」。

〔二〕「書御」，原二字互乙，據《國榷》卷一百「三月乙巳」、《明季北略》卷二十《十七賊圍京》正。

〔三〕「臣」，《明季北略》卷二十《十七賊圍京》、《小腆紀年附考》卷四「三月乙巳」作「武官」。

〔四〕「竪」「乘」，原作「民」「棄」，據《明季北略》卷二十《十七賊圍京》改。

〔五〕「書」，原作「出」，據吴偉業：《綏寇紀略·補遺中·虞淵沉下》（上海古籍出版社一九九二年點校本）改。

門迎賊入，守城勳衛盡逃，御史王章被殺，科臣光時亨迎降。□外城已陷，而城内竟不知。舊輔蔣德璟被創於會館[二]，易服潛遁。

十八日丙午，早，喧傳勤王兵到，蓋唐通叛兵詭言索餉也。時黄沙障天，忽而淒風苦雨。良久，冰雹雷電交至，人情愈加惶惑。城上炮聲不絶，不入鉛彈，惟有空響[三]。上又下罪己詔，盡罷加派新舊餉。□近暮，宣武橋南火起，始知外城之陷。更餘，傳入大内。上徘徊殿庭，遂召王承恩入，語移時，命亟出整内員，爲出亡計。又别傳硃諭至内閣：「命成國公提督内外諸軍，夾輔東宫。」已而呼酒，與周后、袁妃同坐痛飲，慷慨訣絶。妃先起，上拔劍刃其肩，僕。后亟返坤寧宫，自縊。上復視之，曰：「好！好！」公主哭不已。上叱曰：「汝奈何生我家！」亦刃之。公主以手格刃，臂斷悶地。良久，承恩復命，上即微服雜内員，步出東華門，至齊化門。城上反炮擊之，不得出。齊化爲成國公所守，乃詣成國第，閽人辭以赴宴未歸。上嘆息起，復走安定門，門閘堅不可啟。天將曉矣，亟返厚載門，散遣内員，手携王承恩，竟入内苑，人皆莫知。□初，

[二]「創」，原作「劍」，據《國榷》卷一百「三月丙午」、《明季北略》卷二十《十八日申刻外城陷》改。
[三]「惟」，原脱，據《明季北略》卷二十《十八日申刻外城陷》補。

硃諭至閣，閣臣已出，置几上而返報，上已不知所在矣。宮中沸哭如雷，狂奔無復限制。比曉，太子雜宮人走，叩周奎府門。奎卧未起，門役不肯傳報，乃走匿某内官外舍。□福王寓湖嘴杜光紹園。□馮元飈北至過淮。

十九日丁未，陰雲四合，城外烟焰障天。□錦衣大堂出示禁訛言〔一〕。□叛監杜勳又從德勝門射書約降。□太監王相堯領内兵千人，開宣武門出迎賊。賊將劉宗敏整軍入〔二〕，軍容甚肅。錦衣衛吴孟明遇之於宣武大街，猶謂是援兵，問之，乃知是賊。張縉彦坐正陽門，成國守齊化門，一時俱開，二臣迎門拜降。閣臣魏藻德方傳單斂犒兵銀。有頃，守城者俱下，賊登陴，殺侍郎王家彦於城樓。侍郎孟兆祥死於城門下，其子進士孟章明，同母、妻自殺於寓。□閣臣范景文肩輿至西長安門，見人鼎沸，即回寓，投井死。□忽傳上已出朝陽門，各官俱有奔赴行在之想。□賊大呼：「開門者不殺〔三〕。」士民各執香立門，門粘大書「永昌元年順天王萬萬歲」。□午刻，群賊擁李自成由德勝門入，轉大明門，遂進禁城。李賊親射一矢於承天之門扁上。太監王德化率内員門迎，賊諭德化照常

〔一〕「錦」，原作「禁」，據《明季北略》卷二十《李自成入北京内城》改。
〔二〕「賊」，原作「二」，據《明季北略》卷二十《李自成入北京内城》改。
〔三〕「開」，原作「閉」，據《明季北略》卷二十《李自成入北京内城》改。

管司禮監。□自成方巾藍袍，貌奇陋，眇一目。軍師宋獻策，浙人，長不滿三尺，軍中呼爲「宋矮兒」。僞將軍或稱制，或稱權，或稱果毅，或稱智勇。其主者爲劉宗敏、李牟，副則田化龍〔二〕、李巖〔三〕、郭之緯、白鳳、賀有威、董學禮。明叛將白廣恩、黑雲龍、官撫民、梁甫、祖澤溥、王琦、黄天成〔三〕，分將各兵。□是晚，尚書倪元璐偕二妾從容自縊。詞林劉理順、汪偉，郎中成德，俱全家自盡。有田姓内官，自縊於白塔巷。後人入其室，見書滿案，多自抄者，知讀書人也。惜失其名。□淮安西門外有兵馬突至，劫掠婦女。幼妓燕順詈拒，被殺。鄉民憤，群聚與鬥，始知爲馬士英標兵。

二十日戊申，賊盡放馬兵入城，亂入人家。諸將軍望高門大第，即入據之。劉宗敏據田弘遇第，李牟據周奎第。牟數奎平日鄙吝，督令負薪擔水以辱之。□中允馬世奇與二妾同縊。勳戚惟惠安伯張慶臻〔四〕、新樂侯劉文炳、駙馬鞏永固闔門自盡。□賊出示，令文武百官俱於次早入朝，投遞職名。又諭招集各衙門長班，使趨本官投名。□賊據大

〔二〕「副」，原作「富」，據《明季北略》卷二十《李自成入北京内城》改。
〔三〕「巖」，原作「嚴」，據《明季北略》卷二十《李自成入北京内城》改。
〔三〕「黄」，《明季北略》卷二十《廿三辛亥諸臣點名》作「董」。
〔四〕「伯」，原脱，據《國榷》卷一百「三月丁未」、《明季北略》卷二十一《殉難勳戚》補。

内，叛監杜之秩、曹化淳爲導。賊謂之曰：「汝曹背主獻城，皆當斬首。」衆伏地自言：「能識天時，故至此。」李賊叱曰：「饒死，去！」□左都李邦華縊於文丞相祠〔一〕，副都施邦曜、大理卿凌義渠、吏科吴麟徵、户科吴甘來、御史陳良謨、太僕丞申佳胤、考功郎許直、内閣舍人宋天顯各自盡。□賊大索先帝、太子、二王，搜得太子、定王内官外舍。太子送劉宗敏收視，定王送李牟收視〔二〕，永王不知所在〔三〕。□賊盡放貫城罪囚，張若麒、侯恂送將軍參謀。若麒自稱寧、錦之功，又言天下壞於黨人，賊皆然之。都司董心葵出〔四〕，備言中國情形及江南勢要，自成大賞之。□天津兵道原毓宗倡降，副將金斌等皆從，津民悉順，撫鎮馮元飈、曹友義逃。

二十一日己酉，内閣陳演、成國公朱純臣勸進，不得入。□諸臣投職名，承天門不開，露坐以俟〔五〕。近午，王德化自内揚揚出，見兵部尚書張縉彦，呵其誤國。縉彦辯數

〔一〕「都」，原作「部」，據《明季北略》卷二十一《殉難文臣》改。

〔二〕「定王」，原作「宣王」，據《明季北略》卷二十《内臣獻太子》改；以下徑改，不再出校。

〔三〕「在」，原作「存」，據《明季北略》卷二十《内臣獻太子》改。

〔四〕「董」，原作「蔡」，據《明季北略》卷二十《廿三辛亥諸臣點名》、卷二十二《從逆諸臣》改。

〔五〕「露」，原作「霳」，據《國榷》卷一百「三月己酉」、《明季北略》卷二十《諸臣投職名》改。

語，德化呼從者批其頰，縉彥掩面垂涕。百官盡日無食，賊卒競辱之。庶子周鳳翔甫入即出，歸寓自縊。□主事金鉉投御河死。□户侍郎黨崇雅、給事介松年、御史柳寅東各方巾色衣，自西長安門騎馬入內。蓋黨、柳在通州降，介在保定迎降也。督輔李建泰亦於是日入城，賊禮遇之。□賊授若麟山海防禦使，龔鼎孳直指使，楊枝起文選員外。又以高翔漢爲都直指〔二〕，劉世芳爲編修，二人皆陝人。□陳、魏二閣臣詣宗敏所，魏哀求甚切，乃同丘、方二員臣發營中。□賊執襄城伯李國禎至，初，悍然不跪，再以危言恐之曰：「當屠一城人。」乃跪曰：「吾爲闔城求全也。」未數日，發同諸人追銀，夾二次〔三〕。已聞成國被殺，即自縊。賊執其夫人，褫其底衣，抱之馬上淫辱以爲戲笑。□潞、周諸藩行舟，泊淮安湖嘴。□劉澤清兵頓宿遷，高傑頓徐州，各聲言南侵，淮民大恐。淮按王燮自謂與劉澤清有識，輕身詣之，勸其迴轅北上。劉不肯，大聲云：「即不擾貴治，請假道赴揚州。」燮不可，曰：「即不得已，遷道從天長、六合行，則非我所知也。」劉允之，淮城得免塗炭。

〔二〕「翔」，原作「弻」，據《國榷》卷一百「三月己酉」、《明季北略》卷二十二《從逆諸臣》改。
〔三〕「銀夾」，原二字互乙，據《明季北略》卷二十一《殉難勳戚》改。

二十二日庚戌，得先帝遺魄於後苑山亭中。其亭爲内操時建者。與王承恩對面縊。先帝以髮覆面，白袷藍袍，白紬袴，一足跣，一足有綾襪，紅方舄。袖中墨書一行云：「因失江山，無面見祖宗於地下，不敢終於正寢。」又一行云：「百官俱赴東宫行在。」蓋上未崩時，諭閣札，托成國公輔太子，正詔此，閣中未及宣也。李賊因此疑於朱純臣，立命誅之，籍其家。□賊封太子爲宋王，定王爲定安公〔二〕。□主事劉養貞於皇極殿叩頭，請誅誤國姦臣張縉彦、魏藻德、陳演。賊云：「先朝時何不言？」立斥之。□程源舟過天津，馮元颷匿之舟，得南歸。□賊殺河間守方文燿。

二十三日辛亥，殮先帝於東華門，易朱漆棺，與后梓宫同移佛庵。惟主事劉養貞以頭觸地，大慟。諸臣哭拜者三十人，拜而不哭者六七十人，餘皆睥睨過之〔三〕。□諸臣入朝聽點。自成白氊帽，藍布袍，坐於殿左，牛金星坐於殿右檻上，鴻臚以次唱名。魏藻德首向自成叩頭求用，自成旁揖之。藻德請試題，自成有所命，藻德聽之不審，又不敢再請，皇遽而起。□祭酒孫從度居金臺會館，病卧。有羅將軍來居，孫遣僕持名刺致意。

〔二〕「定安」，《國榷》卷一百「三月庚戌」二字互乙，《明季北略》卷二十《内臣獻太子》作「宅安」。
〔三〕「睨」，原作「睨」，據《明季北略》卷二十《廿一得先帝遺魄》改。

羅大怒，即騎入内驗疾。孫妻素悍，迎詈之。羅命以鐵鎖繫其頸，並舁孫至己寓拷訊。孫立斃，妻七槮百敲〔一〕，十指俱斷，乃招承史堃寄窖多金，約七千兩，獻於自成。由是翰林皆坐餉萬金。□簡討番禺梁兆陽首倡助餉，與同志求仕者各寫五千金，托宋企郊先投手本。是日，召見，兆陽曰：「先帝無甚失德，只以剛愎自用，君臣血脈不通，以至萬民塗炭，灾害並至。」自成曰：「我正爲百姓起義。」兆陽曰：「主上救民水火，自秦入晉，歷恒、代抵燕，兵不血刃，百姓簞食壺漿以迎王師，真神武不殺，湯、武不足道也。」自成大喜，留坐賜茶，尋除兵政侍郎。□庶吉士周鍾等有《請葬先帝公疏》〔二〕，投文諭院顧君恩。君恩云：「諸君亦是好名之事，俟牛丞相來自奏。」即碎其牘。周鍾者，金壇名士，爲復社之長。牛金星見之，呼曰：「此周介生先生乎？」命作《士見危授命論》〔三〕，大加稱賞。鍾逢人自誇牛老師知遇。同館降賊人，多含耻幸生還。惟鍾揚揚得意，乘馬拜客，屢過梓宫前，揮鞭不顧。輩中亦腹誹之。□舊閣臣李標播遷駐淮。□王鐸、方孔炤、霍達南逃過淮。

〔一〕「七」，原作「也」，「百」上，原衍「有」字，據《明季北略》卷二十二《刑辱諸臣》改刪。

〔二〕「鍾」，原作「鐘」，據《國榷》卷一百「三月辛亥」、《明季北略》卷二十二《從逆諸臣》改；以下徑改，不再出校。

〔三〕「授」，《國榷》卷一百「三月辛亥」、《明季北略》卷二十二《從逆諸臣》作「致」。

二十四日壬子，劉宗敏以人試新夾，夾其隨來書役二人於天街〔一〕。次日，即死矣。木俱有稜，鐵釘相連，皆入京造者。宗敏門立二柱，磔人無虚日。日便服入西華門〔二〕，止四騎前導。

二十五日癸丑，僞禮政鞏焴示隨駕各官，率耆老上表勸進。焴，故陝西提學僉事。牛金星，河南乙卯舉人〔三〕。何瑞徵、薛所藴皆其同鄉。媒進者皆藉二人以通於牛。□有稽訪司特剌召京鄉紳劉餘祐〔四〕、孫承澤，甫即席，即問劉借四萬金，孫二萬金，且曰：「宜早辦，若遲一日，即不得從容矣。」□午後，唤諸文官進内點名，幽閉一日夜。次早點過，共掷八百五十人〔五〕，一連鎖押至劉宗敏處，炙拷認贜，凡十晝夜。陳演夾二夾，追出黄金三百六十兩，銀四萬七千兩〔六〕。魏藻德夾二夾，妻一拶〔七〕，子二夾，追出銀一

〔一〕「天」，原作「大」，據《明季北略》卷二十《廿四日壬子》改。
〔二〕「便」，原作「伎」，據《國榷》卷一百「三月壬子」、《明季北略》卷二十《廿四日壬子》改。
〔三〕「乙卯」，《明季北略》卷二十二《從賊入都諸逆臣附》作「天啓丁卯」。
〔四〕「訪」，《明季北略》卷二十《廿五癸丑拷夾百官》作「勳」。
〔五〕「掷」，《明季北略》卷二十《廿五癸丑拷夾百官》作「綁」。
〔六〕「七」，《明季北略》卷二十二《刑辱諸臣》作「八」。
〔七〕「一」，《明季北略》卷二十二《刑辱諸臣》作「二」。

萬七千兩。李遇知二夾，追出銀四萬一千兩〔一〕，即死。

二十六日甲寅，爲勸進之始，其表有云：「比堯、舜而多武功，邁湯、武而無慚德。」周鍾自詡爲得意語。□選陞四品以下百餘人。詞林則楊觀光〔二〕、梁兆陽改侍郎，項煜改太常丞，韓四維降修撰，薛所蘊改司業，何瑞徵、高爾儼、方以智、傅鼎銓、楊廷鑑、陳名夏如故，張之奇爲順慶府尹。六科則申芝芳〔三〕、朱徽、劉昌、戴明説〔四〕、彭琯、孫承澤、金煉色、光時亨、時敏，改科爲諫議，止時敏降爲縣令。御史改直指使〔五〕，則朱朗鑅、張懋爵、蔡鵬霄、裴希度、涂必泓、韓文銓、陳羽白。吏部郎改從事，則沈自彰、熊文舉、郭萬象、王顯、楊玄錫。其餘大理卿劉大鞏，光禄卿李元鼎，太常卿吴家周，鴻臚卿張魯，驗苑馬卿宋學顯〔六〕，尚契卿葉初春〔七〕，學録錢位坤，助教李森先，皆

〔一〕「一」，《明季北略》卷二十二《刑辱諸臣》作「六」。
〔二〕「光」，原作「色」，據《明季北略》卷二十《選陞降臣》改。
〔三〕「芝」，原脱，據《明季北略》卷二十《選陞降臣》補。
〔四〕「説」，原脱，據《明季北略》卷二十《選陞降臣》補。
〔五〕「御史」，原脱，據《明季北略》卷二十《選陞降臣》補。
〔六〕「苑」，《明季北略》卷二十《選陞降臣》無此字；「宋」，原作「宗」，據《明季北略》改。
〔七〕「契」，原作「實」，據《明季北略》卷二十《選陞降臣》改。

改授者。巡撫改節度使，兵道改防禦使，府爲尹，州爲牧，縣爲令。改印曰契。凡銓選，皆宋企郊主之。

二十七日乙卯。先是，吴三桂走大清乞師。是日，以大清騎叩山海關，賊將不能禦。報至，遣唐通移兵協守，令三桂父襄書與子諭降。□派餉各官，亡論用否，俱責交納，如言不辦[一]，即夾。有夾於各營兵官，有夾於監押健兒，人人皆得用刑。限内閣十萬，部院、京堂、錦衣帥七萬，科道、吏部郎五萬、三萬，翰林一萬，部曹千計，勳戚無定數，人財並盡。英國公死最酷。錦衣駱養性，輸銀三萬兩，夾。鎮撫司梁清宏及史館辦事[二]、衛幕雜流夾[三]，俱竟日夜不放[四]。侍郎金之俊輸銀百兩，健兒夾之於空室，相與朋飲，玩其哀號。□淮撫路振飛會淮安七十二坊，各集義兵，每家或三或五，刀杖俱自備。各坊一生員爲社長，一爲副，自爲操演，貴持久，戒作輟。日則團練，夜則魚貫巡邏，以備非常。是日大閱，舉人湯調鼎等咸易戎服。

[一]「言」，原作「定」，據《明季北略》卷二十《廿五癸丑拷夾百官》。
[二]「宏」，原作「言」，據《明季北略》卷二十《廿五癸丑拷夾百官》改。
[三]「幕」，原作「募」，據《國榷》卷一百「三月乙卯」、《明季北略》卷二十《廿五癸丑拷夾百官》改。
[四]「俱」，原作「但」，據《國榷》卷一百「三月乙卯」、《明季北略》卷二十《廿五癸丑拷夾百官》改。

二十八日丙辰，李自成集宫女，分賜隨來諸賊。□候選官求送紛紛，宋企郊曰：「新朝當自用一番人，公等解事，不如趁好歸去。」

二十九日丁巳，唐通賫吴襄書詣三桂營，啖以父子封侯，且盛誇闖王禮賢之意，備言東宫無恙。三桂驚喜曰：「審爾，願一見東宫面，即降。」報書復命，賊計以定王往，即日遣賊將挈定王赴通營。

四月戊午朔〔二〕，李賊改大明門爲大順門。□賊頒冠服，大僚加雉尾於冠，服方領。以雲爲號，收各牙牌，避自、務、明、光、安、令、成字。□劉宗敏夾詢魏藻德，責以首輔致亂。藻德曰：「臣本書生，不諳政事。又兼先帝無道，遂至於此。」宗敏怒曰：「汝以書生擢狀元，不三年爲宰相，崇禎有何負汝，詆爲無道？」令左右批其頰，仍夾不放。着岳貢、瑜令羈候。□受刑諸臣，先後不一。楊汝成獻美婢，獲免，不留用。張忻未刑而刑其妻子，輸銀萬兩，始釋。郝晉輸五千兩，釋，不用。王都三次受夾，三次輸

〔二〕「四月戊午朔」，原作「四月己未朔」，據《國榷》卷一百一、《明季北略》卷二十《四月初一戊午》改。

銀，釋夾即死。顧鋐被夾，其僕竊貲以逃，賊將遁時，索賄無應，受害〔一〕。夾之甚者，大臣則李遇知、王正志，詞臣則楊昌祚、林增志、衛胤文。其未甚者，金之俊、王鰲永、張維機、胡世安、李明睿也。高斗光首被追銀，欲夾，其子請代，得免。張鳳翔、雷躍龍、沈維炳、方拱乾、楊士聰、李士淳、劉明偀、吴邦臣不夾，收繫。□畿内、山東、河南守令，多秦、晉亡賴，單身赴任，恣意威虐，首稱助餉，紳衿受脅，少忤而辱隨。又徵少艾，專待郵傳〔二〕。人始憤痛思舊矣。□項煜初颺言於衆曰：「大丈夫當立蓋世名，如管仲、魏徵可也。」及授奉常〔三〕，始沮喪南遁。

初二日己未，魏藻德被夾五日，未釋而死。復逮其子，云無措置，即斬之。□賊除楊觀光禮政侍郎。初，觀光召對，賊問：「郊天何以不茹葷，不飲酒，不近女，不行刑？」楊叩頭云：「天人一氣相感，欲其志氣清明，養慈和以感格。」賊甚稱之。觀光持門生刺見宗敏，四轎開棍，儼然部堂〔四〕。

〔一〕「害」，原脱，據《明季北略》卷二十《廿五癸丑拷夾百官》補。

〔二〕「待」，原作「傳」，據《國榷》卷一百一「四月戊午」、《明季北略》卷二十《四月初一戊午》改。

〔三〕「授」，原作「解」，據《明季北略》卷二十二《從逆諸臣》改。

〔四〕「部」，《明季北略》卷二十二《從逆諸臣》作「都」。

初三日庚申，賊葬先帝后於田妃墳〔二〕，仵作數人舁之而去，並無文武内臣一人送之。□鴻臚官在繫者，悉復原官，習儀以候即位。

初四日辛酉，賊焚太廟神主。□吴三桂兵破山海關，唐通迎降。定王已至三桂軍，三桂檄賊云：「必得太子，而後止兵。」□賊以何瑞徵掌弘文館，瑞徵斂庶常裴希度銀，請牛金星至署飲到任酒。

初五日壬戌，庶吉士張家玉上書於自成，請表章范景文、周鳳翔等，隆禮劉宗周、黄道周等，尊養史可程、魏學濂等。賊怒，縛平則門外。家玉請死，不許，凡三日。賊喝欲磔之，復不動。賊云當磔其父母〔三〕，乃跪求免，仍爲庶吉士。家玉廣東人，父母在家，未嘗到京，抗怯倏忽，殊自無謂。□濟寧城守糧備署道僉事王世英，乘總河黄希憲南下，大張僞示，甘心從賊。賊至，即以城降。□臨淄、濟南寇盗充斥，行道爲絶。

初六日癸亥，李賊召父老至武英殿，問民疾苦。

初七日甲子，自成過宗敏寓，見庭院夾三百多人，哀號半絶。李云：「天象示警，

〔二〕「后」，原作「台」，據《國榷》卷一百一「四月庚申」、《明季北略》卷二十《廿一得先帝遺魄》改。

〔三〕「父」，原作「義」，據《明季北略》卷二十二《從逆諸臣》改。

宋軍師言當省刑，宜酌放之。」此中縉紳十之一，餘皆雜流武弁及效勞辦事人，釋千餘，然死者過半矣。□宗敏進所追銀萬萬。李牟刑寬，所進不及半，以己所有湊償，人皆稱之。

初八日乙丑，賊盡釋諸禁者〔一〕，於是吴履中、張鳳翔等俱南歸。□御史馮垣登及錦衣二人，以剃髮夾於市，三日死。吴孳昌亦剃髮者，獨令蓄髮候用。梁清宏體肥，釋夾即死。

初九日丙寅，東報已急，賊隱之。在縶者盡釋〔二〕，惟留申濟芳數人，各與繩自縊，死後人各加五棍。濟芳舁歸入殮，得甦。□陽武侯薛濂〔三〕，夾數日，言有藏金在窖，須自發之。賊舁往，則宅已爲别將所踞，舁還即死。定西侯、伏羌伯，皆死於夾。□馬部將莊朝梁劫單縣，爲民所殺。

〔一〕「禁」，《明季北略》卷二十《廿五癸丑拷夾百官》作「繫」。

〔二〕「縶」，原作「勢」，據《明季北略》卷二十二《刑辱諸臣》改。

〔三〕「濂」，原作「源」，據《明季北略》卷二十一《殉難勳戚》改。

十一日戊辰，賊東行之期已定，勳戚大臣皆殺之。於是内閣陳演、定國徐允禎等〔一〕，戚畹官都指揮以上，錦衣堂上官，俱死。方岳貢、丘瑜，予繩自縊。□以戚畹女婦配給軍卒。□又押諸繫官至宗敏寓前〔二〕，纍纍坐於路側〔三〕，以次取殺。一内官自言輸銀千兩、黄金九十兩，亦殺之。三鼓，乃釋餘人，翰林楊士聰等始脱。

十二日己巳，李自成出正陽門，東宫衣緑隨後，馬尾相銜，宗敏繼後。惟留李牟、牛金星守京師。

十四日辛未，西長安街有私示云：「明朝天數未盡，人思效忠。於本月二十日立東宫爲帝，改元義興。」初，宗敏嘗誅私示處居民數十家，今粘黄牆上，無所用法，由是駭懼，密聞於自成。

十五日壬申，李自成至密雲。□何瑞徵以望日參牛金星，金星諭以訛言四起，各自

〔一〕「禎」，原作「貞」，據《明季北略》卷二十《十一戊辰殺勳戚大臣》改，《國榷》卷一百一「四月己巳」作「楨」。

〔二〕「繫」，《明季北略》卷二十《十一戊辰殺勳戚大臣》作「縶」。

〔三〕「於」上，原衍「下」字，據《明季北略》卷二十《十一戊辰殺勳戚大臣》删。

謹慎，無事少出。由是降賊者皆生悔心〔一〕，人思竊逃矣。

十六日癸酉，賊大驅騾、馬、駱駝，駝載金銀往陝西。有鎮庫金積年不用者三千七百萬金。一千萬皆五百兩爲一錠，每駝二錠，不用包裹。外史曰：「三千七百萬，損其奇零，即可代兩年加派。乃今日考成，明日搜括，海内騷然，而扃鑰如故。豈先帝未覩遺籍耶？不勝追慨矣！」

十七日甲戌，李自成至永平〔二〕。□總督王永吉以三十騎〔三〕，戎裝乘馬，間道南下。□賊授平陽進士王道成青州防禦使，單騎到任。城中人脅服不敢動。時衡藩尚在城，百姓已亂，無能擁衛者。

十九日丙子，東報益急，所留守賊在城大搜兵器，由是城門益嚴。□三桂與賊將大戰於關内，日暮乃罷。

二十日丁丑，三桂、李賊兩軍復合戰。戰方酣，忽有白標一隊，繞出吴兵之右，鋭

〔一〕「者」，原脱，據《明季北略》卷二十《十五壬申降臣思逃》補。

〔二〕「平」，原作「年」，據《國榷》卷一百一「四月甲戌」、《明季北略》卷二十《十七甲戌自成至永平》改。

〔三〕「□」，原脱，據本書體例補；「十」，原作「千」，「騎」，原脱，據《國榷》卷一百一「四月甲戌」、《明季北略》卷二十《十七甲戌自成至永平》改補。

不可當。自成隨數十騎，挾太子方登廟岡觀戰，有僧進曰：「此非吴兵，必是大清兵也，上位宜急避之。」已而見白標軍如風發潮湧，所到之處，無不披靡，自成狼狽遁。

二十一日戊寅，李自成駐軍永平，三桂使人議和，並請太子。自成命張若麒奉太子赴三桂軍中，請各止戰。三桂允之，約賊：「回軍速離京城[一]，吾將奉太子即位。」自成請如約。既盟，賊遂旋師。三桂頓兵不前，是以賊得安行。

二十五日壬午，僞禮政府示：「主上不日東還，該衙門速備登極儀物。」

二十六日癸未，李自成旋師回京。□三桂棄定王於永平，專擁太子，整軍而行，一路移檄，播告遠近。李賊聞報大怒，即殺吴襄全家三十四口，驅百姓於崇文、宣武門外，毁拆民房及牛馬牆。

二十七日甲申，吴三桂傳帖至京，會百姓爲先帝服喪，整備迎候東宮。□賊縱其下大軍淫掠，無一家得免者。

二十九日丙戌，李自成稱皇帝於武英殿，追尊七代考妣爲帝后。六政府各一赦書，稱爲「大順國永昌元年」。□午後，運草入宫，處處皆滿。

[一]「回」，原作「四」，據《明季北略》卷二十《吴三桂請兵始末》改。

三十日丁亥，昧爽，李自成西奔，群賊皆從。牌諭百姓出城避兵，數里之外，即遭殺掠。隨來舊官皆有軍護，新用者無之。楊觀光以家眷隨賊而出，至豐臺被殺。薛某以宋軍師密令，得出。司務魏學濂自縊。學濂素負志節，一時墮誤，知愧而死，亦愈於覥顔求生者。□賊先於宫中列炮放火，各私寓亦放火，零賊飛馬殺人。百姓各以床几窒塞巷口，或將梃小巷〔一〕，突出擊之。須臾，九門城樓皆火。賊東西馳走，不得出，至暮胥斃。城外草場之火，與宫中火相映，徹夜如白日。

五月朔戊子，皇太子在吴三桂軍中，傳諭京中官民，各宜整肅静候，士民大喜相慶。□原任御史曹溶，自爲西城巡視，傳諸臣爲先帝發喪，設位都城隍廟。從賊官梁兆陽、孫承澤、高爾儼等咸在。僞直指張懋爵、柳寅東、韓文銓、朱朗鑅各自爲五城御史，受民詞，核奸宄甚力〔二〕。□三桂兵至榆河。□大清帥檄其西行追賊，三桂請護太子至都，帥不許。三桂不敢抗，夜送太子於高起潛所。或云潛逸於民間〔三〕，陰導之入皇姑寺。□

〔一〕「梃」，原作「挻」，據《明季北略》卷二十《四月三十日自成西奔》改。
〔二〕「核」，原作「校」，據《國榷》卷一百一「五月戊子」改。
〔三〕「潛」，原脱，據《國榷》卷一百一「五月戊子」、《明季北略》卷二十《吴三桂請兵始末》補。

西江米巷諸商，合貲爲三桂家發喪，每棺衣衾，各費一兩[二]。

初二日己丑，北京城中延頸望東宫之至，諸臣凡欲南歸者，各思希恩於新主，遂停留不行。錦衣駱養性與吏部侍郎沈維炳，約諸臣明日爲先帝位於午門，行哭臨禮，隨備法駕，迎東宫於朝陽門。

初三日庚寅，北京諸臣俱赴朝哭臨畢，即隨駱養性所備鹵薄，迎候於朝陽門外。傳呼太子至，多官望塵俯伏。及登輿，乃清服、頎且鬣者，知非東宫也，各駭愕而退。及城門，吴兵前導者城上已滿插白標矣。□大清國來者爲攝政王，入居武英殿，侍郎王鰲永從入，見上下皆坐，乃潛走出。□時楊士聰曰：「三桂西不能制順，東不能抗清，姑静俟焉，以待順、清相遇，徐觀鷸蚌持，亦未爲大失也。乃束身歸大清，予以復仇之名，使得闌入，順雖西遁，而京師爲大清有矣。東宫、定王[三]，禍不旋踵，吴襄被戮，殃及全家，揆之忠孝，有何當焉！南中不察，而沾沾三桂之功，吾不知其何功也！若以此爲功，然則盤踞二東，忽焉南牧，渡江涉河，金陵不守，亦爲三桂有功於明歟？」

[二]「一」，《明季北略》卷二十《吴三桂請兵始末》作「百」。

[三]「定」，《國榷》卷一百一「五月庚寅」作「二」。

初五日壬辰，北京沈維炳、王鰲永、金之俊投職名入内〔一〕，攝政王令各官俱照舊。又具勸進表上之，攝政王閉門不出，其内院大學士范文程接見，笑曰：「此未是皇帝。吾國皇帝去歲已登極矣，何勸進之有！」於是傳攝政令，自初六日始，爲先帝設位帝王廟，哭臨三日。隨議謚號，議葬隧〔二〕，俟事畢削髮，十五日朝見。禮部侍郎稱典禮浩繁，不能獨任。内院即令維炳推補，點用侍郎李明睿。擬上先帝、皇后謚端廟，號懷宗。□庶吉士高珩、李呈祥訪鰲永曰：「今日何所逃乎？」高、李出城被劫，因留滯通灣。范召詞林官，止高爾儼應命。議修崇禎史，爾儼曰：「詹、翰一體，請盡召之。」明日，何瑞徵等皆入。楊昌祚、林增志以傷重告假，范許之。范，上虞人，瀋陽衛籍。其祖鏓〔三〕，兵部尚書。自瀋陽陷，歷官至是。每日坐午門右决事，同坐三人，中一人乃真也。故學士倪元璐家人具呈扶柩回籍，范差官執令箭送至灣〔四〕，倪夫人肩輿出城。□三桂追李賊

〔一〕「投」，原作「撫」，據《國榷》卷一百一「五月辛卯」、《明季北略》卷二十《吴三桂請兵始末》改。
〔二〕「隧」，原作「隨」，據《明季北略》卷二十《吴三桂請兵始末》改。
〔三〕「鏓」，原作「鑛」，據《國榷》卷一百一「五月壬辰」改；按：《清史列傳》卷五《范文程傳》（中華書局一九八七年點校本），范鏓實爲文程曾祖。
〔四〕「灣」，《國榷》卷一百一「五月壬辰」作「張灣」，《明季北略》卷二十《吴三桂請兵始末》作「通灣」。

於保定，勝之。明日，追至定州，奪其駝馬。又三日，及於真定，逐之出故關而止。李賊過閼與，整隊西行。

初六日癸巳，北京爲哭臨先帝之始〔一〕，五城御史監肅諸儀〔二〕。曹溶等五人，因攝政王有照舊之言，儼然即真。朱朗鑅者，宗室子，出示稱「順治元年奉旨」〔三〕，若無更易者〔四〕。仕賊如熊文舉、楊枝起、朱徽輩，咸同哭臨。

初七日甲子，大清封吴三桂爲平西王。□楊士聰家眷出北京城，門生方大猷以家丁護送〔五〕。大猷者，薊州監軍，隨三桂降大清，令守通州。

十一日戊戌，大清令虚燕城之半以屯兵，盡驅民出城。自是縉紳雜出〔六〕，概不致詰。

十二日己亥，三桂旋師入燕。□禁中有養心亭，上閲本之所。闖出京後，大清兵未

〔一〕「臨」「始」，原脱二字，據《明季北略》卷二十《吴三桂請兵始末》補。

〔二〕「監」下，原衍「軍」字，「儀」，原作「義」，據《明季北略》卷二十《吴三桂請兵始末》删改。

〔三〕「出」，《明季北略》卷二十《吴三桂請兵始末》作「書」。

〔四〕「無」，《明季北略》卷二十《吴三桂請兵始末》作「先」。

〔五〕「猷」，原作「獻」，據《國榷》卷一百一「五月甲午」、《明季北略》卷二十《吴三桂請兵始末》改；以下徑改，不再出校。

〔六〕「出」，原作「書」，據《明季北略》卷二十《吴三桂請兵始末》改。

來，方岳貢家人陳略隨衆入宮，至亭，綺幕依然，十八日票擬本章儼然在案。□先是，二月初二日，鞏駙馬回奏：「賊勢猖獗，官兵畏賊如虎。祈命才望大臣，重以事權，留守都城，聖駕南巡，徵兵親討。臣號召京畿義勇，可得十萬衆，扈從啟行。」上意不決，言官皆論其欺妄。十五日，上召鞏問前計，鞏曰：「前賊尚遠，人情畏賊，六龍南幸，從者必多。今賊已逼近，人情瓦解，誰復從行者？臣不敢誤陛下也。」上頷之。十七日，襄城伯領兵出城，十數萬人一時潰散。十八日夜三鼓，中使傳接旨甚急。方岳貢直宿精微房，接聖諭云：「傳諭內閣，速奔行在。」亟叩中使，言駕同襄城伯、鞏駙馬、王太監出宮矣。五鼓，上叩前門，托云王太監奉旨出城，守者辭以須天明請旨。扈從者奪門，守者遂放炮。上轉齊化門，復如是。乃返宮，遂殉社稷云。□總督王永吉兵敗陷賊，賊縱之歸。相臣張縉彥爲請召對，疏下，閣臣疑之，急叩縉彥以永吉來意。縉彥初不言，固問之，乃云：「自成有二策，請上擇之。一如楚漢故事，分地爲界。一解甲歸朝，以大將軍輔政。」閣臣大駭，遂票擬曰：「王永吉喪師辱國，不准召對。」賊陷城，先遣兵護縉彥家，旋送其家眷出城。

附録

國家圖書館藏甲申北都覆没遺聞民國鈔本題識四則

書末陸樹棠題識

《甲申北都覆没遺聞》一卷，鄉先輩黄巍赫所述也。黄爲秀水王仲瞿及銅里顧蔚雲二先生高足弟子，别號明秀閣外史。其人固博雅之君子，然里居行履已不可考見。著有《古文》初、二集，余弟摩盦曾一見之，今亦無從訪求矣。此本紀明末遺事甚詳，足資史料，且向無刻本流傳，誠罕覯之秘籍。爰爲校定，録而存之，俾不致終歸湮没，亦鄉里後生應盡之責也。辛酉冬暮，邑後學陸樹棠謹識。

書首柳亞子題記三則

此書作者姓名，可於謝剛主先生《晚明史籍考》中求之，當有□案，余匆匆未遑也。□氏先生以爲如何？亞子并記。

此册不知何人所作，但爲明季人士耳聞目見者無疑。今題吴江（松陵）黄巍赫譔，則邑子陸賡南樹棠作僞之所爲也。黄爲嘉、道間人，焉能述甲申遺事哉！巍赫姓名，不見志乘，余藏其《明秀閣古文》初、二刻，文學《戰國策》，亦一奇士也。本師二人，顧蔚雲爲馴説老儒，王仲瞿則以才氣震驚流俗者，黄氏雙承衣鉢，豈狂狷之徒，近於中行歟？

賡南與弟佩芸（一字摩龕）樹芬，並爲余舊友，助余搜購鄉邦文獻頗力。顧其父映澄爲富不仁，鄉評甚惡。曾與余争分湖先哲祠暨切問書院事，遽告密於北洋軍閥蘇督齊燮元，指余爲共産黨人，以余撰《迷樓集叙》自署李寧私淑弟子爲證，禍幾不測。賴邑前輩金硯君先生祖澤調護之，始寢。余自是遂與賡南兄弟絶矣！然兩人實頗有志風雅，余終諒之，不幸短命並没，惜哉！

佩芸長於篆刻，尤善繢事；賡南且輯《松陵函苑》一書，起梁顧黄門，終近人沈塘，得二百七十餘人，天放閨秀數十人，同邑金松岑先生天翮（松岑先生爲硯君先生族子）叙之，見所刻《天放樓文言》第四卷中。《函苑》恐未印行，亦不知原稿之尚存否也。賡南席豐履厚，曾官京師，裘馬翩翩，無生計之累，顧獨喜效書賈無賴伎倆，此書即其一證。佩芸亦頗造郭買勞諸人贋品，豈如賀藺進明嗜好特殊歟！余慮世人之受欺，爲發其底如右，或亦自附於諍友云爾！一九五〇年十月十日，吴江柳亞子記於北京北長街旅邸。

此文寫就後明日，即給假出都，漫游浙滬梁溪，遂及白門，至十月卅一日還於都門。蓋留華東者二十一日，知佩芸未死，驚喜參半。特□於啓行，□□行程匆遽，未能一至分湖，訪《松陵函苑》遺稿也。一九五〇年十一月十六日晨六時，亞子留酌夢園簃寫。